【臺灣現當代作家研究資料彙編】32

王鼎鈞

國立台灣文學館
出版

部長序

文學既是社會縮影也是靈魂核心，累積研究論述及文獻史料，不僅可厚實文學發展根基，觀照當代人文的思想脈絡，更能指引未來的社會發展。臺灣文學歷經數百年的綿延與沉澱，蓄積豐沛的能量，也呈現生氣盎然的多元創作面貌。近一甲子的臺灣現當代文學發展，就是華文世界人文心靈最溫暖的寫照。

緣此，國立臺灣文學館自 2010 年啟動《臺灣現當代作家研究資料彙編》，鉅細靡遺進行珍貴的文學史料蒐集研究，意義深遠。這項計畫歷時三年多，由文學館結合學界、出版社、作家一同參與，組成陣容浩大的編輯群與顧問團隊，梳理臺灣文學長河裡的各方涓流，共匯集 50 位臺灣現當代重要作家的生平、年表與作品評論資料，選錄其代表性的評論文章，彙編成冊，完整呈現作家的人文映記、文學成就及相關研究，成果豐碩。

由於內容浩瀚、需多所佐證，本套叢書共分三階段陸續出版，先是 2011 年推出以臺灣新文學之父賴和為首的 15 位作家研究資料彙編，接著於 2012 年完成張我軍、潘人木等 12 位作家的研究資料彙編；及至 2013 年 12 月，適逢國立臺灣文學館十周年館慶之際，更纂輯了姜貴、張秀亞、陳秀喜、艾雯、王鼎鈞、洛夫、余光中、羅門、商禽、瘂弦、司馬中原、林文月、鄭愁予、陳冠學、黃春明、白先勇、白萩、陳若曦、郭松棻、七等生、王文興、王禎和、楊牧共 23 位作家的研究資料，皇皇巨著，為臺灣文學之巍巍巨觀留下具里程碑的文字見證。這套選粹體現了臺灣文學研究總體成果中，極為優質的論述著作，有助於臺灣文學發展的擴展化與深刻化，質量兼具。在此，特別對參與編輯、撰寫、諮詢的文學界朋友們表達謝意，也向全世界愛好文學的讀者，推介此一深具人文啟發且實用的臺灣現當代文學工具書，彼此激勵，為更美好的臺灣人文環境共同努力。

文化部部長　**龍應台**

館長序

所有一切有關文學的討論，最終都得回歸到創作主體（作家）及其創作文本（作品）。文本以文字書寫，刊載在媒體上（報紙、雜誌、網站等），或以印刷方式形成紙本圖書；從接受端來看，當然以後者為要，原因是經過編輯過程，作者或其代理人以最佳的方式選編，常會考慮讀者的接受狀況，亦以美術方式集中呈現，其形貌也必然會有可觀者。

從研究的角度來看，它正是核心文獻。研究生在寫論文的時候，每在緒論中以一節篇幅作「文獻探討」，一般都只探討研究文獻，仍在周邊，而非核心。所以作家之研究資料，包括他這個人和他所寫的作品，如何鉅細靡遺彙編一處，是研究最基礎的工作；其次才是他作品的活動場域以及別人如何看待他的相關資料。前者指的是發表他作品的報刊及其他再傳播的方式或媒介，後者指的是有關作家及其作品的訪問、報導、著作目錄、年表、文評、書評、專論、綜述、專書、選編等，有系統蒐輯、編目，擇其要者結集，從中發現作家及其作品被接受的狀況，清理其發展，這其實是文學經典化**真正的**過程；也必須在這種情況下，作家研究才有可能進一步開展。

針對個別作家所進行的資料工作隨時都在發生，但那是屬於個人的事，做得好或不好，關鍵在他的資料能力；將一群有資料能力的學者組織起來，通過某種有效的制度性運作，想必能完成有關作家研究資料彙編的人文工程，可以全面展示某個歷史時期有關作家研究的集體成就，這是國立臺灣文學館從 2010 年啟動「臺灣現當代作家研究資料彙編」（50 冊）的一些基本想法，和另外兩個大計畫：「臺灣文學史長編」（33 冊）、「臺灣古典作家精選集」（38 冊），相互呼應，期能將臺灣文學的豐富性展示出來，將「臺灣文學」這個學科挖深識廣；作為文化部的附屬機構，我們在國家文化建設的整體工程中，在「文學」作為一個公共事務的理念之下，我們紮紮實實做了有利文化發展的事，這是我們所能提供給社會大眾的另類服務，也是我們朝向臺灣文學研究中心理想前進的努力。

我們在四年間分三批出版的這 50 本臺灣現當代作家研究資料彙編，從賴和（1894～1943）到楊牧（1940～），從割臺之際出生、活躍於日據下的作家，到日據之末出生、活躍於戰後臺灣文壇的作家；當然也包含 1949 年左右離開大陸，而在臺灣文壇發光發熱的作家。他們只是臺灣作家的一小部分，由承辦單位組成的專業顧問群多次會商議決；這個計畫，我們希望能夠在精細檢討之後，持續推動下去。

顧問群基本上是臺灣文學史專業的組合，每位作家重要評論文章選刊及研究綜述的撰寫者，都是對於該作家有長期研究的專家。這是學界人力的大動員，承辦本計畫的臺灣文學發展基金會長期致力臺灣文學史料的蒐輯整理，具有強大的學術及社會力量，本計畫能夠順利推動且如期完成，必須感謝他們組成的編輯團隊，以及眾多參與其事的學界朋友。

國立臺灣文學館館長　**李瑞騰**

編序

◎封德屏

緣起

1995 年 10 月 25 日，在臺灣師範大學教育大樓的 201 室，一場以「面對臺灣文學」爲題的座談會，在座諸位學者分別就臺灣文學的定義、發展、研究，以及文學史的寫法等，提出宏文高論，而時任國家圖書館編纂張錦郎的「臺灣文學需要什麼樣的工具書」，輕鬆幽默的言詞，鞭辟入裡的思維，更贏得在座者的共鳴。

張先生以一個圖書館工作人員自謙，認真專業地爲臺灣這幾十年來究竟出版了多少有關臺灣文學的工具書，做地毯式的調查和多方面的訪問。同時條理分明地針對研究者、學生，列出了十項工具書的類型，哪些是現在亟需的，哪些是現在就可以做的，哪些是未來一步一步累積可以達成的，分別做了專業的建議及討論。

當時的文建會二處科長游淑靜，參與了整個座談會，會後她劍及履及的開始了文學工具書的委託工作，從 1996 年的《臺灣文學年鑑》起始，一年一本的編下去，一直到現在，保存延續了臺灣文學發展的基本樣貌。接著是《中華民國作家作品目錄》的新編，《臺灣文壇大事紀要》的續編，補助國家圖書館「當代文學史料影像全文系統」的建置，這些工具書、資料庫的接續完成，至少在當時對臺灣文學的研究，做到一些輔助的功能。

2003 年 10 月，籌備多年的「台灣文學館」正式開幕運轉。同年五月《文訊》改隸「財團法人台灣文學發展基金會」，爲了發揮更大的動能，開始更積極、更有效率地將過去累積至今持續在做的文學史料整理出來，讓豐厚的文藝資源與更多人共享。

於是再次的請教張錦郎先生，張先生認為文學書目、作家作品目錄、文學年鑑、文學辭典皆已完成或正在進行，現在重點應該放在有關「臺灣現當代作家評論資料目錄」的編輯工作上。

很幸運的，這個計畫的發想得到當時臺灣文學館林瑞明館長的支持，於是緊鑼密鼓的展開一切準備工作：籌組編輯團隊、召開顧問會議、擬定工作手冊、撰寫計畫書等等。

張錦郎先生花了許多時間編訂工作手冊，每一位作家的評論資料目錄分為：

（一）生平資料：可分作者自述，旁人論述及訪談，文學獎的紀錄。

（二）作品評論資料：可分作品綜論，單行本作品評論，其他作品（包括單篇作品）評論，與其他作家比較等。

此外，對重要評論加以摘要解說，譬如專書、專輯、學術會議論文集或學位論文等，凡臺灣以外地區之報刊及出版社，於書名或報刊後加註，如中國大陸、香港、新加坡等。此外，資料蒐集範圍除臺灣外，也兼及中國大陸、香港、新加坡、日本、韓國及歐美等地資料，除利用國內蒐集管道外，同時委託當地學者或研究者，擔任資料蒐集工作。

清楚記得，時任顧問的學者專家們，都十分高興這個專案的啓動，但確定收錄哪些作家名單時，也有不同的思考及看法。經過充分的討論後，終於取得基本的共識：除以一般的「文學成就」為觀察及考量作家的標準外，並以研究的迫切性與資料獲得之難易度為綜合考量。譬如說，在第一階段時，作家的選擇除文學成就外，先考量迫切性及研究性，迫切性是指已故又是日治時期臺籍作家為優先，研究性是指作品已出土或已譯成中文為優先。若是作品不少而評論少，或作品評論皆少，可暫時不考慮。此外，還要稍微顧及文類的均衡等等。基本的共識達成後，顧問群共同挑選出 310 位作家，從鄭坤五、賴和、陳虛谷以降，一直到吳錦發、陳黎、蘇偉貞，共分三個階段進行。

張錦郎先生修訂的編輯體例，從事學術研究的顧問們，一方面讚嘆「此目錄必然能成為類似文獻工作的範例」，但又深恐「費力耗時，恐拖延了結案時間」，要如何克服「有限時間，高度理想」的編輯方式，對工作團隊確實是一大挑戰。於是顧問們群策群力，除了每人依研究領域、研究專長認領部分作家外（可交叉認領），每個顧問亦推薦或召集研究生襄助，以期能在教學研究工作外，為此目錄盡一份心力。

「臺灣現當代作家評論資料目錄」專案計畫，自 2004 年 4 月開始，至 2009 年 10 月結束，分三個階段歷時五年六個月，共發現、搜尋、記錄了十餘萬筆作家評論資料。共經歷了三位專職研究助理，近三十位兼任研究助理。這些研究助理從開始熟悉體例，到學習如何尋找資料，是一條漫長卻實用的學習過程。

接續

「臺灣現當代作家評論資料目錄」的專案完成，當代重要作家的研究，更可以在這個基礎上，開出亮麗的花朵。於是就有了「臺灣現當代作家研究資料彙編暨資料庫建置計畫」的誕生。為了便於查詢與應用，資料庫的完成勢在必行，而除了資料庫的建置外，這個計畫再從 310 位作家中精選 50 位，每人彙編一本研究資料，內容有作家圖片集，包括生平重要影像、文學活動照片、手稿及文物，小傳、作品目錄及提要、文學年表。另外每本書分別聘請一位最適當的學者或研究者負責編選，除了負責撰寫八千至一萬字的作家研究綜述外，再從龐雜的評論資料中挑選具有代表性的評論文章，平均 12～14 萬字，最後再附該作家的評論資料目錄，以期完整呈現該作家的生平、創作、研究概況，其歷史地位與影響。

由於經費及時間因素，除了資料庫的建置，資料彙編方面，50 位作家分三個階段完成。第一階段出版了 15 位作家，第二階段出版了 12 位作家，此次第三階段則出版了 23 位作家資料彙編。雖然已有過前兩階段的實務經驗，但相較於前兩階段，此次幾乎多出版將近一倍的數量，使工作小組在編輯過程中，仍然面臨了相當大的困難與挑戰。

首先，必須掌握每位編選者進度這件事，就是極大的挑戰。於是編輯小組在等待編選者閱讀選文的同時，開始蒐集整理作家生平照片、手稿，重編作家年表，重寫作家小傳，尋找作家出版品的正確版本、版次，重新撰寫提要。這是一個極其複雜的工程。還好有認真負責的雅嫺、寁婷、欣怡，以及編輯老手秀卿幫忙，讓整個專案延續了一貫的品質及進度。

在智慧權威、老練成熟的學者專家面前，這些初生之犢的年輕助理展現了大無畏的精神，施展了編輯教戰手冊中的第一招——緊迫盯人。看他們如此生吞活剝地貫徹我所傳授的編輯要法，心裡確實七上八下，但礙於工作繁雜，實在無法事必躬親，也只好讓他們各顯身手了。

縱使這些新手使出了全部力氣，無奈工作的難度指數仍然偏高，雖有前兩階段的經驗，但面對不同的編選者，不同的編選風格，進度仍然不很順利，再加上此次同時進行 23 位作家的編纂作業，在與各編選者及各冊傳主往來聯繫的過程中，更是有許多龐雜而繁瑣的細節。此時就得靠意志力及精神鼓舞了。我對著年輕的同仁曉以大義，告訴他們正在光榮地參與一個重要的文學工程，絕對不可輕言放棄。

成果

雖然過程是如此艱辛，如此一言難盡，可是終究看到豐美的成果。每位編選者雖然忙碌，但面對自己負責的作家資料彙編，卻是一貫地認真堅持。他們每人必須面對上千或數百筆作家評論資料，挑選重要或關鍵性的評論文章，全面閱讀，然後依照編選原則，挑選評論文章。助理們此時不僅提供老師們所需要的支援，統計字數，最重要的是得找到各篇選文作者，取得同意轉載的授權。在第一階段進度流程初估時，我們錯估了此項工作的難度，因爲許多評論文章，發表至今已有數十年的光景，部分作者行蹤難查，還得輾轉透過出版社、學校、服務單位，尋得蛛絲馬跡，再鍥而不捨地追蹤。有了第一階段的血淚教訓，第二階段關於授權方面，我們更是如臨深淵、如履薄冰，希望不要重蹈覆轍，第三階段也遵循前兩階段的經驗，在面對授權作業時更是戰戰兢兢，不敢懈怠。

除了挑選評論文章煞費苦心外，每個作家生平重要照片，我們也是採高標準的方式去蒐集，過世作家家屬、友人、研究者或是當初出版著作的出版社，都是我們徵詢的對象。認真誠懇而禮貌的態度，讓我們獲得許多從未出土的資料及照片，也贏得了許多珍貴的友誼。許多作家都協助提供照片手稿等相關資料，如王鼎鈞、洛夫、余光中、羅門、瘂弦、司馬中原、林文月、鄭愁予、黃春明及其子黃國珍、白先勇及與其合作多年的攝影師許培鴻、白萩及其夫人、陳若曦、七等生、王文興、楊牧及其夫人夏盈盈。已不在世的作家，其家屬及友人在編輯過程中，也給予我們許多協助及鼓勵，如姜貴的長子王爲鐮、張秀亞的女兒于德蘭、艾雯的女兒朱恬恬、陳秀喜的女兒張瑛瑛、商禽的女兒羅珊珊、陳冠學的後輩友人陳文銓與郭漢辰、郭松棻的夫人李渝、王禎和的夫人林碧燕，藉由這個機會，與他們一起回憶、欣賞他們親人或父祖、前輩，可敬可愛的文學人生。此外，還有張默、岩上、閻純德、李高雄、丘彥明、朱雙一、吳姍姍、鄭穎、舊香居書店吳雅慧等作家及研究者，熱心地幫忙我們尋找難以聯繫的授權者，辨識因年代久遠而難以記錄年代、地點、事件的作家照片，釐清文學年表資料及作家作品的版本問題，我們從他們身上學習到更多史料研究可貴的精神及經驗。

但如何在規定的時間內，完成第三階段 23 本資料彙編的編輯出版工作，對工作小組來說，確實是一大考驗。每一冊的主編老師，都是目前國內現當代台灣文學教學及研究的重要人物，因此每位主編都十分忙碌。有鑑於前兩階段的經驗，以及現有工作小組的人力，決定分批完稿，每個人負責 2～4 本，三位組長的責任額甚至超過 4～5 本。每一本的責任編輯，必須在這一年多的時間內，與他們所負責資料彙編的主角——傳主及主編老師，共生共榮。從作家作品的收集及整理開始，必須要掌握該作家一生作品的每一次的出版，以及盡量收集不同的版本；整理作家年表，除了作家、研究者已撰述好的年表外，也必須再從訪談、自傳、評論目錄，從作品出版等線索，再做比對及增刪。再來就是緊盯每位把「研究綜述」放在所有進度最後一關的主編們，每隔一段時間提醒他們，或順便把新增的評論目錄寄給他們（每隔一段時間就有新的相關論文或學位論文出現），讓他們隨時與他們所主編的這本書，產生聯想，希望有助於「研究綜述」撰寫的進度。

以上的工作說起來，好像並不十分困難，身爲總策劃的我起初心裡也十分篤定的認爲，事情儘管艱困，最後還是應該順利完成。然而，這句雲淡風輕的話，聽在此次身歷其境參與工作的同仁耳中，一定會恨得牙癢癢的。「夜長夢多」這個形容詞拿來形容這件工作，真是太恰當也沒有了。因爲整個工作期程超過一年，在這段漫長的歲月中，因等待、因其他人力無法抗拒的因素，衍伸出來的問題，層出不窮，更有許多是始料未及的。譬如，每本書的的選文，主編老師本來已經選好了，也經過授權了，爲了抓緊時間，負責編輯的助理們甚至連順序、頁碼都排好了，就等主編老師的大作了，這時主編突然發現有新的文章、新的資料產生：再增加兩三篇選文吧！爲了達到更好更完備的目標，工作小組當然全力以赴，聯絡，授權，打字，校對，重編順序等等工作，再度展開。

此次第三階段共需完成 23 位作家研究資料彙編，年齡層較上兩個階段已年輕許多，因此到最後的疑難雜症，還有連主編或研究者都不太清楚的部分，譬如年表中的某一件事、某一個年代、某一篇文章、某一個得獎記錄，作家本人絕對是一個最好的諮詢對象，於是幾乎我們每本書都找到了作家本人，對解決某些問題來說，這是一個好的線索，但既然看了，關心了，參與了，就可能有不同的看法，選文、年表、照片，甚至是我們整本書的體例。於是又是一場翻天覆地的大更動，對整本書的品質來說，應該是好的，但對經過一年多琢磨、修改已近入完稿階段的編輯團隊來說，這不啻是一大挑戰。

1990 年開始，各地縣市文化中心（文化局），對在地作家作品集的整理出版，以及台灣文學館成立後對日治時期作家以迄當代重要作家全集的編纂，對臺灣文學之作家研究，也有了很好的促進作用。如《楊逵全集》、《林亨泰全集》、《鍾肇政全集》、《張文環全集》、《呂赫若日記》、《張秀亞全集》、《葉石濤全集》、《龍瑛宗全集》、《葉笛全集》、《鍾理和全集》、《錦連全集》、《楊雲萍全集》、《鍾鐵民全集》等，如雨後春筍般持續展開。

經過近二十年的努力，臺灣文學的研究與出版，也到了可以驗收或檢討成果的階段。這個說法，當然不是要停下腳步，而是可以從「臺灣現當代作家評論資料目錄」所呈現的 310 位作家、10 萬筆資料中去檢視。檢視的標的，除了從作家作品的質量、時代意義及代表性去衡量外、也可以從作家的世代、性別、文類中，去挖掘還有待開墾及努力之處。因此在這樣的堅實基礎上，這套「臺灣現當代作家研究資料彙編」，每位編選者除了概述作家的研究面向外，均有些觀察與建議。希望就已然的研究成果中，去發現不足與缺憾，研究者可以在這些不足與缺憾之處下功夫，而盡量避免在相同議題上重複。當然這都需要經過一段時間去發現、去彌補、去重建，因此，有關臺灣文學研究的調查與研究，就格外顯得重要了。

期待

感謝臺灣文學館持續支持推動這兩個專案的進行。「臺灣現當代作家評論資料目錄」的完成，呈現的是臺灣文學研究的總體成果；「臺灣現當代作家研究資料彙編」套書的出版，則是呈現成果中最精華最優質的一面，同時對未來的研究面向與路徑，做最好的建議。我們可以很清楚的體會，這是一條綿長優美的臺灣文學接力賽，我們十分榮幸能參與其中，我們更珍惜在傳承接力的過程，與我們相遇的每一個人，每一件讓我們真心感動的事。我們更期待這個接力賽，能有更多人加入。誠如張恆豪所說「從高音獨唱到多元交響」，這是每一個人所期待的。

編輯體例

一、本書編選之目的，爲呈現王鼎鈞生平、著作及研究成果，以作爲臺灣文學相關研究、教學之參考資料。

二、全書共五輯，各輯內容及體例說明如下：

輯一：圖片集。選刊作家各個時期的生活或參與文學活動的照片、著作書影、手稿（包括創作、日記、書信）、文物。

輯二：生平及作品，包括三部分：

1.小傳：主要內容包括作家本名、重要筆名，生卒年月日，籍貫，及創作風格、文學成就等。

2.作品目錄及提要：依照作品文類（論述、詩、散文、小說、劇本、報導文學、傳記、日記、書信、兒童文學、合集）及出版順序，並撰寫提要。不收錄作家翻譯或編選之作品。

3.文學年表：考訂作家生平所進行的文學創作、文學活動相關之記要，依年月順序繫之。

輯三：研究綜述。綜論作家作品研究的概況，並展現研究成果與價值的論文。

輯四：重要文章選刊。選收國內外具代表性的相關研究論文及報導。

輯五：研究評論資料目錄。收錄至 2013 年 6 月底止，有關研究、論述臺灣現當代作家生平和作品評論文獻。語文以中文爲主，兼及日文和英文資料。所收文獻資料，以臺灣出版爲主，酌收中國大陸、香港、日本和歐美國家的出版品。內容包含三部分：

1.「作家生平、作品評論專書與學位論文」下分爲專書與學位論文。

2.「作家生平資料篇目」下分爲「自述」、「他述」、「訪談」、「年表」、「其他」。

3.「作品評論篇目」下分爲「綜論」、「分論」、「作品評論目錄、索引」、「其他」。

目次

【輯五】研究評論資料目錄

輯一◎圖片集

影像◎手稿◎文物

1946年，王鼎鈞攝於瀋陽。（爾雅出版社提供）

約1950年，王鼎鈞來臺後第一張照片，為中國廣播公司職員證照。（爾雅出版社提供）

1961年，王鼎鈞於路邊閱讀《詩，散文，木刻》雜誌。（爾雅出版社提供）

約1960年代，與文友合影。左起：王鼎鈞、朱嘯秋、于還素。（文訊文藝資料中心）

1975年，王鼎鈞應邀擔任救國團於清華大學舉辦的「復興文藝營」駐營講座，攝於南下的火車上。（爾雅出版社提供／黃力智拍攝）

1977年，王鼎鈞留影。（爾雅出版社提供）

1980年，王鼎鈞攝於美國西東大學雙語教程中心。（文訊文藝資料中心）

1984年，王鼎鈞攝於紐約。（爾雅出版社提供）

1988年，王鼎鈞於紐約自宅向賓客們講述流亡學生時期之自身經歷。（文訊文藝資料中心）

1994年2月3日，文友來訪，攝於紐約自宅。左起：陳憲仁、王鼎鈞、琦君。（陳憲仁提供）

1996年，王鼎鈞攝於紐約山上。（爾雅出版社提供／馬白水拍攝）

1998年1～2月，王鼎鈞與李宜涯（右）攝於紐約。（文訊文藝資料中心）

1999年，王鼎鈞於紐約作家協會舉辦的「新詩寫作座談會」演講。（文訊文藝資料中心）

2001年5月26日，獲北美華文作家協會「第五屆傑出華人會員」獎牌。左起：馬克任（主辦人）、林澄枝（授獎人）、夏志清、琦君、鄭愁予、王鼎鈞、符兆祥（來賓）。（文訊文藝資料中心）

2003年，應邀出席世界日報主辦的「華文文學座談會」。左起：王鼎鈞、哈金、夏志清。（張欣雲拍攝）

2005年，於紐約舉行《關山奪路》新書發表會。左起：馬克任、王鼎鈞、龔選舞。（阮冠騰拍攝）

2006年7月21日，王鼎鈞捐贈個人著作及藏書共150本予紐約經濟文化辦事處圖書室。左為夏立言處長。（胡愷芬拍攝）

2007年，林懷民率團赴紐約公演，與王鼎鈞相晤。左起：林懷民、王鼎鈞、王隸華。（文訊文藝資料中心）

2008年春，王鼎鈞（中）於紐約華文作家協會戊子團拜活動上致詞。
（文訊文藝資料中心）

2010年，王鼎鈞於紐約寓所接受華視「點燈」節目主持人張光斗
（左）專訪。（文訊文藝資料中心）

2011年1月5日，世界日報邀請龍應台（左）赴紐約演講，會前安排與王鼎鈞（右）會晤、並由曾慧燕（左二）專訪。右二為王隸華。（文訊文藝資料中心）

2011年9月17日，應邀出席於紐約世界日報文化藝廊舉辦的「臺灣百分百書展」開幕剪綵儀式。左起：唐詩雅、孟昭文、劉醇逸、李德怡、林載爵、伍權碩、顧雅明、Fred J. Gitner、翁桂堂、王鼎鈞。（文訊文藝資料中心）

小論自殺 —— 有感於陳素卿之死。

人們處理生活中所遭遇的困難，大概可分做兩種態度，一个是克服它，另一个是逃避它。如果既不足以克服，又不能逃避，必然造成內心的痛苦，這痛苦至於終極，便祇有出於自殺一途。

陳素卿小姐的「殉情自殺」，現已轟動全台，報紙上長篇累牘載出唏噓嘆賞的文章，我們這裡對報紙素不關心的人，竟也跑到各報館搶購舊報，足見此事轟傳之烈，也足見報紙鋪張渲染之盛。但我以為一般人过份高估了此一事件的份量，陳小姐之死，固然是社会上不幸的悲劇，然而這悲劇在今日中國祇是一个渺小的插曲，方今赤禍猖獗，因而慘絕人寰的事實罄竹難述，足以使我們痛哭流涕長太息的現象，不勝枚舉，如果把這件新聞擴進匪區，決難引起劫後餘生的共鳴，祇因發生在安居樂業的台灣，這些不安寂寞的人心便不免因風興波了。

孟子説：「可以死，可以無死，死傷勇」。我們所以惋惜陳小姐者，在乎她本可活下去。倘若她能了解愛情的昇華，何妨借用「白山黑水

1950年，王鼎鈞〈小論自殺——有感於陳素卿之死〉手稿。（王鼎鈞提供）

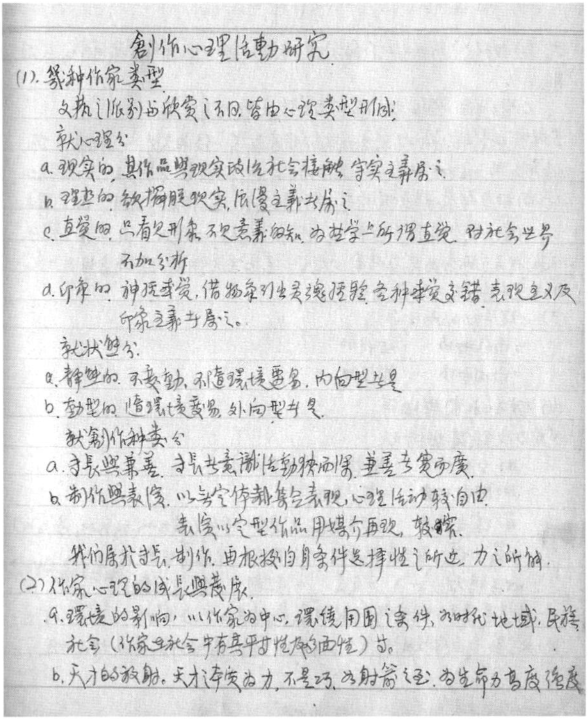

創作心理活動研究

(1). 幾种作家类型

文執之(派別)由欣賞之不同，皆由心理类型形成。

就心理分

a. 現实的．其作品與現实政治社会接觸，寫实主義居之。

b. 理想的．欲擺脫現实，浪漫主義者居之。

c. 直覺的．只看见形象，不见意義的知，為哲学上所謂直覺，对社会世界不加分析

d. 印象的．神經敏覺，借物象引出靈魂經驗，色种感覚交錯，表现主义及印象主義者居之。

就狀態分

a. 靜態的．不長動，不適環境遷易，內向型者是

b. 動態的．適環境變易，外向型者是。

就創作种类分

a. [illegible]

b. [illegible]

(2) 作家心理的成長與發展

a. 環境的影响，以作家為中心，環境周圍之条件，如时代、地域、民族、社会（作家之社会中有共平某性格的個性）等。

b. 天才的發射．[illegible]

1951年，王鼎鈞參加中國文藝協會主辦的「小說創作研究組」課程筆記。（王鼎鈞提供）

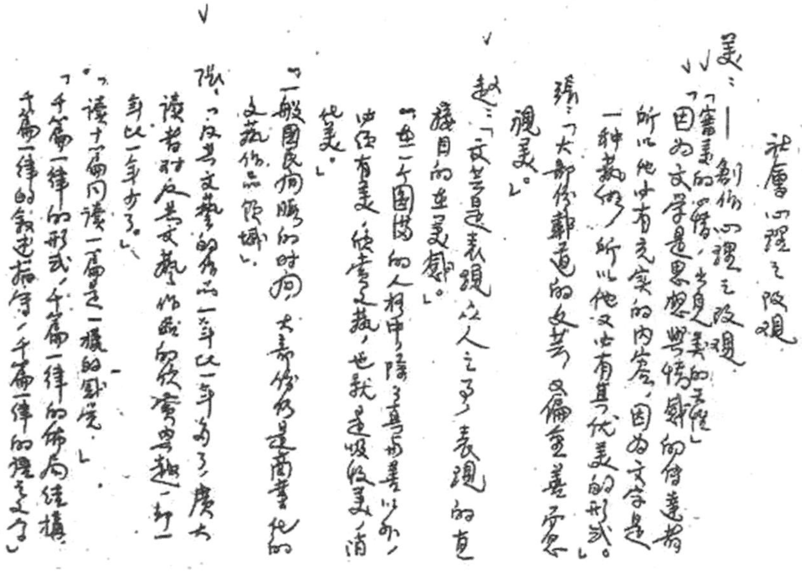

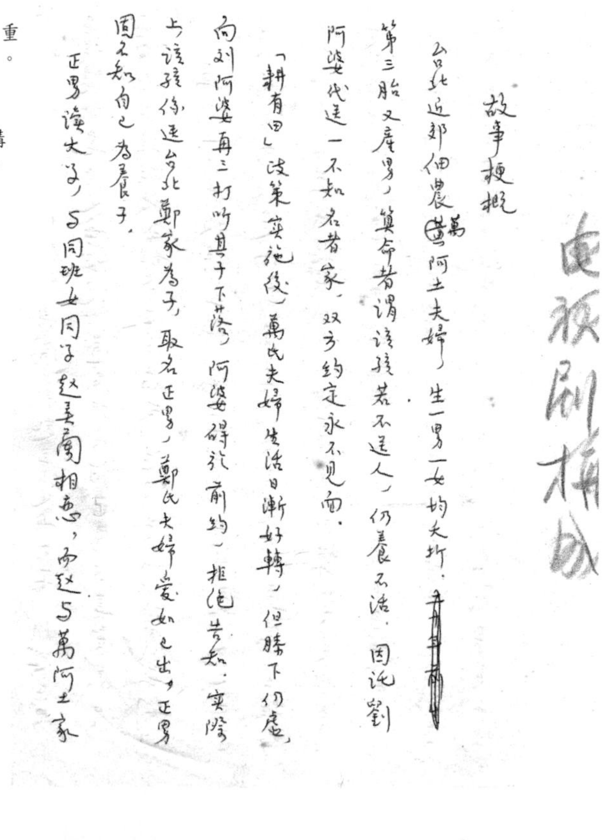

1951年，王鼎鈞〈康樂的重要——心理的康樂〉手稿。（王鼎鈞提供）

1976年，王鼎鈞〈電視劇構成〉手稿。（王鼎鈞提供）

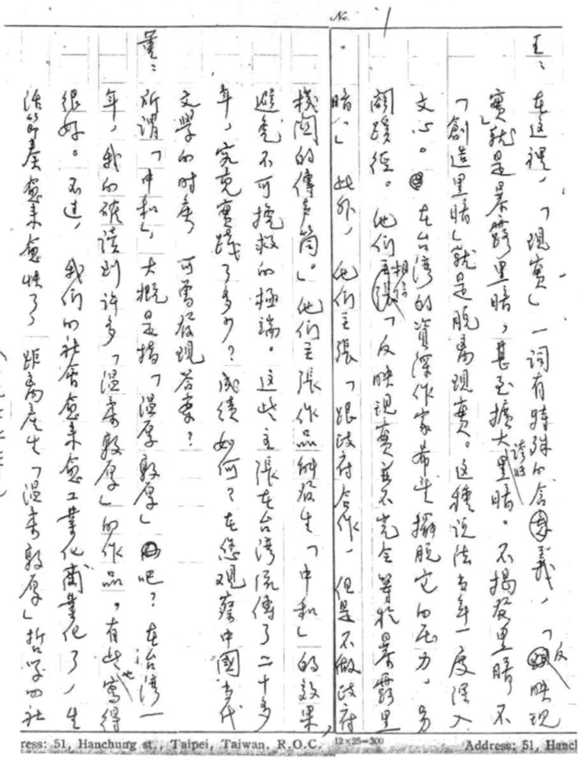
No. 1

王：在這裡，「現實」一詞有特殊的含義，「反映現實」就是暴露黑暗，甚至擴大黑暗（誇張黑暗）。不揭發黑暗不「創造黑暗」就是脫离現實。這種說法曾經一度深入人心。在台灣的資深作家希望擺脫它的压力，多關懷些。他們相信「反映現實」並不完全等於暴露黑暗。此外，他們主張「跟政府合作」，但是不做政府機關的傳聲筒。他們主張作品能發生「中和」的效果，避免不可挽救的極端。這些主張在台灣流傳了二十多年，究竟實踐了多少？成績如何？在您觀察中國當代文學的時候，可曾發現答案？

量：所謂「中和」，大概是指「温柔敦厚」吧？在台灣一年，我曾經讀到許多「温柔敦厚」的作品，有些也寫得很好。不过，我們的社會愈來愈工業化商業化了，生活節奏愈來愈快了，誰为底生「温柔敦厚」的哲學四社

（一九七七年）

1977年，王鼎鈞受《中華日報》之託，訪問一位教授之手稿。（王鼎鈞提供）

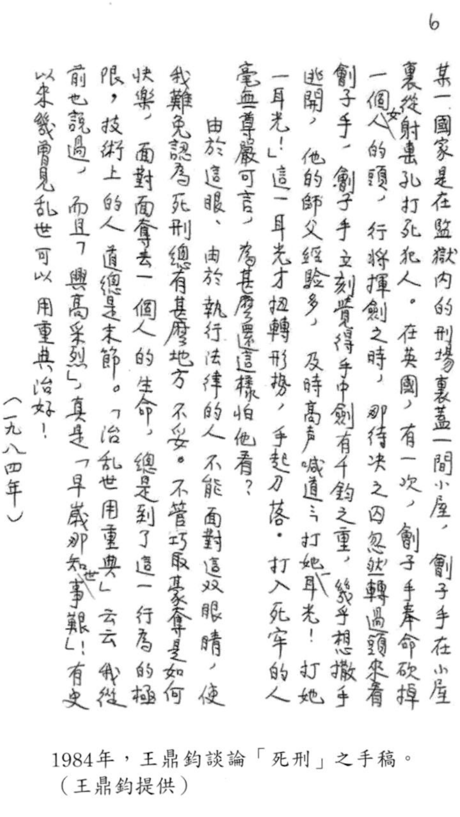
6

某一國家是在監獄內的刑場裏蓋一間小屋，劊子手在小屋裏從射擊孔打死犯人。在英國，有一次，劊子手奉命砍掉一個女人的頭，行將揮劍之時，那待決之囚忽然轉過頭來看劊子手，劊子手立刻覺得手中劍有千鈞之重，幾乎想撇手逃開，他的師父經驗多，及時高聲喊道：「打她耳光！打她一耳光！」這一耳光才扭轉形勢，手起刀落。打入死牢的人毫無尊嚴可言，為甚麼還這樣怕他看？

由於這眼、由於執行法律的人不能面對這雙眼睛，使我難免認為死刑總有甚麼地方不妥。不管巧取豪奪是如何快樂，面對面奪去一個人的生命，總是到了這一行為的極限，技術上的人道總是末節。「治亂世用重典」云云，我從前也說過，而且「興高采烈」，真是「早歲那知世事艱」！有史以來幾曾見亂世可以用重典治好！

（一九八四年）

1984年，王鼎鈞談論「死刑」之手稿。（王鼎鈞提供）

2

對於礁石，海水是雕刻家。
長於雕刻的，不只是海水。例如羅丹，他手握斧鑿，
凝視一塊大理石，心中有一個形象。
雖然整塊大理石光潔無瑕，但是在雕刻家的斧鑿下總
要一塊一塊除去，一處一處穿透，一層一層揭掉。他的工
作有時像解剖一樣謹慎，有時像毀壞一樣狠辣。
他在大理石上刻出煙來，從煙裏造出神來。
如此，雕刻家心中的形象藉着大理石呈現了，凝固了，
永恒了。雕刻家之於石頭無恩無怨，只是自然如此，必須
如此。
這是另一部文學史。

第　頁
（12×25＝300）

1988年，王鼎鈞〈《左心房漩渦》序〉手稿。（王鼎鈞提供）

1990年，王鼎鈞〈紐約即事答程明光〉手稿。（王鼎鈞提供）

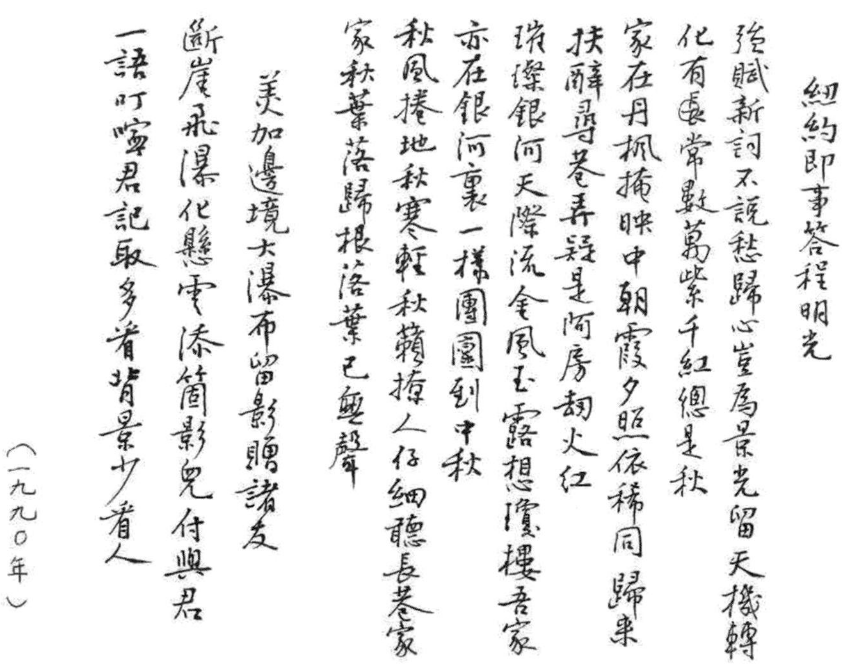
紐約即事答程明光

發賦新詞不說愁歸心豈為景光留天機轉
化有長常數萬紫千紅總是秋
家在丹楓掩映中朝霞夕照依稀同歸來
扶醉尋巷弄疑是阿房劫火紅
璀璨銀河天際流金風玉露想瓊樓吾家
亦在銀河裏一樣團圓到中秋
秋風捲地秋寒輕秋籟撩人仔細聽長巷家
家秋葉落歸根落葉已無聲

美加邊境大瀑布留影贈諸友
斷崖飛瀑化懸雲添箇影兒付與君
一語叮嚀君記取多看背景少看人

（一九九〇年）

三讀〈藍与黑〉

王鼎鈞

王藍先生的長篇小說〈藍与黑〉是在一九五八年出版的，那時我曾有幸參与校對工作。一九七七年，〈藍与黑〉的版權轉入純文學出版社，我將新版本再讀一過，並作讀書報告。現在，一九九七，又由於純文學出版結束，〈藍与黑〉有了「九歌」版，我担任最後一校，有機會把這本風行了四十年的書再溫一遍。

回想起來，我初讀〈藍与黑〉時還是个文藝青年，而今三讀，已成皤然一翁。四十年耳目所及，〈藍与黑〉不斷有人提起，不斷有人評介，不斷有人引用，也不斷有人研究討論。甚至，在九龍有了「藍与黑服飾店」，在台北有

王鼎鈞〈三讀〈藍與黑〉〉手稿。
（國立臺灣文學館提供）

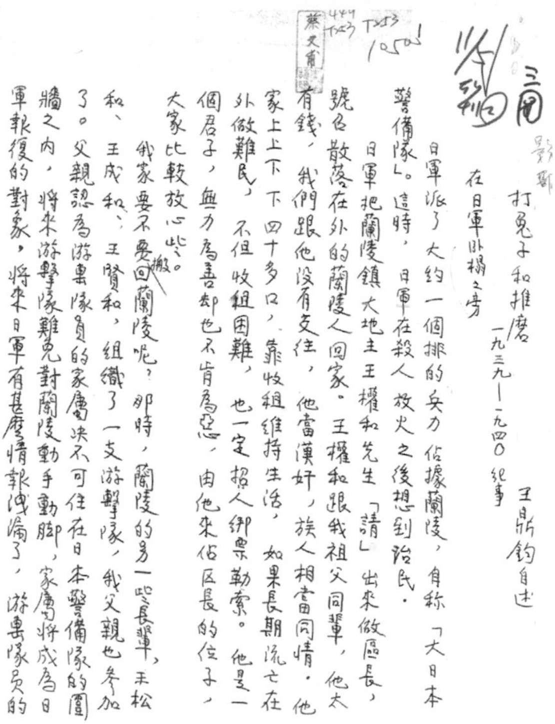
打兔子和推磨

王鼎鈞自述

一九三九—一九四〇紀事

在日軍卧榻之旁

日軍派了大約一個排的兵力佔據蘭陵，自称「大日本警備隊」。這時，日軍在殺人放火之後想到治民。

日軍把蘭陵鎮大地主王耀和先生「請」出來做區長，號召散落在外的蘭陵人回家。王耀和跟我祖父同輩，他太有錢，我們跟他沒有交往，他當漢奸，族人相當同情。他家上上下下四十多口，靠收租維持生活，如果長期流亡在外做難民，不但收租困難，也一定招人綁票勒索。他是一個君子，無力為善卻也不肯為惡，由他來佔區長的位子，大家比較放心些。

我家要不要搬回蘭陵呢？那時，蘭陵的另一些長輩，王松和、王成和、王賢和，組織了一支游擊隊，我父親也參加了。父親認為游擊隊員的家屬決不可住在日本警備隊的圍牆之內，將來游擊隊難免對蘭陵動手動腳，家屬將成為日軍報復的對象，將來日軍有甚麼情報洩漏了，游擊隊員的

王鼎鈞〈打兔子和推磨〉手稿。
（國立臺灣文學館提供）

輯二◎生平及作品

小傳◎作品◎年表

小傳

王鼎鈞（1925～）

王鼎鈞，男，筆名方以直，籍貫山東臨沂，1925 年 4 月 4 日生，1949 年 5 月來臺。

抗戰末期輟學從軍，來臺後曾任《掃蕩報》副刊編輯、《公論報》副刊主編、中國廣播公司編審組長及專門委員、中國電視公司編審組長、《中國時報》主筆及「人間」副刊主編、幼獅文化公司主編、國立編譯館小學國語教科書編輯委員、國軍文藝運動輔導委員、中國語文研究中心新聞文學研究部主任、國家文藝基金會管理委員會審議委員、中國語文學會理事、中國文藝協會理事。除文化事業外，也曾先後於育達商業職業學校、汐止中學、中國文化學院、臺灣藝術專科學校、世新新聞專科學校講授新聞報導寫作及廣播電視節目寫作等課程。1951 年起，開始從事廣播劇、舞臺劇創作，常發表雜文、小說於報紙專欄，寫作興趣廣泛。1978 年應美國西東大學之邀赴美，擔任雙語教程中心華文主編。現已退休，定居美國紐約，專事寫作。曾獲中華文藝獎金委員會國父誕辰紀念獎金、中華文藝協會文藝獎章、中山文藝創作獎、行政院新聞局圖書著作金鼎獎、中國時報文學獎散文推薦獎、吳魯芹散文獎。

王鼎鈞創作文類以散文爲大宗，兼及論述、詩、小說、廣播劇本創作，寫作範圍多元。其散文以說理、敘事爲主旨，擅長運用小故事烘托主題，不用艱澀的理論文字說教，也不用奇巧雄辯方式灌輸道理，而是以生活化的語言文字，將歷史典故、民間俗諺或自身經驗穿插於其中，藉由象徵、寄寓的方式傳達人生哲理。在創作風格方面，大致上可分三階段：早期多以專欄雜文爲主，如《人生觀察》、《世事與棋》等；中期擅以清新雋永的文字、寓言寄託的手法，闡述其人生理念，如「人生三書」系列；後期風格轉爲說理、敘事與抒情兼具，如《碎琉璃》、《左心房漩渦》。此外，他以時間爲分類，運用自傳體的寫實手法，撰寫他的回憶錄四部曲——《昨天的雲》、《怒目少年》、《關山奪路》、《文學江湖》，將其生平所見所聞所學，具體而微的記錄下來，呈顯其內心深刻的反思，可做爲近代中國歷史的見證。隱地曾稱王鼎鈞：「善用活潑的形式，淺近的語文，表達深遠的寄托，字裡行間既富理想色彩，也密切注視現實。」

除散文之外，王鼎鈞尚有小說、詩、論述等相關作品。在小說方面，主要以 1950～1960 年代臺灣社會爲背景，刻劃各種階層的生活樣貌，如《單身漢的體溫》；在論述方面，則以寫作指引爲主，傳授自身寫作經驗，如《文學種籽》、《作文七巧》；同時他也擅於以散文、小說的技巧入詩，其詩作涵蓋廣泛的意象與美感。

王鼎鈞著作等身，爲現當代散文大家，數十年來筆耕不輟，迄今仍未停筆。他首開文類跨越之風氣，將小說、詩及戲劇的寫作技巧與手法，巧妙融入散文作品之中，跳脫了文類的界限，並藉其深厚的國學素養，與現代文學加以結合，兼具傳統文化與現代意識，開創出另一種新穎獨特的變體散文風格，對於臺灣文壇帶來極深遠的影響。不論任何文體，王鼎鈞皆能以自身豐富的人生閱歷、洗鍊的文字修養，將之運用裕如，以「良工式古不違時」自我經營，頗耐時潮淘洗，展現出鮮明的時代氣息和人生智慧。誠如鄭明娳所言：「王鼎鈞的作品大部分具有小說的敘述、散文的描寫、詩質的意象與歧義，他了解各文類的特質，善於利用各文類的優勢，所以能從容游刃於各文類之間。」

作品目錄及提要

【論述】

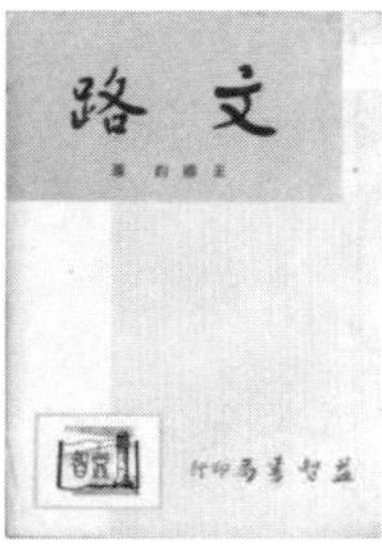

文路

臺北：益智書局
1963年5月，32開，152頁

本書集結作者發表於《中國語文》、《徵信新聞報》等報刊文章，根據其閱讀趙友培《文藝書簡》之心得，講授國文作文教學經驗及寫作方法。全書分五單元，收錄〈文章是「自己的」好〉、〈求職記〉、〈含蓄〉等25篇。正文前有虞君質〈序〉、王鼎鈞〈寫在前面〉。

小說技巧舉隅

臺中：光啟出版社
1963年6月，32開，144頁
文藝叢書16

本書主要探討小說寫作的各項技巧。全書收錄〈故事一——例書：魔沼〉、〈故事二——例書：傲慢與偏見〉等16篇。正文前有王鼎鈞〈前言〉，正文後附錄〈幾封信〉。

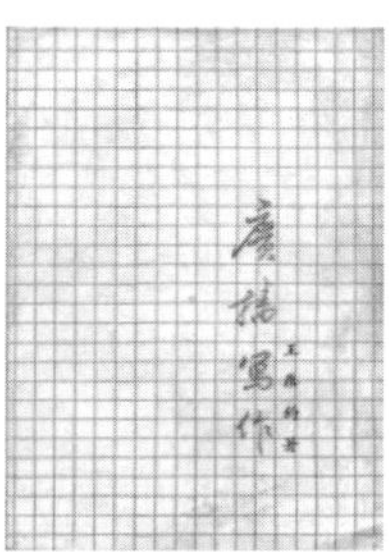

廣播寫作

臺北：空中雜誌社
1964年3月，32開，213頁
空中雜誌叢書2

本書集結1953～1963年作者發表於《廣播雜誌》、《中廣通訊》、《空中雜誌》「廣播寫作」專欄之文章，以其自身經驗，講述廣播文稿的寫作方法。全書收錄〈字音〉、〈長短句〉等14篇。

自由青年 1964

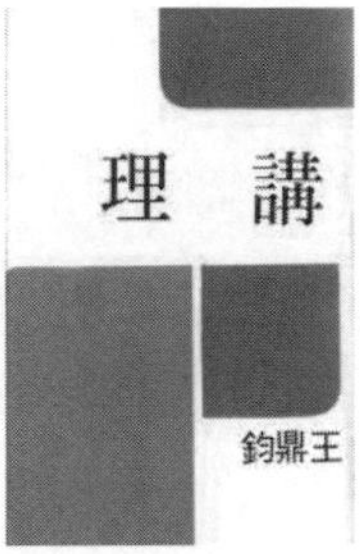
大地出版社 1974

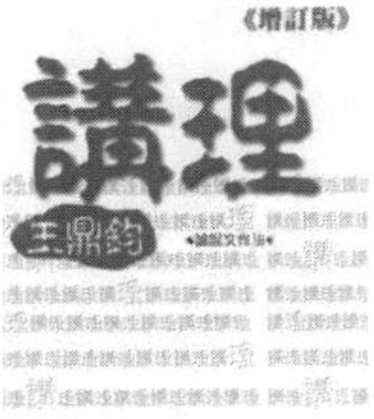
大地出版社 2000

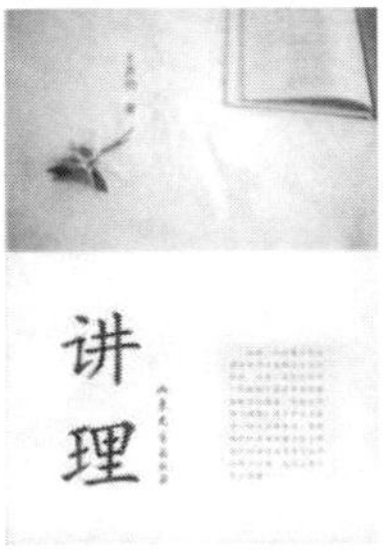
山東文藝 2003

講理

臺北：自由青年雜誌社
1964 年 10 月，32 開，190 頁

臺北：大地出版社
1974 年 4 月，32 開，191 頁
萬卷文庫 26

臺北：大地出版社（增訂版）
2000 年 8 月，25 開，297 頁
大地文學 1

濟南：山東文藝出版社
2003 年 9 月，大 32 開，237 頁

本書以國、高中學生爲教學對象，講述論說文的撰寫方法。全書收錄〈講理〉、〈是非法〉等 18 篇。正文前有王鼎鈞〈作者的話〉，正文後有王鼎鈞〈後記〉。
1974 年大地版：內容與自由青年版相同。正文前新增王鼎鈞〈《講理》再版自序〉。
2000 年大地版：增訂重排，新增〈接著說〉、〈就事論理〉兩篇。正文前刪去〈《講理》再版自序〉、〈作者的話〉，新增王鼎鈞〈新版前言〉，正文後改寫原後記爲〈後記：長話短說——貫穿三十六年的故事〉。
山東文藝版：正文內容與 2000 年大地版相同。正文前有王鼎鈞〈作者的話〉，正文後有王鼎鈞〈後記〉。

短篇小說透視

臺北：大江出版社
1969 年 9 月，40 開，194 頁
大江叢書 4

本書集結作者發表於《中國語文》「作品選例研究」專欄之文章，藉各篇範文解析短篇小說的創作手法。全書收錄〈說故事〉、〈另一種形式的「評論」〉等 11 篇。正文前有王鼎鈞〈自序〉。

文藝批評

臺北：廣文書局
1969 年 10 月，32 開，160 頁

本書集結 1950～1960 年代作者針對文學、藝術所撰寫的評論文章，及多部電影的觀後心得。全書收錄〈文藝批評〉、〈何以沒有文藝批評〉、〈如果有了文藝批評〉、〈「說恭維話」〉、〈文藝政策〉等 79 篇。

三民書局 1974

三民書局 2007

文藝與傳播

臺北：三民書局
1974 年 2 月，40 開，231 頁
三民文庫 183

臺北：三民書局
2007 年 11 月，25 開，217 頁
人文叢書‧社會類 5

本書主要以文學、藝術的角度探討大眾傳播理論。全書分「關於電視的專題討論」、「關於廣播的專題討論」、「綜合討論」、「與大眾傳播的關係」四部分，收錄〈向文藝作家提供電視觀念〉、〈從電影到電視〉等 19 篇。

2007 年三民版：內容與 1974 年三民版相同，重排新版。正文前新增三民書局編輯委員會〈再版說明〉。

明道文藝 1982

明道文藝 1996

爾雅出版社 2003

國際文化 2007

文學種籽

臺中：明道文藝雜誌社
1982 年 5 月，25 開，167 頁
明道文藝叢書 9

臺中：明道文藝雜誌社
1996 年 1 月，25 開，206 頁
明道文藝叢書 9

臺北：爾雅出版社
2003 年 7 月，25 開，257 頁
爾雅叢書 389

北京：國際文化出版公司
2007 年 12 月，16 開，152 頁
作文三書 3

本書集結作者發表於《明道文藝》之文章，內容主要闡述其文學觀。全書收錄〈語言〉、〈字〉等 16 篇。
1996 年明道文藝版：為 1982 年明道文藝版重排新版。
爾雅版：新增〈宗教信仰與文學創作〉一文。正文後新增〈貓貓虎虎〉、〈復活疑案〉、〈一家之主〉、〈月亮像什麼〉、〈空白〉、〈人我三段論〉、〈花非花〉、〈閒話作家〉九篇附錄，及王鼎鈞〈謹此致謝〉、〈王鼎鈞書目〉。
國際文化版：以明道文藝版為基礎，重排新版，刪減〈新與舊〉、〈真與假〉、〈人生〉、〈再談人生〉四篇。正文前新增楊傳珍〈作文三書總序〉。

自印 1984

爾雅出版社 2003

爾雅出版社 2006

國際文化 2007

作文七巧

自印
1984 年 8 月，32 開，223 頁

臺北：爾雅出版社
2003 年 4 月，32 開，223 頁
爾雅叢書 399

臺北：爾雅出版社（大字版）
2006 年 7 月，25 開，255 頁
爾雅叢書 399

北京：國際文化出版公司
2007 年 12 月，16 開，138 頁
作文三書 1

本書以作者自身的創作經驗，講述作文的寫作手法與技巧。全書分「記敘的技巧」、「抒情的技巧」、「描寫的技巧」、「議論的技巧」、「四種寫法的綜合運用」五部分，收錄〈直敘〉、〈倒敘〉等七篇。正文前有王鼎鈞／林芝〈答問（代序）〉，正文後附錄〈假如你投稿〉、〈希望你來教〉、張泠〈曲路上的指標〉。
2003 年爾雅版、2006 年爾雅版：內容皆與自印版相同。
國際文化版：正文內容與自印版相同，重排新版。正文前有楊傳珍〈作文三書總序〉，正文後有李宜涯〈文路無盡誓願行——力求突破的作家王鼎鈞先生〉、黃萬華〈人經風雨陰晴，文成鼎鼐滋味〉、袁慕直〈王鼎鈞小傳〉。

自印 1986

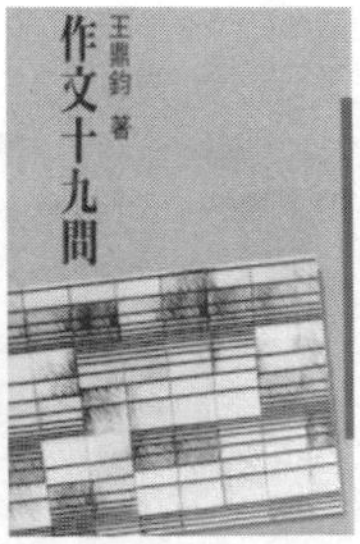

自印 1995

爾雅出版社 2004

國際文化 2007

作文十九問

自印
1986 年 5 月，32 開，229 頁

自印
1995 年 5 月，32 開，229 頁

臺北：爾雅出版社
2004 年 10 月，32 開，229 頁
爾雅叢書 417

北京：國際文化出版公司
2007 年 12 月，16 開，149 頁
作文三書 2

本書爲《作文七巧》之補述與延伸，分 19 問，作者運用對話問答方式，傳授自身文學創作的思想脈絡及經驗理論。
1995 年自印版、爾雅版：內容皆與 1986 年自印版相同。
國際文化版：正文內容與自印版相同，重排新版。正文前新增楊傳珍〈作文三書總序〉、秦兆基〈啓迪心智，助人聰明——讀王鼎鈞「作文三書」〉。

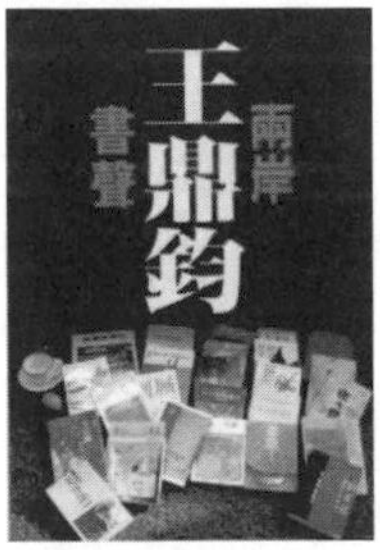

兩岸書聲

臺北：爾雅出版社
1990 年 11 月，32 開，221 頁
爾雅叢書 247

本書內容以作者就海峽兩岸重要作家作品的讀書雜感爲主。全書分兩部分，收錄〈紅高粱〉、〈一夜京華〉、〈勞改與性愛〉等 25 篇。正文前有〈文心來龍——代序〉。

古文觀止化讀

臺北：爾雅出版社
2013 年 2 月，25 開，342 頁

本書爲作者針對《古文觀止》之賞析。全書收錄〈春夜宴桃李園序〉、〈蘭亭集序〉、〈赤壁賦〉等 24 篇。正文前有王鼎鈞〈前言〉，正文後有〈參考資料〉。

【詩】

有詩

臺北：爾雅出版社
1999 年 1 月，32 開，146 頁
爾雅叢書 332

本書爲作者詩作集結。全書收錄〈有詩〉、〈推測隱地爲何寫詩〉、〈聞詩人瘂弦受浸〉等 25 首。正文前有向明〈但肯尋詩便有詩——爲鼎公詩集作序〉，正文後附錄王鼎鈞〈勸人讀詩〉、王鼎鈞〈平仄邊緣〉、隱地〈關於本書作者〉。

【散文】

人生觀察

臺北：文星書店
1965 年 1 月，40 開，282 頁
文星叢刊 94

本書集結作者發表於《徵信新聞報》之散文。全書收錄〈雜文面面觀〉、〈美女〉、〈卸枷〉、〈卸枷〉、〈節育問題〉等 76 篇。

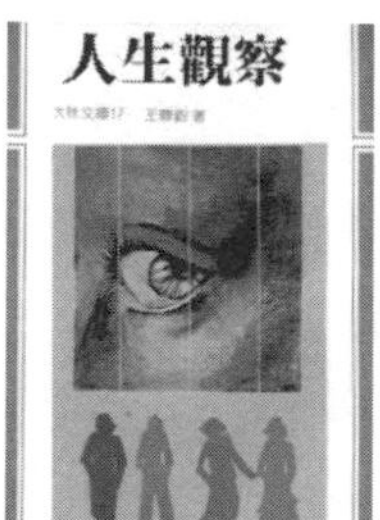

大林出版社 1970

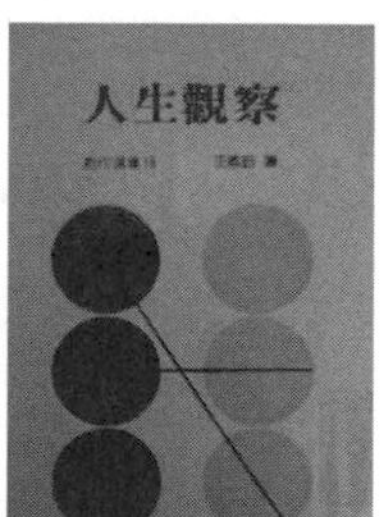

水牛出版社 1989

人生觀察

臺北：大林出版社
1970 年 2 月，32 開，242 頁
大林文庫 17

臺北：水牛出版社
1989 年 10 月，32 開，242 頁
創作選集 18

本書集結作者發表於《徵信新聞報》之散文。全書收錄〈美女〉、〈婚姻自由問題〉、〈談失戀〉、〈卸枷〉、〈節育問題〉等 57 篇。正文前新增彭震球〈《人生觀察》的新面貌〉、王鼎鈞〈作者自白〉。

水牛版：內容與大林版相同。

文星書店 1965

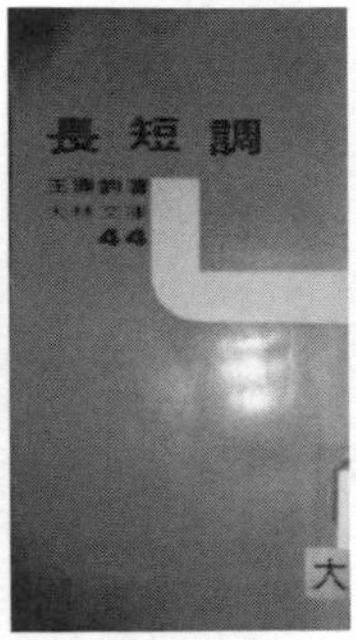

大林出版社 1969

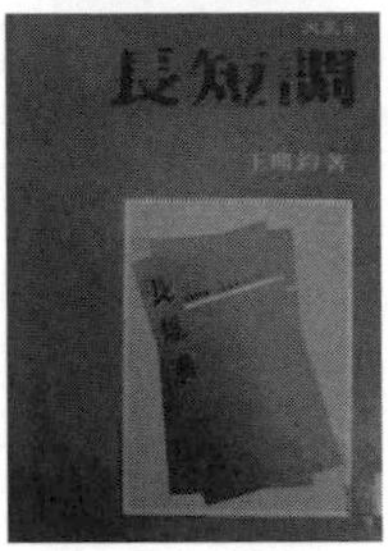

文星書店 1988

長短調

臺北：文星書店
1965 年 9 月，40 開，209 頁
文星叢刊 178

臺北：大林出版社
1969 年 11 月，40 開，209 頁
大林文庫 44

臺北：文星書店
1988 年 11 月，32 開，217 頁

本書集結作者發表於《臺灣日報》、《徵信新聞報》之散文。全書收錄〈上臺鞠躬〉、〈祝福方社〉、〈一封回信〉、〈文市〉、〈跑公事〉等 64 篇。正文前有王鼎鈞〈自序〉。
大林版：內容與 1965 年文星版相同。
1988 年文星版：改開本重排，內容與 1965 年文星版相同。

世事與棋

臺北：驚聲文物供應社
1969 年 10 月，40 開，173 頁
驚聲叢刊 4

全書收錄〈世事與棋〉、〈愛恨兩極〉、〈決心誤會〉、〈決心誤會〉、〈女職員〉等 63 篇。正文前有〈驚聲叢刊序〉、王鼎鈞〈自序〉、〈作者簡介〉。

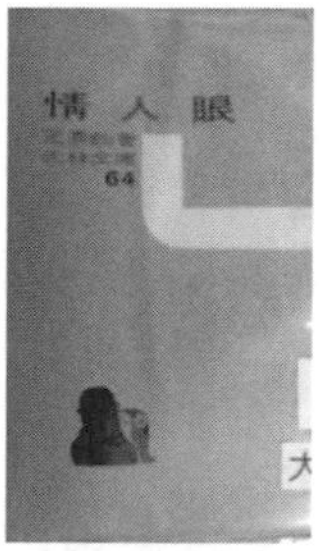

大林出版社 1970

自印 1990

爾雅出版社 2004

山東畫報 2005

情人眼

臺北：大林出版社
1970 年 12 月，40 開，143 頁
大林文庫 64

自印
1990 年 11 月，32 開，226 頁

臺北：爾雅出版社
2004 年 12 月，32 開，226 頁
爾雅叢書 418

濟南：山東畫報出版社
2005 年 6 月，18 開，157 頁
銀風鈴叢書

本書集結王鼎鈞抒情風格之散文。全書收錄〈告訴你〉、〈邂逅〉、〈那樹〉、〈想你〉等 31 篇。
自印版：刪減〈沒有結局〉、〈鑰匙與花手帕〉、〈家在公路邊〉、〈偶然〉、〈車掌的微笑〉、〈聽泉小記〉、〈落日〉、〈游說話看青年〉、〈童年・青年・中年〉、〈公園〉十篇，新增〈舊夢〉、〈自然〉、〈興亡〉、〈狗皮上的眼睛〉、〈人頭山〉、〈遊踪〉、〈蘋果〉、〈鏡頭〉、〈旗袍〉、〈最美和最醜〉、〈勝利的代價〉、〈洗手〉、〈地圖〉、〈有一種藝術家〉等 14 篇。正文前新增王鼎鈞〈《情人眼》自序〉。
爾雅版：內容與自印版相同。
山東畫報版：內容與自印版相同，正文前刪去王鼎鈞〈《情人眼》自序〉。

情話

臺北：大林出版社
1979 年 10 月，32 開，198 頁
大林文庫 64

1979 年大林版以 1970 年大林版《情人眼》爲基礎，書名改爲《情話》，刪減〈公園〉、〈落日〉、〈由說話看青年〉、〈童年・青年・中年〉、〈聽泉小記〉五篇，新增〈人頭山〉、〈狗皮上的眼睛〉、〈自然〉、〈地圖〉、〈遊蹤〉、〈鏡頭〉、〈舊夢〉、〈興亡〉八篇。正文前有彭震球〈彭序〉。

爾雅出版社 1975

爾雅出版社 1982

國際文化 2007

開放的人生

臺北：爾雅出版社
1975年7月，32開，210頁
爾雅叢書1

臺北：爾雅出版社
1982年6月，32開，210頁
爾雅叢書1

北京：國際文化出版公司
2007年4月，18開，145頁
人生三書之一

本書爲作者「人生三書」系列之一，集結發表於《中華日報》「人生金丹」專欄之文章，藉一則則短文小故事啓發人生道理。全書收錄〈開放〉、〈三種成長〉、〈睡眠之前〉、〈一日之計〉、〈完人〉等105篇文章。
1982年爾雅版：內容與1975年爾雅版相同。正文前有王鼎鈞〈寫在本書第二十版出版之前〉。
國際文化版：內容與1975年爾雅版相同。正文前新增隱地〈光，請靠近光——「人生三書」總序〉、王鼎鈞〈自序〉，正文後新增附錄廖玉蕙〈紐約訪問捕蝶人〉、〈敬告讀者〉、李宜涯〈文路無盡誓願行——力求突破的作家王鼎鈞先生〉、〈爲伊消得人憔悴，衣帶漸寬終不悔〉、〈王鼎鈞寫作年表〉、〈王鼎鈞小傳〉。

自印 1975

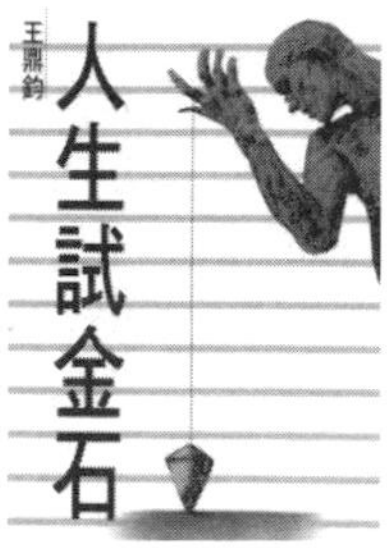

爾雅出版社 2002

國際文化 2007

人生試金石

自印
1975 年 12 月，32 開，247 頁
人生金丹第二集

2002 年 8 月，32 開，246 頁
爾雅叢書 379

北京：國際文化出版公司
2007 年 4 月，18 開，176 頁
人生三書之二

本書爲作者「人生三書」系列之二。全書收錄〈積木〉、〈擣衣聲〉、〈新婚之夜〉、〈創造回憶〉、〈大志〉等 129 篇文章。正文前有老寶〈維他命丸之外〉、賀芳〈實用價值與欣賞價值〉，正文後有〈集評〉。
爾雅版：內容與自印版相同。
國際文化版：刪減〈心理健康〉一文。正文前新增隱地〈光，請靠近光——「人生三書」總序〉、王鼎鈞〈自序〉，原正文前兩篇文章移至正文後附錄，並於正文後新增李宜涯〈文路無盡誓願行——力求突破的作家王鼎鈞先生〉、〈王鼎鈞寫作年表〉、〈王鼎鈞小傳〉。

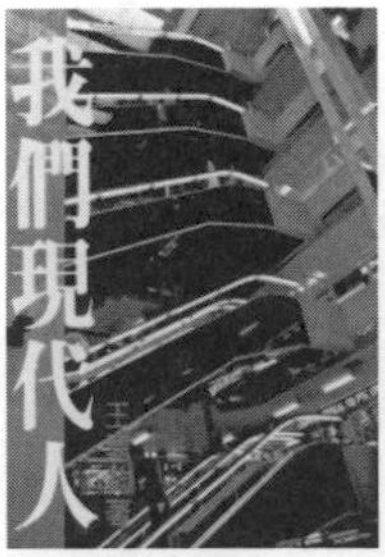

自印 1976

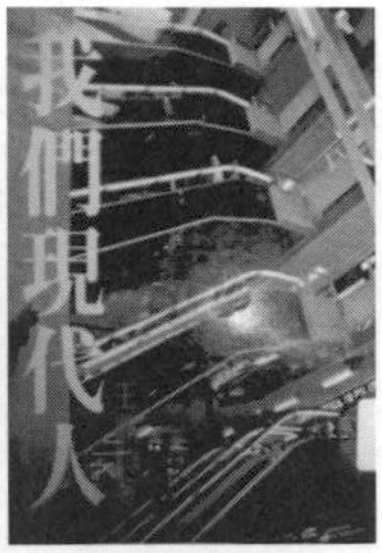

黎明文化 1982

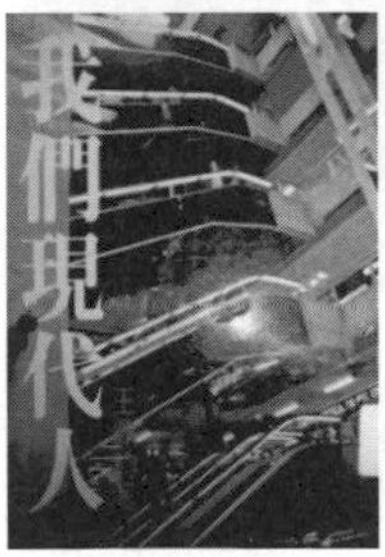

洪範書店 1987

爾雅出版社 2002

國際文化 2007

我們現代人

自印
1976 年 10 月，32 開，231 頁

臺北：洪範書店
1982 年，32 開，231 頁

臺北：黎明文化公司
1987 年 12 月，32 開，231 頁

臺北：爾雅出版社
2002 年 11 月，32 開，238 頁
爾雅叢書 391

北京：國際文化出版公司
2007 年 4 月，18 開，155 頁
人生三書之三

本書爲作者「人生三書」系列之三，主要探討青少年初入社會所面臨的問題。全書收錄〈今生今世〉、〈生生不息〉、〈嬰兒時代的鞋子〉、〈開放的進度〉、〈創業的時代〉等 103 篇。正文前有王鼎鈞〈自序〉，正文後有〈大家討論《現代人》〉。

洪範版、黎明文化版：內容與自印版相同。

爾雅版：刪減〈男人世界〉、〈兩世爲人〉、〈可憐父母〉、〈和風細雨才是春〉、〈道貫古今〉、〈開放的胸襟〉六篇，新增〈現代金句〉、〈將來？〉、〈一朵花〉、〈挽留時間〉、〈顛倒年〉、〈今天的心〉、〈一覽眾山小〉七篇。

國際文化版：內容與爾雅版相同。正文前新增隱地〈光，請靠近光——「人生三書」總序〉、王鼎鈞〈自序〉，正文後新增附錄〈爲伊消得人憔悴，衣帶漸寬終不悔〉、〈王鼎鈞寫作年表〉、〈王鼎鈞小傳〉。

自印 1976

洪範書店 1984

爾雅出版社 2003

山裡山外

自印
1976 年 10 月，32 開，405 頁

臺北：洪範書店
1984 年 4 月，32 開，278 頁
洪範文學叢書 108

臺北：爾雅出版社
2003 年 10 月，32 開，405 頁
爾雅叢書 412

本書以抗戰時期爲背景，描寫流亡學生的生活經驗與歷程。全書收錄〈天鵝蛋〉、〈號聖的傳人〉等 12 篇。正文前有王鼎鈞〈新版自序〉，正文後有袁慕直〈跋〉。
洪範版：刪減〈分久必合〉、〈合久必分（一）〉、〈合久必分（二）〉三篇，新增〈破圓〉一文。正文前刪去王鼎鈞〈新版自序〉，正文後刪去袁慕直〈跋〉。
爾雅版：內容與自印版相同。

九歌出版社 1978

九歌出版社 1981

自印 1991

爾雅出版社 2003

碎琉璃

臺北：九歌出版社
1978 年 3 月，32 開，241 頁
九歌文庫 2

臺北：九歌出版社
1981 年 11 月，32 開，241 頁

自印
1991 年 6 月，32 開，273 頁

臺北：爾雅出版社
2003 年 6 月，32 開，280 頁
爾雅叢書 400

本書以作者少年時代的生活經歷、所見所聞爲底本，藉小說戲劇的描繪手法、抒情懷舊的文字，刻劃抗戰時期至國共內戰時期的社會現象與人民生活。全書收錄〈瞳孔裡的古城〉、〈迷眼流金〉等 16 篇。正文前有蔡文甫〈序：「琉璃」不碎〉、王鼎鈞〈楔子：所謂我〉，正文後有申抒真〈跋：拈出一個「感」字〉。

1981 年九歌版：刪去〈拾字〉、〈神僕〉、〈在離愁之前〉三篇，新增〈碎琉璃〉、〈情人眼〉兩篇。
自印版：正文內容與 1981 年九歌版相同。正文前原蔡文甫〈序：「琉璃」不碎〉改篇名爲〈九歌版原序〉，新增王鼎鈞〈當時，我是這樣想的——代序〉，正文後刪去申抒真〈跋：拈出一個「感」字〉，新增王鼎鈞〈新版《碎琉璃》後記〉。
爾雅版：內容與自印版相同，正文後新增附錄樓肇明〈評王鼎鈞的散文〉。

自印 1978

爾雅出版社 1987

靈感

自印
1978 年 8 月，32 開，189 頁

臺北：爾雅出版社
1987 年 4 月，32 開，169 頁
爾雅叢書 99

本書爲作者寫作靈感之速記短文，主要探討文學創作的靈感來源。全書收錄〈生命〉、〈樹，人〉、〈燕語〉、〈登臨〉、〈傳道〉等 105 篇。正文前有王鼎鈞〈自序〉，正文後有王鼎鈞訪問紀錄〈漢寶德教授談靈論感〉、王鼎鈞訪問紀錄〈詩人高上秦談靈感的滋味〉、王鼎鈞訪問紀錄〈小說家師範談靈感移植〉、王鼎鈞〈關於著作權〉。
1978 年爾雅版：重排新版，分上、下兩卷，集結作者針對文學、藝術與生活等題材有感而發之短文。全書收錄 74 篇無篇名之短文。正文前有王鼎鈞〈爾雅版自序〉、王鼎鈞〈原序〉，正文後附錄王鼎鈞訪問紀錄〈漢寶德教授談靈論感〉、王鼎鈞訪問紀錄〈詩人高上秦談靈感的滋味〉、王鼎鈞訪問紀錄〈小說家師範談靈感移植〉、〈王鼎鈞寫作年表〉。

海水天涯中國人

臺北：爾雅出版社
1982 年 11 月，32 開，212 頁
爾雅叢書 118

全書分「匆匆中南美」、「紐約筆記」二輯，收錄〈匆匆行路〉、〈溫柔桃源〉、〈危城烽煙〉等 25 篇。正文前有王鼎鈞〈牢籠・天井・蠶——代序〉。

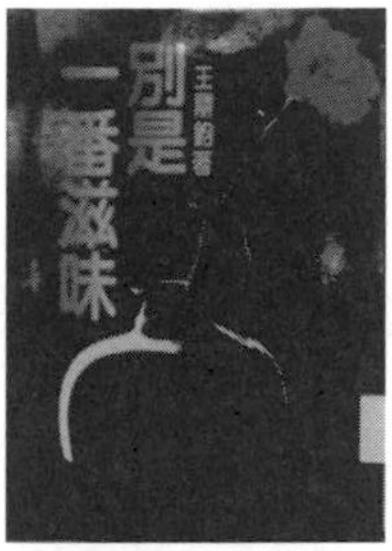

別是一番滋味

臺北：皇冠出版社
1984 年 5 月，32 開，272 頁
皇冠叢書第 922 種

全書分五輯，收錄〈小鎮逸聞〉、〈誰在戀愛〉、〈最美和最醜〉等 35 篇。

看不透的城市

臺北：爾雅出版社
1984 年 5 月，32 開，229 頁
爾雅叢書 146

全書收錄〈如是我見〉、〈崔門三記〉等 19 篇。正文前有王鼎鈞〈看不透的城市（代序）〉，正文後附錄方覺天〈吾兒吾兒〉、董還主〈別有滋味〉、魏任甫〈高低之間〉、黃鐘〈中國月亮〉、郝伯如〈〈中國月亮〉之我見〉、譚坦天〈歸心〉、朱日盧〈探親文學〉。

自印 1985

自印 1990

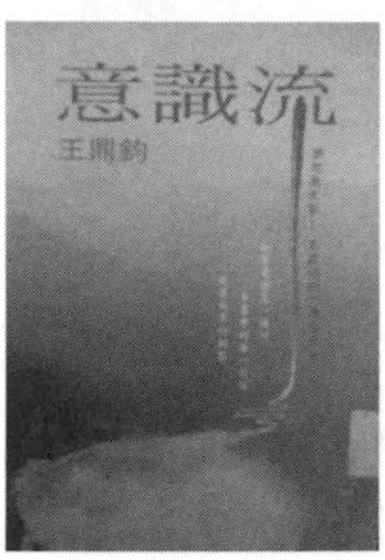

爾雅出版社 2003 年

意識流

自印
1985 年 7 月，32 開，148 頁

自印
1990 年 9 月，32 開，210 頁

臺北：爾雅出版社
2003 年 7 月，32 開，210 頁
爾雅叢書 411

本書集結作者發表於《聯合報》副刊、《中華日報》副刊、《皇冠雜誌》之文章，內容主要以愛情爲題材，闡述其心得與理念，全書收錄 26 篇無篇名之短文。
1990 年自印版：內容大幅增修，將原 26 篇短文內容增刪重組。全書分「書中警句選摘」、「意識流」、「書外警句拾遺」三部分，收錄 116 篇無篇名之短文。正文前有王鼎鈞〈新版《意識流》前言〉，正文後有王鼎鈞〈跋〉。
爾雅版：內容與 1990 年自印版相同。

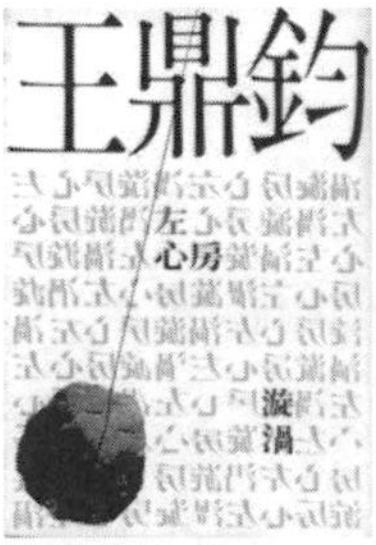

左心房漩渦

臺北：爾雅出版社
1988 年 5 月，32 開，239 頁
爾雅叢書 223

本書以書信體的手法，描述抗戰時期作者自大陸來臺，離鄉漂泊數十年的人生經歷。全書分「大氣游虹」、「世事恍惚」、「江流石轉」、「萬木有聲」四部分，收錄〈明滅〉、〈水心〉、〈驚生〉、〈如果〉等 33 篇。正文後附錄黃武忠〈人生的說理者——試論王鼎鈞的散文風貌〉。

王鼎鈞散文／伊始編

杭州：浙江文藝出版社
1994 年 9 月，25 開，334 頁
臺灣八大家

本書節選《情人眼》、《碎琉璃》、《左心房漩渦》、《看不透的城市》、《人生試金石》、《我們現代人》、《靈感》、《意識流》書中之散文。

大氣游虹——王鼎鈞散文選

北京：中國友誼出版社
1994 年 12 月，32 開，246 頁

本書爲作者散文作品集結。全書收錄〈石頭記〉、〈舊曲〉、〈那夢〉、〈網中〉等 36 篇。

隨緣破密

臺北：爾雅出版社
1997 年 5 月，32 開，249 頁
爾雅叢書 319

全書收錄〈四個國王的故事——世上沒有不穿衣服的國王〉、〈道德的儐相——儐相，也有畫了一張大花臉的〉等 15 篇。正文前有王鼎鈞〈自序〉。

黑暗聖經

臺北：爾雅出版社
2008 年 11 月，25 開，234 頁

本書以《隨緣破密》一書爲基礎，改書名重排新版。正文前新增亮軒〈世路難行也不得不行〉，正文後新增附錄胡小林／楊傳珍〈撒向人間都是愛〉、黃雅莉〈冷峻哲思下的人性解碼〉。

心靈分享

臺北：爾雅出版社
1998 年 1 月，32 開，214 頁
爾雅叢書 331

全書收錄〈天心人意六十年〉、〈唯愛爲大〉等 11 篇。正文前有俞敬群〈上帝的手套〉，正文後有李宜涯〈文路無盡誓願行——力求突破的作家王鼎鈞先生〉。

心靈與宗教信仰

臺北：爾雅出版社
2001 年 7 月，32 開，215 頁
爾雅叢書 331

本書以《心靈分享》一書爲基礎，改書名重排新版，刪減〈美麗的謎面〉、〈植物與釘子〉、〈我們都是時代的產物〉三篇，新增〈信仰者的腳步〉、〈我也許說錯了——談文化與信仰〉、〈感恩見證〉三篇。正文後刪去李宜涯〈文路無盡誓願行——力求突破的作家王鼎鈞先生〉，新增附錄愚子〈《心靈》與詩〉、蔣欣怡〈一個作家的佛緣〉。

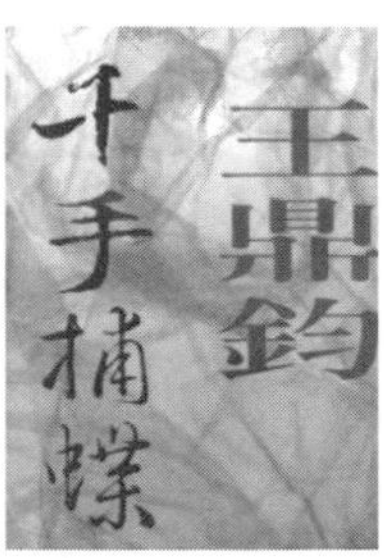

千手捕蝶

臺北：爾雅出版社
1999 年 1 月，32 開，180 頁
爾雅叢書 333

全書分「千手捕蝶」、「所謂遺忘」二輯，收錄〈幾尺紙〉、〈貓貓虎虎〉、〈水做的男人〉、〈九條命〉等 62 篇。正文後有隱地〈王鼎鈞的聖歌〉、王鼎鈞〈王鼎鈞自述〉。

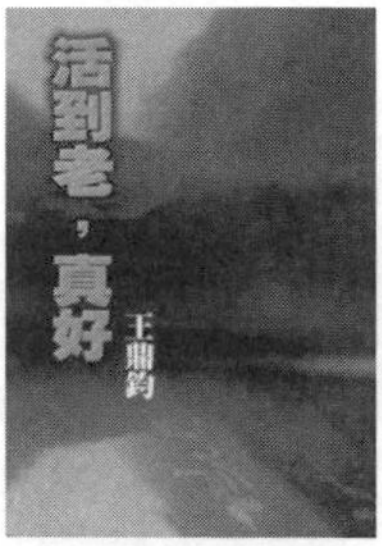

活到老，真好

臺北：爾雅出版社
1999 年 6 月，32 開，215 頁
爾雅叢書 338

全書分「生活」、「友誼」、「智慧」三輯，收錄〈活到老，真好〉、〈「當下」怎樣活〉、〈勸人看報〉等 38 篇。正文後附錄王鼎鈞〈王鼎鈞自述〉。

滄海幾顆珠

臺北：爾雅出版社
2000 年 4 月，25 開，258 頁
爾雅叢書 353

全書分「論世」、「讀書」兩輯，收錄〈世代與時代〉、〈善念與善行〉、〈人口與人心〉等 29 篇。正文前有商天佑〈滄海遺珠似月明——和老作家王鼎鈞一席談〉。正文後附錄王鼎鈞〈王鼎鈞自述〉。

爾雅出版社 2000

山東文藝 2004

風雨陰晴：王鼎鈞散文精選

臺北：爾雅出版社
2000 年 7 月，25 開，374 頁
爾雅叢書 360

濟南：山東文藝出版社
2004 年 4 月，25 開，295 頁
王鼎鈞散文精品選

全書分三輯，各篇末均有備註，收錄〈別再埋怨媽媽啦！〉、〈成全母親〉、〈愛孩子〉、〈性愛・勞改與文學〉、〈駱駝祥子後事〉等 56 篇。正文前有「風雨集序」：柯青華〈心回臺灣〉、陳幸蕙〈標竿〉、渡也〈不愧是一位詩人〉、馬森〈彌香酒液〉、鄭明娳〈出入魔幻與寫實之間〉、蔡倩茹〈樹的密碼〉、楊文雄〈長青樹〉、席慕蓉〈集鼎公詩句以賀《有詩》書成〉、張春榮〈燭照萬彩，斐然可觀〉、顏藹珠〈青春歲月的領航員〉、康芸薇〈謝謝您，鼎鈞先生〉、張曉風〈拿命換來的〉、柯慶明〈奇蹟〉、王盛弘〈寫給隱地的信〉。
山東文藝版：刪去各篇末之備註。正文前刪去原「風雨集序」13 篇文章，新增黃萬華〈文學史上的王鼎鈞〉。

大地出版社 2006

九歌出版社 2011

葡萄熟了

臺北：大地出版社
2006 年 1 月，25 開，262 頁
大地叢書 8

臺北：九歌出版社
2011 年 2 月，25 開，269 頁

全書分「未晚隨筆」、「生命長河」、「光陰分享」、「案頭人物」、「藝文感應」五輯，收錄〈今天我要笑〉、〈百感交集〉、〈用人惟德或惟才〉、〈老年的喜樂〉、〈兵法與人生〉等 40 篇。正文前有吳錫清〈藤如蛟龍果似珠〉，正文後附錄李宜涯〈文學無盡誓願行——力求突破的作家王鼎鈞先生〉。

九歌版：正文內容與大地版相同，調整輯名排序，重排新版。正文前刪去吳錫清〈藤如蛟龍果似珠〉，新增單正平〈九派文評嘗鼐鼎，一家史論試衡鈞——王鼎鈞散文比較論〉，正文後刪去李宜涯〈文學無盡誓願行——力求突破的作家王鼎鈞先生〉，新增王鼎鈞〈百感交集〉、席慕蓉〈繫斜陽纜——王鼎鈞回憶錄中的百年場景〉。

桃花流水杳然去——王鼎鈞散文別集

臺北：爾雅出版社
2012 年 2 月，25 開，386 頁
爾雅叢書 565

全書分「整理那飛蚊一般的觀念」、「我也可以說不」、「雪夜寫專欄，血液不結冰」、「教外別傳十三篇」四輯，收錄〈文學與政治〉、〈文學與色情〉、〈文藝與道德〉、〈人生經驗一席話〉、〈有遠慮無決斷〉等 77 篇。正文前有〈召喚鼎公的書迷〉、張春榮〈桃李不言，下自成蹊——王鼎鈞書寫的成就〉、李白〈山中問答〉，正文後有林文義〈校對小記〉。

【小說】

單身漢的體溫

臺北：大林書店
1970 年 8 月，40 開，213 頁
大林文庫 54

短篇小說集。本書內容雖各篇獨立，但以相同的人物及主題貫串全書，書中藉由一位單身漢——華弟做爲主角，描寫他經歷各種生活際遇的感受。全書收錄〈土〉、〈單身溫度〉、〈不是純吃茶〉、〈限時專送〉、〈孤俠〉、〈響〉、〈交心〉、〈騎在爆竹上的女子〉、〈報紙銷售術〉、〈白如玉〉、〈求婚之夜〉、〈沒走完的路〉共 12 篇。

白如玉

臺北：大林出版社
1982 年 8 月，32 開，216 頁
大林文庫 54

短篇小說集。本書以《單身漢的體溫》爲基礎，改書名重排新版。正文後新增彭震球〈後記〉。

爾雅出版社 1988

爾雅出版社 2013

單身溫度

臺北：爾雅出版社
1988 年 4 月，32 開，254 頁
爾雅叢書 49

臺北：爾雅出版社
2013 年 2 月，25 開，263 頁
爾雅叢書 585

短篇小說集。本書以《單身漢的體溫》爲基礎，改書名重排新版。正文前新增王鼎鈞〈自序〉。
2013 年爾雅版：內容與 1988 年爾雅版相同。

【傳記】

自印 1992

工人出版社 2000

爾雅出版社 2005

三聯書店 2013

昨天的雲

自印
1992 年 5 月，32 開，359 頁
王鼎鈞回憶錄壹

北京：中國工人出版社
2000 年 1 月，25 開，258 頁
王鼎鈞回憶錄系列

臺北：爾雅出版社
2005 年 2 月，25 開，311 頁
爾雅叢書 431・王鼎鈞回憶錄四部曲之一

北京：生活・讀書・新知・三聯書店
2013 年 1 月，16 開，頁 224
王鼎鈞作品系列

本書爲王鼎鈞回憶錄第一部，從幼年時期至 1942 年離開故鄉蘭陵前往流亡學校爲止，記錄他在成長過程中的生活情形。全書收錄「吾鄉」、「吾家」、「我讀小學的時候」等 14 章。正文前有蘭陵地圖、王鼎鈞〈小序〉。
中國工人版：內容與自印版相同。正文後有王鼎鈞〈與生命對話〉。
爾雅版、三聯版：內容皆與自印版相同。

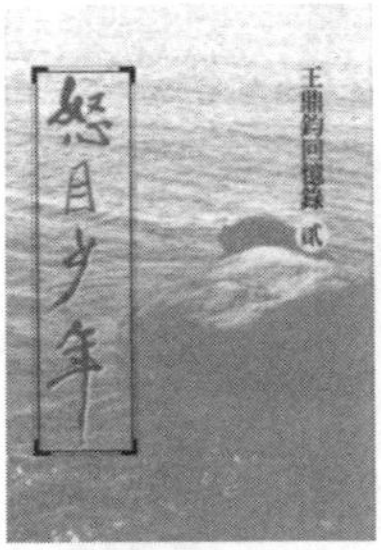

自印 1995

爾雅出版社 2005

三聯書店 2013

怒目少年

自印
1995 年 7 月，32 開，354 頁
王鼎鈞回憶錄貳

臺北：爾雅出版社
2005 年 2 月，25 開，389 頁
爾雅叢書 432・王鼎鈞回憶錄四部曲之二

北京：生活・讀書・新知・三聯書店
2013 年 1 月，16 開，頁 226
王鼎鈞作品系列

本書爲王鼎鈞回憶錄第二部，從 1942 年離開故鄉蘭陵至 1945 年抗戰勝利爲止，記錄他在抗戰時期的流亡學生經歷。全書分「阜陽時期」、「西遷」、「漢陰時期」三部分，收錄〈遙遠的地方〉、〈新生活，新疾病〉、〈新觀念，新動作〉、〈大激動〉等 34 篇。正文前有國立第二十二中學西遷路線地圖二幅。

爾雅版：以自印版爲基礎，改寫內容與篇名。全書分五部分，收錄〈出門一步，便是江湖〉、〈最危險的事情最簡單〉、〈我，一個僞造的人〉、〈要皇宮，還是要難民營？〉、〈撒豆成兵，聚沙成塔〉等 48 篇。正文前新增王鼎鈞〈與生命對話（代序）〉，正文後附錄王鼎鈞〈難忘的歲月〉。

三聯版：內容與爾雅版相同。

爾雅出版社 2005

三聯書店 2013

關山奪路

臺北：爾雅出版社
2005 年 5 月，25 開，427 頁
爾雅叢書 433・王鼎鈞回憶錄四部曲之三

北京：生活・讀書・新知・三聯書店
2013 年 1 月，16 開，頁 278
王鼎鈞作品系列

本書爲王鼎鈞回憶錄第三部，從 1945 年抗戰勝利至 1949 年偕同部隊撤退來臺爲止，記錄他在大陸國共內戰時期的生活遭遇。全書收錄〈竹林裡的決定，離開漢陰〉、〈憲兵連長以國家之名行騙〉、〈參加學潮，反思學潮〉、〈最難走的路，穿越秦嶺〉、〈新兵是怎樣鍊成的（上）〉等 34 篇。正文前有王鼎鈞關山奪路略圖、王鼎鈞〈名詞帶來的迷惑和清醒（代序）〉。
三聯版：內容與爾雅版相同。正文後有王鼎鈞〈寫在《關山奪路》出版以後〉。

爾雅出版社 2009

三聯書店 2013

文學江湖

臺北：爾雅出版社
2009 年 3 月，25 開，508 頁
爾雅叢書 434・王鼎鈞回憶錄四部曲之四

北京：生活・讀書・新知・三聯書店
2013 年 1 月，16 開，頁 354
王鼎鈞作品系列

本書爲王鼎鈞回憶錄第四部，從 1949 年來臺至 1978 年赴美定居爲止，記錄他在臺灣 30 年以來的文學生活。全書分「十年燈」、「十年亂花」、「十年一線天」三輯，收錄〈用筆桿急叩臺灣之門〉、〈匪諜是怎樣做成的〉、〈我從瞭望哨看見甚麼〉、〈投身廣播，見證一頁古早史〉、〈張道藩創辦小說研究組〉等 32 篇。正文前有王鼎鈞〈有關《文學江湖》的問答（代自序）〉，正文後有〈王鼎鈞臺灣時期文學生活大事記〉。
三聯版：內容與爾雅版相同。

度有涯日記：「王鼎鈞回憶錄四部曲」域外篇

臺北：爾雅出版社
2012年9月，25開，371頁
爾雅叢書580

本書記錄作者定居於美國紐約的生活點滴。全書分「海角也有四月天」、「當花信風吹過」、「向漩渦中心尋寧靜」、「往事如煙，煙已成風景」、「水流過，星月留下」、「我非魚，子非我」、「飛絮一樣的慾望」、「孔雀的百衲衣」、「擊鼓傳花，快樂的恐懼」、「琴聲歇，蝸牛行過」、「理還亂，欲斷還連」、「尋金記：山中多白雲」共 12 章。正文前有隱地〈「王鼎鈞回憶錄四部曲」域外篇——讀鼎公日記〉。

【合集】

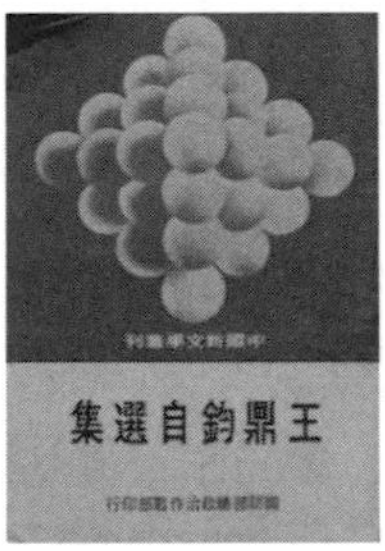

王鼎鈞自選集

臺北：黎明文化公司
1975年1月，32開，300頁
中國新文學叢刊35

全書分三輯：「散文」收錄〈自然〉、〈興亡〉等 17 篇；「小說」收錄〈勝利的代價〉、〈紅頭繩兒〉、〈限時專送〉、〈交心〉、〈罪手〉、〈哭屋〉、〈蘋果之夜〉七篇；「文藝評論」收錄〈向文藝作家提供電視觀念〉、〈電影與人生〉等八篇。正文前有王鼎鈞素描、生活照片、手稿、寫作年表、田原〈序〉，正文後有〈作品書目〉。

文學年表

1925 年	4 月	4 日，出生於山東省臨沂縣蘭陵鎮，爲家中長子。父爲王毓瑤，母爲任淑貞。
1938 年	3 月	日軍轟炸蘭陵，全家至南橋外祖母家避難，此時期受二表姐影響，首次接觸到新文學。臺兒莊戰役後返回蘭陵。
	4 月	暫住位於楚頭林的大姑家一年，進私塾念書，後又遷往黃墩。
1939 年	本年	開始嘗試寫小詩。
1940 年	本年	隨父親參加蘭陵王氏組織的游擊隊十二支隊。 於抗戰地下刊物《新聞》撰寫「游擊隊員的家信」專欄。
1941 年	本年	讀四書五經，開始練習寫舊體詩。 試批《聊齋誌異》，完成〈評紅豆村人的詩〉。
1942 年	本年	前往安徽阜陽念流亡學校——國立第二十二中學，由於超過入學年齡且不知道確切的生日、年齡，報到時承辦人員自作主張將其生日塡爲 4 月 4 日，年齡塡爲 14 歲。
1944 年	7 月	國立第二十二中學分批西遷，預定至陝南設校，獨自脫隊前往河南。
	10 月	抵達漢陰。 發表〈評紅豆村人的詩〉於陝西《安康日報》。

1945 年	本年	母親任淑貞逝世。
1946 年	本年	抗戰結束後，隨軍隊活動，6 月抵達瀋陽，12 月抵達秦皇島，利用工作閒暇之餘練習寫作。
1948 年	本年	完成中篇小說〈伶仃腳〉。
1949 年	5 月	26 日，隨上海軍械總庫渡海來臺，於基隆上岸。
	本年	擔任臺北軍械總庫監護連文書。
1950 年	2 月	1 日，應《掃蕩報》副刊主編蕭鐵之邀，擔任《掃蕩報》副刊校對人員、助理編輯。
	3 月	24 日，應邀出席《中央日報》於臺北中山堂舉辦的「副刊編者作者聯誼會」。
	5 月	4 日，應邀出席「中國文藝協會」成立大會，列名發起人。
	8 月	應邀參加中國文藝協會於臺北第一女子中學舉辦的「第一屆暑期青年文藝研習會」。
	9 月	擔任中國廣播公司所屬臺灣廣播電臺資料員。
1951 年	2 月	11 日，中國文藝協會開辦「小說創作研究組」，參加於國語實驗小學舉辦的筆試，獲選爲學員。
	3 月	15 日，參加中國文藝協會主辦的「小說創作研究組」，接受王夢鷗、趙友培、李辰冬等人指導，奠定其創作基礎，至 9 月 15 日結束課程。
	9 月	30 日，「小說創作研究組」舉辦結業考試，並於 12 月 16 日舉辦結業典禮。
	本年	於《公論報》副刊撰寫「民間閒話」雜文專欄。 於《中華日報》副刊撰寫「切豆腐乾室」隨筆專欄。 爲電臺撰寫廣播短劇「民間夜話」，每周三次。 調任中國廣播公司節目部編撰人員。
1952 年	本年	完成廣播劇〈富國島〉、〈老兵不死〉。

		於《聯合報》副刊撰寫「飲茶苦齋筆記」雜文專欄。
1953 年	5 月	「中國語文學會」成立，為創會會員之一。
	本年	完成中篇小說〈冰雪〉、廣播劇〈散金臺〉。
		為中國廣播公司撰寫「廣播影評」，每周六次，至 1954 年止。
		廣播劇〈散金臺〉獲中華文藝獎金委員會國父誕辰紀念獎金第二獎。
1954 年	1 月	擔任《軍中文藝》編輯委員。
	4 月	擔任《公論報》副刊主編，至 1955 年止。
	8 月	隨同青年寫作協會訪問團赴金門參訪。
1955 年	本年	撰寫舞臺劇〈女大不嫁〉。
1956 年	7 月	擔任《廣播雜誌》主編。
1957 年	9 月	出席海軍總部舉辦的「文學藝術作家座談會」。
	本年	於《徵信新聞報》副刊撰寫「信手拈來」專欄。
1958 年	1 月	擔任《徵信新聞報》撰述委員。
	9 月	應邀擔任中國文藝協會舉辦的「文藝研習班」講師。
	12 月	擔任臺北德育商業職業學校國文教員。
		隨同中國文藝協會訪問團赴金門參訪。
1959 年	4 月	發表〈我學作文〉於《中國語文》第 4 卷第 4 期。
	6 月	隨同中國文藝協會訪問團赴馬祖參訪。
	10 月	擔任《亞洲文學》編輯委員。
	12 月	發表〈作品充滿鄉土色彩的臺灣作家〉於《文星》第 26 期。
1960 年	2 月	發表〈傲慢與偏見〉於《中國語文》第 6 卷第 2 期。
	4 月	發表〈唐・吉訶德傳〉於《中國語文》第 4 卷第 4 期。
	5 月	4 日，獲中國文藝協會「第一屆中國文藝獎章論評獎」。

	6月	發表〈廣播事業現況〉於《工商論壇》第59期。
	7月	發表〈代課記事〉於《中國語文》第7卷第1期。
	9月	發表〈名著介紹：筆爾和哲安〉於《中國語文》第7卷第3期。
	10月	發表〈臺北日記〉於《幼獅文藝》第72期。
	11月	10日，發表〈落日〉於《徵信新聞報》第7版。 發表〈名著介紹：愛的教育〉於《中國語文》第7卷第5期。
	12月	擔任《文藝生活》雜誌編輯。
1961年	2月	發表〈名著介紹：冰島漁夫〉於《中國語文》第8卷第2期。 擔任臺北育達商業職業學校國文教員。
	3月	發表〈名著介紹：齊瓦哥醫生〉於《中國語文》第8卷第3期。
	7月	發表〈名著介紹：雙城記〉於《中國語文》第9卷第1期。
	8月	擔任《中國語文》主編。
	9月	發表〈名著介紹：老人與海〉於《中國語文》第9卷第3期。
	10月	發表〈名著介紹：魔沼〉於《中國語文》第9卷第4期。
1962年	6月	20日，發表〈姻緣〉於《徵信新聞報》第7版，至8月12日刊畢。
	7月	發表〈也談白話文的「純淨」〉於《文星》第57期。
	8月	發表〈評審談評影〉於《廣播雜誌》第206期。 發表〈萬物有情〉於《中國語文》第11卷第2期。 擔任汐止中學國文教員。

	10 月	發表〈白話詩與文言字〉於《文星》第 60 期。
	11 月	發表〈將人心・比自心〉於《中國語文》第 11 卷第 5 期。
	12 月	發表〈寫作指導：一張鈔票〉於《中國語文》第 11 卷第 6 期。
	本年	擔任國立藝術專科學校夜間部講師。
1963 年	2 月	發表〈現代化與文言字〉於《文星》第 64 期。
	5 月	《文路》由臺北益智書局出版。
		隨同中國文藝協會訪問團赴金門參訪。
	6 月	《小說技巧舉隅》由臺中光啓出版社出版。
	8 月	發表〈賀「文白佳偶」〉於《文星》第 70 期。
	9 月	發表〈關於同音字〉於《廣播雜誌》第 219 期。
	10 月	發表〈國語與文學〉於《中國語文》第 13 卷第 4 期。
	11 月	發表〈消化文言成語〉於《廣播雜誌》第 221 期。
	本年	於《空中雜誌》撰寫「廣播寫作」專欄。
		於《自由青年》撰寫「講理」專欄。
1964 年	2 月	發表〈層次〉於《中國語文》第 14 卷第 2 期。
	3 月	發表〈節奏〉於《中國語文》第 14 卷第 3 期。
		《廣播寫作》由臺北空中雜誌社出版。
	9 月	發表〈荆旁談文〉於《中國語文》第 15 卷第 3 期。
		擔任政治大學新聞系講師。
	10 月	發表〈廣播新聞的用語〉於《中國語文》第 15 卷第 4 期。
		《講理》由臺北自由青年雜誌社出版。
		於《臺灣日報》撰寫「長短調」雜文專欄。
	11 月	擔任中國文化大學大眾傳播系講師。
	本年	與王棣華結婚。

		擔任世界新聞專科學校講師。
1965年	1月	發表〈「人生觀察」自序〉於《文星》第87期。
		《人生觀察》由臺北文星書店出版。
	2月	擔任《徵信新聞報》主筆，兼任「人間」副刊主編。
	4月	應邀參加國防部舉辦的「第一屆國軍文藝大會」。
	5月	1日，發表〈老李醉後〉於《徵信新聞報》第7版。
	6月	6日，應邀擔任臺灣省教育廳舉辦的「兒童文學寫作班」講師。
	8月	擔任國防部國軍新文藝運動輔導員、國軍文藝金像獎評審委員。
	9月	發表〈「長短調」自序〉於《文星》第95期。
		《長短調》由臺北文星書店出版。
	10月	發表〈青年人的武器〉於《中國語文》第17卷第4期。
1966年	1月	發表〈一席話、一個橫斷面——分析「生命換來的」寫作技巧〉於《中國語文》第18卷第1期。
	3月	發表〈象徵〉於《中國語文》第18卷第5期。
		擔任中國廣播公司節目部資料組長。
	6月	4日，擔任中山學術文化基金會文藝獎評審委員。
	8月	5日，發表〈隱地先生的世界〉於《徵信新聞報》第9版。
	10月	24日，參加亞洲廣播公會於臺北中山堂舉辦的「第三屆會員大會」。
	本年	擔任國軍文藝運動委員會輔導員。
1967年	5月	當選中國文藝協會理事。
	7月	28日，中華文化復興運動委員會成立，列名發起人。

		發表〈作品研究選例：崩潰〉於《中國語文》第 21 卷第 1 期。
	8 月	發表〈訴諸好奇心〉於《中國語文》第 21 卷第 2 期。
	10 月	3 日，應邀出席亞洲廣播公會華語節目研討會。
		發表〈另一種形式的評論〉於《中國語文》第 21 卷第 4 期。
	11 月	11 日，《人生觀察》獲中山文化基金會「第二屆中山學術文藝創作獎散文獎」，於臺北中山堂舉辦頒獎典禮。
	12 月	發表〈一個新分子的介入〉於《中國語文》第 21 卷第 6 期。
	本年	於《中國時報》撰寫「今日春秋」時評專欄。
		於《中國語文》撰寫「短篇小說透視」專欄。
1968 年	1 月	發表〈分析「馬里奧」〉於《中國語文》第 22 卷第 1 期。
	2 月	發表〈字音〉於《中國文選》第 10 期。
		發表〈少年偵探〉於《中國語文》第 22 卷第 2 期。
		擔任國立編譯館國民小學國語教科書編輯委員。
	4 月	擔任中國文化復興運動推行委員會文藝促進會委員。
	5 月	27 日，應邀參加國民黨於臺北中山堂舉辦的「第一次全國文藝會談」。
	6 月	發表〈文學修養與新聞寫作〉於《廣播與電視》第 7 期。
	11 月	發表〈如果你投稿〉於《中國語文》第 23 卷第 5 期。
	12 月	發表〈作品選例分析：作法自斃〉於《中國語文》第 23 卷第 6 期。
1969 年	1 月	發表〈譬喻〉於《中國語文》第 24 卷第 1 期。
	2 月	發表〈遺恨〉於《中國語文》第 24 卷第 2 期。

	3 月	發表〈省略與切斷〉於《中國語文》第 24 卷第 3 期。
	5 月	發表〈說故事〉於《中國語文》第 24 卷第 5 期。 當選中國廣播事業協會研究組長。
	7 月	發表〈寫作研究：舞臺觀念〉於《中國語文》第 25 卷第 1 期。
	8 月	應邀參加救國團舉辦的「復興文藝營講座」。 擔任中國語文學會語文研究中心新聞文學研究部主任。
	9 月	發表〈新聞報導中的語文問題〉於《中國語文》第 25 卷第 3 期。 《短篇小說透視》由臺北大江出版社出版。
	10 月	發表〈傳播工具與語文結構〉於《廣播與電視》第 12 期。 當選中國語文學會理事。 《文藝批評》由臺北廣文書局出版。 《世事與棋》由臺北驚聲文物供應社出版。
	11 月	《長短調》由臺北大林出版社出版。
	12 月	20 日，應邀擔任新時代兒童創作展覽評審。 發表〈此處無雪〉於《幼獅文藝》第 31 卷第 6 期。
1970 年	2 月	《人生觀察》由臺北大林出版社出版。
	3 月	短篇小說集《單身漢的體溫》由臺北大林出版社出版。
	6 月	16 日，應邀出席國際筆會於臺北中泰賓館舉辦的「第三屆亞洲作家會議」。
	10 月	發表〈「正寶塔式」寫法與廣播電視新聞的關係〉於《廣播與電視》第 16 期。
	12 月	《情人眼》由臺北大林出版社出版。 借調擔任中國電視公司編審組長，參與戲劇節目策劃及負責稿件審查。

	本年	撰寫電視劇「仁者無敵」，參與電視劇「情旅」、「鳳凰樹」編劇。
1971 年	2 月	8 日，參加文化局舉辦的「保障作家版權座談會」。
	3 月	26 日，獲中國廣播事業協會獎狀。
	4 月	擔任中華文化復興運動委員會臺北分會文藝研究促進委員會委員。
	6 月	擔任教育廳兒童文學寫作班講師。
	7 月	發表〈電視業的幾個新觀念〉於《廣播雜誌》第 312 期。
		擔任中國廣播公司國內廣播部編審組長。
	8 月	發表〈電視作家的地位〉於《文壇》第 134 期。
1972 年	4 月	發表〈且看「秋決」〉於《青溪》第 58 期。
	7 月	擔任中國廣播公司國內廣播部專門委員兼製作組長。
		擔任救國團暑期復興文藝營講師。
	9 月	擔任華欣文藝工作者聯誼會理事。
	本年	參與電視劇「大路」編劇。
1973 年	2 月	7 日，應邀擔任中華文化復興運動推行委員會臺北分會於臺北弘道國中舉辦的「第三屆兒童文學創作研究會」講師。
	3 月	發表〈傳播事業中的海鷗〉於《廣播與電視》第 23 期。
		獲教育部文化局社會建設服務獎。
	4 月	發表〈兒童文學創作的過程〉於《中國語文》第 34 卷第 4 期。
	7 月	發表〈〈家變〉之變〉（王文興著）於《書評書目》第 6 期。
	9 月	發表〈最美和最醜〉於《幼獅文藝》第 237 期。

	10 月	16～17 日，〈武俠與愛情〉連載於《中國時報》第 12 版。
		25 日，發表〈「還俗記」與視覺效果〉於《中國時報》第 12 版。
		當選中國語文學會理事。
	11 月	6 日，發表〈假使我活一百歲〉於《中國時報》第 12 版。
		當選中國文藝協會文藝論評委員會主任。
	12 月	9～11 日，〈蘋果之夜〉連載於《中國時報》第 12 版。
	本年	擔任中國廣播公司國內廣播部專門委員。
		參與電視劇「烽火江南」編劇。
1974 年	2 月	發表〈登樓〉於《幼獅文藝》第 242 期。
		《文藝與傳播》由臺北三民書局出版。
	4 月	《講理》由臺北大地出版社出版。
	11 月	8～9 日，〈若苦能甘——初讀鹿橋先生的《人子》〉連載於《中國時報》第 12 版。
		擔任國家文藝基金管理委員會審議委員，至 1977 年止。
1975 年	3 月	發表〈化意象為文字〉於《中國語文》第 36 卷第 3 期。
	4 月	發表〈兒童文學的整理和創作〉於《中國語文》第 36 卷第 4 期。
	5 月	擔任正中書局編審部評審委員。
		當選中國文藝協會理事。
		《王鼎鈞自選集》由臺北黎明文化公司出版。
	6 月	發表〈有所思〉於《幼獅文藝》第 258 期。
	7 月	《開放的人生》由臺北爾雅出版社出版。

8月 3 日，應邀擔任中華文化復興運動推行委員會臺北分會於臺北金華國中舉辦的「第三屆兒童文學創作研究會」講師。

發表〈道公未了之願——敬讀〈文壇先進張道藩〉〉（趙友培著）於《中國語文》第37卷第2期。

擔任救國團暑期復興文藝營駐營講師。

10月 3日，發表〈風浪〉於《中國時報》第12版。

12日，發表〈競爭〉於《中國時報》第12版。

13日，發表〈自信〉於《中國時報》第12版。

19日，發表〈高高低低〉於《中國時報》第12版。

21日，發表〈莫愁〉於《中國時報》第12版。

26日，發表〈不懼〉於《中國時報》第12版。

11月 1日，發表〈又見英豪〉於《中國時報》第7版。

4日，發表〈無窮悔〉於《中國時報》第12版。

9日，發表〈難〉於《中國時報》第12版。

11日，發表〈異師〉於《中國時報》第12版。

21日，發表〈看相〉於《中國時報》第12版。

30日，發表〈哭之笑之〉於《中國時報》第12版。

當選中國語文學會理事。

12月 17日，發表〈造橋〉於《中國時報》第12版。

18日，發表〈餘生長久〉於《中國時報》第12版。

19日，發表〈互相抱緊〉於《中國時報》第12版。

28日，發表〈探尋未知〉於《中國時報》第12版。

自印出版《人生試金石》。

本年 於《中華日報》副刊撰寫「人生金丹」專欄。

1976年 1月 2日，發表〈迷你戰爭〉於《中國時報》第12版。

6日，發表〈新婚之夜〉於《中國時報》第12版。

7 日，發表〈迷僧〉於《中國時報》第 12 版。

9 日，發表〈別善惡〉於《中國時報》第 12 版。

10 日，發表〈五萬與五千萬〉於《中國時報》第 12 版。

16 日，發表〈侏儒症〉於《中國時報》第 12 版。

28 日，發表〈啞鳥〉於《中國時報》第 12 版。

發表〈花語〉於《中華日報》副刊。

發表〈〈中華民國文藝史〉評介〉於《中央月刊》第 8 卷第 3 期。

自中國廣播公司退休，決定專心寫作。

2 月　18 日，發表〈人人成功〉於《中國時報》第 12 版。

19 日，發表〈紀念日〉於《中國時報》第 12 版。

23 日，發表〈你真傻〉於《中國時報》第 12 版。

3 月　17 日，發表〈愛情代用品〉於《中國時報》第 12 版。

22 日，發表〈天機〉於《中國時報》第 12 版。

24 日，發表〈大漠弱者〉於《中國時報》第 12 版。

29 日，應邀於中華文化復興運動委員會舉辦的「文藝研究班」演講。

31 日，發表〈中間人物〉於《中國時報》第 12 版。

發表〈人海採珠〉於《明道文藝》第 1 期。

4 月　2 日，發表〈成敗之別〉於《中國時報》第 12 版。

3 日，發表〈主觀〉於《中國時報》第 12 版。

8 日，發表〈鎖匠和小偷〉於《中國時報》第 12 版。

9 日，發表〈非動物學〉於《中國時報》第 12 版。

10 日，發表〈站在前面〉於《中國時報》第 12 版。

11 日，發表〈月宮玉兔〉於《中國時報》第 12 版。

13 日，發表〈向善〉於《中國時報》第 12 版。

6月 發表〈試金石〉於《中央月刊》第8卷第8期。

7月 獲國防部榮譽紀念狀。

8月 23日，發表〈饞〉於《中國時報》第12版。

擔任臺北市教育局兒童文學教師研習會講師。

9月 11日，發表〈教子〉於《中國時報》第12版。

20日，發表〈三度貞操〉於《中國時報》第12版。

代理幼獅文化公司期刊部總編輯，爲期一年。

10月 9日，發表〈明契〉於《中國時報》第12版。

14日，發表〈痛失慈母〉於《中國時報》第12版。

發表〈享受與犧牲〉於《中央月刊》第8卷第12期。

自印出版《我們現代人》，與《開放的人生》、《人生試金石》，合稱「人生三書」。

11月 27日，發表〈勸人讀詩〉於《中華日報》副刊。

12月 19日，發表〈女孩子的成長〉於《中國時報》第12版。

本年 擔任東吳大學夜間部講師。

1977年 2月 14日，發表〈爲「我們現代人」敬答讀者〉於《中華日報》副刊。

6月 24日，發表〈有決心嗎？〉於《中國時報》第12版。

7月 21日，發表〈口頭禪〉於《中國時報》第12版。

應邀擔任救國團暑期復興文藝營主任。

8月 23日，發表〈生生不息〉於《中國時報》第12版。

29日，應邀參加國民黨於臺北劍潭青年活動中心舉辦的「第二次全國文藝會談」。

發表〈不敢問〉於《幼獅文藝》第284期。

9月 1日，發表〈今非昔比〉於《中國時報》第12版。

10月 4日，發表〈資深與優良〉於《中國時報》第12版。

		12 日，發表〈歷史劇怎麼辦〉於《中國時報》第 12 版。
		18 日，發表〈文化活結〉於《中國時報》第 12 版。
	11 月	擔任吳三連先生文藝獎基金會評審委員。
1978 年	1 月	擔任中國語文學會理事，至 1979 年止。
		發表〈聖經的中文譯本〉於《中國語文》第 48 卷第 1 期。
	2 月	27 日，發表〈天才新聞〉於《中國時報》第 12 版。
	3 月	9～10 日，〈帶走滿耳的耳語〉連載於《中國時報》第 12 版。
		《碎琉璃》由臺北九歌出版社出版。
	4 月	19 日，發表〈我的第一步——拾字神〉於《中國時報》第 12 版。
		發表〈文藝與傳播〉於《中國語文》第 42 卷第 4 期。
	5 月	1 日，發表〈等一等〉於《中國時報》第 12 版。
		4 日，發表〈眼睛睜亮了〉於《中國時報》第 12 版。
		7 日，發表〈柔情〉於《中國時報》第 12 版。
		10 日，發表〈奇蹟〉於《中國時報》第 12 版。
		11 日，發表〈心聲〉於《中國時報》第 12 版。
		13 日，發表〈靈感哪裡找〉於《中國時報》第 12 版。
		14 日，發表〈下一次刻字〉於《中國時報》第 12 版。
		16 日，發表〈燕子〉於《中國時報》第 12 版。
		17 日，發表〈神僕〉於《中國時報》第 12 版。
		19 日，發表〈膏藥的奇遇〉於《中國時報》第 12 版。
		21 日，發表〈慈母淚〉於《中國時報》第 12 版。
		23 日，發表〈鈞者〉於《中國時報》第 12 版。
		26 日，發表〈都是蝸牛〉於《中國時報》第 12 版。

28 日，發表〈山海〉於《中國時報》第 12 版。

29 日，發表〈距離〉於《中國時報》第 12 版。

30 日，發表〈把寶娥斬了吧〉於《中國時報》第 12 版。

發表〈在離愁之前〉於《幼獅文藝》第 293 期。

擔任中國文藝協會理事，至 1979 年止。

擔任中華文化復興運動委員會研究委員，至 1979 年止。

6 月 1 日，發表〈懼火症〉於《中國時報》第 12 版。

2 日，發表〈淚滿襟〉於《中國時報》第 12 版。

4 日，發表〈大家踩〉於《中國時報》第 12 版。

17 日，發表〈在麻醉裡〉於《中國時報》第 12 版。

18 日，發表〈怕什麼〉於《中國時報》第 12 版。

19 日，發表〈代溝？〉於《中國時報》第 12 版。

24 日，發表〈失狗記〉於《中國時報》第 12 版。

29 日，發表〈廣告模特兒〉於《中國時報》第 12 版。

7 月 2 日，發表〈牙病〉於《中國時報》第 12 版。

3 日，發表〈飲水詞〉於《中國時報》第 12 版。

4 日，發表〈大大小小〉、〈募捐之道〉於《中國時報》第 12 版。

5 日，發表〈水中的心聲〉於《中國時報》第 12 版。

7 日，發表〈靈感天意〉於《中國時報》第 12 版。

10 日，發表〈惻隱〉於《中國時報》第 12 版。

13 日，發表〈畫我故鄉師表〉於《中國時報》第 12 版。

應邀擔任救國團於淡水商工學辦的「復興文藝營」講師。

	8月	發表〈與時人高上秦談靈感的滋味〉於《幼獅文藝》第296期。
		自印出版《靈感》。
	9月	應邀赴美國擔任西東大學亞洲研究院研究員、雙語教程中心華文主編。
		發表〈珍惜神聖一票的「後果」〉於《中央月刊》第10卷第12期。
	12月	21日，發表〈我們的旗，我們的歌，飛揚在異國山河……〉於《中國時報》第12版。
1979年	1月	發表〈一團花絮〉於《明道文藝》第34期。
	3月	27日，發表〈「催淚」畫展〉於《中國時報》第12版。
		發表〈大漢兒女〉於《明道文藝》第36期。
	4月	發表〈國恥與國寶〉於《明道文藝》第37期。
	10月	《情話》（原名《情人眼》）由臺北大林出版社出版。
	11月	發表〈胡蔭亭博士談文學〉於《明道文藝》第44期。
	本年	父親王毓瑤逝世。
1980年	1月	發表〈如是我聞〉於《明道文藝》第46期。
	4月	發表〈低頭看天〉於《明道文藝》第49期。
	6月	發表〈我是一滴水〉於《幼獅少年》第44期。
		〈橘鄉晨課〉連載於《明道文藝》第51～55期。
	本年	定居美國紐約。
1981年	2月	23日，發表〈關於「霧中雲霓」〉於《中華日報》副刊。
	3月	25～26日，〈天鵝蛋〉連載於《中國時報》第8版。
	5月	發表〈語言〉於《明道文藝》第62期。
	6月	發表〈字句〉於《明道文藝》第63期。

	7月	發表〈談小說〉於《明道文藝》第64期。
	8月	發表〈戲劇〉於《明道文藝》第65期。
	9月	29～30日，〈這麼短的星期天〉連載於《中國時報》第8版。
		發表〈體裁選擇〉於《明道文藝》第66期。
	10月	發表〈語文功能〉於《中華文藝》第22卷第2期。
		發表〈胎生卵生〉於《明道文藝》第67期。
	11月	發表〈新與舊（論文學創作）〉於《明道文藝》第68期。
1982年	1月	發表〈散文〉於《明道文藝》第70期。
	5月	《文學種籽》由臺中明道文藝雜誌社出版。
	6月	《開放的人生》由臺北爾雅出版社出版。
	8月	短篇小說集《白如玉》（原名《單身漢的體溫》）由臺北大林出版社出版。
	10月	自印出版《碎琉璃》。
	11月	《海水天涯中國人》由臺北爾雅出版社出版。
	本年	《我們現代人》由臺北洪範書店出版。
1983年	1月	發表〈介紹一套華文讀本：中國語文讀本（六冊）〉於《中國語文》第52卷第1期。
	5月	24～30日，〈抗戰後期的流亡學生〉連載於《聯合報》第8版。
		發表〈札記五則〉於《明道文藝》第86期。
	6月	發表〈隨筆〉於《明道文藝》第87期。
	7月	14日，發表〈至親好友〉於《聯合報》第8版。
		發表〈車上車下〉於《明道文藝》第88期。
	8月	5日，發表〈如是我見〉於《聯合報》第8版。
	9月	發表〈事事關心〉於《明道文藝》第90期。

10月 發表詩作〈七夕〉於《明道文藝》第91期。
11月 22～26日，〈抗戰後期的流亡學生小媳婦〉連載於《聯合報》第8版。
12月 26日，發表〈母子們〉於《聯合報》第8版。

1984年
1月 20日，發表〈邂逅〉於《聯合報》第8版。
發表詩作〈那年冬天〉於《明道文藝》第94期。
2月 27日，發表〈嚇破膽〉於《聯合報》第8版。
3月 30日，發表〈門前雪〉於《聯合報》第8版。
4月 15日，發表〈有頭無尾的故事〉於《聯合報》第8版。
《山裡山外》由臺北洪範書店出版。
5月 《別是一番滋味》由臺北皇冠出版社出版。
《看不透的城市》由臺北爾雅出版社出版。
6月 8日，發表〈文章光華〉於《聯合報》第8版。
7月 發表〈綜合〉於《明道文藝》第100期。
8月 發表〈談直敘〉於《明道文藝》第101期。
自印出版《作文七巧》。
9月 發表〈談倒敘〉於《明道文藝》第102期。
12月 3日，發表〈一顧傾城〉於《聯合報》第8版。
發表〈歸納〉於《明道文藝》第105期。
發表〈描寫的技巧〉於《中國語文》第55卷第6期。

1985年
7月 自印出版《意識流》。
12月 發表〈開放的人生〉於《明道文藝》第117期。

1986年
1月 23日，發表〈傳統現代兩不厭〉於《聯合報》第8版。
3月 23日，發表〈大氣游虹〉於《聯合報》第8版。
4月 17～18日，〈大氣游虹（續篇）〉連載於《聯合報》第8版。
5月 自印出版《作文十九問》。

1987年	5月	發表〈迎春〉於《幼獅少年》第127期。
	10月	1日，發表〈寫下格言的漢子〉於《聯合報》第8版。
		9日，發表〈眼科診所與眼睛——懷念欒福錮醫師〉於《聯合報》第8版。
	12月	23日，發表〈與冰心有關〉於《中國時報》第8版。
	本年	《我們現代人》由臺北黎明文化公司出版。
1988年	1月	2日，發表〈吾土二帖〉於《聯合報》第23版。
		14日，發表〈給我更多的人看〉於《聯合報》第23版。
		17日，發表〈另「十句話」〉於《中國時報》第22版。
	2月	16日，發表〈年關情懷〉於《聯合報》第23版。
	3月	24日，發表〈天堂〉於《聯合報》第23版。
	4月	短篇小說集《單身溫度》（原名《單身漢的體溫》）由臺北爾雅出版社出版。
	5月	16日，發表〈桃花太紅李太白〉於《中國時報》第18版。
		《左心房漩渦》由臺北爾雅出版社出版。
	6月	29日，發表〈隨遇而讀〉於《聯合報》第21版。
		發表〈方外手記〉於《講義》第15期。
	7月	發表〈方外手記〉於《明道文藝》第148期。
	8月	1日，發表〈長程短記〉於《聯合報》第21版。
	10月	1日，《左心房漩渦》獲《中國時報》「第一屆時報文學獎散文類推薦獎」。
		21日，發表〈得獎感言〉於《中國時報》第18版。
	11月	10日，《左心房漩渦》獲行政院新聞局「金鼎獎優良圖書獎」、「金鼎獎圖書著作獎」。

	12月	發表〈集梁譯英諺〉於《講義》第21期。
	本年	《左心房漩渦》獲吳魯芹散文獎。
1989年	4月	發表〈關於那些信〉於《明道文藝》第157期。
	6月	發表〈當時我是這樣想的〉於《明道文藝》第159期。
	7月	發表〈掃不盡的〉於《明道文藝》第160期。
	10月	《人生觀察》由臺北水牛出版社出版。
	12月	發表〈我的國文——師承爺爺〉於《明道文藝》第165期。
1990年	4月	《靈感》由臺北爾雅出版社出版。
	7月	22日，發表〈書房隨筆〉於《聯合報》第29版。 25日，發表〈書房隨筆（續篇）〉於《聯合報》第29版。 發表〈業餘的散文〉於《明道文藝》第172期。
	9月	11日，發表〈火車時間表的奧妙〉於《聯合報》第29版。 發表〈一夜京華——柯雲路的《夜與書》〉於《明道文藝》第174期。 自印出版《意識流》。
	10月	3日，發表〈明月無私〉於《聯合報》第29版。
	11月	《兩岸書聲》由臺北爾雅出版社出版。 自印出版《情人眼》。
1991年	8月	發表〈少年塵土〉於《明道文藝》第185期。
	10月	10～11日，〈戰爭的教訓〉連載於《聯合報》第25版。
	11月	22～23日，〈向大地折腰——一九三八～一九三九紀事〉連載於《聯合報》第25版。
1992年	2月	發表〈我讀小學的時候〉於《明道文藝》第191期。

	5 月	自印出版《山裡山外》。
		自印出版《昨天的雲》。
	7 月	7 日，發表〈寄濟南——給我五十年前的老同學〉於《中國時報》第 27 版。
		9 日，發表〈難題〉於《聯合報》第 25 版。
		10 日，發表〈致河北徐水我的神交兄弟〉於《中國時報》第 35 版。
	8 月	3 日，發表〈小東西〉於《中國時報》第 27 版。
		15 日，發表〈敬悼高陽先生〉於《中華日報》副刊。
		25 日，發表〈再跟上海市某同文筆談〉於《中國時報》第 27 版。
	9 月	11 日，發表〈天地不爲一人而設〉於《中國時報》第 35 版。
	10 月	發表〈空白〉於《創世紀》第 90、91 期合刊。
	12 月	發表〈我讀《巴爾札克傳》〉於《明道文藝》第 201 期。
1993 年	1 月	發表〈克莉絲蒂論寫作〉於《明道文藝》第 202 期。
	3 月	3 日，發表〈阜陽與我〉於《聯合報》第 25 版。
		20 日，發表〈詩友，在光陰裡〉於《聯合報》第 25 版。
		29 日，發表〈老師們〉於《聯合報》第 37 版。
	4 月	14 日，發表〈教官們〉於《聯合報》第 35 版。
		發表〈我的中學生活〉於《幼獅文藝》第 472 期。
	5 月	24 日，發表〈讀半本書長大〉於《聯合報》第 35 版。
	10 月	31 日，發表〈少年疑〉於《中國時報》第 39 版。
	12 月	2 日，發表〈新老師施教記〉於《中國時報》第 39 版。
		22 日，發表〈從軍見證〉於《聯合報》第 25 版。

1994 年	1 月	17 日，發表〈愛情，苦悶的象徵〉於《聯合報》第 37 版。
	3 月	15 日，發表〈大學夢外一篇〉於《聯合報》第 37 版。
		發表〈魯硯初識〉於《明道文藝》第 216 期。
	5 月	11 日，發表〈抗戰掛在嘴皮子上〉於《中國時報》第 39 版。
		19 日，發表〈信仰・想像・愛〉於《聯合報》第 37 版。
	7 月	7～8 日，〈以前種種——抗戰勝利雜憶〉連載於《聯合報》第 37 版。
		21 日，發表〈神話與人間〉於《聯合報》第 37 版。
	9 月	伊始編《王鼎鈞散文》由浙江文藝出版社出版。
	12 月	《大氣游虹——王鼎鈞散文選》由北京中國友誼出版社出版。
1995 年	1 月	5 日，發表〈某種雜音〉於《聯合報》第 37 版。
		6 日，發表〈讀書與看書之間〉於《聯合報》第 37 版。
	2 月	6 日，發表〈活到老，真好〉於《聯合報》第 33 版。
	5 月	18 日，發表〈由小掌故說起〉於《聯合報》第 37 版。
		20 日，發表〈我第一篇以真名發表的文章刊在中副〉於《爾雅人》第 88 期。
	7 月	13 日，發表〈白紙的傳奇〉於《聯合報》第 37 版。
		自印出版《怒目少年》。
	8 月	11 日，發表〈「遺忘」之前〉於《聯合報》第 37 版。
	10 月	發表〈讀書與人生〉於《講義》第 103 期。
	11 月	9 日，發表〈仇滋味〉於《聯合報》第 37 版。
		29 日，發表〈失出和失入〉於《聯合報》第 37 版。
1996 年	1 月	9 日，發表〈與生命對話〉於《聯合報》第 34 版。

	2月	7 日，發表〈美麗的謎面（上）、（下）〉於《中央日報》第 18 版。
		11 日，發表〈問天下多少小三子〉於《中華日報》副刊。
		14 日，發表〈如此江山待人才——張愛玲與臺灣文壇〉於《聯合報》第 37 版。
		發表〈辛浦森案例的啓示〉於《講義》第 107 期。
	3月	18 日，發表〈鴛鴦繡就憑君看〉於《聯合報》第 37 版。
		26 日，發表〈舊時天氣，今日心情〉於《聯合報》第 37 版。
	6月	發表〈箱子裡的祕密〉於《講義》第 111 期。
	7月	18 日，發表〈奉獻云云〉於《聯合報》第 37 版。
1997 年	1月	7 日，發表〈遊園誌盛〉於《聯合報》第 37 版。
	5月	29 日，發表〈人心不古？〉於《中國時報》第 27 版；發表〈世緣茫茫天蒼蒼〉於《聯合報》第 41 版。
		《隨緣破密》由臺北爾雅出版社出版。
	7月	18 日，發表〈作家用語與中國文學〉於《中國時報》第 27 版。
	8月	12 日，發表〈「無悔」的餘波〉於《中國時報》第 27 版。
		14 日，發表〈妄念幻覺〉於《聯合報》第 41 版。
	10月	30 日，發表〈著書・藏書・想書〉於《聯合報》第 41 版。
1998 年	2月	22 日，發表〈重溫習，又是一番歌哭〉於《中國時報》第 27 版。

	3月	開始於紐約華文報《世界日報》新聞版撰寫專欄，至2005年止。
	4月	5日，發表〈植物與釘子〉於《聯合報》第41版。
	6月	26日，發表〈作家的社會責任〉於《聯合報》第41版。
	11月	《心靈分享》由臺北爾雅出版社出版。
	本年	於紐約《世界日報》撰寫短評專欄。
1999年	1月	詩集《有詩》由臺北爾雅出版社出版。 《千手捕蝶》由臺北爾雅出版社出版。
	2月	9日，發表〈致實習記者弟弟〉於《聯合報》第37版。 發表〈千手捕蝶〉於《明道文藝》第275期。
	4月	10日，發表〈一星如月看多時——序《一顆永恆的星》〉（王藍著）於《九歌》第2期。
	6月	20日，發表〈亂風拾葉〉於《中央日報》第18版。 《活到老，真好》由臺北爾雅出版社出版。
	10月	發表〈花開花落皆有風景——讀韓秀《風景》有感〉於《文訊雜誌》第168期。
	12月	2日，發表〈家和人和好文章〉於《中華日報》副刊。
	本年	《開放的人生》入選文建會主辦「臺灣文學經典三十本書」。
2000年	1月	15日，發表〈心靈與詩〉於《中國時報》第37版。 16日，發表〈霧未散盡〉於《聯合報》第37版。 《昨天的雲》由北京中國工人出版社出版。
	2月	7日，發表〈信仰者的腳印〉於《中央日報》第22版。 25～26日，〈文貴情真——談林貴真女士的散文（上）、（下）〉連載於《臺灣日報》副刊。
	4月	《滄海幾顆珠》由臺北爾雅出版社出版。

7月 17日，發表〈風雨陰晴〉於《民生報》第4版。
《風雨陰晴》由臺北爾雅出版社出版。
8月 《講理》修改增訂版由臺北大地出版社出版。
11月 28日，發表〈隱地漲潮〉於《中央日報》第21版。
本年 《滄海幾顆珠》獲選爲《聯合報》讀書人最佳書獎文學類。

2001年 5月 26日，獲北美華文作家協會「第五屆傑出華人會員」獎牌，同時獲此榮譽的尙有琦君、夏志清、鄭愁予。
7月 《心靈與宗教信仰》（原名爲《心靈分享》）由臺北爾雅出版社出版。
9月 21日，發表〈江上清風〉於《中華日報》第19版。
28日，發表〈膽有多大〉於《中華日報》第19版。
10月 5日，發表〈兩岸婚事〉於《中華日報》第19版。
12日，發表〈畫翅一席話〉於《中華日報》第19版。
25日，發表〈談第二人稱的小說〉於《聯合報》第37版。
11月 15日，發表〈道歉面面觀〉於《中華日報》第19版。
12月 3日，發表〈宗教與人生〉於《中華日報》第19版。
10日，發表〈形象危機〉於《中華日報》第19版。
22日，發表〈遙望臺北〉於《中華日報》第19版。

2002年 1月 15日，發表〈網上文緣〉於《青年日報》副刊。
2月 10日，發表〈爲什麼〉於《中央日報》第18版。
5月 7日，發表〈寫詩的理由〉於《中華日報》第19版。
8月 《人生試金石》由臺北爾雅出版社出版。
9月 30日，發表〈都對也都錯〉於《中華日報》第19版。
10月 19日，發表〈像牧人等他的羊〉於《自由時報》第39版。

11 月 《我們現代人》由臺北爾雅出版社出版。

12 月 27 日，發表〈借詩說話〉於《自由時報》第 39 版。

2003 年 2 月 17 日，發表〈蚊子不朽〉於《中央日報》第 17 版。

3 月 13 日，發表〈生命的意義〉於《中華日報》第 19 版。

4 月 《作文七巧》由臺北爾雅出版社出版。

亮軒著《風雨陰晴王鼎鈞》由臺北爾雅出版社出版。

6 月 3 日，發表〈鐵馬來去〉於《中央日報》第 17 版。

《碎琉璃》由臺北爾雅出版社出版。

7 月 《文學種籽》、《意識流》由臺北爾雅出版社出版。

8 月 25 日，發表〈老人中心一夕談〉於《中央日報》第 17 版。

9 月 《講理》由濟南山東文藝出版社出版。

10 月 《山裡山外》由臺北爾雅出版社出版。

12 月 8～9 日，〈尋找文學的窗口〉連載於《中國時報》E7 版。

2004 年 2 月 7 日，發表〈也曾看山是山——隔世重說瀋陽內戰人物〉於《中國時報》E7 版。

發表〈費文書房〉於《講義》第 203 期。

3 月 3 日，發表〈同是天涯〉於《中華日報》第 19 版。

6 月 16 日，發表〈從洗衣板到絞肉機〉於《聯合報》第 E07 版。

9 月 2～4 日，〈天津戰俘營半月記——解放區的天是明朗的天〉連載於《聯合報》第 E07 版。

23 日，發表〈文學的信徒〉於《中央日報》第 17 版。

10 月 《作文十九問》由臺北爾雅出版社出版。

12 月 《情人眼》由臺北爾雅出版社出版。

	本年	《風雨陰晴——王鼎鈞散文精選》由濟南山東文藝出版社出版。
2005 年	2 月	《昨天的雲——王鼎鈞回憶錄四部曲之一》、《怒目少年——王鼎鈞回憶錄四部曲之二》由臺北爾雅出版社出版。
	3 月	30 日，發表〈我的名字王鶴霄〉於《中國時報》E7 版。
	4 月	11 日，發表〈滿紙荒唐言〉於《青年日報》第 10 版。
	5 月	《關山奪路——王鼎鈞回憶錄四部曲之三》由臺北爾雅出版社出版。
	6 月	《情人眼》由濟南山東畫報出版社出版。
	7 月	於紐約法拉盛喜來登飯店舉辦「《關山奪路》新書發表會」。
	8 月	12 日，發表〈《關山奪路》出版以後〉於《中央日報》第 17 版。
	10 月	22 日，發表〈從小處想起〉於《中華日報》第 23 版。
	11 月	6 日，應邀出席國際佛光會紐約協會於佛光山紐約道場舉辦的「從《關山奪路》談文學的奧妙」演講會。 11 日，發表〈創意婚姻〉於《中華日報》第 23 版。
	12 月	9 日，發表〈民歌年華〉於《聯合報》第 E07 版。 15 日，發表〈氣與藝〉於《中央日報》第 17 版。 25 日，《關山奪路——王鼎鈞回憶錄四部曲之三》獲《聯合報》讀書人最佳書獎非文學類。
2006 年	1 月	23 日，發表〈文學的技藝——從《關山奪路》談創作的瓶頸〉於《自由時報》E06 版。 《葡萄熟了》由臺北大地出版社出版。

2月 16 日，發表〈我從胡適面前走過〉於《聯合報》第 UN20 版。

4月 14 日，發表〈張道藩與小說研究組〉於《中央日報》第 17 版。

26 日，發表〈我從瞭望哨看見什麼〉於《中國時報》E7 版。

5月 9～10 日，〈小說組受教記〉連載於《中央日報》第 17 版。

發表〈駝經的白馬〉於《文訊雜誌》第 247 期。

6月 發表〈老手、熟手、好手、第三隻手？——記小說組的同學們〉於《文訊雜誌》第 248 期。

7月 21 日，捐贈個人著作及藏書共 150 本予紐約經濟文化辦事處圖書室。

8月 2 日，發表〈處裡藏書的滋味〉於《聯合報》第 E07 版。

9月 4 日，發表〈世界小故事〉於《聯合報》第 E07 版。

11月 20 日，應邀出席美東聯成公所、紐約華文作家協會、張秀亞文學創作基金會舉辦的「張秀亞女士紀念文學講座」記者會，並於 26 日參加「張秀亞女士紀念文學講座」，與趙淑俠、趙淑敏、黃玉振共同擔任主講人。

12月 18 日，發表〈作家的手稿〉於《聯合報》第 E07 版。

2007 年 4月 21 日，發表〈送夏立言大使〉於《聯合報》第 E07 版。

「人生三書」系列：《開放的人生》、《人生試金石》、《我們現代人》由北京國際文化出版公司出版。

5月 10 日，發表〈我與《公論報》一段因緣〉於《聯合報〉第 E07 版。

發表〈反共文學觀潮記〉於《文訊雜誌》第 259 期。

7 月 發表〈殺人無用論〉於《明報月刊》第 499 期。

8 月 7 日，發表〈善行善言與善念〉於《聯合報》第 E07 版。

發表〈父親的角色〉於《明報月刊》第 500 期。

9 月 發表〈秦松：上帝的好孩子〉於《文訊雜誌》第 263 期。

10 月 29 日，發表〈雲門狂草老眼看〉於《聯合報》第 E07 版。

發表〈日輪冉冉遠去〉於《文訊雜誌》第 264 期。

發表〈一種夢和兩種夢〉於《明報月刊》第 502 期。

11 月 18 日，發表〈人爲加自然〉於《聯合報》第 E07 版。

12 月 「作文三書」系列：《文學種籽》、《作文七巧》、《作文十九問》由北京國際文化出版公司出版。

2008 年 1 月 26 日，發表〈眷村和眷村文化〉於《聯合報》第 E03 版。

發表〈澎湖冤案與基督替死〉於《明報月刊》第 505 期。

3 月 5 日，發表〈新年讀新詩〉於《青年日報》第 10 版。

發表〈藝術洗禮——現代文學的潮流〉於《文訊雜誌》第 269 期。

5 月 1 日，發表〈錯誤都不美麗〉於《自由時報》第 D13 版。

6 月 17 日，發表〈折損回憶〉於《聯合報》第 E03 版。

10 月 25～26 日，〈我和軍營的再生緣〉連載於《聯合報》第 E03 版。

	11 月	24 日，發表〈黎中天，一個被遺忘的作家〉於《中國時報》E4 版。 《黑暗聖經》（原名《隨緣破密》）由臺北爾雅出版社出版。
	12 月	23 日，發表〈我思姜貴見性情〉於《自由時報》第 D13 版。
2009 年	1 月	21 日，發表〈浪淘不盡的時代殘跡〉於《聯合報》第 E03 版。
	2 月	4～5 日，〈七〇年代的書和我〉連載於《中國時報》E4 版。 發表〈世上最難寫的一個字〉於《文訊雜誌》第 280 期。
	3 月	發表〈閉門思過，我與雜文〉於《明報月刊》第 519 期。 發表〈有關《文學江湖》的問答〉於《文訊雜誌》第 281 期。 《文學江湖——王鼎鈞回憶錄四部曲之四》由臺北爾雅出版社出版。
	4 月	3～4 日，海南師範大學文學院、海南師範大學學報編輯部、美國華文文藝界協會於海南省海口市聯合舉辦「王鼎鈞文學創作國際學術研討會」。
	7 月	11 日，於世界書局紐約法拉盛門市地下室舉辦「《文學江湖》新書發表會」。
	8 月	發表〈四餘讀書記〉於《文訊雜誌》第 286 期。
	9 月	發表〈四餘讀書記之二〉於《文訊雜誌》第 287 期。
	10 月	19 日，發表〈面對和平，他們應該說……〉於《中國時報》E4 版。

	11月	25日，發表〈記者與作家〉於《中國時報》E4版。
	12月	28日，發表〈1949三稜鏡〉於《聯合報》第D03版。
		30日，發表〈由寫作班想起〉於《中國時報》E4版。
2010年	1月	《文學江湖——王鼎鈞回憶錄四部曲之四》獲2010臺北國際書展大獎非小說類。
	4月	發表〈四月的聽覺〉於《文訊雜誌》第294期。
	5月	15日，行政院文建會、明道文教基金會、明道大學中國文學系於明道大學共同舉辦「王鼎鈞學術研討會」及「王鼎鈞作品文物展」。
	7月	發表〈快樂？〉於《文訊雜誌》第297期。
	8月	17日，發表〈寫作也是一種布施〉於《青年日報》第10版。
	10月	20日，發表〈多餘的爭執〉於《中華日報》第B7版。
	11月	11日，發表〈我們面對歷史演化〉於《聯合報》第D03版。
	12月	30日，發表〈由寫作班寫起〉於《中國時報》E4版。
	本年	開始於《世界日報》周刊撰寫散文專欄。
2011年	1月	5日，龍應台應北美世界日報之邀赴美國紐約進行演講，並前往王鼎鈞家中拜訪，兩人暢談文學並互贈著作。
		8日，應邀出席北美世界日報於林肯中心愛麗斯杜莉廳舉辦的「龍應台：華人世界的大江大海」演講會。
	2月	11日，發表〈母親的心、子女的腦〉於《聯合報》第E03版。
		《葡萄熟了》由臺北九歌出版社出版。
	3月	21日，發表〈「虎媽」的弱勢戰略〉於《中華日報》副刊。

4月　25 日，發表〈照人膽似秦時月〉於《聯合報》第 D03 版。

5月　3 日，應邀出席紐約市華人家長學生聯合會舉辦的「書法、文藝、人生」座談會。

5 日，發表〈大角鹿的未來〉於《聯合報》第 D03 版。

發表詩作〈和喻大翔教授元旦詩〉於《文訊雜誌》第 307 期。

6月　發表〈神仙伴侶——藝術名家牛叔承、曲宗玫伉儷〉於《文訊雜誌》第 308 期。

8月　7 日，應邀參加於紐約法拉盛喜來登飯店舉辦的「梁東屏《說三道四@東南亞》新書發表會」。

10月　22 日，發表〈大鈔如滿街落葉——回應〈詩歌五十條〉〉於《聯合報》第 D03 版。

發表詩作〈絕句二首〉於《文訊雜誌》第 312 期。

11月　1～5 日，山東省蒼山縣人民政府、山東大學文學與新聞傳播學院、臨沂大學、中國散文學會、美國華文文藝界協會於山東省蒼山縣聯合主辦「第二屆王鼎鈞文學創作國際學術討論會」。

8 日，發表〈我能說的只有感謝〉於《聯合報》第 D03 版。

16 日，發表〈續說含飴弄孫〉於《聯合報》第 D03 版。

12月　7 日，發表〈好人與壞人〉於《聯合報》第 D03 版。

2012 年

2月　《桃花流水杳然去——王鼎鈞散文別集》由臺北爾雅出版社出版。

3月　10 日，應邀出席華僑協會總會紐約分會、紐約聖若望大學亞洲研究所及華美族研究會於紐約第一銀行舉辦的

		「祥龍獻瑞賀新春：2012 壬辰龍年年畫特展」。
		23 日，應北美中國書法協會之邀，於紐約法拉盛圖書館演講「與書法家交朋友」。
	5 月	21 日，發表〈重來不是舊人間〉於《中華日報》副刊。
	6 月	22 日，發表〈舊書新說懷人〉於《中華日報》副刊。
	9 月	《度有涯日記：「王鼎鈞回憶錄四部曲」域外篇》由臺北爾雅出版社出版。
2013 年	1 月	19 日，於紐約法拉盛舉辦「《度有涯日記》與《桃花流水杳然去》新書發表會」， 《昨天的雲》、《怒目少年》、《關山奪路》、《文學江湖》由北京生活・讀書・新知・三聯書店出版。
	2 月	《古文觀止化讀》、短篇小說集《單身溫度》由臺北爾雅出版社出版。

參考資料：

- 王鼎鈞，《昨天的雲——王鼎鈞回憶錄四部曲之一》，臺北：爾雅出版社，2005 年 2 月。
- 王鼎鈞，《怒目少年——王鼎鈞回憶錄四部曲之二》，臺北：爾雅出版社，2005 年 2 月。
- 王鼎鈞，《關山奪路——王鼎鈞回憶錄四部曲之三》，臺北：爾雅出版社，2005 年 5 月。
- 王鼎鈞，《文學江湖——王鼎鈞回憶錄四部曲之四》，臺北：爾雅出版社，2009 年 3 月。
- 蔡倩如，《王鼎鈞論》，臺北：爾雅出版社，2002 年 7 月。
- 亮軒，《風雨陰晴王鼎鈞》，臺北：爾雅出版社，2003 年 4 月。
- 《臺灣文學年鑑》（1996～2010），臺南：國立臺灣文學館。
- 新聞知識庫網站。

・國家圖書館——當代文學史料系統網站、臺灣期刊論文索引系統網站。

・華文文學平臺網站

輯三◎

研究綜述

王鼎鈞研究綜述

◎張春榮

一、前言：謝朝華，啟夕秀

王鼎鈞（1925～）文心燦發，意匠如神，自成凌雲健筆的厚重文本。鼎公書寫，源泉滾滾，始於《文路》（益世，1963 年）、《小說技巧舉隅》（光啓，1963 年）的金針度人，次於《開放的人生》（爾雅，1975 年）的精微小品；發皇於《碎琉璃》（九歌，1978 年）、《左心房漩渦》（爾雅，1988 年）的光彩奪目，揚輝於《隨緣破密》（爾雅，1997 年）、《心靈與宗教信仰》（爾雅，1998 年）的宏觀透視；進而積澱深化，推出撼動人心的「回憶四部曲」：《昨天的雲》（自印，1992 年）、《怒目少年》（自印，1995 年）、《關山奪路》（爾雅，2005 年）、《文學江湖》（爾雅，2009 年）；繼而風動波振，三管齊下，分別有《桃花流水杳然去》（爾雅，2012 年）、《度有涯日記》（爾雅，2012 年）、《古文觀止化讀》（爾雅，2013 年）；迄今計 44 冊，照見「七個國家，五種文化，三種制度」的撞擊與歷鍊，涵泳身不由己的時間滄桑與空間飄泊；落葉生根，植樹成林，以跨越半世紀的沽心煮字，自成鬱鬱蒼蒼的長青林，蔚爲現當代文學的亮麗風景。

王鼎鈞是現當代散文大家，自 1970 年代迄今，「王鼎鈞」一直是現當代散文中金聲玉振的名字，根茂實遂，膏沃光曄，綻放其獨特的書寫魅力。臺灣自管管等編《中國當代十大散文家選集》（源成，1977 年）至陳芳明《臺灣新文學史》（聯經，2011 年），大陸自徐學編《隔海說書：臺灣散文十家》（廈門大學，1988 年）至范培松《中國散文史》（江蘇教育，

2008 年)、方忠《臺灣散文縱橫論》(江蘇教育,2008 年)等,論及兩岸「鄉土散文」、「寓言散文」、「自傳散文」、「歷史散文」、「宗教散文」、「兼類散文」、「大散文」的領域中,無不吐故納新,鎔成拓植,奕奕揚輝,獨樹一幟,公認爲兩岸散文國度高懸的瑰寶,推崇備至,仰止驚嘆。

二、專書與學位論文:嫩蕊商量細細開

王鼎鈞厚重文本,心畫心聲,沉鬱頓挫,風動而波振。不僅照亮仰止驚嘆的眼睛,更召喚「於我心有戚戚焉」的莘莘後學,披文入情,研閱窮照;多年來嫩蕊商量細細開,開出作者與研究者的殊勝因緣,結出一顆顆感性與知性孕育的果實。

(一)專書

王鼎鈞是爾雅出版的骨幹作家,鎮殿之寶。而迄今研究王鼎鈞的專書有五本,均由爾雅出版社出版,紅花綠葉,掩映生姿,成爲文學與學術結合的生態景觀,分敘如下:

1.蔡倩如《王鼎鈞論》(2002 年)是第一本研究王鼎鈞散文的碩士論文,原名爲《王鼎鈞散文研究》(臺灣師大國文研究所,2000 年)。全書計分六章:第一章緒論;第二章作家論;第三章主題論;第四章文體論;第五章意象論;第六章結論。徐國能謂:「尤可貴者,書中將王鼎鈞的文學理論與其文學作品相互印證,使我們對於作爲一位文藝理論家的王鼎鈞,與作爲散文作家的王鼎鈞有了全面而融通性的認識。」[1]堪稱研究王鼎鈞的開路先鋒,斐然可觀。

2.亮軒《風雨陰晴王鼎鈞:一位散文家的評傳》(2003 年),煌煌巨著,達 540 頁。全書分八篇:第一篇啓蒙;第二篇成長;第三篇離家與從軍;第四篇感情世界;第五篇語言世界;第六篇信仰世界;第七篇王鼎鈞風格的形成;第八篇總論。全書特色,在於亮軒以創作之筆寫學術論文,

[1]徐國能,〈開放的人生,雋永的靈感〉,《聯合報・讀書人》,2003 年 3 月 9 日。

以極強的問題意識「大題大作」；讀來曉暢明白，淋漓盡致，剖析發微，靈活深刻，能自多角度照見「一位情感世界交響樂團的超級指揮家」(〈序言〉)。沈謙推崇此書：「『體大而慮周，思深而意遠』(章學誠《文史通義・詩話》)，在當代作家評傳中，洵屬空前之作。自嚴謹的學術論文規範而言，選題精當，資料豐碩，架構完整，體例嚴謹，闡論精闢，成果斐然，不失爲一流的學術著作。」[2]確實是「對鼎公真正好好了解的知交力作。尤其書中注解精湛，包含和鼎公「電郵」對話，彌足珍貴，不宜輕輕放過。

3.方方《妙手文心：王鼎鈞創作心理及寫作理論探析》(2009 年)，原爲其碩士論文《王鼎鈞創作心理及寫作理論探析》(山東大學中國現當代文學研究所，2008 年)。全書計分四章：第一章大時代中塑成人品和文品；第二章王鼎鈞散文創作的「心理場」；第三章情、事、理交融的寫作風格；第四章創作實驗和作文之道。此書由作者生命之姿出發，檢視作者語言之姿，立足「文如其人」的內發外鑠，掌握王鼎鈞「心理場」與「文理場」的創造性開展。

4.黃淑靜《走盡天涯・歌盡桃花：王鼎鈞的散文藝術》(2009 年)[3]，此書原爲其碩士論文《王鼎鈞散文藝術研究》(臺北教育大學語創所，2009 年)的精要版。全書計分五章：一、王鼎鈞創作歷程及其理念；二、王鼎鈞散文的相似思維；三、王鼎鈞散文的辯證思維；四、王鼎鈞散文的修辭運用；五、結論。此書掌握王鼎鈞散文藝術的核心，建立在形象思維的「辯證性」與抽象情意的「相似性」兩大主軸上；由「辯證性」一窺王鼎鈞認知思維的體悟，由「相似性」考察王鼎鈞語言藝術的精美；兩者相綰融合，正是由事說理，由景抒情的綜合呈現。

5.張春榮《文心萬彩：王鼎鈞的書寫藝術》(2011 年)。全書計分八章：第一章王鼎鈞書寫的魅力——趣味；第二章王鼎鈞書寫的穿透力——

---

[2]沈謙，〈從發光體到反光體——論亮軒的《風雨陰晴王鼎鈞》〉，《文訊》第 215 期(2003 年 9 月)，頁 10～14。

[3]書名，由隱地取，源自鼎公：「走盡天涯，洗盡鉛華，揀盡寒枝，歌盡桃花。」(《文學江湖》(臺北：爾雅出版社，2009 年 3 月))。

辯證思維；第三章王鼎鈞書寫的感染力——意象；第四章王鼎鈞書寫的覺察力——同異詞；第五章王鼎鈞書寫的創造力——極短篇；第六章王鼎鈞書寫的再造性；第七章王鼎鈞作文教學的藝術——帶得走的「能力」；第八章王鼎鈞書寫的成就——桃李不言，下自成蹊。全書聚焦王鼎鈞「攀高峰，渡險灘，履平地」充滿活力的生命質感與語言美感，分別自六個亮點切入，猶如六盞探照燈以不同光譜交織，鮮明照射王鼎鈞雕龍雕神的書寫。此即其所述：「依鼎公書寫『特色』（論點）爲圓心，以『分析、比較、歸納、演繹、綜合』爲半徑，畫出一個個不同的圓。每一個圓，是一座觀景臺，一盞燈；臺上可以俯仰一碧萬頃的精神家園，燈中輝映鼎公心靈富麗綿密的風景。」（〈黃金想念礦石，也想念熔爐〉，頁 7）。當然六道光束交織，無法窮照鼎公「以史爲綱，以人心爲維」的厚重書寫，其中「溫厚之心，博雅之識，生花之筆」自成多音妙旨的文學饗宴，仍有待再多深究開拓。

（二）學位論文

迄今研究王鼎鈞的碩士論文，臺灣有 11 本，大陸有三本，計 12 本：

1.蔡倩如《王鼎鈞散文研究》（臺灣師大國文研究所，2000 年）

2.陳秀滿《散文捕蝶人——王鼎鈞散文研究》（彰化師大國文研究所，2001 年）

3.丁幸達《王鼎鈞及散文研究》（臺北市教大應用語文研究所，2003 年）

4.羅漪文《《左心房漩渦》之語言風格》（清華大學中文研究所，2003 年）

5.邱郁芬《王鼎鈞散文的自傳性書寫研究》（新竹教育大學語文學系研究所，2007 年）

6.熊小菊《王鼎鈞散文家國抒寫初探》（廈門大學中國現當代文學研究所，2007 年）

7.方方《王鼎鈞創作心理及寫作理論探析》（山東大學中國現當代文學

研究所，2008 年）

8.王忠慧《痛與愛的詩性智慧——論《左心房漩渦的藝術形象》》（山東大學中國現當代文學研究所，2008 年）

9.黃淑靜《王鼎鈞散文藝術研究》（臺北教育大學語創所，2009 年）

10.陳秋見《王鼎鈞散文中的人性考察》（新竹教育大學人力資源處教學研究所，2009 年）

11.陳俐安《王鼎鈞的文學創作觀及其實踐》（臺北教育大學語創所，2010 年）

12.李萓《王鼎鈞的散文創作觀及其實踐》（淡江大學中國文學系碩士在職專班，2011 年）

13.謝佳樺《王鼎鈞散文中的基督教信仰書寫》（臺灣師範大學國文研究所，2012 年）

14.陳宜蓁《王鼎鈞寓言體散文研究》（臺灣師範大學國文系教學碩士班，2013 年）

綜上論文，可自問題意識、方法意識、評價意識加以檢視。

首先，就問題意識而言，自論文題目上有兩大趨向：第一、由概括走向清晰；第二、由綜述走向精研。最早三本論文，均以「散文研究」（蔡倩如、陳秀滿、丁幸達）涵蓋綜述；而後聚焦日漸清晰，如「語言風格」、「自傳性書寫」、「家國抒寫」、「創作心理」、「詩性智慧」、「散文藝術」、「人性考察」、「文學創作觀及其實踐」、「基督教信仰書寫」、「寓言體散文」，分別掌握「文字、文學、文化」的脈絡，剖析王鼎鈞「語言文字的追尋」、「生命境界的追尋」；大抵言之有物，持之成理。至於在綜述走向精研上，羅漪文和王忠慧，捨「百貨羅列」而走「精品專賣」的研究策略，有志一同，主打專攻《左心房漩渦》，由小觀大，分別朗照王鼎鈞的語言之姿與生命之姿。

其次，就方法意識而言，大抵以「文本分析法」爲主，「文獻分析法」爲輔，自「以意逆志」、「知人論世」的交相運用上，建構王鼎鈞書寫的精湛特色。至於在理論的運用上，除了借助散文理論外，羅漪文由「語言學」切入，方方由「完形心理學」（格式塔）闡釋，王忠慧由哲學「智的直覺」透視，黃淑靜由哲學「辯證思維」發揮，陳秋見由「人性心理」深究，陳俐安、李萱由「應然（文學創作觀）與實然（實踐）」上統攝比較，謝佳樺由「文學與宗教」的交會上發微；競綠賽青，各顯各自的知識與見識。

最後，就評價意識而言，揭示評價「標準」，確立王鼎鈞書寫的文學成就，並自現當代散文的流變上，歸納其書寫的價值與意義，定位與影響；此爲論文最難處理，最不易著墨之處，非覃思熟慮不爲功。綜上 14 本論文，大抵又羅列兩岸對王鼎鈞書寫的推崇稱譽，未能自繼往開來的散文座標中加以爬梳分析，自體大思精的宏觀上加以縱橫比較，未免略嫌不足；然就碩士論文，不必苛求。

由上專書與學位觀之，王鼎鈞健筆凌雲，老樹著花，奇態橫生，自「回憶四部曲」（《昨天的雲》、《怒目少年》、《關山奪路》、《文學江湖》）以來，仍源源不絕，展現他「恢弘中有細密，開闔中有精緻」的優質書寫，計出版《桃花流水杳然去》（爾雅，2012 年）、《度有涯日記——王鼎鈞回憶錄四部曲域外篇》）（爾雅，2012 年）、《古文觀止化讀》（爾雅，2013 年），質量俱優，醒心豁目。大凡研究王鼎鈞者，必須「追著王鼎鈞跑」的氣魄，涵「王」俱進，同步延伸開展。

職是之故，基於時空因緣，以上五本專書與 14 本碩士論文，均未能討蓋王鼎鈞新出著作。因是，日後研究王鼎鈞者，自當全面掌握，後出轉精，面面俱到，掌握其精研豐贍富麗的書寫全貌，以期力有透視，見有獨到。至於學位論文，迄今均爲碩士論文，期待日後有博士論文出現，呈現「點的撞擊，線的延伸，面的觀照，整體的把握」，懷瑾握瑜，深耕廣耕，朗現王鼎鈞「文心與道心合拍，美感與質感共構」裡多層次的精神家園。

三、期刊論文：交會時互放的光輝

王鼎鈞散文，化困境爲超越，化無明爲文明，轉鮮血爲上揚墨香，化呻吟爲動人音符；文心一顆，燭照萬彩。自 1970 年起，召喚後學，精研探就，迄今有六百多篇期刊論文。期刊論文中，最引人注目著爲三場研討會：第一、首屆王鼎鈞文學創作國際學術研討會（2009 年 4 月 3、4 日，海南師範大學主辦）；第二、王鼎鈞學術研討會（2010 年 5 月 15 日，明道大學主辦）；第三、第二屆王鼎鈞文學創作國際學術研討會（2011 年 11 月，山東蒼山主辦）[4]；分別針對王鼎鈞「文學成就」、「書寫的審美形態」、「文化鄉愁的底蘊」、「回憶錄的文史價值」、「宗教文學的內蘊」、「與當代作家的比較」等範圍，披文入情，發微探賾；此外再加上諸多「書評」、專家「書序」，可說洋洋灑灑，蔚爲大觀。其中研究，大抵分「總述綜評」、「分論闡發」兩大類，加以呈現。

（一）總述綜評

王鼎鈞散文，食古能化，因舊生新，深詠古典散文的芬芳，豐富白話書寫，提升白話的美感與質感。何寄澎〈明道大學「王鼎鈞學術研討會」演講〉，自文學史的角度，指出鼎公書寫的兩大主軸：1.中國文學中寓言、說理系統的拓植開創，呈現「語錄體跟《世說新語》體的結合，但是注入了現代刺激」的嶄新面貌。[5]2.時代變動中「飄流意識」的百年孤寂，並謂：「鼎公所呈現出來的漂流意識，其實是一個民族，一群同樣流著相同血液的人，共同的人，橫跨了一個世紀這麼長。……這是一百年來的中國變動，所造成的流離失所，所造成的羈旅飄泊。」清晰揭示王鼎鈞書寫的重點核心，十足打通「閱讀、研究」視野的任督二脈。誠然，由王鼎鈞寓言體散文的敘事、說理，可以在「少少即多多」中一窺其飽滿的「預言」和

---

[4]即王凌曉、枉彥鋒主編《散文鼎公》（北京：中國華僑出版社，2013 年）。

[5]何寄澎謂：「雖敘事如史而隨處展現其早期哲理、寓言散文所一貫有之智慧光輝，令人步步謹慎，不敢輕易放過，實於回憶錄體，別創一格。」見其〈歷史的寓言——讀王鼎鈞回憶錄《怒目少年》〉，《聯合文學》第 134 期（1995 年 12 月），頁 138。

「喻言」，照見其詩性智慧的多方折射；由「飄流意識」的宏觀，適可以更明確詮釋「鄉愁是美學」的悲涼底蘊，生命中偶然的分散，終成必然越飄越遠的離散；一時的流亡，終成「乾坤萬里眼，時序百年心」的流浪。而王鼎鈞書寫的意義，即在時空飄流中綻放「失去比獲得更能增加生命意義」的動人魅力。

同樣，黃萬華〈文學史上的王鼎鈞〉亦指出根植於中國文化的傳統主題「原鄉」的失落與追尋，發皇於「感時憂世」的活化與深化，開拓「鄉愁美學」的豐富與昇華[6]，王鼎鈞無疑是中國現代散文與臺灣文學的「一座里程碑」。文中特別剖析王鼎鈞鎔裁開拓的創作心態有五：1.始終著眼於人生的真實意義，開掘歷史和人性的內涵，而不被一時的政治風雲所遮蔽；2.始終立足於文學層面來看待作家的「社會使命」，寓言象徵和抒情幽默的交融，使他說理散文一直充盈藝術的暖意；3.始終用自己獨異的感悟、深刻的哲思去「孵化」「社會使命」之「蛋」；4.以「寫出全人類的問題」的胸襟來關注人生，人生的思想資源又多元豐富，躍動確實有力的辯證思維；5.「人生說理」散文的家常風得自於他親民的心態，對日常人生的切實關注，對事態民心的真切體悟，滲進他娓談的風格。可說要言切中，詳盡道出王鼎鈞書寫的生命之姿與語言之姿，照見其書寫的時代性與普遍性，洞悉其「人與自己」、「人與社會」、「人與全人類」的遞進視野；分明在「開拓生命的新體悟」、「開發白話的新感性」上，提升臺灣文學的能量，樹立後人逾越的散文高峰。

其次，就臺灣散文的歷史發展言，樓肇明〈穿越臺灣散文五十年——序《一九四五至二○○○年臺灣散文選》〉，論及臺灣散文天宇上的雙子星座是王鼎鈞和余光中[7]，王鼎鈞風格沉鬱頓挫，余光中則雄健豪放。其中王鼎鈞以其思想的容量和藝術的容量，取法乎文化而得乎深，取法乎眾而得

[6]參黃萬華，〈王鼎鈞、余光中散文鄉愁美學形態之比較〉，見其《傳統在海外：中華文化傳統和海外華人文學》（濟南：山東文藝出版社，2006 年），頁 185～204。

[7]樓肇明，〈臺灣散文四十年發展的輪廓——《臺灣八十年代散文選》〉謂：「余光中首先舉起變革散文的旗幟……筆者以爲他們之中成就最大的散文大師是王鼎鈞。」

乎大，以文化鄉愁的痛苦與崇高，審美範式的融會與創新。此外並於〈評王鼎鈞的散文〉中揭示其對臺灣散文的歷史發展貢獻：「一、針對人自身的千古之謎：人是什麼？人從哪兒來？欲往何處去？作爲自己關注表現的核心；二、從美感思維的形態上者，王鼎鈞對我們民族『樂感文化』的傳統持一種自覺批判的態度；三、王鼎鈞是文體大師，舉凡散文這一包孕極廣的體裁的各種體式，散文、小品、敘事散文、抒情散文、散文詩，無一不能，都有開創性的建樹。」能繼往，能開來，能批判，能創造，在現代散文傳統的革新上，承先啓後，旁銳精進。同樣，徐學〈漢語語言形象：繼承與包容〉中總括王鼎鈞書寫的風格，在現代散文中分明「是北曲一路，似老農晴雨桑麻，水落石出話滄桑。」「邊唱邊說，在說的框架中常常爲生命的大悲憫、大觀照而浩嘆吟詠起來。」十足刻畫王鼎鈞「高壓下的優雅，滄桑後的朗暢」的生命之姿與精神風貌；並推崇在藝術手法的開拓上，王鼎鈞善於型塑意象與意象系統，「在運用意象傳達多層次的象徵意義這一方面更是身手不凡。」[8]揭示王鼎鈞語言之姿的精采，能自「慣用象徵」（特定的象徵）、「創造象徵」（普遍的象徵）中建構自己獨有的意象世界。

復次，就作家創作歷程及時代意義而言，王鼎鈞以「溫暖的心，冷靜的腦」爲一生飄流顯影，爲亂離時代見證。張瑞芬〈王鼎鈞的散文歷程與時代意義〉爬梳散文的風格：「十足是儒家、古典、中國北方的陽光。王鼎鈞是舊學根柢加新白話融裁的一代，他的人和文是渾厚敦直，內斂自省，或者甚至有那麼謹小慎微。」鍛造其「方正、敦厚、內蘊、深沉」的散文經典範式。[9]而他自 1992 年至 2009 年完成的「回憶四部曲」，分明是「在堅強的意志下用了更大篇幅完整呈現了時代的樂章」，自有「文變染乎世情，興廢繫乎時序」的歷史價值與文學價值。而應鳳凰〈重構與再現——

[8]徐學，《當代臺灣文學與中華傳統文化》（廈門：鷺江出版社，2007 年），頁 41。
[9]張瑞芬，〈江湖路遠——評王鼎鈞《文學江湖》〉，見其《春風夢田》（臺北：爾雅出版社，2001 年），頁 35。

王鼎鈞的散文歷程與時代意義〉特別聚焦王鼎鈞攸關臺灣「五十年代」的書寫，指出鼎公「回憶四部曲」之《文學江湖》，對於迄今「臺灣文學史」:「提供一部文字優美，內容豐富的文學史補充教材。」在歷史的重構與另類建構中，折射文史合一的璀璨光輝。是故，林靜助〈從華文文學的視角探討王鼎鈞作品的時代意義〉即歸納王鼎鈞作品的時代意義主要有三：1.反映當代的中國歷史；2.記錄了當代中國文學的發展史；3.呈現從1930 年代到當代中國人，包括移民海外的華人的心路歷程，尤其是 1949 年後臺灣的中國人的生活史和社會風貌；展現「家國書寫」、「自傳體散文」的文學功能與史學功能。

繼而，自作家的文學因緣的考察、比較觀之，沿波探源，得以鏡考流變。張堂錡〈略論王鼎鈞與中國現代作家的文學因緣〉，推崇王鼎鈞「兼類主義」書寫的「深、厚、重」，並溯本追源，照見「五四」至 1930、1940 年代的作家：夏丏尊、冰心、許地山、魯從文、林語堂、胡適等，均爲他生花妙筆的啓蒙活水，轉益多師，自「有所法而後能，有所變而後大」的跨越中，戛然獨造書寫的新風貌。文末張堂錡更進一步指出:「與其說是文學因緣造就了王鼎鈞這位當代重量級的散文作家，不如說是時代的『風雨』、人性的『陰晴』提煉了他，是血肉硝煙、背井離鄉的滋味豐富了他。」正是遠因近因，多因結果；雖說時間作弄人間，然鼎公文心燦發，奪地而出，長成根柢槃深、花果蔚碩的一棵大樹。而單正平〈九派文評嘗鼐鼎　一家史論試衡鈞——王鼎鈞比較論〉[10]以「五四」以來八位代表性作家爲基準，比較王鼎鈞書寫的差異：1.風格：周作人素樸，王鼎鈞精緻；2.態度：魯迅嚴苛，王鼎鈞寬容；3.自我：郁達夫放縱；王鼎鈞克制；4.才情：錢鍾書恣肆，王鼎鈞內斂；5.美：何其芳柔弱，王鼎鈞剛健；6.信仰：豐子愷超脫，王鼎鈞積極；7.趣味：梁實秋沖淡，王鼎鈞濃烈；8.故鄉：沈從文寫實，王鼎鈞想像；藉由八道光譜的並列交織，自「有對比，才能凸

[10]本文並爲王鼎鈞《葡萄熟了》（臺北：九歌出版社，2011 年）代序。

顯；有差異，才見新意」的取精用宏中，彰顯王鼎鈞書寫的豐贍面貌。文末單正平總結對鼎公評價：「就是靠他過硬的文字，他的別具一格而又豐富多彩的散文，贏得了讀者，也將贏得歷史眷顧。」猶如論文標題中將「鼎鈞」分鑲句末，正是一錘定音，藏尾機鋒，引人會心。

最後，自作家整體風格觀之，振葉尋根，觀瀾索源，沈謙〈駱駝背上的樹——王鼎鈞散文的人格與風格〉，歸納鼎公散文是「鬥士型、隱士型、名士型」之外的「執著型」。散文風格由第一期（1963～1974 年）「乾淨俐落，條理清晰」，至第二期（1975～1977 年）「有情有趣，親切有味」，再至第三期（1978 年～）「意象豐盈，魅力感染」；鼎公文體實爲其思想的外衣，理念的感性顯現，堪稱「文如其人，人如其文」的典範。至文鼎公書寫特色，主要有三：1.創意的出神；2.意象的豐盈；3.境界的躍升；以渾厚凝重的深度與高度，開拓其書寫世界的深度與高度，在 20 世紀中國現代文壇出亮眼的成績。

（二）分論闡發

分論闡發中，包括針對議題（子題）演繹歸納的「析論」和針對文集剖析探究的「書評」兩類。

1. 析論

宗教散文是王鼎鈞第三期散文的亮點。叢新強〈論王鼎鈞的創作與基督教精神——以散文集《心靈分享》爲中心〉，考察臺灣文學中的基督教精神，剖析王鼎鈞以文學爲宗教，以宗教挹注文學，揭示其最發聾振聵的證道語是：「沒有神蹟，仍然有上帝」、「沒有教會仍然有上帝」、「沒有《聖經》，仍然有上帝」(〈天心人意六十年〉)，點出「唯愛爲大」是鼎公書寫核心。由此出發，鼎公化「宗教之藥」爲「文學的藥膳」，在寫作中禱告，在禱告中拉高散文境界，會通不同宗教系統，成就其恢宏體證的優質力作。

其次，自傳散文亦是王鼎鈞第三期散文的亮點。黃雅莉〈戰爭視域中的困境、堅守與突破——王鼎鈞《關山奪路》中人性義蘊的展現和其「存史」、「詳史」的價值〉，力有獨到，拈出王鼎鈞延伸「發憤著書」的書寫傳統，為上一代中國人立傳，為近代中國留史；照見書中的「詳史」視角：（1）國民政府的衰竭到敗陣；（2）共產黨反人性倫常；（3）突破二極對立的政治框架結構，以公平的角度論國共雙方；探究書中「存史」的文學性與辯證性：（1）對戰爭中人性競技場之突圍；（2）戰爭中自我認同之建立）；進而總結王鼎鈞此書的成就有三：（1）藉「亂離書寫」打造「存史」與「詳史」的價值；（2）文學藝術的展現；（3）死亡摧逼下的人性異化到極端環境中人性復甦的揭示；十足洞悉「戰爭是看得見的人心，人心是看不見的戰場」中的互證、互釋、互補、互斥的深刻複雜。全篇三萬五千多字，展現黃雅莉「重點突破，要點縷析，痛點正視，優點獨照」的煌煌縱論，直指王鼎鈞以戰爭為鐵砧，鍛鍊文心；以亂離為風火爐，考驗人性的書寫核心；可與其一系列探討鼎公的論述相互參看。[11]

至於歷來論及王鼎鈞「兼採眾體」的向度有二：一是文類互涉的跨越與融合；二是表現手法的多音與妙音。喻大翔、谷方彩〈散文世界的「兼類」作家論王鼎鈞的散文藝術〉，即指出王鼎鈞是「五四」以來最早感知「兼類」散文審美氣度的大家，籠「議論散文」、「敘述散文」、「抒情散文」於筆端，冶「理之深入」、「意之不測」、「情之幽微」於一爐，挑戰文體新貌之極致。反觀張春榮〈王鼎鈞書寫的創造力——極短篇〉，聚焦王鼎鈞「短小精悍」的極簡美學，自其《開放的人生》、《靈感》、《黑暗聖經》（原名《隨緣破密》）、《千手捕蝶》中，運用創造力理論，檢視王鼎鈞「極簡美學」的變通力、流暢力、精進力、獨創力，遂能在「有中生有」、「無中生有」的厚積薄發中，自成「有意外、有意義、有意思」的晶瑩飽滿，打通「寓言散文」與「極短篇」合流的精緻書寫。[12]

復次，論及王鼎鈞魅力盎然的語言風格，陳憲仁〈曲筆寫人性——王

---

[11]黃雅莉，〈王鼎鈞散文的鄉愁情結與愛國情懷——以《左心房漩渦》為探索中心〉（首屆王鼎鈞文學創作國際學術研討會）、〈修辭的運用透視經典散文藝術境界的構成——以王鼎鈞〈我們的功課是化學〉為論〉（跨越辭格研究之新視野學術研討會）、〈冷峻哲思下的人性解碼——王鼎鈞《隨緣破密》析論〉（收入王鼎鈞《黑暗聖經》）等。

[12]此篇收入其《文心萬彩——王鼎鈞的書寫藝術》（臺北：爾雅出版社，2001 年）。

鼎鈞回憶錄的寫作特色〉，爬梳鼎公「曲筆」的人性有四：（1）曲筆揚善；（2）曲筆隱惡；（3）曲筆寫情；（4）曲筆寫苦。其中表現手法分別有「斟酌選字」、「用典取譬」、「旁敲側寫」、「欲貶還褒」，曲盡其語言藝術的趣味。陳憲仁此篇，由傳統文論的「筆法」出發，爬梳鼎公生命之姿的內斂婉約與語言之姿的含蓄蘊藉，條理分明，清晰可觀。

繼而楊學民〈《聖經》與王鼎鈞小說化散文的修辭策略〉，由轉喻、隱喻、議論出發，首先指出王鼎鈞以轉喻敘事，以隱喻詩化，以象徵豐富議論；自三者的「張力組合，靈活建構」中呈現其詩性智慧；進而剖析王鼎鈞的象徵，包括「統攝性象徵」（整體象徵意蘊）、「點染性象徵」（輔助、渲染意蘊）兩類；前者如〈那樹〉、〈哭屋〉、〈紅頭繩兒〉、〈一方陽光〉、〈失樓臺〉，發揮整體象徵的創造性；後者如〈青紗帳〉、〈種子〉、〈吾鄉〉，善用細節的協調性與氛圍的細緻性；共構王鼎鈞搖曳生姿的風格面貌，提綱挈領，洵爲有知識有見識的論述。

至於隱地〈王鼎鈞的聖歌〉，對王鼎鈞在爾雅出版社出版《開放的人生》迄今《文學江湖》，如數家珍，夾敘夾議，指出鼎公「是一棵長青樹，年年結果子的長青樹」。而鼎公書寫，正是一字之工，靈光乍顯，境界全出；一字之妙，雋永深味，醍醐灌頂。隱地盛讚：「鼎公唱聖歌，加了文學料，讚美主之外，也讚美俗世裡的凡人。」道出鼎公書寫主軸，始於陽光效應，向上向善；終於悲天憫人，唯愛唯大。隱地對於他今生因緣殊勝的「關鍵人物」，點滴在心，由衷深嘆：「鼎公感謝上天給他時間，而做爲讀者和編者，也應感謝老天給了我們一個王鼎鈞。」[13]

2. 書評

書評貴於正反俱呈，客觀評述。渡也〈智慧的火花——論王鼎鈞《開放的人生》〉，指出此書七大優點（「簡潔」、「平淺」、「引用」、「比喻」、「對比」、「旨遠」、「布局巧妙」），三項缺失（「老生常談」、「膚淺粗糙」、「觀點

---

[13]就研究王鼎鈞的五本專書，應謝隱地大力支持。尤其《王鼎鈞論》、《妙手文心》、《走盡天涯，歌盡桃花》書本均隱地所取。

偏差」)。然綜觀全書「暇不掩瑜，它仍不失爲一本對廣大讀者有價值、有意義、有貢獻的優良讀物。」畢竟一樹之果有酸有甜，所謂三項缺失，自與民國 64 年時《中華副刊・人生金冊》專欄書寫的「針對性」脫離不了關係（王鼎鈞指出當時情境：「正值臺灣社會蒸蒸日上，青年們都追求某一種程度的成功，故適時給與『打氣』。」此爲時空限制）至於總述鼎公整體書寫，渡也則極其肯定：「他的散文有真性情，觀點特異，有大智慧」、「他的散文多半以詩藝美化而成，語言乾淨，詩質濃郁，耐人尋味」[14]，似此直諒坦言，如衡若鏡，彌足珍貴。

其次，徐學〈「左心房漩渦」的憂患與昇華〉，總覽全書有機結構，剖析書中可概括爲「回憶」、「追尋」、「化解」、「徹悟」的起承轉合，環環相扣；並進而指出：「《左心房漩渦》的四部分有如交響樂的四個樂章，『小我』的委屈與哀怨與『大我』的執著和堅毅是其中交相呼應，貫串始終的兩個主題，它們之同的衝突形成了全書的張力，使讀者的心房也處於這藝術的漩渦中。」無疑精確詮釋第十一屆時報文學獎對此書「思慮深沉」的讚語。事實上，徐學是大陸用力最深，最早青睞鼎公的學者，其所編《隔海說書：臺灣散文十家》（福州：廈門大學，1988 年），慧眼獨具，鍾情鼎公力作，進而長期關注，深入考察，總括鼎公書寫爲：「繁文以求典麗，簡文以求雋永，使他的散文在千錘百鍊中見從容坦蕩，其節奏時而空靈時而平實，時而精巧，時而樸拙，但都統一在思慮沉厚、乾淨老成、堅重精緊、疏朗遒勁的風格中。」[15]，其中「思慮沉厚、乾淨老成、堅重精緊、疏朗遒勁」16 字描繪鼎公風格全貌，最爲圓賅精采。

復次，洪淑苓〈散文魔法書——王鼎鈞《風雨陰晴》〉，推崇這本「精選」集：「展現了王鼎鈞的散文的各種樣貌，無論是題材、主題、風格、技巧等，繁複豐富，既呈現王鼎鈞的創作歷程，也爲散文的寫法，做了很好的示範，可稱爲一本『散文魔法書』。」並剖析王鼎鈞書寫的魅力，在於寓

[14]見王鼎鈞〈風雨集序〉，《風雨陰晴：王鼎鈞散文精選》（臺北：爾雅出版社，2000 年），頁 5。
[15]徐學，《當代臺灣文學與中華傳統文化》（廈門：鷺江出版社，2007 年），頁 224。

言中「預言」的前瞻性與「象徵」的普遍性，魔法與心法密湧，足爲典範；文末擴大視野，更論斷此書編輯之用心（序言、文末各篇評注、王鼎鈞筆記），隱然跨越一般選集的編法，分明：「顯現了作家、出版家亟欲走向文學史的企圖。」全篇要言不煩，扶幽發微，言一般書評所未言，實爲宏觀入味之作。

繼而，亮軒〈世路難行也不得不行——數讀王鼎鈞的《黑暗聖經》之後〉，以曉暢語感，指出《黑暗聖經》是鼎公「人生解剖手術報告書」、「看透了古往今來無數英雄狗熊君子小人奴才與眾生技倆的心得報告書」，此書旨在：「爲好人點出壞人的陷阱之來由，爲好人開出一條生路，也讓我們看清人之好中有壞壞中有好，好人做了壞事壞人卻做了好事，好人有了壞報壞人有了好報」，照見「道心唯微，人心唯危」的弔詭，透視「老實容易真實難」的悖論真諦；點出人生需要老實之美德，更需要真實之智慧。由此出發，亮軒〈王鼎鈞的三加一：論王鼎鈞的勵志書〉，進而總述人生的生存之道，需要「人生三書」的正離子，也需要《黑暗聖經》的負離子；人生如刺繡，要看正面的「人性三書」，也要看反面的《黑暗聖經》。似此分進合擊的總括涵蓋，映照鼎公「一直保有一顆玲瓏剔透的心腸」，無愧爲鼎公多年的知交與知音。[16]

逮及席慕蓉〈繫斜陽纜——王鼎鈞回憶錄中的百年場景〉，以創作筆調，朗照「回憶四部曲」多層次的空間，洵爲「空間無限廣大的博物館」召喚受難的眼睛。王鼎鈞煌煌巨著「回憶錄四部曲」，既寫真實空間的戰場，更寫出自己心靈空間的戰場；前者是「中國近代史」，是「那一代中國人的因果糾結，生死流轉」；後者是「透過這幾十年的流離喪亂，讓我們見證了即使一個曾經柔弱與徬徨的靈魂，也可以憑藉著那自身求善求美的努力，終於達到了他要爲歷史求真的初心」[17]；指出王鼎鈞「回憶錄四部曲」

---

[16]亮軒持續研究，另有〈攀小徑而開大路——王鼎鈞《度有涯日記》〉，《聯合報・副刊》，2013 年 3 月 9 日。

[17]此段文字，另見席慕蓉〈歷歷晴川再回首〉，《聯合報・副刊》，2009 年 5 月 2 日。

最深層的意義，在於歷歷晴川、芳草淒淒的煙硝四起中，作者主體心靈的解構與重構。無論百年場景中如何滄桑悲涼、飄泊行腳，王鼎鈞真誠面對，一本初心，擁抱「求善求美求真」的信仰與規範，綻放「向上向善」、「向美向大美」、「向真向深」的見證之音與暖陽之春。文末席慕蓉直抒己見，確信以史為經，以心為緯的「王鼎鈞回憶錄四部曲」已穿越文學與歷史殿堂，成為擲地有金石聲的「經典」。

至於張輝誠〈簡潔以旺神——王鼎鈞《桃花流水杳然去》〉，由王鼎鈞書寫的「簡潔」觀，印證其「小品」、「大文」的優質實踐，博觀約取，揭示王鼎鈞的「三心」:「以慈悲心，重鑄飄泊史；以寬容心，正視現實；以堅定心，面對文學創作與基督信仰」，朗照其生命之姿的境界。文末張輝誠揭示本書動人之處，並非語言之姿的「雋永妙趣」，而在生命之姿「睿智、洞見、豁達、幽默、謙虛、正直」的原汁原味；如何由舊經驗瓦解，新衝擊湧入中，吐故納新，調整重構；見證文學志業的「夕陽無限好」，體現「為霞尚滿天」的熱力四射，可謂畫龍點睛，精要入理。誠然，鼎公隨物賦形，長短皆宜；於今振筆引風，文句生雷；正是「桃花流水依舊，不曾杳然遠去」，別有天地亦人間。

四、研究展望：大江流日夜

王鼎鈞係奕奕揚輝的巨大發光體，研究者作為反光體，自當如高懸明鏡，將其光度熱度映射得更高更遠，讓讀者增加閱讀審美效應。同樣，王鼎鈞是一座長青林，作為尋幽訪勝的研究者，自當曲徑通幽，指點風雨陰晴的蒼遠綠濤，讓讀者一窺其氣象萬千的深層風景。職是之故，未來研究展望，可自「議題」、「方法」上再求擴大，再求深化。

（一）研究議題

首先，就「王鼎鈞面面觀」而言，王鼎鈞第一期的散文（1963～1974年）有必要再加爬梳探究。張堂錡謂王鼎鈞歷任「中國廣播公司」節目編撰（1951 年）、《公論報》副刊主編（1954～1955 年）、《廣播雜誌》主編

（1956～1964 年）、《亞洲文學》編委（1959 年）、《中國語文月刊》主編（1961～1963 年）、《徵信新聞報》人間副刊主編（1965～1967 年）等，正可由此一探「王鼎鈞編輯學」。而張瑞芬指出王鼎鈞：「早年用各種筆名投稿的零星作品，未見蒐集，應該也是後繼者可以努力的方向」，其中「王鼎鈞專欄寫作」值得關注聚焦。至於王鼎鈞「作文五書」（《靈感》、《文學種籽》、《講理》、《作文七巧》、《作文十九問》），可以結合蕭蕭、白靈主編《悅讀王鼎鈞・通澈文心》（爾雅，2012 年），可以深掘「王鼎鈞作文教學的藝術」，均爲很好的研究題目。

其次，在研究議題的擴大上，可以自「細節」、「場景」的描寫，「情節」、「人物」的敘事，雙管齊下，十字架開，透析「王鼎鈞敘述學」；而自意象的開展（單一意象、複合意象、意象群）至象徵，由小而大，由局部至整體，呈現「王鼎鈞意象學」；尤其王鼎鈞文筆合一，心畫心聲，可以自生命之姿，照見其主體心靈的人格；自語言之姿，把握其語言文字的風格；兩者互爲表裡，文如其人，人格與風格接軌，可以綜論縷析「王鼎鈞風格學」。此外，王鼎鈞以文學爲宗教，化宗教爲文學；於文學是「兼類主義」，於宗教亦「兼類主義」，兩者同爲他第三期散文書寫的核心重點；由此可以深論探究「王鼎鈞宗教學」、「王鼎鈞的宗教文學」。凡此「大而精」、「新而深」議題的拓植，猶如同心圓的聚焦，層層密湧；若能商量舊學，涵泳新知，自能開拓「彌綸群言、體大思精」的宏實論述，青藍冰水，探驪得珠。

（二）研究方法

王鼎鈞我手寫我口、我手寫我思、我手寫我見、我手寫我悟；說得多（「要言不繁」），寫得多（「少少即多多」），入乎理論，勇於實踐；十足爲「有想法」、「有方法」、「有辦法」的大家。因此，研究王鼎鈞，且應徹內徹入，積學酌理，貼切爬梳，深度探索。大抵有三：

1. 因其所言，未其所未言。

王鼎鈞書寫，縱橫馳騁，善於以空白推遠，以「言有盡而意無窮」點染召喚，以「子彈在槍膛的飽滿沉默」豐富多音內蘊。因此，研究王鼎鈞除了「接受他所說的」，還要「爬梳他沒說的」。凡此「不說之說」的探微分析，「意在言外」的象徵多義，「迂迴勝過直接」的蘊藉婉曲；研究者宜自表層的「局部」、「公開」，籠罩條貫，深入精研；把握王鼎鈞精神家園的「全景」，長青林中不易為人瞧見的豐美「隱藏」；多所體現，多加闡發。[18]

2. 以王解王，印證發明

亮軒謂鼎公：「有許多自己在創作方面的理論與理解，並且，也都一一寫入許多的專論書本，使得在研究它的作品的時候，可以充分的『以王讀王』、『以王解王』、『以王註王』。」[19]指出研究王鼎鈞的不二法門，不假外求，在於精研、熟讀王鼎鈞的「智慧結晶」，進而自「互證」、「互釋」、「互補」、「互斥」中磨合引申闡發，型塑一己研究的定見。

其中，最快速的切入點，即詳讀攸關王鼎鈞的訪談。如李曄〈海外著名散文家訪談錄〉)、李宜涯〈血淚與珍珠——紐約訪王鼎鈞談《關山奪路》〉、姚嘉為〈走盡天涯，歌盡桃花——王鼎鈞的移民與寫作心路〉、傅依傑〈白色恐怖——王鼎鈞淬鍊出開放的人生〉、廖玉蕙《走訪捕蝶人・到紐約，走訪捕蝶人》等，正可以「聽其言而觀其文」，以王解王，確切掌握。

其次，王鼎鈞能想能寫，智及之，筆能行之。對於「如何寫」、「怎麼寫」的想法，「寫得好」、「寫得妙」的方法與辦法，往往相互輝映，燦然卓然。是故，鼎公《小說技巧舉隅》、《短篇小說透視》，可與其小說化散文、寓言散文參差對照；而鼎公《文學種耔》、《古文觀止化讀》，可以與其詩化散文、議論散文，相互印證，得以見其「藝術性」與「哲理性」的密湧交織。同樣，自鼎公《兩岸書聲》、《滄海幾顆珠》，可以一窺其小說、散文的評價標準，驗證其創作時的「應然」與「實然」。至於鼎公《靈感》、《作文七巧》、《作文十九問》，可以一窺其「創作與作文的對話與轉化」；釐清

[18]與張堂錡、顏瑞芳、陳義芝、胡衍南、徐國能教授，分別口試攸關王鼎鈞的碩士論文，均有如此感受。研究生往往分類歸納，未再加比較衍譯。

[19]亮軒，《風雨陰晴王鼎鈞》（臺北：爾雅出版社，2003 年），頁 483。

「技術性」的規矩，如何升級躍進成「藝術性」的巧妙，得以技藝雙進。凡此種種，正足以掌握王鼎鈞「吾道一以貫之」的書寫，會通發明，以王註王。

復次，亮軒指出：「王鼎鈞的許多作品，寫的就是同一件事情。他的《山裡山外》，可以視爲後來的《昨天的雲》跟《怒目少年》的暖身，而《碎琉璃》也與後面的兩本回憶錄有許多重疊之處。」[20]可見王鼎鈞善於取材立意，舊題材可以有新體裁、新剪裁，展現新組合、新感性，共構「陌生化」的美感與質感。此外，筆者以爲《人生觀察》、《長短調》、《世事與棋》，適可以與近期《文學江湖》合觀；早期《開放的人生》、《人生試金石》、《我們現代人》更可以與後來《千手捕蝶》互較[21]、《黑暗聖經》互補互釋；近期《度有涯日記》、《桃花流水杳然去》，猶如「臉書」與「書」的關係，亦可以觀察其中顯隱各異的變化。如此一來，全面撒網，重點捕魚，深度撈起，必有更別出心裁的研究成果。

3. 確立方法，客觀論證

首先，就「詩心散文臉戲劇身段」的王鼎鈞而言，研究其作品，始於飄流，終於靈根自植，宜會通詩、散文、小說、戲劇理論，見其兼容並蓄的兼類主義。

其次，應捎注當今批評理論，有助於化常識爲知識；抉幽鈎沉，化知識爲見識。以「敘述學」切入，可以經由系統建構，釐清其敘事美學的開拓與成就；自「符號學」長驅直入，可以掌握其符碼的沿承與新創，符旨的反諷與象徵；自「廣義修辭學」邁進，可以闡發其語言藝術的文學性與文化性；自「語言學」考察，尤其自「語言風格學」上，可以剖析其整體風格的辯證性；又自「創造力」上，可以深究其想像力與思維力的蛻變進境。凡此種種，切實把握理論核心，循序漸進，擴大深化，自能化主觀推

---

[20]同前註，頁 402。

[21]張春榮，〈金針度人——王鼎鈞《千手捕蝶》〉，見其《現代散文廣角鏡》（臺北：爾雅出版社，2001 年），頁 165～168。

崇爲客觀剖析，歸納會通，展開「言之有物，言之有理」的縝密見識。

面對王鼎鈞已成經典的厚重文本，期待繼起的學者，本於「前修未密，後出轉精」的精神，猛志鑽研，全面深掘，展現博大高明的論述；始於喜悅，終於智慧，再增反光體的耀眼光輝，再添長青林的蔚然景觀；風動林響，發光與反光俱優，文心與桃李同輻共振；迎青送翠，相互成全。

輯四◎

重要評論文章選刊

到紐約，走訪捕蝶人
王鼎鈞

◎廖玉蕙*

一生捕蝶

廖：王先生一生輾轉流離，由大陸而臺灣而美國，心境自然隨居處的變異而有所不同，可否談談其間心情的轉變。

王：我這一生的經歷算是很齊全：抗戰、內戰、臺灣戒嚴時期、紐約移民。抗戰時期，有四年多的時間在日本占領區生活，打過游擊，有三年多的時間在國民政府治理的地區、所謂大後方生活，做流亡學生。後來參加軍隊，經歷內戰，輾轉東北、華北、京滬，全家離散，還一度做了解放軍的俘虜。1949 年到臺灣，政府對被俘歸來的人猜防很嚴，我又做了言多必失的作家，憂讒畏譏，一言難盡。回頭看來時路，幾十年大寒大熱，情感波動甚大，很難理出頭緒。

大致說，情感傷人，我用思想承接，不用情感回應，減輕撞擊。約略可分三個時期：

第一期，迷戀大我，輕賤自己，否定個人價值，崇尚紀律，讚歎慷慨犧牲，常思改變大眾的觀念習性，可稱爲「瓦器時代」。如從作品中找痕跡，可舉《怒目少年》爲例。

第二期，知道做人做事是一個漫長細緻的工程，追求知識品德和韌性，健全自身優於指責他人，可稱爲「瓷器時代」。如從作品中找痕跡，可

---

*發表文章時爲世新大學中國文學系副教授，現已自臺北教育大學語文與創作學系教授職退休。

舉「人生三書」爲例。

第三期，發現人的極限，人生的功課在對內完成，過濾人生經驗，提高心靈，自身仍爲瓦器，但其中貯有珍品。如從作品中找痕跡，可舉《心靈與宗教信仰》爲例。（此書爲《心靈分享》之增編改版。）

以上順序，先治國平天下，再修身齊家，最後正心誠意，似與大學之道逆反。

廖：王先生的文字如詩，雖充滿意象，卻並不難懂；但近年來若干作品如《左心房漩渦》、《千手捕蝶》，或者是爲實踐所謂的「冰山理論」，我在教書時，常有學生反映不易看懂。可否請教創作當時是刻意爲之？或信手拈來？如果是刻意，那麼到底是爲什麼刻意做這樣的改變？

王：1945 年，我的文章第一次印在報紙上，如果從那時算起，我已寫了 55 年。時間這麼長，環境世局在變，文學思潮在變，我的生活經驗和對人生經驗的解釋也在變，我的文章怎能不變？內容既然變了，形式的變化也自然一同呈現。

試舉《左心房漩渦》爲例。1980 年中國大陸對外開放，我觀望了一陣子，確定海外關係不致傷害親友，就寫信回國大索天下，向故舊印證傳記材料。當時所收到的每一封信都使我非常激動，這種類似死而復活的激動，類似前生再現的激動，必須用另外一種形式表達，而且迫不及待。所以《左心房漩渦》在自傳《昨天的雲》之前寫成，面目腔調和《昨天的雲》不同。

至於說難懂，我在 1960 年代初期也說現代畫難懂，所謂難懂，真實的語意是不喜歡、不接受、不共鳴。我想您的高足說我難懂，恐怕也是如此吧，這是我應該受到的報應。

廖：有一位文評家說您寫的遊記《海水天涯中國人》，不寫山、不寫水，寫的都是「中國人的眼淚，中國人背上的一根刺」，您覺得這樣的解讀說到了重點嗎？

王：1979 年，我從臺灣出來到南美，是心情最壞的時候。那一次，王藍先生組成以畫家爲中心的團體，訪問南美。畫家注重自然美，我偏重人文社會現象。感受很深的是看到瑪雅文化的覆滅，爲中國文化擔憂，那時中共還沒有悔改。我也寫了文章，輯成一本書，叫《海水天涯中國人》。但是沒有好好發揮，膽子小，心也太亂。

人生三書

廖：從《開放的人生》、《人生試金石》、《我們現代人》的所謂「人生三書」開始，一直到《隨緣破密》爲止，您一直在文章中不諱言人間的詭詐虛僞。雖然有人以爲文章真實的呈現世界，有助於年輕人及早認識世界，是可喜的現象；可是，也有人因此批評您提早教導年輕人世故是殘忍的行爲，讓他們太早失去天真。您自己是怎麼來看待的？而您寫作的動機又是如何？

王：我寫《隨緣破密》的時候，超出了青年修養的疆界。我不能永遠局限在它裡面。人生大致可分四個階段，第一期是獸的時代，只知有自己、不知有別人，只有慾望的滿足，沒有道德上的滿足，像野獸一樣；第二時期進入人的階段，長大受教育，知道人倫關係，知道自制，知道愛人，學習共同遵守的規範。其中有些人能力特別強，便進入第三階段：英雄時代。英雄爲成就他的事業，不能溫良恭儉讓，不能像在合唱團裡唱歌，他只有一套法則，那套法則和以往我們所受的教育是不一樣的；等英雄成功後，就必須轉型爲第四個階段——聖賢。如果英雄不能進入聖賢，就會成爲特別大的獸，正所謂「不爲聖賢、便爲禽獸」。

我的人生三書，講的是怎麼做人，照那個辦法，當不了總統，卻可以成爲很好的公民。但是，人間另外有一套，雖然不明顯，卻是存在的。《隨緣破密》就是要點破那一套，希望第二種人了解第三種人，也希望第三種人做第四種人。「江山代有英雄出，各苦生靈數十年」，他就是有了！既然有了，總得有個辦法哄著他、求著他，甚至威脅著他，叫他升級。但願他頭上有天，性中有善，知道長進。我寫了這麼大的一本書，可能理念表達還不夠痛快淋漓，就等著將來有人繼續發揮吧！

散文的出位

廖：近年來，臺灣的散文創作出現許多「出位」的作品，(即散文寫得像小說，或詩寫得像散文。)最常見諸文學獎的比賽裡，以致引起許多人的批評，認爲這是爲得獎而取巧的作法。您對這樣的現象，有什麼樣的看法？你讀過那些作品嗎？

王：「散文的出位」，好一個精采的標題。1950 年代之末，1960 年代之初，我爲散文尋求厚度密度和象徵性，向小說戲劇取經借火。1970 年代，有學問的人告訴我西方正興起「文體之綜合」。說到文體的綜合，詩人和小說家偶爾也有出位的現象。編過副刊，愛登詩人寫的散文，他們的散文有特色，其特色由詩而來，現在我馬上想起余光中。我也常請小說家寫散文，他們的散文有特色，其特色由小說而來，現在我馬上想起端木方。有人說，(恕我忘了是誰說)他們不算出位，他們是「越位」這個說法也很好。

他們的越位也許是當行本色、自然流露吧！我的出位則是一個努力的方向，跟當年學寫小說有密切關係。概括的說，我曾進入小說的城堡，不能久駐，臨行時帶走了一些家當，另立門戶。下面再作交代。

「出位」與文藝獎的關係我不清楚。現在我讀書少，記性差，有一點印象，散文出位很風行。杜十三的文章如電子音樂，既似管樂，也似絃樂，如果單以管樂作比，既似木管樂器，也似銅管樂器。莊裕安出入千門萬戶，游走自如。亮軒筆下，文體的界限有時是見仁見智的不定線，得心應手，走向「法非法」的境地。簡禎諸體雜揉，五色燦爛，難以逼視。這些出位的作品，我猜都是有意經營的了。

廖：目前，文壇有許多顛覆性的創作，後現代、魔幻寫實……等等，有些人甚至以寫出詰屈聱牙作品爲高，文學陷入深奧難解的境界，以致引起許多讀者的抱怨、以爲故示詭祕；可是，也有人認爲有更多元的嘗試，也是多元社會的常態，是一種創意的呈現，將使文學更形繽紛多彩，值得鼓勵。您的看法爲何？

王：新的嘗試應該被允許，甚至被鼓勵。藝術必須創新，創新可能失敗，但是，守舊一定失敗。文學家得冒這個險，賭這個博。爲了創新，天變不足畏，人言不足卹，祖宗不足法。社會不一定鼓掌，要讓路給他走。聽說臺灣有句話：「進到賭場就要坐下來賭，不要站在旁邊看。」站到旁邊看有了一夜，肚子空空，人很疲倦，這算什麼！作家就是要坐下大賭、要創新，要突破。學杜甫學得再逼真，也只是假杜甫。即使創新失敗，也給後來的人留下啓發。傳說愛迪生製造電燈泡，嘗試了千百次，電燈總是不亮。他告訴人：「我已經找到了千百種使電燈不亮的方法」，態度十分積極。言外之意，所有不亮的方法窮盡之後，燈泡不就放光了嗎！

盡心盡性寫文章

廖：據我所知，許多居住海外的作家，常因和國內環境的長期隔閡，而難以創作出引起國內讀者共鳴的文字，甚至因此很難得到出版社的青睞；而您同樣旅居國外多年，卻不受地域限制，仍舊出書不輟，每年維持固定的出版數字，表示仍舊擁有相當的讀者。可否請教您的祕訣？或是對海外作家有什麼樣的建議？

王：我離國以後，受各種衝擊，一度失去文學表現的能力，後來得佛教的幫助，重建自己，不但繼續寫作，還有蛻變。我是基督徒，並未改變信仰，說個比喻，我是拿著基督教的護照，到佛教辦了個觀光簽證。我曾說，作家一旦發現有甚麼方法可以使他寫得更好，就像商人發現賺錢的財路，軍人發現制勝的武器，一定不肯錯過。佛法對文學創作有幫助。

我一生都在學習。我從讀中國古典起步，後來歷經新文學的寫實主義，現代主義，到後現代。我經歷左翼掛帥，黨部掛帥，學院掛帥，鄉土掛帥，到市場掛帥。每個時段我都學到東西。在思想方面，我從孔孟、耶穌基督、馬列、佛陀面前走過，都沒有空手而回。我能融會貫通。我生生不息。所以我一直能寫。

我熱愛文學，只有寫作能使我死心塌地。在我成長期間，我也有過別的機會，我徘徊歧路，最後仍然擁抱文學，這是命中註定。我不是天才橫溢的作家，也不是人脈縱橫的作家，現在七老八十了、更不是前景開闊的作家。我深深知道，沒有人以文學以外的因素注意我的文章。我必須好好的寫，讓人家還值得一看。

我必須盡心盡性寫文章。所謂「盡心」，盡我自己的心，指寫作的態度。所謂「盡性」，引用《中庸》的說法：盡人之性和盡物之性。「盡人之性」指內容題材，「盡物之性」指媒介工具和形式結構，關鍵在一個「盡」字。我覺得寫文章很像開獨唱會，每一次登臺，每一首歌，甚至每一個音符，都得卯足力氣，沒有誰可以馬馬虎虎應付一下。如此這般，對文學的心也只盡到一半，還有一半，靠各位主編「不遺在遠」。

盡其在我是否就一定得到讀者呢，那可難說。「三年得二句」而「知音如不賞」，那也只得由他。我常說，文章本身有它自己的命，它跟誰有緣，跟誰沒緣，緣深緣淺，緣聚緣散，有我們不知道的定數。現在市場掛帥，在成本的壓力下，出版文學作品的風險很大。這幾年我又出版了幾本書，得感謝「爾雅」有情。

廖：從民國 33 年（19 歲）正式發表第一篇作品在陝西《安康日報》起，至今接近五十年，可以說一直寫作不輟。您是如何維繫寫作熱情的？寫作在您生命中占據怎樣的地位？可否談談您現在及未來的寫作計畫？您寫作一向遵照計畫嗎？

王：當我還是文藝青年的時候，曾經奉行計畫寫作、意志寫作，那時候，壓抑了許多內心的創作衝動，可是大計畫也都沒能實行。現在不同了，我又回到文藝青年的時代，寫作靠突然心血來潮，明明知道有許多文章應該寫，怎麼也寫不出來，因此得罪了幾個朋友。到了這個年紀，交新朋友很難，得罪舊朋友很容易，那也只好由他。

我曾經想寫一長篇小說，題目叫〈遺囑〉。在我的想像中，臺北有一個老翁，一個外省人，他的兒子死了，留下孫子。他深感自己在年事已高，有一肚子話要說給孫子聽，可是孫子又還沒有長大，聽不懂，他決定寫下來，留給孫子以後再看。小說的內容分四大部分：第一，咱家原來在那裡；第二，咱家怎麼會到這裡來；第三，咱在這裡做了些甚麼事；第四，咱們以後還得做些甚麼。我那時已經相信藝術家應該沒有「立場」，我會寫得很客觀。

林海音女士聽到有這麼一回事，打過兩次電話給我，催我快寫。她那時還在辦《純文學》月刊。也有人警告我寫不得，認爲這個故事可能引起誤會，好像影射蔣總統後繼無人。我有一個弱點，不能同時做兩件重要的事，我得找一段很長的時間，集中精神寫這個長篇。老天爺不給我機會，〈遺囑〉胎死腹中。

到了符合條文規定的年齡，我立刻申請提前退休。我向國家社會借時間。我有個最後的心願，寫四冊回憶錄。第一本《昨天的雲》寫故鄉幼年，第二本《怒目少年》，寫我經歷過的抗戰時代，這兩本已經出版了。第三本寫內戰第四本寫臺灣，寫到 1978 年我離開臺灣爲止，以後移民海外的日子就不寫了，我覺得我離開臺灣就沒有生活了。你聽，這個計畫像不像〈遺囑〉還魂？我現在能寫得更客觀。

窺測人類歷史的密碼

廖：第二冊回憶錄是 1995 年出版的，爲何拖了六年未見下文？

王：實不相瞞，內戰的經驗太痛苦，痛苦產生幻滅、怨恨、咒詛，我不想傳播這些東西。生活經驗需要轉化，需要昇華，需要把愁容變成油畫，把呻吟變成音樂，這個境界到今天才可望可及。叨天之幸，風中之燭未熄，照明度未減，眾多目光猶與燭光相接，手指雖不能握管，幸有中文電腦可以救濟。

四冊回憶錄，最後寫臺灣的一本是「大軸」，我所聞、所見、所受、所施，對臺灣的文學史（尤其是 1950 年代的文學史）有許多補充。當做文學作品的素材看待，我想指出「外省人」在因果中的生死流轉。我願意暗示人人都在造因，住在臺灣的每一個人都不例外。我說過，作家應該沒有立場，也就是蘇東坡說的「空故納萬境」。我希望親愛的臺灣同胞現在能包容我的感受，將來能認同我的感受。我也想嘗試藉著我收到的訊號，窺測人類歷史的密碼，供中國大陸上的有緣人分享。這本書將努力避免議論評斷，上述的著作宗旨透過「出位的散文」來達成。

這本書要回到臺灣來寫，我要到臺灣找資料，找感覺，最重要的是感覺。我花三千美金買了一架小電腦，正在練習操作。寫完內戰，我提著它到臺北來工作。這架電腦是我買過的最貴的東西，我沒買過車子。我不能先寫第四本再倒回來寫第三本，它在我心中猶如一條河，河流必須經過中游到下游。但願不增添變數。我有心臟病，懼高，坐飛機如赴湯蹈火，女兒嫁到夏威夷，我不能親自送她，小兩口遷就我，在紐約成禮。本年三月份第二度小中風，目前還在危險期。到時候，我也許得坐船橫渡太平洋，寫作必須照計畫完成，否則簡直死不瞑目。

廖：除了經常被定位爲散文作家外，其實，您一向是小說、評論（甚至廣播劇）一起來，近年，甚至涉足詩的範疇，堪稱全方位的創作者。如此勇於嘗試的精神，是喜歡挑戰的個性使然呢？還是因緣於文學上所謂的「遊戲說」？如果是前者，那麼，你在生活中，是不是也常履踐「大膽嘗試」的信念？可否舉例說說看？

王：您知道，我本來的抱負是寫小說，寫長篇小說。1951 年，王夢鷗、趙友培、李辰冬三位老師，得張道藩先生支持，辦「小說創作研究組」，我報名應考，蒙他們錄取。爲了寫小說，我勤練散文，散文是小說的基礎。爲了寫小說，我讀詩，詩開啓想像力，增加對文字的敏感。爲了寫小說，我揣摩戲劇，取法戲劇的結構。我也讀文藝理論，那時的觀念是，作家必須有理論修養。

很慚愧，小說寫不成，這裡那裡有人找我寫散文，寫劇本，寫評論，這好像是公民投票，大家決定我不能寫小說。我多年舉棋不定，最後棄子投降。我志在散文，但是怎麼也忘不了詩、劇、小說，學習總是有益，詩、小說、戲劇，滲入我的散文，大大的改進了我的作品。

我是真正的職業作家，臺灣 30 年，海外 20 年，我的工作不離寫作，稿費有時占收入的 60%，有時占收入的 90%，符合職業作家的定義。我這個也寫，那個也寫，被動的成分居多，不是出於「喜歡挑戰的個性」，而是出於守分隨緣；不是根據「遊戲說」，而是根據另一個說法：「職業，就是給你錢，要你做你不想做的事情」。有些作品，人家要我寫，正好我自己也很想寫，這是「天作之合」。45 歲以後我爭取自主，《碎琉璃》近似「獨坐幽篁裡，彈琴復長嘯」。《左心房漩渦》如一場熱病。晚年寫詩，更是莫之至而至。隱地兄「不容分說」給出了個詩集，我好像七十多歲生了個孩子，很高興、也很窘。

「順應眾生」觀念的延長實踐

廖：在海外，您是不是也常參與當地的文學活動？通常會是什麼樣的活動？讀書會？新書發表會？抑或演講？您對海外的文學團體有怎樣的觀察？

王：紐約華人的藝文活動，以畫展和音樂會居多，很蓬勃。華文作家常有新書出版，《世界日報》和佛教團體都為作家辦過很轟動的新書發表會。紐約市還沒有華文作家的讀書會，有作家組成的華文作家協會，還有紐約筆會，北大筆會，海外中國作家聯誼會。

談到文學刊物，立刻想起報紙的副刊。紐約有四家華文日報，以我自己的感受來說，《世界日報》的副刊最豐富，最親切，也最及時。我是讀副刊長大的，四家日報的副刊我都看，而且每天看，「一個也不能少」。只要多走幾步路，臺北《中央日報》的副刊也看得到，我每星期去「閱覽」一次，風雨無阻。加州有一個《美華文學》月刊，很受兩岸研究海外華文文學的人注意，我也每期都看。

紐約人都很忙，辦演講會不容易。有時他們不得已而求其次，找我主講，我總是讓他們知道我不是演說的人才。當然也有不能推辭的時候，我只得事先寫好講稿，再三斟酌修改，非常勞神。憑我寫廣播稿的訓練，我對起承轉合、抑揚頓挫都有安排，聲調也有講究。我必定在講稿裡放一點點好學深思而得的意見，也必須有小故事小幽默，也使用我從戲劇學來的欲擒故縱、似虛還實的小狡獪。我能使聽講的人滿意，但是不能使很多人都來聽講，也就是說，他若來了，不虛此行，可是他未必肯來。我只能到這個段數。

我的個性內向，很少參加群體，現在體力不濟，一動不如一靜。只有一件事：如果有人找我討論寫作，我知無不言，只要給我時間，我言無不盡。當年三位老師熱心教誨，我無以為報，只有照《新約》的一句話去做：「白白得來的、也要白白捨去」。不過，現在真正用心想把文章寫好的人減少了，好像認為「僧推月下門」、「僧敲月下門」還不就是那麼一回事。

廖：我們知道您曾經任職中國廣播公司，負責寫廣播稿，當年是如何找到這份工作的？

王：當年我原本是去中廣公司資料室應徵資料員，做剪報、貼資料的工作。一天，公司編撰組裡一位撰稿的人臨時不來了。主管聽說資料室來了一位年輕人，好像還可以，就叫我臨時補了一篇！結果寫得比那位老編還好，於是就把我調出來專門寫稿。過了若干年後，廣播節目起了個革命，開始由主持人自由發揮，再不需要專人供稿。我於是轉而管行政。但是，管行政我不行。管了一下，焦頭爛額。所以在中廣就是這樣，幸好我進去得早，50 歲就積滿年資退休了。

廖：您文章寫那麼好，您覺得這跟當年寫廣播稿的訓練有關係嗎？

王：我寫作能深入淺出，靠廣播跟電視的訓練。廣播跟電視能把很複雜的事情弄得很簡單，很抽象的事情弄得很具體，很多人不會，我學會了。這對我後來寫文章很有幫助。另外，電視還給我一個啓示，就是必須重視讀者的興趣。剛進廣播的時候，廣播還帶著訓政時期的色彩，播音員往麥克風前一站，就是天降大任，聽眾得聽我的。但是，到了電視時代，市場掛帥，這套就行不通了。必須「順應眾生」，這個順應當然是技術上的，有時候也是內容上的。我後來之所以還能不停地寫下去，多半跟這個觀念的延長實踐有關。有很多作家後來寫不下去了，我猜測大概也就是因爲不能順應吧！

各領風騷 50 天

廖：現在有好多的文學獎來鼓勵作家，好多的媒體可以讓他們發表，出版社也多。不過，機會看起來似乎很多，可是好像也就因此變得很少。我的意思是說，所出版的書，如果沒有馬上被注意到，很快就會像泡沫一樣消失在書海當中。

王：的確是這樣的，這種狀況已經持續許多年了。大眾傳播使得文學「速朽」，因爲在理論上，大眾傳播是一次讓所有的人都接受到。以前杜甫寫首詩要傳遍全國，可能要花上好幾年時間，一個個抄。現在是只要一天、一小時。另外，從前是江山代有才人出，管領風騷 500 年。現在是江山如果有才人出，各領風騷 50 天，因爲立刻就被學去，立刻就在廣播、電視、報紙無限次地重複，立刻就變成陳腔濫調，死得好快。

廖：所以要經常創造一種風潮，像您的「人生三書出版後，一大堆類似的筆記型格言的作品就那一窩蜂出來了。

王：很多東西都經不起這樣重複的。比方說：第一個拿花來比喻女人的是天才，第二個就是蠢才。這話也許太嚴格了，我們說，第一個拿花來比喻女人的是天才，那第一萬個拿花來比喻女人的呢？他是不是蠢才？它連帶就害了拿花來比喻女人的這句話，這句話就沒人要了。從前，你若是要找到一萬個人重複你，也許需要 500 年，現在恐怕只需 50 天。

廖：目前，您對臺灣文壇少壯代作家比較看好哪些位？

王：我必須老實說，我讀書不多。原則上，我現在不大看書。有人送書給我，用電腦回封信給他，告訴他，蠶在作繭的時候是不吃桑葉的，你這本書、這個桑葉雖然很漂亮，我恐怕是吃不下去了，我現在專心寫回憶錄。所以，我看得很少。

廖：您真是妙語如珠！薑究竟還是老的辣。

王：要謝謝你給我的這許多肯定，作家互相勉勵還是非常需要的，我從法師那裡學了兩句話，「若要佛法興，須要僧讚僧。」我們的作家不相互誇獎。我說過，中國文壇 1930、1940 年代文人相輕，有黨派門戶；1950、1960 年代文人相害，偵查告密成風；1970、1980 年代文人相忘，各自忙著賺錢；1990、2000 年代文人相抄襲，贏家通吃。

宗教是詮釋人生的新角度

廖：我們知道您受佛經的影響甚深，也常用佛教來解釋聖經。前面您說這是「拿著基督教的護照到佛教辦簽證」，這是什麼意思？

王：我從小就信基督教。有人問我說：爲什麼您是基督徒，卻去聽佛法？我是爲了文學，爲了詮釋人生，我在《心靈和宗教信仰》中說了很多。詮釋人生始能表現人生。在這方面，我希望以佛法補基督教義之不足。我說過宗教是一種突然射進來的亮光，是源源不絕的熱情，是一種變化更新的能力，也是詮釋人生的新角度。

廖：可是，您還是堅持做一個基督徒？

王：我不會改教。我發現了兩者相同的地方。我喜歡看兩者相同的地方，說起來這個影響也很久遠，我在廣播公司製作節目的時候，進行一個訪問，問一個來自非洲的太太一個問題是：各民族的婦女有什麼不同？你猜她怎麼回答？她說：「我沒看到各民族的婦女有什麼分別，我看到各民族的婦女都會愛自己的丈夫和小孩，都希望世界和平。」老實說，當時其實有些失望，我希望她能講些奇風異俗的事。後來豁然開朗，相較之下，我原先的動機就卑下了。

閱讀打開眼界

廖：可不可以爲我們談談您的閱讀經驗？

王：我讀朱生豪譯的《莎士比亞》，受益無窮。可是很慚愧，其他所謂世界名著，我並沒有從翻譯作品中得到太多的好處。有些作品受盡大家稱讚，我年輕的時候讀不進去，現在老了，拿來重讀，還是讀不進去。以前讀不下去，我相信是翻譯不好。後來，我也看到臺灣許多人檢討當年的翻譯，說他們的文字不行。如果他們的說法屬實，那我這受害可大了！不知去哪裡索賠。

不過，如果說是翻譯流失，應該是局部枝節，大架構應該還在，就像室內裝潢不可複製，一幢大樓的骨架總該顯示出來。可是，大處著眼，我找來找去，他們當年稱讚仍然不能落實。譬如高爾基就使我很失望。《戰爭與和平》我也讀不完，普魯斯特的《追憶似水年華》，被捧得高得不得了，我也不知有甚麼好。不過他們有氣魄，如大漠，如草原，雖然沒有看到多少東西，到底開我的眼界。

1930 年代的作品，我在 1949 年以前讀過一些，這幾年又重讀了一些。青少年時期很欽佩沈從文，幼小時候最喜歡冰心，得過他們的益處。曹禺當然了不起，可是我喜歡丁西林、李健吾。魯迅是大師，只能欣賞，學不得。那時白話文還不成熟，文字問題很多。我初到臺灣，甚至不會講話，講話文謅謅，彆扭扭，是 1930 年代的語法。後來我寫廣播稿，從頭學說話。

我寫文章受文言文、詩詞的幫助，也受它的連累。我簡練、但是放不開。後來我也有突破，像《隨緣破密》，像《左心房漩渦》，可說力矯此弊，一個主題不斷擴充反復變奏延伸，一本書只是一篇文章，可稱爲早期的大散文。

廖：說到讀古文，我倒想起，國內有些人正大力推動幼兒讀「經」運動，您的看法如何？

王：我讀《三字經》讀《幼學瓊林》的時候，坐在椅子上兩腿懸空，站在八仙桌前面，仰起臉看不見書本上的字。接著讀《論語》，那時候的觀念是，論語一小段一小段分立，可作少年、兒童的教材。16 歲以前讀完《中庸》、《大學》、《孟子》、《左傳》、《詩經》和一部分《禮記》，並且以小和尚念經百口無心的方式讀《易經》和《書經》，算是有幼兒讀經的經驗。

幼兒讀經的功效，我很懷疑。他們說，孩子現在不懂，將來自然會懂。我去聽法師講經，法師也說唸久了，自然就懂了。不過，以我自己的經驗，我能明白九歲時讀過的子曰詩云，靠 19 歲又讀過，29 歲再讀過，我有那個環境，嚴格的說，我並非九歲讀經，而是 29 歲。今天的小孩子還有那個環境嗎？其次，經裡的思想在別的文學形式裡都有，思想的精髓不一定要靠原典，它可以脫離文字，輪迴脫胎到處顯現。幼兒當然可以讀經，只是版本不同。我不很明白推廣幼兒讀經的意義，他們也來過這裡表演，小孩都很可愛，看他們之乎者也，讓我產生一種錯覺，彷彿回到唐宋盛世，中華文化永遠不會滅亡！覺得很滿足。至於成效如何，我不懂教育。

——原載《中央日報》，2001 年 9 月 20～22 日

——選自廖玉蕙《走訪捕蝶人：赴美與文學耕耘者對話》
臺北：九歌出版社，2002 年 3 月 10 月

駱駝背上的樹

王鼎鈞散文的人格與風格

◎沈謙*

從地圖上看，山東像一匹駱駝從極西到極東，卸下背上的太行山，伸長了脖子，痛飲渤海的水。然後，它就永遠停在那裡。

——《昨天的雲・吾鄉》

那裡有一棵樹，一棵樹站在那裡，實在好看。樹為什麼好看？樹有一種努力向上生長的樣子。人也好看，只要人努力上進，尤其是一個男人，男人的美，就在他不停的奮鬥。

——《靈感・樹，人》

從某一種角度觀察，秋海棠的葉柄梗，可以視爲一隻駱駝，駱駝頷下的沂蒙山區，出山泉水映帶的一個城市，就是臨沂。臨沂西南的蘭陵古鎮，不僅地靈人傑，風水絕佳，而且立即令我們聯想起兩位文人。

一位是西元第八世紀唐代的詩仙李白，他有一首七絕〈客中作〉：

蘭陵美酒鬱金香，玉碗盛來琥珀光；
但使主人能醉客，不知何處是他鄉。

由於詩仙的生花妙筆魅力無邊，使蘭陵酒香盪漾到每一個中國人的心

---

*沈謙（1947～2006），散文家、評論家。江蘇東臺人。發表文章時爲空中大學人文學系教授。

目中，迄今風流未沫。

一位是 20 世紀的散文家王鼎鈞先生。由於他的整個生命力的投注於現代散文創作，不但是生花妙筆，而且讓我們感受到時代脈博的躍動，聽到民族的呼吸與喘息。由於他的散文藝術的提升與突破，使 20 世紀中國文壇中散文這一塊花園更加芬芳撲鼻。由於特殊的機遇與福緣，使我個人充分感受到蘭陵美酒的芬香與文壇大樹的庇蔭。

一、大樹的庇蔭

每當我看到茁壯中的樹木，就會想起王鼎鈞先生《靈感・樹，人》中的樹，同時感受欣欣向榮的生命悸動。

王鼎鈞先生，文藝界的朋友都稱他「鼎公」。對於鼎公，我不但心儀神往，仰慕已久，而且親炙頗深，沾溉廣遠。

民國 53 年，我在建中，16 歲投稿《自由青年》，就讀到該社出版鼎公的《講理》。不久參加文藝營，臺北五大報的副刊主編一字排開談寫作與投稿，《中央日報》的孫如陵舌燦蓮花，《聯合報》的平鑫濤老神在在，《中華日報》的林適存循循善誘，《新生報》的童尚經童花頭跳脫傳神，《徵信新聞報》（《中國時報》的前身）的鼎公偉岸壯闊，最令人仰慕。

民國 56 年，我在師大國文系，暑假到《中國語文》打工，到新公園的中廣辦公室拿稿子，首度握到鼎公的手，頗覺得靈氣飛舞。

民國 65 年，我在師大國研所博士班進修，被瘂弦徵召到幼獅期刊部編《幼獅學誌》。三個月之後，瘂弦赴美進修，鼎公擔任總編輯。有整整一年的時光，隨侍在鼎公身旁，由仰慕而敬畏，乃至於親之近之，在挑戰性的編務壓力下，如庇濃蔭，如浴甘霖，如沐春風。幼獅時值鼎盛的巔峰期，兩任總編輯，一個是水樣的秀逸，一個是山樣的渾厚。瘂弦體貼入微，他的名言：「當我們有了屋頂的時候，就失去了天空中的繁星！」真是窩心；當編輯約到「雖可用，卻不滿意」的稿子，一句話就能熨平心底的皺紋：「長江黃河挾泥沙而俱下！」

鼎公則完全是另一種典型，他貌似嚴峻，不大可親，其實面冷心熱，風趣得緊。鼎公的溫文儒雅，並非脾氣好，而是修養高明，秉性剛正而個性耿介，看稿子一字不漏，行事一絲不苟。最難得的是透視人情事理，洞察幽微，且智慧之泉，隨風唾咳：

> 時代像篩子，篩得許多人流離失所，篩得少數人出類拔萃！（碎琉璃）
>
> 「燕子，燕子，你有什麼遺憾？」
>
> 「唉！我這一輩子沒見過梅花。凡是我到過的地方，梅花都不開！」
>
> 「這是因為凡是梅花開放的地方你都不去。你怕冷，而梅花要在寒冷的天氣裡才有。」（靈感）
>
> 世上有兩種文字礦，一是老礦，一是新礦。老礦在書中，新礦在普通人的語言中。次等的藝術家都在老礦中掘取材料。唯有高等的藝術家，則會從新礦中去掘取材料！（文學種籽）

劉勰在《文心雕龍・情采》中強調「爲情而造文」，排斥「爲文而造情」。鼎公卻創造了鮮活的妙喻：作家創作也有卵生與胎生之別，胎生經過長期的孕育，歷經懷孕、陣痛，才能獲致新生的喜悅。世上所有高等動物都是胎生⋯⋯。

王鼎鈞（1925～）筆名方以直，山東臨沂人。抗戰期間爲流亡學生，來臺後歷任中廣、中視編審，《中國時報》副刊主編、主筆、幼獅期刊部總編輯、美國西東大學雙語教程中心華文主編等，旅美十餘年，仍寫作不輟。

二、類型的投注

20 世紀中國的散文作家，大概可以歸納爲三種典型：

（一）鬥士型：其人其文極具英雄氣概與百折不撓的鬥志，生命中洋溢著悲劇精神，企圖心旺盛，反抗性強型，作品富有理想與熱情，頗能在讀者心目中激發「高山仰止」的崇敬佩之情，代表作家有魯迅、吳晗、李敖、龍應台等。

（二）隱士型：其人其文淵博豐盈，出入經史，博古知今，兼通中外，一般讀者往往只能感歎望塵莫及，難以登堂入室，盡窺其奧妙。作品流露濃厚的學問玄理，甚至有不食人間煙火的氣息。代表作家有周作人、錢鍾書等。

（三）名士型：其人其文頗具格調品味，有情有趣，講究幽默瀟脫，具有「遊於藝」的精神，以風流爲道學，寓教化於詼諧。即使敘身邊瑣事，淺語皆有深韻，淡語皆有深味，娓娓道來，仍是雅人深致，耐人咀嚼。代表作家有林語堂、梁實秋、張繼高等。

至於實際的散文分類，一般最簡單的是議論、抒情、敘事三大類。詩人兼散文家楊牧在《文學的源流・中國近代散文》中，將 20 世紀的中國散文分爲七類，每類列帶代表作家及影響所及者[1]：

一曰小品，周作人奠定基礎，上承晚明餘風，平淡中見醇厚，下筆閒散，餘味無窮。豐子愷、梁實秋、思果等人都屬於這一派，其基本風格也見於莊因、顏元叔、亮軒、也斯、舒國治等。

二曰記述，以夏丏尊爲前驅，〈白馬湖之冬〉樹立了白話記述文的模範，清徹通明，不做作矯揉，也不諱言傷感。朱自清承其餘緒，稱爲一代大家，郁達夫、俞平伯、方令孺、朱湘、徐訏、琦君、林海君、張拓蕪都可歸入這一派。餘如林文月、叢甦、許達然、王孝廉等多少也流露白馬湖風格。

三曰寓言，許地山最稱淋漓盡致，深入梵文舊籍，結合傳統象徵筆法，寓言點化，神韻無窮。梁遇春、李廣田、陸蠡、王鼎鈞都可歸入這一派，其影響復見於司馬中原、王尚義、林泠、羅青、童大龍等。

四曰抒情，徐志摩爲之宣洩無遺，瀟脫浪漫，草木人事莫不有情，激

---

[1]詳見楊牧《文學的源流・中國近代散文》（臺北：洪範書店，1984 年 1 月）。

越飄逸，旋轉自如。影響見於蘇雪林、何其芳、張秀亞、胡品清、陳之藩、蕭白、余光中；其他如逯耀東、張菱舲、白辛、張曉風、季季、陳芳明、渡也等亦屬之。

五曰議論，趣味多得之於林語堂，所議之論平易近人，於無事中娓娓道來，索引旁證，若有其事，重智慧之渲染和趣味人生的闡發，最近西方散文體式。言曦、吳魯芹、夏菁等屬於這一派。

六曰說理，胡適文體影響至深，建立近代學術說理文章的格式，證明白話文之可用，貢獻良多。

七曰雜文，魯迅總其體例語氣及神情，以深切潑刺睥睨 1930 年代文壇，稱雜文大家。

以鬥士型、隱士型、名士型概括 20 世紀中國散文家，當然難以周全，但仍可以彰顯若干重要的顯著典型。楊牧以詩人散文家兼學者昌論近代散文 70 年的品類特徵及源流，大有煮酒論英雄，天下豪傑皆入我囊中的氣概。其所列舉的七類，容或有仁智之見[2]，但也可見散文類型之大概。

以上述觀點檢視王鼎鈞的散文，我們發現，他對於散文類型的投注，頗為特殊。

首先，就散文家的典型而言。鼎公既非鬥士，亦非隱士，尤非名士，然而，就作者人格的典型而言，我認為他基本上骨子裡傾向於鬥士。鼎公貌似忠厚、含蓄、誠懇、議和。其實，是很有個性的，不輕易表示意見，並不是沒有意見，沉默並不等於認同。有許多文藝界的朋友都認為他脾氣好，照我的看法，鼎公風骨嶙峋，他絕非脾氣好，也不是沒有個性或隨緣，而是修養好，懂得沉潛凝練。早期在 1960 年代前後，鼎公以「方以

---

[2]現代散文的分類，頗有異說，如余光中在《聯副三十年文學大學‧散文卷‧序》（臺北：聯合報社，1982 年），依功能分為六類：抒情、說理、表意、敘事、寫景、狀物。鄭明娳，《現代散文類型論‧總論》（臺北：大安出版社，1987 年 2 月）則將主要類型分為三類：情趣小品、哲理小品、雜文；另歸納七種特殊結構的類型：日記、書信、序跋、遊記、傳知散文、報導文學、傳記文學。王彬，《現代散文鑑賞辭典‧序》（北京：農村讀物出版社，1988 年 12 月）則簡要區分三個門類：小品散文（絮語、小品、隨筆）、抒情散文、敘事散文（記人、記事、記物）。

直」的筆名寫雜文專欄，用力甚久，享譽頗隆。如果繼續鋪張揚厲，諒必成爲鬥士型的典型。可是他日已在 50 歲時即絕口不彈此調，民國 64 年黎明爲他印行《王鼎鈞自選集》，更將此類文章全部排除。我認爲，這是明智的抉擇。

鼎公明智的抉擇，使他破繭而出，成爲另一種散文家的典型，從鬥士型脫化而出，骨子裡仍然是鬥士，雖然兼具隱士型的淵博豐盈，名士型的情趣品味，卻有迴異於隱士名士，成爲另一種典型。這種典型，在鬥士、隱士、名士三足鼎立之外獨樹一幟，無以名之，姑且謂之爲「執著型」，執著於生命情義與藝術的融合。

其次，就散文的分類而言。鼎公擅長記述、抒情、議論、說理，小品、寓言、雜文，幾乎無所不精。堪稱兼擅各體，博采眾長的大家。楊牧〈中國近代散文〉將他列爲寓言一派，似乎有失公允，但楊文原係洪範版《中國近代散文選》的前言，作於民國 70 年，有其時間上的距離，也無可厚非。

鼎公的散文，令人聯想起「庾信文章老更成，凌雲健筆意縱橫」。在各類文體之中，晚年的自傳體散文，登峰造極，烽火純青，是最具代表性的傑作。他在「最後一本書」——《昨天的雲》（王鼎鈞自述）的〈小序〉中有一段文字：

> 從前乾隆皇帝於在黃鶴樓上，望江心帆船往來，問左右「船上裝的是什麼東西」，一臣子回奏：「只有兩樣東西，一樣是名，一樣是利。」
> 這個有名的答案並不周全，船上載運的東西乃是四種，除了名利之外，還有一樣是情，一樣是義。

鼎公認爲：「競逐名利是向前看，戀念情義是向後看。人，從情義中過來，向名利中走去。有些人再回情義，有些人掉頭不顧。」他自稱《昨天的雲》：「是一本向後看的書。所謂情義，內容廣泛，支持幫助是情義，安慰勉勵也是情義，潛移默化是情義，棒喝告誡也是情義。嘉言懿行是情義，趣事軼話也是情義。」

如此看來，鼎公堪稱執著型作家，執著於生命的情義與散文藝術的結合，他最佳的代表作是融敘事、抒情、議論於一爐的自傳體散文，並世無雙。

三、風格的蛻變

王鼎鈞是當代文壇的寫家，筆齡逾半個世紀，結集出版的書，數逾三十，堪稱鼎立文壇的一棵大樹，據李瑞騰主編的《中華民國作家作品目錄》（新編）[3]所載，有合集《王鼎鈞自選集》，短篇小說集《單身漢的體溫》，論述有《文路》等 11 本，散文則有《情人眼》等 15 種，又《昨天的雲》書末附〈王鼎鈞書目〉則輯錄民國 52 年至 81 年出版之書 37 本，從早期的舊作到晚年的新作，其風格的蛻變大概可以分為三期。

第一階段，自民國 52 年至民國 63 年。

第二階段，自民國 64 年至民國 66 年。

第三階段，自民國 67 年迄今。

第一階段時鼎公，以文壇先進的身分，頗受青年學子崇敬。因為他的《文路》（民國 52 年，益智）、《講理》（民國 53 年，自由青年），是指導青年寫作入門的書。還有《小說技巧舉隅》（民國 53 年，光啓）、《短篇小說透視》（民國 58 年，大江）兩本小說的入門書，也普受歡迎。這一階段的散文創作，以《人生觀察》、《長短調》（民國 54 年，文星）為代表，再加上稍後的《情人眼》（民國 59 年，大林）。主要的代表作都收在《王鼎鈞自選集》（民國 64 年，黎明）。

第一階段的王鼎鈞，短篇小說，廣播稿，文藝論評，幾乎無所不寫。基本的散文風格是文字純淨，條理清楚，在臺灣文壇上當然是名作家，但

[3]李瑞騰主編，《中華民國作家作品目錄》（臺北：行政院文建會，1995 年 3 月），所收資料截至 1991 年。

作品如果放在 20 世紀中國文學史上，仍然屬於過眼煙雲，其最主要的貢獻，屬於橋樑作用，承先啓後，推廣文藝。

第二階段，自民國 64 年 7 月爾雅出版《開放的人生》爲標竿，緊接著又自行出版《人生試金石》（民國 62 年 12 月）、《我們現代人》（民國 65 年 10 月）。「人生三書」使鼎公成爲 1970 年代中期臺灣文壇上的暢銷作家，最難得的，是「人生三書」不但暢銷，而且常銷，尤其是許多暢銷書「票房價值與藝術價值」不成比例，鼎公的人生三書，叫好又叫座，彌足珍貴。

鼎公第二階段的散文，仍然是以說理爲主，人生三書，本質上是相同的，但內容並不重複，各有層次，循序以進，相得益彰。《開放的人生》著限於青少年的成長，由現實到理想，行文流暢，引人入勝。以親切的語氣，娓娓道來，真是如沐春風。

《人生試金石》著限於初入社會的挑戰，文中時時流露真誠、善意、愛心。處處表現智慧與才華。能啓迪心智，變化氣質。使讀者脫胎換骨，打通精神上的「任、督」二脈，精氣神三旺！

《我們現代人》著眼於現代人心理的和諧，尋求安心立命之桃源。對於傳統與現代觀念的激盪與調適，別具慧眼，別有卓見。使讀者在積極進取之中，能夠掌握自我，不致迷失或有所蔽。

民國 65 年 10 月，《幼獅少年》創刊的時候，鼎公時任幼獅期刊部總編輯，當場說了一句名言：「世界上多了一部好書，就可以減少一座監獄！」

鼎公說這話時候，正當他「人生三書」甫成。我想這該是他寫作的自我期許，不好意思自己明說。我們不但可以替他說，更可以肯定其實際效用。

楊牧論近代散文，六曰說理，以爲「胡適文體影響至深」。其實，鼎公的「人生三書」，將白話文的說理功能發揮得淋漓盡致，早已超越了胡適。

鼎公第三階段的散文，明顯地轉變，由說理邁向敘事、說理、抒情的融合，夾敘夾議，情景交融，兼具古典的沉潛與浪漫的熱情，第三階段的作品，大概有兩類：

第一類是指導寫作的三本書：

（1）《文學種籽》（民國 71 年 5 月，明道文藝雜誌社），分析散文、小說、劇本、詩各種體裁，從語言、字、句、題材、意象、語文功能，指導青年寫作，將艱澀枯燥的理論，說得生動有趣，鞭辟入裡。

（2）《作文七巧》（民國 73 年 8 月，自印），闡述記敘、抒情、描寫、議論的技巧，再加上四種寫法的綜合運用。設想周密，用心良苦，循循善誘，引人入勝，真是造福良多。

（3）《作文十九問》（民國 75 年 5 月，自印），以解答問題的方式，點燃寫作的明燈，爲愛好文學寫作的青年照亮坦途。

這「寫作三書」與早期的舊作《文路》、《講理》屬同類性質，但顯然後出轉精，相差不可以道里計，然而，真正代表鼎公的作品，絕非這些。

真正使鼎公成爲一代散文大家的是第二類的自傳體的散文。

一個作家，超過 40 歲，就很難再進步。鼎公是 50 歲之後才真正破繭而出，展翅飛翔，遨遊於 20 世紀的中國文壇的。他將自己的幼年時代寫進了《碎琉璃》（民國 67 年 2 月，九歌），將抗戰生活寫進了《山裡山外》（民國 73 年 4 月，洪範），將海外生活寫進了《海水天涯中國人》（民國 71 年 11 月，爾雅）。《左心房漩渦》（民國 77 年 5 月，爾雅）。後來又致力於寫作最後一部書《昨天的雲——王鼎鈞自述》（民國 81 年 5 月，自印）。

鼎公第三階段散文的風格，只要看一段文字，就立刻感受到其中的迥異：

> 我並沒有失去我的故鄉。當年離家時，我把那塊根土生土長的地方藏在瞳孔裡，走到天涯，帶到天涯。只要一寸土，只要找到一寸乾淨土，我就可以把故鄉擺在上面，仔細看，看每一道摺皺，每一個孔竅，看上面的鏽痕和光澤。
>
> 故鄉是一座小城，建築在一片平原沃野間隆起的高地上。我看見水面露

> 出的龜背，會想起它；我看見博物館裡陳列在天鵝絨上的皇冠，會想起它，想起那樣寬厚、那樣方整的城牆。祖先們從地上掘起黃土，用心堆砌……。
>
> ——《碎琉璃・瞳孔裡的古城》

《碎琉璃》是鼎公創作生涯中一塊嶄新的里程碑。以純粹感染的文字敘事抒情，寓理於事，極度耐人咀嚼而且魅力無邊，以「笨眼識英豪」自詡的蔡文甫先生，在〈序:「琉璃」不碎〉中說的好：

> 在這本書裡，他抒情敘事訴諸感性，飄渺如雲，香洌如酒，與「人生三書」之理性明晰迥然不同。「人生三書」出齊後，他聲言不再以同樣的手法，同樣的內容寫作，顯然不甘以三書自限，決心繼續突破躍升。……他把「個人」放在「時代」觀點下使其小中見大，更把「往日」投入現代感中浸潤，使其「舊命維新」。這些散文既然脫出了身邊瑣事的窠臼，遂顯得風神出類，涵蓋範圍和共鳴基礎也隨之擴大，不僅僅是一人一家的得失，更關乎一路一代的悲歡。

蔡文甫肯定《碎琉璃》是真正的文學作品，「如果有志於名山事業，《碎琉璃》是能夠傳下去的一本。」蔡公與鼎公是多年好友，相知甚稔，對於鼎公這樣當代文壇英雄的批評，堪稱「探驪得珠」，如此「笨眼」豈是一個笨字了得？

總之，鼎公散文風格的蛻變，由早期的乾淨俐落，條理清晰，到中期的有情有趣，親切有味，乃至於晚期的意象豐盈，魅力感染，其人格與風格早已融合一體，真是文如其人，人如其文。然而，生命情義與散文藝術交融的執著，才是彌足可貴之焦點！

四、境界的躍升

鼎公的散文，能成爲大家，最關鍵的因素，在於境界的躍升。在《文學種籽》書中，他屢次說到散文的特色與寫作訣竅：

> 拘束少，刻意加工的成分少，沒有非達到不可的目的。
>
> 散文的另一個特色是作者可以直接表現自己。……有作者的氣質、思想，並且真情流露。

鼎公的名言：「一天開門八件事，柴米油鹽醬醋茶、散文。」他以爲「散文就是談天，是談天的延長。」談天如果談來談去儘係老套，有啥好談頭？依我個人的看法，鼎公的散文至少有三項特色，值得深究。

（一）創意的出神

藝術以創造爲貴，鼎公的散文，不斷推陳出新，文字的技巧，表達方式，切入角度，時時能令讀者眼睛一亮，精神振奮。以《碎琉璃》爲例，〈瞳孔裡的古城〉敘故鄉，〈迷眼流金〉抒寫少年心態，〈一方陽光〉細說母愛，〈紅頭繩兒〉回憶初戀，〈青紗帳〉、〈帶走盈耳的耳語〉記游擊隊見聞。光是選題就頗耐人尋味。

創意的表現是多元化的。〈一方陽光〉切入的焦點是四合房的一方陽光：

> 在那一方陽光裡，我的工作是持一本三國演義，或精忠說岳，唸給母親聽。如果我唸了別字，她會糾正，如果出現生字，——母親說，一個生字是攔路虎，她會停下針線，幫我把老虎打死。漸漸地，我發現，母親的興趣並不乎重溫那些早已熟知的故事情節，而是使我多陪伴她。

鼎公的母親腳凍傷，終生痼疾，特別需要陽光。然而，「在那一方陽光裡，母親是側座的，她為了讓一半陽光給我，才把自己的半個身子放在陰影裡。常常是，在門旁端坐的母親，只有左足感到溫暖舒適，相形之下，左足受到的傷害並沒有復元，右足受到的摧殘反而加重了。」如此敘母愛的溫暖，描述角度新穎，而且感人至深，在 20 世紀的中國散文中，似乎只有琦君的〈髻〉差堪比擬；在感人的程度上，實已超越了朱自清的〈背影〉。

鼎公散文的創意多端，幾乎出神入化，袁慕直〈賞析王鼎鈞的五則小品散文〉談到〈那樹〉的節奏[4]：

> 起初是平靜敘述，參差錯落。到了「啊，啊，樹是沒有腳的，」以下，響板密鼓，驟雨殘荷，有「天問」之意。清道夫出場，局勢舒緩則別有一番淒切。最後一段激情再現，長短句形成的梗阻使人鬱情難申。最後一個 29 字的長句，更是紙短情長此恨綿綿。

命題有創意，節奏有創意，技巧有創意，鼎公的散文，處處有創意，陸機〈文賦〉嘗:「謝朝華於已披，啓夕秀於未振。」只有時時創新，才能成為真正的藝術傑作。

（二）意象的豐盈

鼎公的散文，最耐人尋味的，是意象豐盈。「喻之以理，不如動之以情。」直述不如側寫，明說不如暗示。散文在曉暢明白的告訴讀者之外，只有使讀者能感同身受，才能稱為精緻的藝術。鼎公塑造意象，堪稱絕頂高手。且看《碎琉璃‧那樹》的「樹」意象：

> 那樹有一點佝僂，露出老態，但是堅固穩定，樹頂像剛炸開的煙火一樣繁密。認識那棵樹的人都說，有一年，颱風連吹一天一夜，附近的樹全

[4]袁慕直，〈賞析王鼎鈞的五則小品散文〉，《評論十家》（第二集）（臺北：爾雅出版社，1995 年 1 月）。

> 被吹斷，房屋也倒坍了不少，只有那棵樹屹立不搖，而，且連一片樹葉都沒有掉下來。
>
> 那的確是一株堅固的大樹，像生鐵鑄就的模樣。霉黑潮濕的皮層上，有隆起的瘤和皴裂的紋，幾尺外的泥土下，還看得出有樹根的伏脈。在夏天的太陽下挺著頸子急走的人，會像獵犬一樣奔到樹下，吸一口濃蔭，仰臉看千掌千指托住陽光，看指縫間漏下的碎汞。
>
> 啊！啊！樹是沒有腳的。樹是世襲的土著，是春泥的效死者。樹離根根離土樹即毀滅。它們的傳統是引頸受戮，即使是神話作家也不曾說森林逃亡。連一片葉也不逃走，無論風力多大。任憑頭上已飄過十萬朵雲，地上疊過百萬次腳印。任憑那在枝椏間跳遠的鳥族已換了五十代子孫。

老樹的生與死，或許是喻傳統價值的淪喪，或許有不忍說不便說的言外之意。孟度鵬〈評那樹〉[5]說得好：「擬人化的筆法由遠及近，從自然的生存到有情的生命，從生動的描摹到刻意的比擬，最後賦予『那樹』以真實的性靈，讓真實的性靈敲擊著讀者的感知。」一棵樹，如此精細的刻鏤，嘔心瀝血，投注了作者的生命力，真是非同凡響。

「樹」的意象，在鼎公的散文中，屢次出現，《海水天涯中國人》書中的〈迎春〉，是他赴美之後的代表作：

> 雪地上裸立的鐵塔使我想起一棵樹。一棵百年大樹。傳統中有這麼一棵樹，在一家酒店門外，在大雪中挺立，行人走在樹下就可以聞列酒香，就不會凍死。我們曾經拚命找這棵樹，我，跟那些在風雪中佝僂而前的伙伴，那是在千山萬水之外，另一個冰雪世界。那也是浩浩蕩蕩的大雪，沒有方向，沒有距離，而我們一直行走。我們鬚得皆冰，自己也奇怪自己還能走下去。走，只是為了一個傳統，站著不走就要化成冰

[5]孟慶鵬，〈評那樹〉，載王彬、范希文主編，《中國散文鑑賞文庫》（當代卷）（天津：百花文藝出版社，1994年5月）。

柱。……據說，那棵百年大樹永不被雪埋沒，那家酒店也是，永遠放溢著酒香。我們一直走，一直找那香冽的酒氣。

這年的最後一場雪真的下起來，它仍然凌厲，但是攻不破蠟封的小小堡壘。樹葉在襁褓裡生長，等待，緊緊捲成一團，然後，有一天，在艷陽高照下，蠟衣突然炸開，嫩葉欣欣伸展，轉眼間，滿枝新葉布置下滿眼春景。

這棵樹乍見之下莫名其妙，細思之下，真是耐人尋味。我曾經在〈尋找生命的樹——析王鼎鈞迎春〉中作過一番闡析[6]；樹似乎象徵著人生的理想目標，安身立命之所在。在風雪中尋覓這棵樹，就是追尋理想的歷程。縱然風雪遍地，歷經艱難險阻，卻不能停止；一旦停止就會凍僵，被時代的篩子篩掉。「我們一直走，一直找那香冽的酒氣。」就是鼎公自身的寫照，也正抒發了這一代中國人的苦難。如果我們了解鼎公歷經抗戰、從流亡學生來臺乃至流亡海外的生命歷程，對這棵樹的象徵意義，當能有更深刻的體認。至於〈迎春〉的結尾：「這些樹這麼性急！這麼勇敢！春尚未至，先伸出頭來迎接，爭先恐後，搶著在盛夏之前最好一樹濃陰。」堪稱警策的豹尾。在點題之餘，再以「任憑那些樹述說雪的掌故」收束全文，由絢爛歸於平淡，讓讀者低頭沉思，回味無窮。

鼎公散文意象之豐盈佳妙，耐人咀嚼，當然不僅乎，《山裡山外》書中「山」的意象，尤其值得探幽索微。

（三）境界的躍升

鼎公的散文，原先我最欣賞《靈感》，晶瑩剔透的小品，有情韻，有啓示，小故事中含蘊至理，發人深省。但是最近再細讀《碎琉璃》、《昨天的雲》。深感《靈感》畢竟不如後者。不是《靈感》不夠好，其實《靈感》已是爐火純青的精緻藝品，問題是：「玻璃缸裡的金魚，如何能氣吞海嶽？」

[6] 沈謙，〈尋找生命的樹——析王鼎鈞迎春〉，《幼獅少年》第127期（1987年5月）。

鼎公是男性美的典型代表，因為他不斷地奮發向上。《碎琉璃》、《山裡山外》、《昨天的雲》所以超越《靈感》，是藝術的感染性強，更有大氣磅礡之勢，流露更廣大的同情，情更深，義更重。最簡單的實例是：

（1）《碎琉璃・捕鳥》：「買來的籠子永遠掛在廊下，永遠空著。我要它提醒：高尚的動機後來可能會變成卑鄙的。」

（2）《山裡山外・新版序言》：「我們正要從作品中看別人的生活，看那些與自己不同的生活，以增進我們對人的了解與諒解……」此書寫山，堪稱前無古人。

（3）《昨天的雲》寫「情」與「義」，「縣長」真是將典型由「夙昔」搬演到眼前」。〈母親的信仰〉有一段談仰的文字：

> 有一位大孀當面問我的母親：「神在那裡？我怎麼看不見？既然看不見，我又怎麼能信他？」母親慢慢的告訴她：世界上有許多東西是眼睛看不見的。你可以看見我的嘴在動，你看不見我發出來的聲音，聲音要用耳朵聽。你可以看見花，你看不見花香，花香要用鼻子聞。你可以看見鹽，你看不見鹹，鹹味要用舌頭嘗。

如此類推，看不見，聽不到，聞不著的「善意」，仍然是可以用心靈充分感受到的。《昨天的雲》又有一段，五中是山東的名校，家鄉淪陷，五中是偽校，怎生是好：

> 區長說，你可以指校長是偽校長，不可以指學生是偽學生，「正如我這個區長是偽的，那八區的老百姓一點也不偽！」他又說：「學生不偽，知識不偽，昨山東教的幾何代數跟重慶教的一模一樣！」

由於更深的情，更重的義，寬廣的襟懷，有同情有理解有諒解，能破除人性的局囿與障蔽。再加上藝術的感染力，使鼎公的散文境界真正躍升到另一層高境！

王鼎鈞先生散文的人格與風格，小題小作，雖言難盡意，卻是痛快淋漓，身心酣暢。直覺的結語：

第一，鼎公的散文，由早期的文字純淨，中期的親切有味到後來的意象豐盈，感染無邊，將 20 世紀的中國散文藝術提升到如何的高境，在文壇上真是異數。在此聯想到《格利佛遊記》的作者史威沃特（1667～1745），于曉丹在《玫瑰村・序》中讚美他[7]：「把寫作《格利佛遊記》的豐富想像力和絕妙的諷刺幽默能力，運用在散文創作中，使英國散文在擺脫嚴謹有餘，靈巧不足方面初露端倪，是理性主義和浪漫主義最早結合的典範。」

史威沃特是 18 世紀英國文壇的驕傲，同樣地，鼎公將執著於生命情義與散文藝術的交融，是 20 世紀中國文壇的驕傲。

第二，鼎公的散文，在藝術技巧上不斷創造，推陳出新。在內涵境界上日益提升，由個人的經歷，擴及社會的脈動，為蛻變的時代作見證，讓我聽到民族的呼吸與喘息。其中所顯現的襟懷，真摯的情，厚重的義，堪為典範。在此聯想起杜甫的「詩史」。聯想起近兩年來大陸散文家余秋雨的《山居筆記》、《文化苦旅》在臺灣所造成的旋風。

在「生力麵文化」的工商社會，短小精悍的作品，較易取巧。像余秋雨的散文，能從地理景觀到歷史精神，透視到民族情感，像鼎公的散文，能從個人的處境，感受到時代精神與民族情懷，雖然屬於長篇，卻意外地受到更廣大的矚目。令我們深具信心，讀者不但眼睛雪亮，心靈更是澄明！

第三，鼎公的作品，藝青年朋友最具實用的是《文學種籽》、《作文七巧》、《作文十九問》。對一般讀者最受用的是「人生三書」。最惹人憐愛的是《靈感》，用智慧之珠串成的一條項鍊，洋溢著靈性與啓示之光。在文學評價上最有代表性的是自傳體的長篇散文《碎琉璃》、《昨天的雲》等。其

---

[7]于曉丹編選，《玫瑰樹》（北京：中國社會科學出版社，1993 年 6 月），係「世界散文隨筆精品文庫——英國卷」。

實，鼎公本身就是一棵大樹，根柢槃深，枝葉峻茂，花果蔚蕃，值得我們「振葉以尋根，觀瀾而索源」。

在秋海棠的中國，在駱駝項下的山東蘭陵古鎮，長成了鼎公這一棵大樹，渾厚凝重的本質，情深義重，意象豐盈，境界躍升，庇蔭廣大，沾溉深遠，在 20 世紀的中國文壇表現出嶄新的智慧與成績。鼎公的人格與風格，光采閃爍，必然照亮民族的心靈！

——選自「臺灣現代散文研討會」

臺北：九歌文教基金會主辦，1997 年 5 月 10～11 日

文學史上的王鼎鈞

◎黃萬華*

有熟人曾問我：「余光中的散文走進中國內地，劉墉的散文走進中國內地，各自在不同的讀者群中引發了較持久的閱讀熱。如果王鼎鈞的散文走進中國內地會怎麼樣？」我馬上產生的想法是「應該有過之而無不及」。此話絲毫不帶有要跟余光中、劉墉一比高下的意味，余光中的詩文我就尤爲鍾愛，而我的不少學生高中時期都陪伴劉墉散文而過。我只是想說，王鼎鈞散文自有他過人之處，更有他優勢所在。

王鼎鈞 1925 年出生山東蘭陵，15 歲時隨父參加抗日游擊隊，1949 年流落到臺灣，服務於中國廣播公司、《聯合報》等處，1979 年應聘至美國西東大學任教，之後定居紐約至今。我跟王鼎鈞至今未緣一面，2002 年我去美國，也是匆匆路過紐約。但多年前讀到他的散文，第一個感覺就是，這是我夢寐以求的現代好散文，而王鼎鈞，是一位你可以跟他徹夜長談美、永恆、人生、藝術的兄長師友。王鼎鈞年近八旬，但一直勤於寫作，所以他會讓你覺得，這世界上的美是尋不完的。他的文章有超凡的詩意，兩者的融合更讓人感到，這就是我們自己久久渴望而往往不得的東西。讀他的文章，時而有如神助，時而純如赤子，時而感到飛瀑之力，時而又有歸海之心……。

王鼎鈞迄今已出書近 40 種，在「散文、評論、劇本、詩、小說」等領域都有過建樹，然而讓後人難以超越的是他的散文。早在 1977 年，王鼎鈞

*山東大學文學與新聞傳播學院教授（二級教授）、博士生導師。

就被選入臺北版的《中國當代十大散文家》[1]，1994 年，王鼎鈞被列入「當代臺灣十二大散文名家」[2]和「當代新十大散文家」。臺灣著名作家馬森也有此類斷言：「如果選出中國當代十大散文家，當然不會遺漏王鼎鈞先生。如果選出五大散文家呢？王鼎鈞先生還是有份兒的。」[3]1999 年，王鼎鈞的散文集又入選「臺灣文學經典 30 部」，有意思的是，王鼎鈞被選入「臺灣文學經典」的作品是他 1970 年代爲青少年寫的一本人生修養讀物《開放的人生》，這本書被稱爲當時臺灣「『升學主義掛帥、聯考至上』鬱悶年代莘莘學子的最佳精神補給站」，「以好看、有趣、有益作文能力！」的口碑流傳於中學生中，後來卻成了一本「老少皆宜」的經典作品。而王鼎鈞深受青少年喜歡的並不只是包括《開放的人生》在內的「人生三書」，還有《講理》（1964 年）、《靈感》（1978 年）、《作文七巧》（1984 年）等。但王鼎鈞散文恐怕更受到成人讀者的青睞。可以說，王鼎鈞這座讓後人難以逾越的散文高峰正是用他不斷超越自己的努力壘積而成的。從 1970 年代起，王鼎鈞的散文被歸入以許地山爲開山人的博學沉潛的「寓言派」散文，也被視爲「人生說理派」的代表作，其常言人所未言的哲思，人生體驗和審美觀照的完美結合，寄警婉轉的象徵功力，使得不少讀者日後憶及自己是讀王鼎鈞散文長大的。1980 年代後，王鼎鈞移居海外，但他卻被視爲臺灣鄉土派散文的代表，甚至認爲他創造了「鄉愁美學」，同時，他在「詩化散文」上呈現的功力也日益爲人們關注。他在被看作「一代中國人的眼睛」的同時，不斷將文體實驗和語言修辭推入新境地。進入 1990 年代後，人們在他的散文中發現了出入於魔幻和現實空間的廣闊世界，發現了將民族審美心理推向陽剛之極致的藝術境地。從 1990 年代末起，王鼎鈞的「宗教散文」給他的「散文江山」籠上了又一層悟境，日常智慧則超越了宗教藩籬，讓人體悟到一種「散文魔法」。而目前，他在出版了回憶錄《昨天的雲》、《怒

[1]管管、菩提選編，《中國當代十大散文家》（臺北：源成書店，1977 年）。
[2]陳義芝主編，《檐夢春雨：當代散文十二散文名家選集》（臺北：朱衣出版社，1999 年版）。
[3]馬森，《彌香酒液》，見王鼎鈞《風雨陰晴》（臺北：爾雅出版社，2000 年），頁 6。

目少年》後，繼續以回憶錄寫作提供著「在世界文學星空中，與納博科夫、索爾仁尼琴、愛倫堡的皇皇巨著有同等亮度」的「人類文明的瑰寶」[4]。王鼎鈞創造力之大，在散文這一包孕性極大的文體中被印證得淋漓盡致，不同的成年讀者都會從他的散文中有豐碩的收獲。

然而，王鼎鈞的散文至今未被中國內地讀者廣泛熟知，大陸學者樓肇明先生有過一番議論：「人們熟悉作爲散文革新家的余光中的名字，而另一位也許藝術成就更大、意境更爲深沉博大的旅美華文散文家王鼎鈞，則是爲大陸讀者所知不多和相當陌生的了。」他同時也認爲，余、王二氏「可謂珠聯璧合，共同爲完成對現代散文傳統的革新，奠定了堅實穩固的基石」。[5]所以，有必要來談談文學史中的王鼎鈞。

對於 20 世紀中國文學史而言，王鼎鈞的價值和意義更值得關注。王鼎鈞年長余光中三歲，創作上似乎顯得大器晚成，但他和余光中一樣，都是 1950 年代後的中國文學不可或缺的重要一頁。1952 年余光中的詩集《舟子的悲歌》出版，萌動起的現代鄉愁，後來甚至衍化成「一次小小的盛唐」；1963 年，余光中的散文集《左手的繆思》出版，發動起一場「剪掉散文的辮子」的革命。王鼎鈞雖然從 1951 年起就寫作、發表頗勤，但到 1963 年才出了第一本集子《文路》。之後的近 10 種集子，也都以純淨清新的文風議事說理，關懷人生，從中顯露出剛健開朗的人生觀。一直到 1970 年，抒情散文集《情人眼》出版，他「決定爲自己寫些什麼」，以此突破「固定成型」的報欄寫作[6]。自此，王鼎鈞視自我的挑戰和人生的關懷爲心靈所在。1975 年他在五十而知天命之年，出版了《開放的人生》和《人生試金石》，翌年又推出《我們現代人》，合稱「人生三書」，開臺灣「金句文選」（即以精闢之句闡釋人生智慧，激勵人生修養）之先河，並成爲日後膾炙

[4]樓肇明，〈在生存時間的堤岸上——談回憶錄自傳和王鼎鈞〈昨天的雲〉〉，《昨天的雲》（北京：中國工人出版社，2000 年 1 月）。
[5]樓肇明，〈談王鼎鈞的散文〉，《王鼎鈞散文》（伊始編，杭州：浙江文藝出版社，1994 年 9 月），頁 1～2。
[6]王鼎鈞，〈自序〉，《情人眼》（臺北：大林書店，1970 年 12 月），頁 8。

人口的經典文本。而與此同時，他又寫出《碎琉璃》（1978 年）、《靈感》（1978 年）等風格相異的散文集，在歷史、文學的不同天地裡呈現中國人的命運和心靈。如果說余光中是以現代的「浪子」而回歸傳統的，那麼，王鼎鈞卻始終是以生於傳統、感受民間的文人情懷來建構散文的現代世界。整個 1960、1970 年代，當「五四」散文傳統從大陸飄零流散之時，王鼎鈞在臺灣卻獨闢蹊徑，使「五四」散文傳統得到有力的拓展。

王鼎鈞 1960、1970 年代的散文可以歸入那種感時憂世的文學傳統，他的成功卻在於他避免了感時憂世文學傳統的潛在危機（這種危機在政治明顯牽制文學的 1950 年代至 1970 年代使得不少作家創作力萎縮，造成了中國內地散文模式的僵化和散文格局的單一）。王鼎鈞曾以「胎生」、「卵生」比喻兩種創作過程，「胎生」就是由內而外，由作家內在複雜的心潮情海（尤其是其挫敗、痛苦等情態）孕成作品；而「卵生」則是由外而內，「是作家出於對社會、人群的『使命感』，才開始『孵卵』」[7]。儘管「藝術理論本就一向重視胎生」，但「卵生」方式在 20 世紀中國文學中一向被「看重」，在某些年代甚至被推至登峰造極，時至今日則又遭冷落，這中間有著對「卵生」的種種誤讀。王鼎鈞是「長期在宣傳機構寫稿審稿中悟出」「卵生」方式「不可偏廢」的[8]，在政治也明顯牽制文學的 1960、1970 年代的臺灣文壇，他卻以「卵生」方式寫出「傳世」之作，一是他將「社會使命」看作「作家要孵的蛋」[9]時，始終著眼於人生的真實意義，開拓歷史和人性的內涵，而不被一時的政治風雲所遮蔽。從「人生三書」到後來相繼問世的《靈感》、《隨緣破密》、《心靈分享》、《千手捕蝶》、《活到老，真好》等書，風貌各異，卻都「表現了作家對社會的責任感與關懷」[10]，而這些不乏「社會使命」題旨的散文集，給予人的始終是「人情」、「智慧」。二是他始終立足於文學層面來看待作家的「社會使命」，這不僅使他始終將人

[7]蔡倩茹，《王鼎鈞論》（臺北：爾雅出版社，2002 年 7 月），頁 38、39、49。
[8]同前註。
[9]同註 7。
[10]同註 7。

性的完善看作最基本的人生，也使他的說理散文一直如三月春陽充盈藝術的暖意，其寓意象徵和抒情幽默的交融呈現恆久的藝術光輝。三是他始終用自己獨異的感悟、深刻的哲思去「孵化」「社會使命」之「蛋」，在這種過程中，「卵生」中已有「胎生」。自言「卵生」而成的《我們現代人》一書是激勵青年人要有「在山泉水清，出山泉水湧」的人生，睿智耀人的警句往往孕成於作者全身心投入的生命體悟，尤其在古典的改寫中，作者現代生命體驗的孕育感更加顯得不可或缺。如《創造你的知音》一文改寫了俞伯牙和鍾子期的故事，作者從自身生命體驗出發，既強烈感受到俞伯牙碎琴以酬知音中的執著、剛烈，又想像出「鍾子期沒有死。鍾子期已經復活。鍾子期無所不在」的現代期待，於是，知音難覓的悲涼消散開去，俞伯牙在鍾子期死後領悟到，「他的藝術屬於民族文化，是人人有權享用的一筆財產」，於是「他咽下悲哀，抖擻精神，一面設帳授徒，一面旅行演奏」，他的國家成了「音樂風氣最鼎盛的國度」，他由此復活了鍾子期。四是他以「寫出全人類的問題」的胸襟來關注人生，而他取之於人生的思想資源又多元豐富，這使得他關注「善／惡」「美／醜」「得／失」等問題時不會失之於「二元對立」的建構，而躍動著切實有力的辯證思維。王鼎鈞曾將古代智者所言「人生，就是上帝教一個靈魂到世界上受苦，然後，他死」改寫成「人生，就是上帝教一個靈魂到世界上受苦，然後，他死；然後，他受過的苦，後人不必再受」(《開放的人生・考證》)，一句之增，清晰呈現出王鼎鈞始終趨善向上的人生觀。但是當他關注「善／惡」之辨時，他的思緒直逼「善」「惡」的深層，縱橫啓闔的論析，奔湧著多種思想資源的活力，如「手中握一把屠刀的人，有立地成佛的資格」[11]，而「偉人」也「坐著天使與魔鬼並駕的馬車」，是講「善」「惡」並存；「過度的善良會摧毀它的本身」[12]，甚至「因篤信規則而被騎馬馳驟者踐踏」以致「憤而唾棄一切社會規範」而成惡，是講「善」「惡」轉化；「因誠實而喪生的

[11]王鼎鈞，《人生試金石》(作者自印，1975 年 12 月)，頁 126。
[12]王鼎鈞，〈故事套著故事〉，《隨緣破密》(臺北：爾雅出版社，1997 年 5 月)。

多，因虛僞而喪生的人少」[13]，是直言人生「善」「惡」的真相，但因此而「拋棄道德」，反而會成爲「罪惡的祭品」，「美德」始終是人生備戰「最後的盔甲」[14]，最終仍歸之於揚善抑惡……這樣論「善」析「惡」，稱得上大手筆了，而又使人心悅誠服。五是王鼎鈞的「人生說理」散文常呈現家常話風，這不僅緣自他平易親切的娓談風格，更得自於他的親民心態，他切切實實地關注百姓的日常人生，了悟他們的瑣細悲歡，即便在哲學、宗教層面論析人生也處處滲透著王鼎鈞對世態民心的真切體悟。

1950 年代後的臺灣文壇，在戒嚴狀態的國家機器壓制下，就連「陽剛的文體」也被納入了「歌頌戰士的英勇事跡、贊美英雄的偉大精神、宣誓效忠國家的耿耿忠心」[15]這樣一種體制意識形態的軌道。在這種境遇中，本來就有著強烈的啓蒙心態和感時憂國精神的「人生說理」散文更有著潛伏的危機，而更多的臺灣散文作家也往往只能「以身邊瑣事、性靈、小我情感作爲書寫題材」的「軟性」創作來突圍。然而，王鼎鈞恰恰是以「泰山日出，雷霆萬鈞」的陽剛之氣，將「人生說理」散文推至一個新的境地，將散文的「社會使命」發揮得淋漓盡致，甚至從正面突破了體制意識形態的「陷阱」。在 1950 年代至 1970 年代的文學史中，王鼎鈞的散文會提供豐富而有益的經驗。

1979 年，王鼎鈞應邀擔任美國紐澤西洲西東大學亞洲研究院研究員，參加雙語教學中文教材的編寫，自此王鼎鈞定居紐約至今。時遷歲移，又一個四分之一世紀過去，王鼎鈞的身分似乎成了海外華文作家，然而，王鼎鈞移居海外後撰寫出版的 20 餘種散文集，卻很少直接涉筆於海外生活，異域生涯作爲一種宏大開闊的背景深化、濃縮著王鼎鈞 1940 年代離開故鄉後的漂泊情感，拓展、豐富著王鼎鈞對於故鄉、異鄉的回憶、想像，在這種延伸、拓展中，爲人謙和的王鼎鈞進一步養成了那種「蘭有劍氣，不能

---

[13]同註 11，頁 132。

[14]王鼎鈞，〈我將如何〉，《隨緣破密》（臺北：爾雅出版社，1997 年 5 月）。

[15]鄭明娳，〈臺灣現代散文的危機〉，《現代散文現象論》（臺北：大安出版社，1992 年 8 月），頁 83。

傷人」的獨異大氣。形成了其獨特的「鄉愁美學」。而這也許是王鼎鈞海外創作對中國文學最重要的貢獻。

王鼎鈞曾直言「鄉愁是美學」[16]。1950 年代，「大家初來臺灣的時候思鄉說愁甚爲盛行」時，王鼎鈞珍藏鄉愁未多言說；到了 1970 年代，在臺灣「鄉愁有漸成禁忌之勢」時，王鼎鈞卻「後知後覺」「拿它大做文章」[17]。1987 年臺灣開放赴大陸探親，回鄉之行再次在文學中形成鄉愁之熱，王鼎鈞卻一直未踏上歸鄉之路，而他筆下的鄉愁則愈加濃烈撩人。王鼎鈞這種鄉愁書寫的獨異性反映出他時時體悟著鄉愁的底蘊，並沉潛至「原鄉」的追尋之中，在峰迴路轉、柳暗花明的抒情詩史的書寫中呈現出其「鄉愁美學」的豐富形態。

王鼎鈞的「鄉愁美學」孕成於他「經歷七個國家，看五種文化、三種制度」的人生經歷，也孕成了一代中國人跨越幾個時代的幾度漂泊中。在多少將鄉思鄉愁簡單化了的今天，王鼎鈞筆下的鄉愁，不僅顯得異常醇厚，而且有著種種複雜的變奏。曾被列入 1988 年臺灣 10 本最有影響力的書的《左心房漩渦》集中書寫了鄉愁這「一個複雜而美麗的結」，全書 4 編 34 篇，皆用「我」對「你」的呼喚、尋覓、對話寫成，包含著「後世」對「前生」的呼喚（王鼎鈞在書中言自己有「兩世爲人」之感）、遊子對故土的尋覓、「東半球」和「西半球」的對話，起承轉合，憶、錄、悟、得，淒然中有溫馨，悲愴中有豁達，沉鬱中有幽默，華麗中有自然，豪氣中不乏兒女情，苦吟中更多人生智慧。這樣的文氣筆調，確如經過幾重風雨的葡萄有著繁重的醉意。他在絕了「還鄉」之情中凝聚起割捨不盡的思鄉之情：「我已經爲了身在異鄉、思念故鄉而飽受責難，不能爲了回到故鄉、懷念故鄉再受責難。」他在歷史的無奈中保存下人生的澄澈：「山勢無情，流水無主……那進了河流的，就是河水了，那進了湖泊的，就是湖水了，那進了大江的，就是江水了，那蒸發成汽的，就是雨水露水了。我只是天地

[16]王鼎鈞，〈腳印〉，《左心房漩渦》（臺北：爾雅出版社，1988 年 5 月），頁 201。
[17]王鼎鈞，〈自序〉，《單身溫度》（臺北：爾雅出版社，1988 年 4 月）。

間的一瓢水！」(《左心房漩渦‧心水》)。他以鄉情洞見人生，以鄉愁沉澱歷史，沉鬱中足見豁達，大啓大闔於天地間：遷居海外是一種「墮胎」，是「他們祖先第二次的死」(《千手捕蝶‧壓力》)，但「天下所有的中國人都是同根的果實。大時代把我們分送到天涯海角，是要這世界上的人有更多機會看見中國人的光輝」(《我們現代人‧本是同根生》)。他的鄉愁帶有一個世紀的真切。許多人說：「國外的人滯留不歸，是因爲祖國太窮。」王鼎鈞說：「這話不對」，「幾十年來，海外有這麼多華人辭根化作九秋蓬，不是因爲窮」，其中的原因是要用「直覺」，而不是「邏輯」，要用「歷史」，而不是「新聞」才能感受得到，探究得明白的(《左心房漩渦‧舊曲》)。所以，他一直在寫海外華人相思鄉愁的複雜變奏。例如〈你不能只用一個比喻〉從「中國是我們的母親」，「這雖是別人畫的五線譜」，但每個人都會在這上面「獨奏」起筆，寫盡了對「母親」愛、慕、怨、悲的各種「變奏」，這中間也許一時失卻了純粹的傳統的愛國旋律，但有著更真切更醇厚的赤子之情。每個人呼喚祖國母親都包含有他個人權利和尊嚴，自然也應該有他自己的方式，歌、泣、訴、怨、熱愛、摯愛、痛愛……都是人的真性至情。但在過去，我們把這忽視了很久很久。每個人需要母親「如病需醫，如渴需飲，如疲倦需夢」，相思鄉愁，是心靈的撫慰和精神的歸宿，而不應只是政治大統一、文化大統一的凝合劑，更不應成爲讓其兒女心碎絕望的網罟……相隔得太久太久，如今能聽到王鼎鈞爲他自己，也爲所有海外游子彈奏的琴聲，也許真正聽到了相聚團圓之音！「身爲男人，去關心別人的妻子，難；身爲女人，去愛別人的子女，難；身爲游子，去愛別人的父母，難！」(《舊曲》)。有了這一點，那麼母親容得下且喜歡兒女們「嘈雜」的心聲。王鼎鈞的鄉愁「變奏」以其特有的時代性構成了其「鄉愁美學」的重要基石。

「所有的故鄉都從異鄉演變而來，故鄉是祖先流浪的最後一站！」《左心房漩渦‧水心》)王鼎鈞的這一體悟，將他的鄉愁伸進了人類的生命原型中，人類在其生存中始終是漂泊不定的，就如嬰兒從被剪斷臍帶起注定無法再歸回母體，而當他孕育下一個新生命時他也爲新生命提供了一個欲歸回而不能的母體，鄉愁就產生於這種欲回母體而不能的追尋中。王鼎鈞從「祖先流浪」中去記憶故鄉，從自己的漂泊中去尋找故鄉，而記憶和尋找都指向了人的生命原型，一種回歸生命源頭的渴望和這種渴望的難以實現。他寫「土裡夢遊」將「塵土」包含的歷史寫得回腸蕩氣（《左心房漩渦・失名》、《單身溫度・土》）；他寫「斷裂意象」，在「生命的斷裂」中體悟「再生」（《左心房漩渦・明滅》）；他更在漂泊欲念和回歸意識的交揉中寫生命的悖論：「故鄉要你離它越遠才越真實，你閉目不看才最清楚……」如果從現實境遇看，離鄉遷居海外有如遁入「空門」，所以「鄉愁」是「失根」「無根」的悲哀。但當王鼎鈞沉潛至生命原型，他會體悟到，離開母體「是一種必要，是保存和開展的另一種方式。它不會是『無根的一代』，它們有根，它們是帶著根走的，根就在它們的生命裡」（《我們現代人・本是同根生》））。在王鼎鈞心中，人生痛楚、磨難使故鄉昇華一種想像、一種聖地、一種圖騰，但又不沉溺於其中：「心靈的安頓就是心靈的故鄉」，「它和出生的原鄉分別存在」，「原鄉，此身遲早終須離開，心靈的故鄉此生終須擁有」（《活到老，真好・心靈的故鄉慰遠人》），「澗溪赴海料無還！可是月魂在天終不死，如果我們能在異鄉創造價值，則形滅神存，功不唐捐，故鄉有一天也會分享的吧。」（《水心》）著名散文家張曉風曾感慨王鼎鈞的散文是「拿命換來的」[18]，只就王鼎鈞的鄉愁鄉思而言，也不爲過。

「原鄉」的失落和追尋，是人類文學的重要問題，也是中國文學的傳統主題。而對於 20 世紀中國文學而言，這一文學類型更具有了人生觀照的複雜性和審美傳達的豐富性。在過去的一個世紀中，出走他鄉、流落異域的中國人是世界上任何民族無法比擬的，3000 萬人漂泊海外，數百萬人遷居臺港，而數以億計的人在戰爭屢起、政治動蕩、經濟衝擊等浪潮中背井離鄉，這種情況跟中國人安土重遷的傳統心理發生激烈撞擊，跟全球性的

[18]張曉風，〈那命換來的〉，《風雨陰晴》（臺北：爾雅出版社，2000 年 7 月），頁 18。

時代語境構成著複雜互動，使「鄉愁」成爲 20 世紀中國文學中最富有生命、文化、審美多種意味的形象體系。王鼎鈞的「鄉愁美學」可以說爲這一文學史形象體系奠定了一塊最重要的基石。

發端於 1960 年代的臺灣散文變革，是 20 世紀後半葉中國文學發展中非常值得關注的一種流變，而王鼎鈞是足以代表這一散文變革潮流的。「五四」後，散文一直是最接近傳統而又最豐富多元的。而臺灣當代散文，多方面承接了「五四」流風餘緒，有承繼周作人平淡醇厚作風的小品，也有以魯迅的潑辣深邃爲祖師的雜文；有以夏丏尊的清新樸實爲前驅的記述散文，也有以徐志摩的飄逸靈動爲源頭的抒情散文；有視林語堂的幽默、睿智爲風氣之先的說理散文，也有以許地山爲開山人而作博學沉潛的寓言的；而不斷接受臺灣文學環境中的現代藝術洗禮作新的突破的，更大有人在。[19]在這種傳承和變革的散文潮流中，王鼎鈞沒有如余光中那樣振聾發聵地提出「散文改革」的理論，但他的創作，使他對散文變革更具有原創和獨創意義。最近在中國大陸出版的《風雨陰晴》，2000 年在臺灣出版時，曾被稱爲「散文魔法書」[20]，就表明王鼎鈞在散文文體拓展上的開闊豐富。「舉凡散文這一包孕極廣的體裁的各類體式，雜文、小品、敘事散文、抒情散文、散文詩，王鼎鈞無一不能，都有開創性的建樹」[21]，就是說，前述「五四」散文傳統的各流脈中，王鼎鈞幾乎都有突破，使「五四」傳統的多個側面再次受到現代藝術的洗禮。《風雨陰晴》按王鼎鈞的議論風格、小說化了的散文、詩化的散文選編，臺灣學者蔡倩茹的專著《王鼎鈞論》也從「小說體散文」、「寓言體散文」、「詩化的散文」幾方面來論斷王鼎鈞的散文文體，表明王鼎鈞在散文文體上的重要突破是八面來風式的「散文出位」，即將小說的、寓言的、詩的多種因素大膽引入散文。1978 年，《碎琉璃》書成，王鼎鈞自言：「在這本書裡，我長期出入於散文小說戲劇之間，

---

[19]1970 年代的楊牧、1990 年代的林幸謙，對臺灣當代散文都有類似評價。
[20]洪淑苓，〈散文魔法書——《風雨陰晴》〉，《中央日報》，2000 年 8 月 14 日，12 版。
[21]同註 5。

兼收並蓄的表現技巧漸能得心應手。重要的是，我覺得生命的酸甜苦已調和成鼎鼐滋味，心如明鏡、無沾無礙的境界可望可即。」[22]這話語可解開王鼎鈞何以能將散文小說戲劇詩的不同「語境」調劑得淋漓盡致，何以能將散文文體在不失本色中拓展得無拘無束，那就是心靈的「無沾無礙」和表現技巧的「得心應手」兩者的交融。王鼎鈞散文中許多新的表現手法引入都得自他對人生新的體悟，這在他先於臺灣小說界而在散文中引入「魔幻寫實」手法，以虛實兼備的手法來開拓潛意識世界，以感性和知性的和諧實現散文的突破等努力中都有所印證。其實，散文這一文體的主脈始終在於作者對個性的執守，對「靈性」的抒寫，當王鼎鈞的心靈始終如「開放的人生」時，他的散文文體也始終會在大啓大闔中構建著多元複合的世界。而當我們跟王鼎鈞散文中的意象對話時，那些意象指涉深廣，「命題」深邃，衍生於記憶和想像的糾結中，延伸於時空的互涉連結中，引發著質詢和追尋，深化著寓言和指涉，其豐富、獨特，都讓人感到是在跟王鼎鈞的人生和心靈對話。

王鼎鈞曾把自己比作「在抽煙中禱告的人」，他還說過：「文學是上帝的手套。」[23]王鼎鈞是在日常人生中走近上帝的人。如果說當年王國維一直呼喚著作家殉身文學的精神，那麼王鼎鈞 60 年全身心投入的寫作，已經提供了一個「把文學當作一種宗教」[24]而獻身的典範。在 20 世紀中國文學中，還很少有人像王鼎鈞那樣，對日常人生體悟得如此透徹從而在自己的心靈中擴展出宗教信仰的天地，他不僅從自己漫長豐富的人生閱歷和激烈撞擊的世變中體悟宗教信仰的意義，而且從自己的生命體驗出發，不斷進入藝術和宗教互通的境界。在他那本《心靈與宗教信仰》中，他對「悲憫」「救贖」的抉發「極高明幾不可攀」，卻又常化作活生生的平民生活圖景；他在溝通人生、藝術、宗教三者中呈現的澄澈、寧靜，表現出回蕩於天地

[22]王鼎鈞，〈新版《碎琉璃》後記〉，《碎琉璃》（作者自印，臺灣吳氏圖書公司經銷，1989 年）。
[23]俞敬群，〈上帝的手套〉，《心靈分享》（臺北：爾雅出版社，1998 年 1 月），頁 8。
[24]同前註，頁 7。

間的中國智慧和精神。這使得王鼎鈞散文常有的大開大闔的結構、金戈鐵馬的氣勢、疏朗遒勁的文調，都顯得更爲強勁、深遠，也使得人們會更長時間地留戀於王鼎鈞的散文世界。

我說得多了，遠不如讀者自己去讀一下王鼎鈞的散文，閱讀王鼎鈞半個多世紀的散文，會深深感到靈動和溫厚、古雅和俚俗、繁華和淡遠、恢弘和精緻、幽默和沉鬱……各異的風采共同組成了王鼎鈞的散文世界。即使由於我們散文理論的貧弱或其他原因，我們還不能完全進入王鼎鈞的散文世界，王鼎鈞散文也足以做爲一座里程碑留存於中國文學史了。

——原爲王鼎鈞《風雨陰晴》序（山東文藝出版社，2004 年版）

——選自黃萬華《中國和海外：20 世紀漢語文學史論》
天津：百花文藝出版社，2006 年 1 月

智慧的火花
論王鼎鈞《開放的人生》

◎渡也[*]

《開放的人生》這本散文集口碑載道，不失爲好書。

此書作者王鼎鈞從民國 38 年開始寫作，迄今整整 50 年，74 歲高齡仍創作不輟。先後出版三十多種著作，包括評論、小說、散文、詩、劇本等多種文體。他用力最多的是散文，有十餘種散文集問世，幾乎占總產量的一半。其散文並非一成不變，在題材、寫法、語言及風格上，再三翻新，大體而言，可分三類或三種面貌：「以雋永的文字、寓言的方式、短小的篇章輕輕譜出深奧的人生哲理，……而除了這種理性明晰的作品之外，王氏亦能以感性的筆觸抒懷敘事，別有飄渺醇厚之味，……近年來旅居美國，作品又轉而觸及海外中國人的內心世界，以及中西文明之差異，爲現代中國人的流浪意識留下見證……」（見《中國現代散文選析》第二冊，頁 669）

王鼎鈞的成名作即被稱爲「人生三書」的《開放的人生》、《人生試金石》、《我們現代人》，皆屬於上述第一類作品。《開放的人生》自民國 64 年出版後，膾炙人口，洛陽紙貴。書中收錄的百餘篇小品原是爲蔡文甫主編的《中華副刊》所寫的「人生金丹」專欄文章，內容環繞著克己修養、處世態度、勤學求知、勵志上進等主題，篇篇均有益於讀者性靈的提升、心智的成長，故此書可謂知性散文。沈謙〈王鼎鈞的散文風格〉一文相當肯

[*]本名陳啓佑，發表文章時爲彰化師範大學國文系所專任教授，現爲育達商業科技大學華文傳播與創意系教授。

定此書：「《開放的人生》著眼於青少年的成長，由現實到現實，行文流暢，引人入勝。以親切的語氣，娓娓道來，真是如沐春風。」

《開放的人生》既叫好又叫座，雅俗共賞，頗具吸引力，有一種「擋不住的感覺」，之所以如此，原因是此書優點不少，以下僅舉犖犖大者。

一、簡潔

王鼎鈞早年為專欄作家，專欄文章曾結集出版，如《文路》、《長短調》、《開放的人生》等書。也許受到專欄篇幅限制，所以《開放的人生》一書所收皆短文，少則百來字，〈開放〉、〈人才〉、〈遺珠〉、〈取予〉、〈貴庚幾何〉、〈迎接挑戰〉等文均是；至多僅四，五百字，如〈完人〉、〈六字箴言〉、〈社會責任〉、〈捉海鷗〉、〈現代戀愛〉、〈改造〉等篇，看來當年專欄的上限是 500 字。緣於有此約束，王鼎鈞不得長篇大論，洋洋灑灑。他寫任何主題、題材，只好要言不煩，點到為止。王鼎鈞的確做到了。此書在表達己見時，語言洗練簡潔、乾淨俐落，不拖泥帶水。在引言或敘事時，往往三言兩語，探驪得珠。如〈迎接挑戰〉述某軟體動物善於退縮，倘撒鹽其身，則化為一灘清水；〈奇遇〉寫某人曾為老虎拔除爪中鐵釘，老虎以鹿回報，那人此後竟以為虎拔刺為業，不事生產；〈看魚〉敘魚於急流之處，輒勇敢面對流向，斯乃平衡、存活之道。寥寥數句，卻交代清楚。

簡短的小品文於近一、二十年十分流行，拙文〈小品文概述〉曾論及原因：

> 二、三十年代社會變動，故讀、作者比較喜歡小品。如今社會遠比當時還緊張、繁忙，人人渴求在極短的時間內解決民生問題，速食麵、快餐、高速餐遂應運而生，吃飯尚且如此，看文藝作品的心態亦不外乎此。站在編者的立場，小品不但合大眾胃口，且便於發排作業，聯副總編輯瘂弦經常向作家邀千字以內短文，理由在此。「極短篇」的推出也是基於相同的考慮。換言之，讀、作、編三者均歡迎小品。

——《文訊雜誌》第 22 期

《開放的人生》非常風行、暢銷，可能亦緣於此。

二、平淺

《開放的人生》普遍受歡迎，可謂老少咸宜，隱地表示：「王鼎鈞的『人生三書』(《開放的人生》、《人生試金石》、《我們現代人》) 是青年學生愛讀的課外書，保守的估計，至少有五十萬人讀過這三本書中的一本。」(《作家與書的故事》) 讀者數量之所以如此驚人，恐怕與語言平淺有關。綜觀全書，不但無深奧難懂、詰屈聱牙的字眼，且使用日常口語，李宜涯〈文路無盡誓願行〉曾述及：「他以靈光一閃的生活化語言，與讀者心會神通。」(《文訊雜誌》第 150 期) 由於具有這些特點，故讀來流暢順口。較之他後期著作《左心房漩渦》、《兩岸書聲》、《心靈分享》，《開放的人生》語言不尚雕琢，樸實自然，平易近人。前後期語言美及風格迥然不同。

三、引用

《文心雕龍・事類》云「明理引乎成辭，徵義舉乎人事。」這兩句話點出引用的功能、種類：引用成辭、人物、事蹟便於說理、佐證。除了明理、徵義的功用外，引用尚可使文章厚重、典雅、經濟，春秋戰國諸子百家多善用之，如莊子、孟子，王鼎鈞亦深知其妙用，自《開放的人生》至近作《千手捕蝶》，「引用」屢見不鮮。不論是援引言、人或事，「引用」在《開放的人生》中俯拾皆是，堪稱王鼎鈞慣用的重要利器，倘缺此利器，文章必大大失色。〈完人〉、〈遺珠〉、〈奇遇〉、〈兩則傳說〉、〈心魔〉、〈石匠的智慧〉、〈父與子〉、〈康老子〉、〈回饋〉、〈遲到競賽〉等文，均可見作者在裡頭「說故事」。直接說理，不易被一般讀者接受，所以他不斷地在作品中引用故事，讓人間接從中得到啓示與智慧，而有益人生。楊牧主編的《中國近代散文選》將散文分爲小品、記述、寓言、抒情、議論、說理、雜文等七類，該書於民國 70 年出版，時王鼎鈞名著《碎琉璃》問世已三載，然而楊牧仍將王鼎鈞的散文歸入寓言類，也許是由於「人生三書」往往寄寓哲理於故事中，令楊牧印象深刻，而忽略非寓言的《碎琉璃》。

此書有些故事絕佳，如〈遺珠〉、〈六字箴言〉、〈社會責任〉、〈師曠的眼睛〉、〈心魔〉、〈手套〉等文所述的故事頗能震撼人心，而且新奇特殊，教人難忘。

篇幅所限，加上王鼎鈞撰文向來言辭精省，因此這些故事都在簡單幾筆下，浮現輪廓。

四、比喻

比喻在《開放的人生》頻頻出現。學過修辭學的人應知道比喻乃是最基本、最重要的修辭技巧，而且，最常見。不過，優秀的比喻並不常見。亞里斯多德曾說過世間比喻大師最不易得，凡事皆可學，獨獨作比喻這件事不可學。此書中所作的比喻並非皆盡善盡美，但確實有些比喻十分精采，引人注目，〈遺珠〉、〈邪正〉、〈看魚〉、〈迎接挑戰〉、〈與人為善〉、〈利器深藏〉等篇，即因比喻漂亮而散發出迷人的芬芳。有毒的罌粟在結果之前，綻放艷麗的花朵，那種美極不尋常，人一見即知其邪惡。外表美善，實則邪惡，騙不了人的眼力。這是〈邪正〉一文的比喻。〈與人為善〉則以「鰣魚多刺，海棠無香，甘瓜抱苦蒂，美棗生荊棘」來喻人有多種不同的氣質、個性，既富創意又恰到好處。

比喻的原則為切合情境、新穎、不晦澀（見黃慶萱《修辭學》），《開放的人生》中的比喻泰半符合這些原則。

五、對比

透過二分法看事物，然後分析優劣、善惡，也是《開放的人生》的特色。〈雞口？牛後？〉、〈取予〉、〈邪正〉、〈老人與海〉、〈人比人〉、〈非洲的鞋子〉、〈好話多說〉、〈轉捩點〉等文即以此法呈現主題。以下舉兩例為證。在〈雞口？牛後？〉一文作者通過兩個家庭家長對子女的叮嚀，進而推論：「『雞口』是美麗的，『牛後』是骯髒的；『雞口』是敏捷的，『牛後』是遲緩的。」又如〈人比人〉一文分別描述 70 歲老教授勤學不輟，及不得志的歌星沉醉於輝煌的過去而自嘆，勉人勿中止學習、前進。雞口與牛後，教授與歌星，或者〈老人與海〉中的命運與意志。兩兩相對，好壞立判。這種正反辯證的策略，能使讀者輕易地、清晰地分辨是非，《開放的人生》的道理易懂，應與對比、二分法息息相關。

王鼎鈞慣用、善用的修辭技巧尚有一些，以上僅討論三種，已可管窺王氏高明之處。

六、旨遠

魯迅認爲小品文必須具備充實的戰鬥內容：

> 生存的小品文，必須是匕首，是投槍，能和讀者一同殺出一條生存的血路的東西，但自然，它也能給人愉快和休息，然而這並不是「小擺設」，更不是撫慰和麻痹！它給人的愉快和休息是保養，是勞作和戰鬥之前的準備。
>
> ——〈小品文的危機〉

這種實用、經世的看法，完全不一同於閒情逸趣、風花雪月的文學觀。《開放的人生》頗符合魯迅當年的要求，不僅此也，今年年初推出的《千手捕蝶》也是有益人生的小品集。王氏的散文大多言之有物，「講道理」，數十年不變。趙衛民〈磨劍石上畫蘭花〉曾引用王氏的一段話：

> 我的寫作秉持一個信念：「要給讀者娛樂，給讀者知識，給讀者教訓。」這些話說來似平淡無奇，像「教訓」這樣的字眼也易引起讀者反感，其實這話並沒有什麼錯。我希望讀者讀到我的作品，能多了解些人情世

故，讀完之後，多了一些智慧。

外型固然輕、薄、短、小的散文，內容亦可重、厚、長、大，林肯蓋提斯堡演講文凡兩百餘字，美國〈獨立宣言〉約三百字及陶淵明〈桃花源記〉、劉禹錫〈陋室銘〉、歐陽修〈秋聲賦〉等均幅短而神遙，墨稀而旨永，並未因小失大。〈考證〉、〈六字箴言〉、〈社會責任〉、〈看魚〉、〈與人爲善〉、〈甜芋泥〉、〈三人行〉、〈以大爲貴〉、〈蛾來了〉、〈洗手〉等都是耐人尋味的短文，無怪乎《中國當代十大散文家選集》這樣讚揚：

> 文貴言之有物，王鼎鈞當之無愧。他的散文，文理清晰，且惜墨似金，一字一句，皆推敲至再，無一虛字飾辭，故王氏之文，能獨樹一幟，自成一家。由於載道，故他的文章，可說是「一葉一菩提，一花一世界」的妙悟。

更有甚者，有些短文不但味永旨遠，且理念特殊，極具創意，如〈其言也善〉寫老公務員被誣以圖利他人而遭撤職，親友知其蒙冤紛紛鼓勵他公開真相以雪恥，但他至死堅不透露內情，他「要帶走爲公義所受的委屈，別人的隱私，工作的折磨，小人的暗箭」，觀念異乎尋常。〈勞者多能〉一文則顛覆能者多勞的想法，逆向思考。諸如此類反常合道，無理而妙的短文不少，恕不一一舉例。

七、布局巧妙

此書文章泰半結構嚴謹，毫末之中亦有章法，亦有起承轉合。章法布局方式不少，王氏最常遣用者爲：敘事→議論、說理

在〈遺珠〉、〈奇遇〉、〈心魔〉、〈行爲的前奏〉、〈非洲人的鞋子〉、〈蛾來了〉、〈回饋〉、〈改造〉等文中，皆出現這種結構次序。王鼎鈞喜歡將重點置於文末，讓讀者倒吃甘蔗，漸入佳境。〈蛾來了〉首述日光助蛾飛行，

以其屬直線輻射，火光則反而誤導蛾。次段寫蛾誤認火光為日光，投火身亡。第三段慨嘆歷經數萬年的慘痛教訓，蛾依然未成長，未能分辨日光、火光。第四段乃說理的部分，肯定人類非蛾，能匡謬改過。這結構安排，頗能引人入勝。又如前面述及的〈其言也善〉，親友以為那位老公務員病危時會道出被誣陷的實情，卻出乎意料之外。讀者循序漸進，最後不因違反預期而不滿，相反的，點頭稱道，恍然大悟。

此書長處不少，然並非盡善盡美，毫無缺疵。本於愛之深，責之切的心態，以下試述其瑕玷。筆者唯願「言之者無罪」，豈敢望「聞之者足以戒」。

一、老生常談

許多道理業已家喻戶曉，老掉大牙，〈三種成長〉、〈求職記〉、〈人生如戲〉、〈傷肝傷胃〉、〈父與子〉、〈慎言〉等文卻再度述及，人云亦云。〈傷肝傷胃〉勸人勿酗酒，以免傷身，主旨平凡無奇，且文筆欠佳。〈父與子〉以國小課本中父子騎驢的老故事，勉人要有己見，道理非但膚淺，且已是眾所周知。

作者在〈以大為貴〉一文提到一個觀念：「所謂大書是指學派的開山祖師或者集大成的學者寫成的經典之作，這種書問世以後，世界上就有許多書一再重複他說過的話。」旨哉斯言。《開放的人生》顯然不是「大書」，理由之一是其中多篇短文重複別人說過的話，而且是大家耳熟能詳的陳言。

二、膚淺粗糙

《開放的人生》出版時，王鼎鈞年已半百，「人生觀察」的經驗豐富，已是「講理」專家，倘文中所述哲理輒予人浮面化、不深刻的感覺，實應檢討注意。〈君子之爭〉、〈人才〉、〈人比人〉、〈延年有術〉、〈求職記〉、〈傷肝傷胃〉、〈才命〉、〈父與子〉、〈回饋〉、〈興趣與錢〉、〈一塊錢〉、〈愛的迷惑〉等文中道理均膚淺通俗，讀之令筆者扼腕。〈延年有術〉簡介早起的好處，勸人早起，國中生皆知之常識，何須在專欄中呼籲？更何況寫法亦無特殊之處。〈一塊錢〉論一塊錢亦值得珍惜，積少則成多，勉人節儉。這些理念俗不可耐，竟然出現在大散文家筆下，令人不解。既然是為大眾而寫的方塊文章，就有提升大眾水準之責，實不宜如此粗糙。平心而論，王鼎鈞有時賣的是「人生金丹」特效藥，有時是效果不佳的藥丸。細究之，原因可能是經常上報的專欄，撰寫時間固定，有時難免急就章，無暇慢慢經營，故不可能篇篇擲地有聲。

三、觀點偏差

去年愛亞發表一篇介紹《開放的人生》的短文（見 1998 年 9 月《幼獅文藝》），其中有段話值得一提：

> 《開放的人生》是王鼎鈞先生的見解，他所給予我們的，就是思考，你要不要全盤接受？你只能接受一部分？你反對許多地方？這些，都是王鼎鈞先生的「設計」，你，接受若干？

是的，某幾篇的見解筆者覺得不妥，拒絕接受。〈企圖心〉一文認為候選人於開票之前不該計算自己的得票數，否則必落選。筆者以為此觀點不正確，倘若候選人對自己及支持者充滿信心，胸有成竹，則預估選票，有何不可？國內各種選舉，候選人莫不如此。做事之前，約略評估，作為參考，以免犯錯，不知有何不當？〈現代戀愛〉一文教人值此瞬息萬變、講究時效的時代，追求異性也應快速，不要猶豫：「每個人都應該知道自己要的是什麼，並且趕快拿到手上。」筆者不以為然，淺見是：有些事須快速達成，而有些事不得操之過急，否則後果不堪設想。婚姻乃人生大事，更應審慎。〈自然領袖〉一文也有偏差之處，該文首段敘某甲與三位友人上館子，因為他常來，友人於是公推他點菜。接著作者藉此說明領袖人物往往如此產生，大家應虛心信任他、依賴他，並容忍其短處。常上餐館的人當然懂得點菜，不過此與領袖人物何干？再者，毫不計較領導人的缺點，乃是一種鄉愿、鴕鳥心態！王鼎鈞爲何有此念頭？簡直匪夷所思。〈車上〉一文將爲揭發罪惡而口誅筆伐者與胡亂詛咒的精神病患相提並論，顯係錯誤的類比。

對於這一小節的拙見，讀者可以接納，也可以反彈，套用愛亞的話：你要不要全盤接受？你只能接受一部分？你反對許多地方？

小結

《開放的人生》一書雖有小毛病，但瑕不掩瑜，它仍不失爲一本對廣大讀者有價值、有意義、有貢獻的優良讀物。何寄澎在《中國現代散文選析》一書中對王鼎鈞的散文高度推崇：

> 以雋永的文字、寓言的方式、短小的篇章輕輕譜出深奧的人生哲理，令讀者在自然而然中沉詠咀嚼，激發智慧的火花與心靈的感受，極受青年學子喜愛。

筆者頗有同感。更進一層，就小品文的發展而言，《開放的人生》亦有其地位與功績。1970、1980 年代，國內盛行小品文（參鄭明娳〈臺灣現代散文現象觀測〉），杏林子、陳火泉等人的小品文集都在此書之後陸續推出，而且暢銷，「人生三書」應有推波助瀾之功吧。

儘管優點多多，儘管此書廣受歡迎，在散文史上占有一席之地，但筆者還是認爲此書離所謂「經典」、所謂「大書」尚有一段距離。

沈謙表示王鼎鈞「擅長記述、抒情、議論、說理、小品、寓言、雜文，幾乎無所不精。」（〈王鼎鈞的散文風格〉）誠然！而在其各類散文著作中藝術水準最高者，當推《碎琉璃》、《左心房漩渦》；二書皆臻爐火純青之境，前者被文壇公認爲里程碑之作，後者榮獲「第十一屆時報散文獎推薦獎」等多項大獎，相形之下，《開放的人生》略遜一疇。何者爲經典？不言可喻。

倘若以銷售量來作爲「經典」的重要判準、依據，那麼，楊牧《搜索者》非「經典」，《葉珊散文集》才是；王夢鷗《文藝美學》非「經典」，《文學概論》才是。

一言以蔽之，《開放的人生》確屬力作，但絕非「經典」。一而再，再而三力求突破、追求完美的王鼎鈞先生應不會反對筆者的說法吧。

——選自陳義芝編《臺灣文學經典研討會論文集》
臺北：聯經出版公司，1999 年 6 月

《左心房漩渦》的憂患與昇華

◎徐學[*]

一

1988 年，王鼎鈞推出了他的力作《左心房漩渦》，當年便在臺灣文壇引起轟動。在第 11 屆時報文學獎評審會上，此書第一次投票就被五位決審委員同時圈爲第一名。這在過去推薦獎的票選過程中是極少有的。此書不但獲得了該年度中國時報散文推薦獎，還同時獲取了優良圖書金鼎獎、吳魯芹散文獎；並被《聯合文學》評爲當年的九本文學好書之一，被金石堂書店列爲「十本最具影響力的書」……《左心房漩渦》抒發的是作者的鄉愁。在臺灣文壇，寫鄉愁的作品不計其數，何以此書獨受青睞。作者有一段話或許可以幫助我們理解這一問題。作者說：「鄉愁是美學，不是經濟學。思鄉不需要獎賞，也用不著和別人競賽」。正因爲有這種沉著冷靜的創作態度，使作者能數十年如一日，持之以恆地抒寫自己的鄉愁。如果說，鄉愁如酒，這酒在別人杯中早已一飲而盡，而在王鼎鈞先生那裡，正是陳年老窖。明乎此，我們也就了解文學獎評審爲何稱讚《左心房漩渦》爲「思慮深沉」了。

二

此書「思慮深沉」的風格，不但表現在其每篇煉字煉句的推敲嚴謹，更值得注意的是全書的總體結構。《左心房漩渦》雖然是散文集，但並非由

[*]廈門大學臺灣研究院副教授、碩士生導師。

零亂的札記或散漫的感想拼湊而成，如同一般的散文集那麼隨意組合。從整本集子來看，它是一個完美的有機體，它並非按照創作或發表的順序排列的，而是按照書中「我」的心路歷程來安排的。

此書共 33 篇，分爲四個部分，每部分都有自己的題目。第一部「大氣游虹」，第二部爲「世事恍惚」，第三部是「江流石轉」，第四部是「萬木有聲」。四個部分環環相扣，銜接貫通，其間脈絡歷歷可見，難怪有人說它如同一篇文章的「起」、「承」、「轉」、「合」。

下面讓我們追隨作品中「我」的心路歷程，來試著摸索此書的結構。

此書前兩部分的主要內容是「我」對家鄉和少年時代漂泊經歷的記憶，其中多的是感慨和低落，如對自己上半生與下半生被切割開來的悲嘆；對亂世倖存的不勝唏噓；爲多年前的知心朋友因長久疏離而產生了難以彌合的隔膜所憂鬱，還有漂泊海外終老異鄉的無奈。裡面有不少情緒沮喪的話，如「造物主切斷我們的生命，也許是無心。在造物者眼中，我們不過是一條條蚯蚓。」「故鄉只在傳說裡，只在心上紙上。故鄉要你離它越遠才越真實，你閉目不看才最清楚」。

第三部分的前幾篇仍然承續著前兩部的抑鬱感嘆，母親無墓，使「我」悲慨；故鄉的紅石榴被伐倒，使「我」身上又少了幾磅血肉。面對多年前好友的不易溝通，「我」說：「謎面是一個，你有你的謎底，我有我的謎底。我們一同下棋，卻不守同一套規則。我們一同禱告，卻不奉同一個上帝。我們演一部戲，兩種結局。我們談江，不能談到海，談海，不能談到雨，談雨，不能談到雲。我們只談蠶，避開絲，只談絲，避開綢，只談綢，避開紡織。一根根很短的線頭，織不成布，線頭稍一延長就會打結」。對於中國的苦難，「我」發出這樣的哀號：「母親。馬靴和馬靴之間空隙裡的母親。刺刀和槍托分割的母親。把視線搓細壓扁擰彎，捕捉一手半臉幾綹頭髮拼圖成像的母親。母親千子千眼千乳，容十幾人抓爬踐壓，天演律推動十幾人口如陀螺起旋風將母親磨瘦。」

然而，如同水窮雲起，在第三部分的後三篇中，作品的調子有了變化，漸從抑鬱轉向開朗，由失望變爲希望。在第一部分的〈兩猜〉一文中，作者寫道：「十里不同風，百里不同俗，這千里萬里，風俗改變了多少呢？東集有東集的秤，西集有西集的斗，這南集北集又用什麼樣的度量衡呢？」但到了第三部分的〈人，不能真正逃出故鄉〉一文中，作者對前面的話語有了回應——「卸下頭盔，洗掉化妝，再照個相，在大遠景鏡頭下，我們是小螞蟻；在大特寫鏡頭上，我們是老妖怪，我們應該可以從這裡找到共同語言。……不久，窗上的雨點將化爲雪花。我知道，那時，同樣的景色也將出現在以你爲中心的大地上，十里不同風，百里不同俗，但是我們有同樣的冬天。」在〈給我更多的人看〉一文中，表現出看人看歷史都應該更加豁達的態度，那裡寫道：「把葉子吹離枝頭的，是風，把葉子圍攏在樹根四周的，也是風。把花瓣從陌上沖走的，是水，把花瓣一個挨一個鋪滿湖面的，也是水。俱往矣。不要諷刺生命，當心生命會反諷你。人啊人，我要看人，給我更多的人看、給我標準化的人、給我異化的人、給我可愛的人、可恨的人，以及愛恨難分，同中有異異中有同的人。」作品終於沒有流於玩世不恭或尖酸刻薄，而是歷經滄桑仍回歸人群，這得力一種化解的功夫。這種化解在〈我們的功課是化學〉一文中寫得十分清楚。作品中指出，生活根本不能用耶穌或孔子留下來的公式推算，「尤其戰爭來了，災難最大，上帝遜位，聖賢退休，天倫人理都十分可憐。反淘汰比淘汰更無情，逢凶化吉要靠離經叛道……從那樣的時代活過來不啻是穿越了原子爆炸的現場，輻射線造成了永久的傷害，表面上也許看不出來，暗中卻深入靈魂，延及遺傳。」

所以，我們需要從中走出，需要化解——「我們都有癌需要割除，有短路燃燒的線路要修復，有迷宮要走出，有碎片要重建，有江海要渡。」因此，要化，「化！化種種不公平、不調和，化種種不合天意，不合人意，化百苦千痛，千奇百怪……化！化癌化瘤化結石化血栓，水不留影逝者如斯。」

到了第四部分，作品的基調更加豪邁開闊，給人予從苦難中昇華，在灰燼中重獲新生的感覺。〈夜行〉傳達的是「天行健君子自強不息」的歷史觀和圓通達觀的人生態度；〈年關〉讚美了中國人的智慧，在過年中有推陳出新除舊布新的演練。〈看大〉表現出一種決心——即使家鄉有多少劫難多少變遷都無法改變遊子的一片癡情。〈看苗〉則把希望寄託在中國的青年身上，作品寫道：「苗給人的喜悅，勝於穗；那一地嫩綠給人們的信心，多於遍野金黃。」作品指出，中國的前途在於下一代是何等人，「不在大壩大橋大樓大廳。」在第四部分的〈對聯〉一文中，更掀起了一個小小的高潮，在那裡，通過對黃河的評判來表達對當代中國的思索與情感。作品先描繪了黃河的暴淫和肆虐：「八千里痙攣的肌肉，四百幾立方尺的嘔吐。……這條在三千里平原上隨意翻身打滾的河，用老年的皮膚，裹著無數螞蟻和人命，蘆葦和樑柱，珍珠和亂石。……饒不了放不過的是流淚的牛，下跪的羊和縮在母親翅膀下的雛。」作品裡「我」思索著，爲什麼這樣一條使中國人痛苦，不負責任的河，我們還要歌頌它？「我」的結論是，「人愛其所有，既然有了，就愛，既然愛，就冠冕堂皇理直氣壯，自尊由此維護，自信由此產生。……我們對黃河賦予價值，再從黃河取得價值。」因此，「我」飽含激情地喊出：「黃河是我們民族抱在懷裡的孩子，尿牀、遺失、踢被子，還是抱著，抱著更緊。黃河是國土的一部分，愚公移山不搬家，水患不去、拌沙吃飯不去、酷寒不去、盛暑不去、卑濕不去、瘴癘不去。偉哉黃河，豎高了是天柱，鋪平了是地維！」至此，全書便從激動感傷的狂流中脫出，超越哀痛與尖刻，化一切創痕爲清明的洞識和理性的反省。經過痛苦的掙扎與大難的洗禮，「我」的昇華顯然有別於幼稚的高調，那是血寫成的經文。作者的勇氣和胸襟使他能超出小我，凝眸最遠的一方，通過「我」的省思和重建，恢復了對鄉、對國，對人類的信心。

三

在中國最古老的典籍《易經》中，有這樣的發問：「作易者，其有憂患乎？」是的，其有憂患。從那時起，一直延續到現代，中華民族各個階層各種學派都在深淺不同地思索著民族苦難的根源，探尋著提出各種不同的解脫途徑；中國百姓也在長期的艱難困苦中，養成了對人間吉凶禍福深思熟慮的習慣。做爲一種力圖衝破阻力的生命意識，憂患意識既有由知識階層詳加分析的理性結構，也有植根於全民族的感性動力。從《離騷》到《史記》從杜詩到元曲，中國文學歷來與「憂患」有不解之緣，在這些源於憂患意識的文學創作中有著無言的抗爭和積極的進取。《左心房漩渦》中從頭至尾也貫注著這種憂患意識，它那面對憂患而凸顯出來的尊嚴、安詳和高瞻遠矚，正是我們民族的風格和氣派。

從內容上看，《左心房漩渦》描寫的是「我」的心路歷程；細加品味，這個「我」並不僅是作者個人的所歷所聞所感所思，而是代表了千千萬萬背井離鄉的大陸人，也表露了眾多漂泊海外中華遊子的心聲，那是一個大我。《左心房漩渦》的四個部分正是這樣一群人的「回憶」、「追尋」、「化解」與「徹悟」。從結構上看，《左心房漩渦》的四部分有如交響樂的四個樂章，「小我」的委屈與哀怨與「大我」的執著和堅毅是其中交相呼應，貫串始終的兩個主題，它們之間的衝突形成了全書的張力，使讀者的心房也處於這藝術的漩渦中。在第一、二部分，國家情懷一度幾成精神病患般的呢喃，生命無常造化弄人的哀怨，在作品的旋律中占主導地位，而那清明理性的省思，超越小我的理想與氣節則似有若無，時隱時現。但到了第三部分，雖然還有一些疑惑、一些沮喪、一些憤懣，但悲天憫人的寧靜篤定與民族情懷的堅毅闊大終於壓倒了小我的酸楚。在第四部分中，「大我」發出更爲宏大輝煌的高音，使我們也隨之上升和淨化。

《左心房漩渦》問世後，有些讀者只注意它辭采的華麗，欣賞其故事的清新，而忽略了其中蘊藏的熱情和隱伏的悲痛，這種態度近乎於買櫝還珠。悅目驚心的字句，奇僻或幽杳的趣味，固然不易，但《左心房漩渦》最難以企及的還是其中的人生境界——那包容的胸襟執著的仁愛和堅忍的品格。也許，這正是作者希望「忘筌」的讀者所得到的「魚」吧。

——1993 年 5 月於廈門大學

——選自齊邦媛、余秋雨等著《評論十家》
臺北：爾雅出版社，1993 年 12 月

歷史的寓言
讀王鼎鈞回憶錄《怒目少年》

◎何寄澎[*]

從沒想到，在某個時候，數目字會令你觸目驚心！

五十年過去了，無聲無息，叱吒風雲的人也——走盡歷史。歷史被記錄，歷史被建構，然而歷史的真面何在？寫歷史的人又何在？

八年對日抗戰是中國近現代史最教人悲痛得一頁，王鼎鈞走過那一段風雨，但風雨遮目，十五二十時的少年能看清多少詭譎的風雲？而後生的我們，拉開的距離，就能「旁觀者清」嗎？除了從刻板的教科書得到一丁點刻板的知識外，對那個大時代，我們一無所知；我們甚且將逐漸將之淡忘，將逐漸將之遺落。

這才是中國人的悲哀！

五十年一轉眼就過去了！歷史的簿記依然空白。浪漫的《未央歌》弦音杳杳，作者已老，況其所述，難稱窺豹。《人生三書》的風騷漸渺，《昨天的雲》（王鼎鈞回憶錄之一）喚不起今天的注意，這是怎麼樣的一個時代！

然而王鼎鈞畢竟繼續寫他的第二部回憶錄，並可能繼續寫第三部……。這是一個人對自己生命的負責態度，也是他對國、對家、對那個時代的愛與傷的唯一方式。這本書的前幾節較嫌瑣碎枯燥，但約自 70 頁寫師友以後，即漸入佳境，雖敘事如史而隨處展現其早期哲理、寓言散文所一貫有之智慧光輝，令人步步謹慎，不敢輕易放過，實於回憶錄體別創一

---

[*]發表文章時為臺灣大學中國文學系教授，現為臺灣大學中國文學系教授、考試院委員。

格。尤有進者，書中人物各有姿采，雖不以工筆寫，而神態畢現，見證艱苦卓絕時代中，無論男女，風華出色，英傑挺生，令人無限嚮往。作者亦善知史筆，甚少現身，增強其客觀可靠性。唯白璧有瑕，也許寫慣了含藏不露，意在言外的散文，本書並無謹嚴結構，且用筆極省、敘寫極簡，處處留下機鋒——此則於歷史性文字欠當，於寫大時代應有較大格局之原則亦不盡合。

不過，反覆揣摩王氏心情，其一生飄泊，實無家可歸。國家不幸，歷史弄人，50 年前如此，50 年後依然如此。蒲公英的歲月何時能止？中國人的紛擾何時能已？書中少年實無「怒目」可言，而題稱「怒目」正寓多少悲憤！視昔如今，視今如昔，王鼎鈞的回憶錄恐怕仍是一則寓言！

——選自《聯合文學》，第 134 期，1995 年 12 月

世路難行也不得不行
數讀王鼎鈞的《黑暗聖經》之後

◎亮軒*

一

人世艱難，倒也不限老少。少年人面對著茫茫未來，中年人困於徬徨無依，老年人每常悔不當初，人生可謂步步崎嶇，一路顛躓，轉眼間白髮蒼蒼就要打烊了。因此，大家再不讀書，再不買書，只要牽連著「人生」如何如何的書，總有點市場，古今皆然。頗有些作者專門以寫此類書賺了些足可讓舞文弄墨這一行的人羨慕的鈔票，有的是自古至今都長銷的，從論語孟子老莊到菜根譚幽夢影，要多少有多少。古今一同，除了這些名著之外，隨時也有當代的作者寫這一類作品，此起彼落，生生不絕。在書店裡，修身養性的勵志類至少可以單成一大櫃。你可能找不到李白杜甫白居易的書，但是「金玉良言」總是有的，可能比情書大全還好銷，戀愛可以不談，人生哪能不過？

問題是，讀了之後，靈嗎？不見得，很不見得。於是再買，再讀。眼花了腿痠了，在家坐著還可以從電視中尋找類似指路明燈的節目，看的人多的是，靈嗎？誰也沒有做過統計，倉促之間年華已逝，已經沒有什麼閒工夫去計較了。

這一類的書，要得力還真難。有的有用而不好讀，如論孟老莊。有的好讀卻無用，把我們早知道的卻不一定行得通的道理再說一說，差別只是

---

*本名馬國光，發表文章時為世新大學口語傳播系副教授，現專事寫作。

法相莊嚴而已。如果把這兩種因素的書剔除，還能留下幾本，就很成問題了。探討人生的書之所以多，是因多數人不想費事多琢磨，只希望有人能將人生難題用最簡單的方式解決，比如不計較多忍讓否定壞人的榮華富貴肯定好人的折磨痛苦等等，於是自然會有迎合這種善良而懶得用心讀書之作源源不絕出現。這種書，若要寫得深刻好看，非得作者本人具備深刻的人生經驗外，更能讀透古今書，看透古今人，另外還得有一支好文筆。

這個人就是王鼎鈞。

二

王鼎鈞寫了不少好書，同一類的還有「人生三書」——包括《開放的人生》、《人生試金石》、《我們現代人》。他從正面的角度以不同的大綱領談人生問題，曾經洛陽紙貴，創下出版社至今也難以打破的紀錄。「人生三書」文短意長，有看頭也有想頭，不是痛苦的痲醉劑。有意思的是從此他再也沒有「勵志書」。這三本暢銷書之後，有人可以把勵志的書一本本連著寫下去，以此爲業，成爲全社會的導師，寫到他們在書店裡開出個人專櫃。有的機關學校居然一車車的買了去，老師教官原本親自要談的教訓這下子也都省了事，都在書裡了。如此好康，憑著王鼎鈞的功力，何樂而不爲啊？但是他不寫了，要寫也寫些別的，好像「人生書」已說不出什麼話來了。

想不到的是在許多年之後，他又寫了一本《隨緣破密》，書名雖來自佛經，畢竟有些深奧，何況還有點像是圍棋棋譜，又有點像是痲衣相法諸葛神算。是不是許多讀者在書店裡望望然而去以爲就是這一類的書，不得而知，然而嫌疑必有。

姑且翻開讀讀，可不得了，先是這本書的來由就不比尋常，原來作者早早就寫好了，居然足足壓了八年，方才出版。何以不肯出版？寫得不夠周延嗎？王鼎鈞的文筆不會有這樣的問題。是找不到出版家嗎？更不該是他的問題，在那個時候求他寫人生第四書的人太多了。還是他怕警備總部？不對，因爲早就解嚴了。也不是怕社會清議之所不許，因爲其中無黃無黑無紅無綠無橘也無藍。

他真怕的就是自己的文章，就像生物科技可以在實驗室裡搞出什麼怪物一樣，雖然對於這個作品的來龍去脈清清楚楚，總是怕把它釋放出去再也無法掌控，眼看著竄流爲禍。

但是敝帚尚且自珍，何況是這一條歷盡滄桑的老命的心得告白？血不能白流，苦不能白受，無數人曾經上過的天大的當，以及無數的家破人亡，何以致之？他有想法，此生中不能不一吐爲快也，一生中總是步步爲營的王鼎鈞，終於冒險一試，把這本書給出版了。

原先擔心的問題沒有發生，好像也不怎麼賣得動，妖魔不誤走，又如何爲害？況且，昨日的妖魔，可能是今日的天使，也可能妖魔其相而天使其心，作者嘔心瀝血，出自真誠的寫來，該與不該，好與不好，由讀者來決定就成了。原先王鼎鈞的種種顧慮，非常多餘。

三

這是一本看透了古往今來無數英雄狗熊君子小人主子奴才與眾生伎倆的心得報告。

這一類的書也有人寫過，如近代李宗吾那本有名的《厚黑學》、前清唐甄的《潛書》、明季李贄的《焚書》，還有金聖嘆批的才子書等等，都是類似的「怒書」，作者多屬不得意之後的憤世嫉俗的才子。這樣的書讀來不容易打盹，有人爲我們出氣罵人又能入木三分，誰讀了都有勁。

但是王鼎鈞的這本卻非憤世嫉俗，此書宅心仁厚，是要上過當的人不要再上當，沒上過當的人別上當至少少上當。縱使無從逃躲，也要明白此當因何而上。此書沒有教我們如何當一個好人，是爲好人點出壞人的陷阱之來由，爲好人開出一條生路。也讓我們看清人之好中有壞壞中有好，好人做了壞事壞人卻做了好事，好人有壞報壞人有了好報，許多我們想不透的問題，他直指心源，讀者一讀便恍然大悟。

到大陸買東西，常常會遇到一句促銷的標語：「假一賠十。」但是依然不一定靠得住，人世之真假要證實可不容易。然而此書卻不，此書篇篇俱道人生之所必不可免之道，然而語語發自肺腑，無一句裝腔作勢，是一本真實無比的書。「人生書」千千萬萬，無不妝妝點點，大多道貌岸然。故作聰明者有之，故作神祕者有之，借他人之糟粕者有之，趨今人之所好者有之，譁眾取寵自鳴得意徒以驚世駭俗之言語為能事者尤其有之。

立德立功立言，作家只能逐其末而已，再退一步就是胡說八道了。然而不想胡說卻也未必不胡說，因為真相幽深而難求，老實容易真實難。老實是美德，有美德的倒楣人多得很，不為謊言謀略所欺，保得住身家性命的，靠的是洞見真實的智慧，不是迷信老實。這個，大概就是本書之主旨了。

王鼎鈞在中國近代史的大洪流裡浮沉翻滾了他的前半生，雖然命如草芥，運若飄蓬，卻一直保有一顆玲瓏剔透的心腸，傷心了，他一再回味苦澀；流血了，他一再審視傷口；跌倒了，他回頭尋覓辨認那是石塊還是絆索。他不見得聰明，聰明人的一輩子不該是他那個樣子，但是他認真，他把自己放在手術臺上為自己手術，即使僅餘骨骸，也要找出基因。這本書也就是他的人生解剖手術報告書。

難道李宗吾李卓吾就不是報告書嗎？那不一樣，他們的書裡記下的痛苦折磨多於基因變化。王鼎鈞是以很冷靜很科學的態度體檢自己，他集病患醫生病理檢驗師於一身，這樣的作者也不是人人想當都當得上的。他若要受得夠，道理想得要透，使命感更不可漏，文筆還得格外優秀，無一絲自道自憐自怨自嚎，他的思路清晰眼光遠大，沒有暴露狂也似把自己成為展覽品，反倒是化為文學藝術，把個人的經驗與古往今來相印證共結合，由個例而成通理，帶領讀者重尋重組他們自己的生命。

王鼎鈞善於說故事，他以散文家自居自許，其實很難分得清他的作品應當歸類為小說還是散文。小說是虛擬的，但是他的作品常常有憑有據。散文是自我的，但是他的作品卻很難見到夫子自道。他的哲理性很高卻不是哲學，也許只好說問題可能出在太生動了點。

然而愛讀哲學的人必然會在面對他的作品時一再掩卷沉思，因爲他的辯證常常出人意表卻又屹立不搖。他的作品倒是可以做爲哲學性思索的依據，是哲學之哲學，那無非就是「人生」的問題，還得是普遍的人生問題。

且看此書的篇章：

第一章「四個國王的故事」，是對於領袖人物的透視。第二章「道德的儐相」，揭露了道德沙文主義的偏頗，把不道德與道德做了美妙的結合。第三章「脂粉比血肉美麗」，談到暴君的本質，如何侍奉以及如何與他們相處？夥計該讀，老闆也該想讀吧？第四章「某種遊戲」，談老闆如何利用屬下的矛盾而漁翁得利。第五章「怕麻煩的人沒有前途」，談入局與出局的問題，寫的是人生的不由自主。第六章「一種可以選擇的命運」，寫老闆的必要之惡，夥計無所逃避之苦。有點像生態報告。第七章「火車時刻表的奧妙」，以火車時刻表的一連串故事，揭露所謂「最高原則」的真相。第八章「是虛線還是絆馬索？」，談所謂規則是怎麼來的？誰定的？爲什會這麼定？誰是受益者誰是受害者？第九章「功臣與奴才」，揭露主子、功臣與奴才的真面目。第十章「是以君子惡居下游」，分析恩怨情仇的糾纏，以及各種的人怎麼以各種方式遊走其中。第十一章「故事套著故事」，告訴我們懦弱與殘忍的一體兩面。第十二章「牆後的翹翹板」，談「什麼是朋友」？這應該是作者許多大慟大悲之後的覺悟，極有參考價值。第十三章「半截故事」，提醒大家不要只聽到看到說出來寫出來的是什麼，還要當心人家沒有說不肯寫的部分。第十四章「蟲與鳥的故事」，是老話新說，發人之所未發，鳥要怎麼當，蟲要怎麼活？第十五章「我將如何」，談到了好人弱者的宿命及德性的尊嚴，這個末章是爲了讀本書之後還是沒法子不當好人的人加油打氣。

這樣的 15 個大篇章，每一篇章又包括若干小段落，每個小段落也自可成文，有的以小品作註，點出關鍵所在，有的讓讀者自行參悟，各盡其妙。取材看似信手拈來，其實費心不少。從鄉野傳說到史實掌故，從虛擬的故事到真實的社會新聞，從旁觀者到參與者，一本怎麼說都不算大的書，舉重若輕，四兩撥千斤，作者如何費了多少年的功夫，我不忍想更不忍說。

要說此書有何遺憾，就是《隨緣破密》書名無法引起一般人的興趣。我想，聖賢教主總是把好話都說盡了的樣子，讀過此書方知未必，有些話孔老夫子耶穌大人也是不肯說明白的，何況他們的遭遇也實在不宜仿效。此書之作用，也是苦口婆心一片慈悲，跟聖賢沒有兩樣，只是換了個角度，好像照片的正片與負片之分。曾經在與爾雅主人隱地先生談天的時候表示了意見，並且說，應該是一本黑暗的聖經，若「負離子」然，是「負聖經」。要是四書聖經人人都得手中一冊，這一本應該也是。

我們這樣的小人物，但求亂世不要死於非命，盛世不要太受欺負，也就行了。這本書揭露了大英雄的黑暗面，跟一般動輒要我們追隨所謂大英雄的典型大異其趣。這本書就像要爲我們這些小人物設個停損點，若是意外的英雄人物也肯讀，這本書也爲英雄人物設了個停利點，大家都不要走投無路便好。姿態很低，要求很少，所以實惠。王鼎鈞 60 年來寫了四十幾種書，世事如風，會留下來多少？難說得很，我倒以爲此書的存活力應當在他書之上，否則是大家的不幸，這麼講，不是要咒誰，真的。

——選自《文訊雜誌》，第 277 期，2008 年 11 月

王鼎鈞的聖歌

◎隱地*

讀讀寫寫，寫寫讀讀，一路走過來，我的文學生命裡有五位貴人：梅遜、林海音、王鼎鈞、琦君和齊邦媛。

這五個人影響我的大半生。梅遜，原名楊品純，當年《自由青年》雜誌的主編。我最初的作品，全部都在《自由青年》發表。後來結集的《隱地看小說》，也是《自由青年》的一個專欄。

梅遜先生還特地爲想出書的朋友辦了一家出版社——大江，當「年度小說選」找不到家時，大江出版社無條件讓我們「靠行」。我的《隱地看小說》也借大江出版社的招牌。楊大哥梅遜，是我寫作路途上第一個碰到的導師。

林海音，我一向稱她林先生，她是最早稱許我的人。初習寫作，她總是給我鼓勵，〈榜上〉（民國 48 年 8 月）在她編的聯副星期小說整版刊出，讓我終於對自己的寫作有了信心。當我自費出版《隱地看小說》（民國 56 年），她總是十本、二十本的幫我推銷，許多老作家知道我的名字，也都是透過林先生「美麗的聲音」。林先生好聽的京片子，一直是我年輕時仰慕的起源，後來讀她的《冬青樹》和《曉雲》，才將她的聲音和文字連接起來，直到《城南舊事》出版，她成爲我的偶像。不久，她要我到純文學月刊社協助編務，雖然只有短短一年，卻讓我學習到做爲一個傳統編輯所有的美德。我因此對外自稱，我是林先生的徒弟。在出版園地裡，「純文學出版社」的招牌儘管已經不在了，但「純文學」這幾個字，會一直根植在我心

*本名柯青華，爾雅出版社社長、詩人、散文家。

深處。

彷彿還是昨日，我總不時想起那個溫馨的鏡頭——好幾次她在重慶南路家裡請客，她拿著我的《隱地看小說》，對她的友人說，隱地是個熱愛寫作的年輕人。愚昧遲鈍的我，要遲至今日，才突然發現，整本《隱地看小說》，不管是最初的版本或 14 年後，在爾雅重排的擴充版，在談及的三、四十位作家和作品中，竟然從未說到林海音的書和稱許，她是何等寬宏大量，對一本未提她作品的書，竟然不斷給予鼓勵和人，和眼前這個彼此利益互送的年代，林先生單純的提拔新人，特別更像一則傳奇。

琦君在爾雅出了十本書，見了她面，我稱她潘先生，寫信給她，就稱她琦君姐，近三十年來，她也是最關心我的人。幾乎每個禮拜，都會收到她一封信。她一生研究古典詩詞，然而對於我的新詩，她總是寫信來鼓勵，使我的詩創作能一首又一首源源誕生。

齊邦媛老師是我書評書目時代的知音。在我最沮喪的時候給我力量。一個文學人，能堅持不變，始終如一，背後總會有些給予支持的人，齊老師對文學的執著，影響著我對文學永恆的鍾情。

而在我文學路途上成爲關鍵人物的，則是鼎公無疑。鼎公——王鼎鈞先生，最初認識他的時候，我以爲他姓方——當年《徵信新聞報》(《中國時報》前身）寫方塊的「方以直」，是著名的方塊作家，他主編「人間」副刊，民國 53、54 年間，正是我最熱衷寫小說的年代，投稿人間，不但很快登出，最難以讓人相信的是，鼎公竟不時的請我吃飯，他向一個新人約稿，我已經受寵若驚，何況還請我吃飯。那是窮困的年代，少有在大飯店吃飯的經驗，我早年的幾頓至今回憶起來猶有美味留在齒香的好飯，幾乎全是鼎公請的，鼎公是我記憶裡最早的美食家，他帶我去的地方，一定有好吃的食物，如今，偶有朋友會說，隱地溜去廁所小心他一定是偷偷付帳——這偷偷付帳，其實是跟當年的鼎公學的，和鼎公吃飯，我從來沒能付過一次錢。

民國 54 年 8 月 30 日，鼎公把我的小說〈掛在天邊的蘋果〉以「受文壇注目的新人隱地」予以介紹，刊出作品的同時，也登了我的年齡、籍貫和服務單位，當時我在警備總部勤務隊當少尉幹事，文章刊出的第二天，警總二處處長李世雄來看我，隔了一周，我就被調到二處，不久接了老作家魏子雲留下的位置——《青溪雜誌》主編。

這是我一生轉變的開始，自此和編輯生涯接上關係，展開我一生的文學編輯之路。

如果不是那篇文章改變了我的命運，誰能保證我不和大多數我的同學一樣，繼續留在連隊當輔導官，或許當一個參謀，十年之後退伍，已是胸無大志，那會有一片往後的文學天地。

事業如此，婚姻也是由鼎公扮演關鍵人物——我的一篇小說〈一個叫段尚勤的年輕人〉在人間刊出，貴真讀了寫信到人間副刊，鼎公把信轉給我之後，立刻追問是一封怎樣的信，我說寫信人未留下姓名和地址，卻是一封很有意思的讀後感，鼎公要我把信寄回給他，不久刊出，署名隱名，又不久登啓事要隱名領稿費，隱名再次來信，從此魚雁往返，兩年後，隱名成了隱地的太太。

民國 64 年我離開書評書目雜誌社，準備創辦爾雅出版社，一開始，我就看準兩本書——鼎公的《開放的人生》和琦君的《三更有夢書當枕》，琦君一口答應，但鼎公因當時向他爭取此稿的出版社達六家之多，他頗猶疑，爲了此書，他前後和我細談四、五次之多，不停的聽我談自己的出版理念和理想，當他終於決定把《開放的人生》交給我付印時，我也才有勇氣正式讓爾雅出版社誕生。

《開放的人生》是一本長命的書，從第一版就暢銷，廣告登出來，單單預約就有 4000 冊，這項紀錄從此空前絕後。經過 23 年，爾雅的 460 種書，大概已有 100 種絕版，有些未絕版，卻不動如山的存放在書庫裡，只有《開放的人生》，仍然一版又一版加印。它是一棵長青樹，年年結果子的長青樹。

接下來的 23 年，鼎公將一本又一本的心血結晶交給爾雅出版社印行。

先是《海水天涯中國人》——那本書裡有鼎公初履美國的影子。從中南美洲到洛杉磯，從紐澤西到紐約，皇后區，是鼎公新的故鄉，一住 20 年，看盡「黑膚白膚，碧眼青眼，金髮褐髮……的非我族類」，成爲「有海水的地方就有中國人」當中的一員，成爲長住美國的中國人。

鼎公著接給我的書是《看不透的城市》。

是的，紐約。紐約是天堂，也是地獄。有誰能說得清紐約？「紐約太大，太複雜，看不完，也看不透。」

《單身溫度》是鼎公唯一的一本短篇創作集。此書原名《單身漢的體溫》，民國 59 年 8 月，由大林書店印行。它包括可以獨立的 12 個短篇，但 12 篇寫的都是同一個主人翁華弟，一個渴望結婚，卻回不了家鄉的年輕人，寫他種種遭遇，種種求偶的經過，因此也可以把此書當成一部長篇小說來讀。

時代驟變，兩岸已通。如今華弟這樣的人物已經不存在。然而小說記錄一個時代。《單身溫度》讓我們看到當年「反共抗俄」年代單身漢的痛苦。100 年之後，後人要研究分治中國的種種，此書當然會成爲重要的——必須研究的一本小說。

大林書店落入水牛出版社之後，鼎公要我設法將《單身漢的體溫》版權買回來，民國 77 年起改由爾雅出版。次年，鼎公又將曾於民國 67 年自費印刷的《靈感》交由爾雅印行。鼎公說：「作家記下剎那間的靈感，倘若加以發展，可有迂迴曲折之處，如今點到爲止，也頗晶瑩雋永，少許勝多。」

此書影響甚遠。民國 73 年至 83 年，臺灣地區前後十年盛行的「手記文學」，可以說，就是由鼎公《靈感》起的頭，我自己一口氣寫了《心的掙扎》、《人啊人》、《眾生》，其中《心的掙扎》竟然銷了 59 版，印行量很可能是我其他 20 種書加起來的總量。後來爾雅前後共編了六冊《十句話》，也都可以說是從鼎公的《靈感》延伸而來，單是爾雅出版社出過的手記文學就有東方白《盤古的腳印》、黃克全《一天清醒的心》以及邵僩《人間種植》等書。

民國 77 年，我拿到鼎公最重要的一本書——《左心房漩渦》，此書爲鼎公登上天梯，把散文的視野又拉大了天地。散文大家子敏說：「漩渦指心的掙扎，心的翻攪。他長久旅居美國，身在『番邦』，心繫中國。他一時想念童年在大陸的老家，一時想念成年後在臺灣結交的老友。……期待來年……『右心房漩渦』」

《左心房漩渦》爲他贏得眾多獎項，這本幾乎像用鐵鎚一字一句敲擊出來的大書，讓人對鼎公肅然起敬。時報文學獎五位決審委員同時圈選他爲第一名。決審委員一致認爲：「如此淳熟之文筆，看似繁複華麗，卻又自然的顯現出流離的不安經驗，與歲月磨練的人生智慧，足以杜甫的『思慮沉厚』一辭讚之。」

民國 76 年，我獨自赴美度假兩周，住在鼎公家，回臺北的時候，行囊裡又多了一本鼎公的新稿《兩岸書聲》。

不久，鼎公寫信索回《兩岸書聲》，他突然不想出版，是因爲當初在《新書月刊》及美國的一些華文報紙刊登的這些書評和談書的文章，多半以筆名發表，爲的就是可以放手去寫，而又「不求人知，人亦不知」；經我再三索回，才遲至民國 79 年出書。

然後是長長的六年，鼎公開始寫他自己的回憶錄，《昨天的雲》和《怒目少年》，均由作者自費出書，交由吳氏圖書公司發行。爾雅重新拿到鼎公的新書，是一年前的《隨緣破密》，這本讓我背脊發冷、吃驚的書，竟然寫於民國 78 年，大部分文章未曾發表，對於到底是否該成書面市，鼎公一直猶疑，這大概就是爲何 78 年寫好的書，要到 86 年才出版。

《隨緣破密》裡的鼎公何止心的掙扎，簡直是心潮澎湃，於是我終於了解到英雄和哲人，一樣有脆弱的一面，世路不平，世路坎坷，磨難荊棘的人世走一遭，誰沒有怨，最無遺憾？鼎公要用最誠實的聲音，透過稿紙，再燒一次。

啊，終於我們等到了《心靈分享》，鼎公經過《隨緣破密》的氣爆，一心得到了平靜和平和。他雖仍寫「雜念」，其實已接近靈修。尤其在結識俞敬群牧師後，鼎公重新走回教堂，以文學的語言傳教，或者說，透過他的書，提升了我們一般人對宗教新境界的認識。

民國 87 年尚未走完，鼎公又寄了一部新稿《千手捕蝶》，我內心有說不出的興奮和感動，一位 74 歲的老作家，創作力如此旺盛，一枝健筆，讓我們了悟前輩作家紮根之深。用字之準確、講究，已經把文字帶入藝術之境。而《千手捕蝶》，表面上，短短一則五、六百字小品，和 20 年前《開放的人生》形式相同，然而《開放的人生》、《我們現代人》、《人生試金石》，基本上，作者所要表達的全在字面上，沒有人會看不懂，到了《千手捕蝶》，所有字面上的意義都不見了，有點像小說裡的「冰山理論」，十分之七全隱藏在水底。譬如〈幾尺紙〉，其實寫的不就是有著一顆滾燙的心的作家和藝術家嗎？一個作家寫了一輩子，還是覺得紙不夠，紙短情長，作家，作家，作家永遠思念幾尺紙！

那些再也寫不出作品的作家，其實不是他的江郎才盡，而是他心中的熱情先死，胸中沒有火，怎會想要擁有稿紙？

〈割席記〉，鼎公取材自《世說新語》德行篇「管寧割席」的故事，原文為：「嘗同席讀書，有乘軒冕過門者，寧讀如故，歆廢書出看。寧割席分座，曰：子非吾友也。」

如今世道人心大變，鼎公把它改寫成一則「世說新新語」，「管寧未割席」，反倒華歆割起席來，他還振振有詞的在日記裡寫下了原因：「今天，管寧得罪了不能得罪的大人物。我得讓天下人知道，我不是管寧的朋友。否則，大人物必定因討厭管寧而討厭我，可能因陷害管寧而連帶陷害我。總之，交一個朋友，要先弄清楚誰是他的敵人。」這一顛覆，可真寫出當今多少人的感慨，引起多少人的震撼啊！

〈貓貓虎虎〉，老作家告訴我們，創作永遠要求新求變，把貓全身擴大就成了虎，把鹿的頸加長，就成為長頸鹿，文字要經過拉長，捶扁，才會生出新意，才不會僵死。

又如〈釋放〉一文，不止寫人對自己不滿，也寫萬物對自己的不滿。有時，我們希望自己是別人，至少能改變命運，竟然花想做鳥，鳥想做花……地上的凡人想做神仙，天上的仙女卻渴望下凡來。沒有成爲畫家之前，希望當一位畫家，做了畫家，天天畫，天天畫，總有一天會憤怒的把各種顏料澆到畫布上去……衝破牢籠，改變命運，是天下每一種生物的夢。沒有釋放，那來人的滿足？

所以，《千手捕蝶》裡的每一篇章，必須閱讀的人也是創作者，思索者，讀一篇，想一遍，不急著翻讀下一篇。《千手捕蝶》必須一本書當兩本書讀，當十本書讀。這是一本愈讀愈耐讀的書。

我也真的將《千手捕蝶》編成兩本書。《有詩》本來是《千手捕蝶》中的一輯，我一看鼎公寫新詩，大喜過望，特別將這一輯抽出來，得到詩人和畫家席慕蓉的鼎力相助，爲鼎公的詩找到了配畫。另一方面，我又懇請詩人向明爲鼎公的詩集寫序，向明一口答應。鼎公的筆愈寫愈健，做爲崇拜者的我們，爲他的書敲鑼打鼓，打從我們心裡覺得是一件最興奮的事。鼎公唱聖歌，加了文學料，讚美主之外，也讚美了俗世裡的凡人。凡人之愚，需要去除，凡人之美，也需要讚嘆。

並非《千手捕蝶》整本書像禪，像寓言：「寫格言的漢子」——鼎公，在這本處處捕捉靈感的書裡，當然也有許多智慧火花，譬如：

> 恨的力量大，愛的力量久。
>
> 誰記得發明電話的功勞和辛苦，只記得電話公司的帳單無情。

鼎公寫過一篇〈活到老，真好〉，在那篇邊文章裡，有這樣一段話：

> 老年是我們的黃金時代，人家說黃金時代是二十歲，你想，二十歲我們懂什麼？懂得茅台和汾酒有什麼分別嗎？懂得京胡和二胡有什麼分別嗎？懂得劉曉慶和鞏俐有什麼分別嗎？我說到了老年，人生對我們已沒

有祕密，能通人言獸語。當年女孩子說「我不愛你」，你想了一整年也想不出原因來，現在她剛要張口你已完全了解。我說上帝把幼小的我們給了父母，把青壯的我們給了國家社會，到了老年，他才把「我」還給我自己，這一段生命特別珍貴。

這才是王鼎鈞歌頌人生的真正聖歌。讓我們都來迎接這種健康的老，快樂的老！人生到老年終於覺得圓滿，年輕時候吃的苦，心裡長年積存的怨，化爲雲煙，此時爲人生畫下的句點，才是生命大合唱最後的和諧，最後的天人合一。

——選自王鼎鈞《千手補蝶》

臺北：爾雅出版社，1999 年 1 月

散文魔法書

◎洪淑苓*

《風雨陰晴》是王鼎鈞的散文精選集，一共收錄 56 篇作品，跨越三十幾年的創作成績。這本精選集，確實符合「精選」的要義，因爲它展現了王鼎鈞散文的各種樣貌，無論是題材、主題、風格、技巧等，繁複豐富，既呈現王鼎鈞的創作歷程，也爲散文的寫法，做了很好的示範，可稱爲一本「散文魔法書」。

王鼎鈞對人性的洞悉，在其《開放的人生》等「人生三書」已嶄露銳利的眼光，這也是其作品令人折服的原因。無論篇幅長短，在他流暢通達的文筆下，人性的善惡、矛盾，都可以輕輕撩撥，使人頓見光明，而且抓到那麼一點點的「悟」。例如〈六字箴言〉、〈唯愛爲大〉，前者短篇，後者長篇，但對於世事人情的觀察與見解，都是一樣的通透：「不要怕、不要悔」;「除非你特別留神，你隨時可能增加別人的痛苦。……無論我們的地位多麼低微，都有力量傷害別人，若是擁有財富權勢的就更不必說了。」「愛，不但減免別人的痛苦，也減免自己的痛苦。……『愛』得不到的，『恨』更得不到啊！」類似這些名言，都是智慧的錘鍊。

王鼎鈞是走過大時代的人，他對自身命運的凝視，對兩岸中國人以及中國未來的思考，都具有相當動人的內涵與風範。〈失樓臺〉、〈土〉、〈哭屋〉、〈武家坡〉、〈腳印〉等名作，在敘事中有抒情，在寫實中又富於象徵；〈紅頭繩兒〉、〈一方陽光〉中濃厚情感更叫人爲之心醉而落淚。更必須

---

*發表文章時爲臺灣大學中國文學系副教授，現爲臺灣大學臺灣文學研究所教授兼所長、中國文學系暨研究所教授。。

指出的是，他的作品，不僅有寓言的特色，同時更彷彿具有「預言」的能力。

佛斯特《小說面面觀》曾謂，好的小說家應具備「預言」的能力，亦即不僅可以寫出象徵的主題，更可以預見人類未來的命運。王鼎鈞幾篇評論大陸小說作品的文章，如〈性愛、勞改與文學〉、〈香火重溫劫後灰〉、〈文苑曇花〉等，對於張賢亮、阿城、唐敏等人的小說，不僅分析得鞭闢入裡，而且透過文學，對大陸社會文化問題，更指出了切要的意見。又如〈失樓臺〉，當讀者努力推想此文的寓意、樓臺的象徵時，王鼎鈞的「夫子自道」（見頁 176），不免讓人膽戰心驚，又為文學家的「預言」萬分佩服——王鼎鈞寫三十多年前故鄉的樓臺倒塌，也預卜新世紀臺灣政權的和平轉移！

喜歡聽故事的人，在王鼎鈞的散文裡找故事；患了「文字過敏症」（王鼎鈞語）的人，也可以在他的作品裡找到各種藥方。評論家曾經用各種名詞來為王鼎鈞的散文定位：寓言體、散文、小說化的散文、詩化散文、自傳式散文……不一而足，在在說明王鼎鈞在散文藝術上的開拓。當新世紀的新作家在嚷嚷虛構化的散文、文類越界時、老牌老字號的作家其實已經鳴槍起跑，而且跑在 5000 公尺之外了。從這個角度看，《風雨陰晴》是散文魔法書，也是散文的「聖經」！

這本選集的編輯工夫也是不可忽視的（可惜未注明編註者是隱地），從每輯開始的序言，到每篇作品附錄的各家評註，更重要的是常見「王鼎鈞筆記」之語，從作品內涵到外緣問題，應有盡有。這些資料將是讀者、評論家的寶貴指引，不唯是人情酬庸、歌功頌德的文字而已。而選集做到如此地步，也顯現了作家、出版家亟欲走向文學史的企圖——在新世紀，這樣的出版舉動，是很可貴、很有意義的，值得喝采！

——選自《中央日報》，2000 年 8 月 14 日，12 版

戰爭視域中的困境、堅守與突破

王鼎鈞《關山奪路》中人性義蘊的展現和其「存史」、「詳史」的價值

◎黃雅莉*

一、前言

1990 年代的文學創作，極少針對戰爭題材下筆，因為這類國仇家恨式的嚴肅題材，有其內在制約與外在的規定性，很難找到某種賣點，不易贏得市場效應的回報，這是一種必然。在過去三十多年以來，國共內戰始終是個極端禁忌的話題，近年來兩岸關係已逐漸破冰解凍，更何況在現今國共和談之際去創作與出版以國共內戰為背景的作品，這種對兩岸而言都不討好的題材，對作家和出版業兩方而言，都是難題。散文大家王鼎鈞「回憶錄之三」《關山奪路》，書寫 1945 年至 1949 年之間個人所經歷的國共內戰滄桑史，雖說這段歷史只有短暫的四年，但卻是中國歷史上發生空前劇變的一段時期，它導致了臺灣住民的命運永遠被改變。與王鼎鈞情感深厚的爾雅發行人隱地了解出版回憶錄對這位一生致力於創作的老作家其生命的重大意義：「這四部自傳，王鼎鈞藏了一輩子！」「這是他等待一輩子的自由！」並表示：「出版這一段歷程，不代表『恨』，而是要大家『記得』！」[1]出版的意義是要大家不要忘記歷史，從「重建與保存歷史」的角度來看，從烽火烒煉中走出的王鼎鈞的回憶錄如果缺席，國共內戰這段歷

---

*新竹教育大學中國語文學系教授。

[1]陳宛茜，〈對岸抗日文學熱——我們重憶國共內戰〉，《聯合報》，2005 年 5 月 8 日。

史的拼圖便無法趨向完整。

對於生活在臺灣近一甲子安逸歲月的我們幾曾識得干戈面貌？戰爭似乎是遙遠陌生的。遙遠，或許可視之爲幸運，然而陌生，卻實在是我們的不幸。那個時代之所以遠去，是政治因素使然，但我們心中卻不應遺忘它，因爲「1949，不只是千百萬華人遷移流徙的關鍵年，是臺灣與大陸分隔的起始年，是臺灣哺育兩百萬新移民的關鍵年，更是大批外省族群貢獻臺灣的起始年。」[2]儘管我們人人都厭惡戰爭，但戰爭卻是人類歷史發展的必然，是時代的更迭、社會制度交替的杠杵，更是人性的探測器，做爲記錄和反映人類歷史的戰爭文學，更以其獨到的深度、獨特的背景展現出在和平時代根本體現不出的社會面貌，同樣也放大了在正常狀態下所未見的人性的另一種面貌。如果不能識得戰爭的本質，就難以理解戰爭下的世態人情、大我與小我之間的命運關聯。回顧真實的歷史事件除了讓我們了解時代大事的本質，亦有利於我們理解生命被異化的精神悲劇。王鼎鈞以個人的親身記憶復活了歷史場景，除了「真實空間裡的戰場之外，還加上了心靈空間裡的戰場」[3]，對於大時代的血淚做出真實的見證。本書以紅焰烽火的洪流爲封面底色，立身在這樣背景下的王鼎鈞，顯得既無助卻又無比堅強，在紅焰滔天的暗淡陰影下，我們似乎可以看到王鼎鈞從危殆苦難走出卻仍然高大偉岸的身影，全書寫來，脈絡清晰真切，藉個人離亂的遭遇，顯現在火焰狂飆似的苦難戰爭年代，人們如何在重重險阻中奪路尋道而出的堅毅忍耐，體驗他潛心創作的堅定與執著，感受到他那種嘎嘎營造的艱辛。王鼎鈞透過此書向我們展現真實的戰爭本質，以及戰爭硝煙下的人性烒煉，已帶給我們不同一般作品的新信息與新境界。

長期以來我們總以爲：「有史無情是史官所長，有情無史乃詩家之風」，於是把歷史與文學截然劃分。然《關山奪路》把個人的經歷揉入到宏

[2]沈育美，〈穿透 1949 的女性之眼——談《巨流河》與《大江大海一九四九》〉，《臺灣文學館通訊》第 26 期（2010 年 3 月），頁 57。
[3]席慕蓉，〈歷歷晴川再回首〉，《聯合報》副刊，2009 年 5 月 2 日。

大的敘事框架中，把個人的記憶納於民族和國家的傷痕集體記憶的底色上凸顯出來，實現「傳記的文學化」，展現存史精神與文學筆法的交融。本文即透過對此書的分析以見國共內戰對小我與大我的影響，透過王鼎鈞個人小我的戰爭視野，以見人們如何在困境中的堅守與突破，從而揭示《關山奪路》中的人性義蘊和歷史價值，以及作家對生命的藝術感受和哲學觀照。

二、題之義蘊：關山難越，奪路尋道而出之必然

所謂「別有人間行路難」，而王鼎鈞所經歷的人生何止是行路難，更是在危機重重中拚卻奪路而出的艱辛，「關山奪路」的定題當來自唐・王勃〈秋日登洪府滕王閣餞別序〉云：「關難難越，誰悲失路之人；萍水相逢，盡是他鄉之客。」[4]然而「奪字一出」，即令人感受到一種在無情戰火所籠罩的時代與環境中的凶險氛圍，也包含了凶險中仍不屈不撓的求生毅力。全書展現了他所經歷戰爭下的危機與艱險，人性的矛盾與衝突，在時間進程中不斷糾結纏繞，延長前進，然而宇宙的定律是生生不息；人生的法則就是要在困境中尋找出口。戰爭中渺小、脆弱與無助的個體，在無情龐大的客觀險阻中，個體仍繼之以生命力的強烈奔赴衝激，它將提高我們的精神力量得以超越平常尺度，賦予我們勇氣和自然界的全能威力拼搏，被暫時阻滯、壓抑的個體生命終究在山嶺中奪路而出，這是水到渠成、瓜熟蒂落的必然結果，也是大自然的智慧。因爲宇宙總是遵循著一條必然原則：「每座山都有路，如果沒有路，水如何能流下來」，[5]只要有路可走，儘管是蜿蜒崎嶇的山路，經過努力，翻山越嶺後總會擁有美好的甘甜。「關山奪路」定題即有這樣的積極意義：「人在壓抑之下，憂患之中，仍然要勇猛精進」(《關山奪路》，頁 414)。在王鼎鈞 19 歲的那一年，局勢混亂，家鄉已被共軍占領，家人成爲流亡的難民，短期的流亡可能變成長期的飄泊，他

[4]唐・王勃，〈秋日登洪府滕王閣餞別序〉，據《全書文・卷一八一・王勃》引。
[5]《關山奪路》，頁 19。以下引文接在文末直接標明書名及頁數。

在竹林裡思考自己的人生走向，爲了承擔一個長子的責任，他決定棄學從軍，承擔一家人的生活重擔，當時他的人生有如在一場大霧之中，四顧茫茫，人在這個時候是孤獨的，19 歲的孩子，只有自己作出決定，自己負擔後果，但是不管朝那裡走，他知道自己不能永遠停留在原地：

> 如果你往前走， 路就在腳下，你一步一步走，路一尺一尺延長。……我想，我能走出這一步，算是長大成人了！
>
> ——《關山奪路》，頁 17

作者在面臨絕境之時，仍展現著人性的堅韌——要活下去，要走出去，背負責任，承擔義務，在苦難的面前，仍具有強烈的決心。「壓傷的蘆葦自己不肯折斷，將殘的燈火那是自己熄滅。天助人助者，人助自助者」（《關山奪路》，頁 414），憂生不是目的，僅僅憂生也不是生命的崇高，崇高的情緒是在經歷了生命的阻滯時，立刻想到人生的使命，企圖超越現實險阻，這才是生命的崇高，才是憂生的目的。又如他在穿越秦嶺，由安康北行，國共兩軍正在東西華北作戰，此去正是走向殺聲重圍、山尖峻峭，他說：

> 想起「上帝不能造兩座山中間不留空隙」，人從山縫裡找路，人也在山縫裡耕種，生兒育女。」
>
> ——《關山奪路》，頁 44

> 人為什麼要世世代代住在山裡？為什麼不離開？「路是人走出來的」啊！……我告訴自己：一定要走，一定要走出去，山路崎嶇，上山一身汗，下山一身冰冷，一天之內好幾個寒來暑往，由腳掌到足踝都磨出高溫，如炙如烤。走啊走，推開群山萬壑，人要走路，山擋不住。
>
> ——《關山奪路》，頁 48

「青山遮不住，畢竟東流去」，水要走路，山擋不住；人要走路，山也擋不住，生命在受挫時迸發出的抵抗力激起了人的勇氣，引發一種向上的感情，要求打破自身的局限，戰勝自身的渺小與脆弱。王鼎鈞在《關山奪路》的新書發表會上說：

> **國共好比兩座山，我好比一條小河，關山奪路、曲曲折折走出來，這就是精采的人生。**

「關山奪路」四字之用意在於在絕望中尋找出口，人生才見精采。「人若是一切都美滿、得意、順利，沒有絲毫的艱難、困苦和不幸，生命就可能因無限膨脹而走向滅亡。」[6]王鼎鈞在全書中從自我的角度，也就是從一介平民、一個大兵、一位文學青年角度，在國共內戰期間，如何流亡、從軍、逃難，試圖找出一條出口與生路，在莽莽關山、處處凶險的危殆中，稍一不慎，也許就被烽火吞噬。在過程中，他歷經了被所信任的同學師長欺騙的痛苦，經歷了「人為刀俎，我為魚肉」的絕望，在絕望中他不斷的掙扎前進，在朝不保夕中但求活下去，活下去的理由是為了盡自己來到世上一遭的責任，盡為人子、為人兄的責任，盡立德立言的創作責任。即使目睹許多的血淚苦難與災禍，但卻不厭棄人生。

在重重險峻的「關山」中如何「奪路」而出，端看個人的操持與定力，而讀者，正是從閱讀中找到了自己堅強的理由和賴以維持的這份堅強的信心。在文字中發現隱藏其間的答案、自己的生命故事，以及命運的交纏迴繞，其實，這也正是文學的時代價值之所在。

---

[6]童慶炳，〈苦心危慮而極於精思〉，《中國古代心理詩學與美學》（臺北：萬卷樓圖書公司，1994 年 8 月），頁 33。

三、創作動機：「蚌病成珠」發憤傳統之延伸

古代文論家對於作家的創作動力提出了很多理論命題，如發憤著書，不平則鳴、窮愁著書、自娛自適、遣興悅情說，這些命題實際上可分爲兩大類：一是「有爲而作」的「發憤著書」說；二是「自適其適」的「著文自娛說」。二者同爲創作的動力。創作動力來自於作家生命的需要，但形式卻有不同，「發憤著書」是強烈巨大的創作動力形式，「著文自娛」則是一種較爲穩定平和的創作動力。二者心理能量相差巨大，「發憤成書」的作家往往具有較強烈的批評效益，作者代表著社會的進步力量，有著極強的社會責任心、使命感和正義感，敢於同惡勢力抗爭，因而，他們的憤情並不單單是一己私情，更是蘊含著積極進步的社會內容和強烈的正義精神，以「憤」爲動力，往往能克服艱苦，作出驚世之作。王鼎鈞創作《關山奪路》當屬於「發憤著書」這一路。作者所追溯的那段歷史，對他個人來說，是浸透了苦與難、血與淚的。他內心深處應不願重提那些令人心悸的年代，但一個作家的良知和膽識，不允許他將那場空前的民族災難全然忘卻，他認爲自己有必要向世人告白這樣一段滲著苦難與血淚的人生經歷。他說過：

> 對日抗戰時期，我曾經在日本軍隊的占領區生活，也在抗戰的大後方生活。內戰時期，我參加國軍，看見國民黨的巔峰狀態，也看見共產黨的全面勝利，我做過俘虜，進過解放區。抗戰時期，我受國民黨的戰時教育，受專制思想的洗禮，後來到臺灣，在時代潮流沖刷之下，我又在民主自由的思想裡解構，經過大寒大熱、大破大立。這些年，咱們中國一再分成兩半，日本軍一半，抗日軍一半；國民黨一半，共產黨一半；專制思想一半，自由思想一半；傳統一半，西北一半；農業社會一半，商業社會一半；由這一半到那一半，或者由那一半到這一半，有人只看見一半，我親眼看見兩半，我的經歷很完整，我想上天把我留到現在，就

是叫我作個見證。

——《關山奪路》，頁 430

在奪路存命之虞，當時的人絕無閒情餘暇來記載史實與心情，但王鼎鈞卻把當年的經歷與心情一一收錄他的記憶庫，他慨歎自己經歷的血淚烙印的歷史爲今人所不知，所以在耄耋之年仍筆耕不懈，因爲他堅持要爲上一代中國人立傳，爲近代中國留史，來讓後人了解那個時代中國人最重要的集體經驗。所有歷史事件的經歷者，特別是重大的歷史現場中碩果僅存的當事者和知情者，不論是對自己、對世人、對後人都必須有所交代，不應帶走這一段歷史，而應有更積極的存史態度。王鼎鈞對《關山奪路》的經營，無疑具有這樣偉烈的責任心，每個人都有自己薪火傳遞的文化使命，作者親身經歷國共內戰的歷史變遷，經歷中國分裂成一半又一半的大起大落，大悲大喜，其複雜性豈是後人所能想像和體驗的？由於這一段歷史是在跌宕起伏中疾行，歷史場景變動極爲頻繁，不免留下了許多空白，一份留有許多空白的歷史紀錄，會造成人們對歷史的誤解，影響後人「鑑往知來」的歷史感知能力。這就需要知情者與親歷者的說明和見證，王鼎鈞的回憶錄就是歷史現場的目擊證人與證詞，表現當事人心中的徬徨、苦悶、不解，讓一個時代的心聲在文學中得以展現。

他的回憶錄不是寫自己，而是借自己的經歷與感受來反映那個時代眾生的存在，由有限中見無限。他說：

國共內戰造成中國五千年未有之變局，我希望讀者由我認識的內戰，由內戰認識五千年未有之變局。

——《關山奪路》，頁 430

他的寫作，有著更大的企圖心和使命感。而這樣的書寫無疑是痛苦的，因爲回憶太苦，而這樣的書寫也是高難度的，所以寫了 13 年；但作者的反應是積極的，他不回避問題，不怕揭露生活中的矛盾，同時又堅信一切會更好，明天必定是光明的。憑著這一點，在那個苦難的時代能堅強地活著已實屬不易了。即使他所追溯的這一段歷史，對他個人而言，是浸透了苦難與血淚，但一個作家的良知與真性情，不允許他將那場空前的民族苦難全然忘卻，他認爲自己能倖存活著就有向世人告白歷史真實的責任，所以他忍著心靈的苦痛，敘寫了一個人、一代人、一個民族不願回首的過去。正如他在序文中所言：

> 那時，我「主修」過幾門功課，得到許多紀念品。我收藏、諦視、摩挲，最後，我要公開。珍珠不該是蚌的私財。
>
> ——《關山奪路》，頁 1

生活的悲歡點滴，生命的記憶原是作者最珍貴的寫作材料，而寫作，就是召喚記憶。在作品中清晰地留下這段心路歷程的軌跡和心中所承受的壓力，也只有通過作品將鬱結壓抑在自己內心深層的壓力暢然一泄，才能獲得心理的平衡和心靈的自由。對一個創作而言，生活的滋味越苦，往往創作的果實就越豐碩。苦難的經驗對於作家，的確是一筆精神財富，恰如珍珠結晶於蚌肉體上的創口。王鼎鈞他了解到這樣的記憶不應只是個人的私有，他感悟到自己的記憶是抽樣代表，足以反映一個時代的謬誤，供後人借鏡，並可以連結同代人共有的記憶，所以把私記憶公諸大眾，要從自己的的記憶庫中去掘取、還原、記錄。

如何使這段回憶不致成爲史料的堆疊或是血淚的控訴，是創作的一大考驗。王鼎鈞提及他創作《關山奪路》的心情：

> 這四年的經驗太痛苦，我不願意寫成控訴、吶喊而已，控訴、吶喊、絕望、痛恨，不能發現人生的精采。憤怒出詩人，但是詩人未必一定要出憤怒，他要把憤怒、傷心、悔恨蒸餾了，昇華了，人生的精彩才呈現出

來。……讀者不是我們訴苦伸冤的對象，讀者不能為了我們做七俠五義，讀者不是來替我們承受壓力。拿讀者當垃圾的時代過去了，拿讀者當出氣筒的時代過去了，拿讀者當垃圾桶的時代過去了，拿讀者當弱勢團體任意擺佈的時代也過去了！讀者不能只聽見喊叫，他要聽見唱歌。讀者不能只看見血淚，他要看血淚化成的明珠，至少他得看見染成的杜鵑花。……最後我說個比喻，明珠是在蚌的身體裡頭結成的，但是明珠並不是蚌的私人收藏，回憶錄是我對今生今世的交代，是我對國家社會的回饋，我來了，我看見了，我也說出來了。

——《關山奪路》，頁 433

時代的命運把王鼎鈞的青年時代安排在殘酷的國共內戰之中，他在大苦大難中倖存，如此的遭遇對他本人而言，當然是一種不幸，但就其對文學的創作而言，又不失爲一種幸運。「正視痛苦、反芻痛苦」、昇華與超越痛苦（《關山奪路》，頁 368），早已成了王鼎鈞面對人生的態度，也成了後人閱讀其作品的精神財富。一位作家應該先天下之憂而憂，後天下之樂而樂，作家永遠是感情最豐富、最敏銳，洞察最深刻的那一種人，他們生存於現實環境之中卻能超越於現實環境之上，唯其如此，他們才能夠雖身臨其境而不被現實淹沒，雖經歷苦難卻不會因環境的改善而輕易忘卻苦難，他總能親身地感受和聯想到整個民族乃至整個人類，去思考和探索人的生存價值。有論者說：「這段時期的歷史好寫，但這段時期人民的感情難寫」，[7]感情的難寫當是親身經歷苦難的刻骨銘心，所以個人必須努力將執著的心情和當時的處境拉開距離。生活經驗必轉化成爲文學，「當歷史都進了漁樵閒話，這就是文學的境界」。[8]戰爭的歷史紀錄並不是戰爭文學。正如史詩，其重點在「詩」而不在「史」，戰爭文學應是對戰爭作出一種具有

[7]李宜涯，〈血淚與珍珠——紐約訪王鼎鈞談《關山奪路》〉，《文訊雜誌》第 238 期，（2005 年 8 月），頁 136。
[8]李宜涯，〈血淚與珍珠——紐約訪王鼎鈞談《關山奪路》〉。

美感與詩意的文學性描寫，如同王富仁所有：

> 戰爭是建立在民族與民族，黨派與黨派、政治集團與政治集團之間的矛盾和仇恨之上，但戰爭文學卻不應當是上述矛盾的產物。戰爭文學產生於戰爭，由戰爭激發而來，戰爭文學裡面有著戰爭的回憶，但並不是戰爭的本身。戰爭文學是由仇恨造成的，但它本身不應當是仇恨。戰爭文學是由分歧、矛盾，由人與人之間的相互殘殺、民族與民族之間的相互踐踏所誘發和引起的，但它本身絕不應該是所有這一切，而應當是這一切所激發出來的人類向美、向善、向和平、向世界大同的那樣一種感覺的昇華。[9]

由此可見，戰爭文學的核心是展示在戰爭時期人們的命運與心靈狀態，作家憑藉自己的人生閱歷，對人類命運做出深沉思考，對人生與藝術境界作更高層次的追求。本書以其強烈的藝術感染力，充沛的文學熱情，拓展了人們的歷史眼光和哲學視野，在創作上也打破了反共文學的規範化、模式化的樊籠，作家的創作個性逐漸顯露和發展，其得以脫離政治以外的獨特魅力，不正是因爲其字裡行間都開滿騰真摯的情感之花嗎？這樣的一部優秀作品讀來，不得不讓讀者潸然淚下，因爲愈是痛苦作品，愈具有反抗愁苦的生命力量源源生出，血淚必須化作明珠，作家受到的傷害越嚴重，其作品中反映的思想內容也就更深廣，因爲只有經歷了痛苦，痛定思痛之後，心靈才會超越，讀者才能從中得到啓示。

四、從「詳史」的角度來看戰爭之因與果

人間世的千種緣分、萬般糾葛，皆繫一個「因緣」上，今日的「果」，實是昨日所種的「因」，任何現象都有其產生的原因，任何原因必然導致一

[9]王富仁，〈戰爭記憶與戰爭文學〉，《河北學刊》第 5 期（2005 年），頁 167～178。

定的結果。戰爭不會憑空產生，它是戰前社會政治經濟危機的總體爆發。經歷了這場改變中國歷史的大動亂，人們不由得不去思考，200 萬軍民為何遷移流徙，形成臺灣與大陸長久的分隔？政治學家與歷史學者們多從戰略、政策、社會經濟等因素來探討，但王鼎鈞乃是探入更深層的人性與心理層面來了解戰爭的因與果。隨著 60 年時間的推移，當年禁忌的話題也逐漸在人們的心中解嚴退冰了，近年來臺灣文壇上相繼有幾位作家終於可以摸著自己比較溫熱的心，站在人性的角度來看待 1949 年這個時代的爆破點，檢討是非對錯，反省它的事起和敗因，而不是總是讓這個問題被壓抑在歷史的冰窟裡。[10]王鼎鈞更以親身經歷者的獨特視角迥異於其他作家以轉速或探訪的間接紀錄，對於當年發生事件的分析與推斷，對國共兩方皆有著較之他人更深的挖掘與評斷，茲分以下三點來說明：

（一）國民政府的衰竭到敗陣

1. 失去公眾的信任與敬意：種欺騙之「因」致「離心」之「果」

抗戰期間，國共兩黨雖有「兄弟鬩於牆」的一面，但主要仍是「外御其侮」，有著共同而明確的目標：趕走日本帝國侵略者。1945 年日本宣布投降，飽授日軍蹂躪的中國土地，猶待重建，沒想到抗戰勝利之後，是另一場民族劫難的開始，內戰隨之而起。19 歲，剛讀完國立第二十二中學的王鼎鈞，當年因八年抗戰而從家鄉逃出來，抗戰勝利後原本打算回山東老家，父親卻託人傳來「不要回家」的口訊，原來在國共互相拉鋸之下，山

---

[10]例如林博文，《1949：石破天驚的一年》（臺北：時報文化出版公司，2009 年 5 月）、《1949：浪濤盡英雄人物》（臺北：時報文化出版公司，2009 年 5 月），以談古論今的筆調來針砭當年的種種時事，作者以知識分子的角度，檢視 1949 年以來兩岸內部的變化、中美臺關係的演變，觸及蔣介石的撤退、韓戰風雲、美國與中共的間諜戰，以及政治舞臺上來去的人物。此外，如吳錦勳以訪談 17 位人物寫成的《臺灣，請聽我說——壓抑的、裂變的、再生的六十年》（臺北：天下文化出版公司，2009 年 8 月），邀集了林懷民、朱天心、胡乃元、星雲大師、吳念真等 17 位不同領域、世代和文化背景的人物，以第一人稱的紀實筆調，書寫他們的生命故事，藉以勾勒出一甲子歷史的複雜情緒。此外還有齊邦媛，《巨流河》（臺北：天下文化出版公司，2009 年 7 月），作者寫父親齊世英所經歷的巨流河功敗垂成的一戰，渡不過的巨流像現實中的嚴寒，從此開始了東北終至波及整個中國的近代苦難。龍應台，《大江大海一九四九》（臺北：天下雜誌出版社，2009 年 8 月），透過龍之雙親到臺灣的過程，輔以許多同時期他人的經驗，從不同的國家、區域角度談論 1949 年國民黨軍撤退至臺的多面向思考，細味在國共內戰下那一代人——也就是讀者的父母或祖父母輩——在戰爭中的如何飽受生離死別及顛沛流離之煎熬。皆為書寫國共內戰的作品。

東各地從日本占領下的「淪陷區」成爲被共軍接收的「解放區」。[11]王鼎鈞的父親帶著弟妹逃出家鄉成爲難民，他爲了一家生活的重擔，決定棄學從軍。國民政府爲了準備內戰，除了軍事上的準備，還有心理層面上的對立與拉攏等戰術，爲了達到目標，領導者只利用國人的信任，用煽動的語言來吸納人心。如何使騙術得逞，端看將部署將領如何用響亮的政治語言妝點發揮吸納人力的最大功效。在那個年代，青年們對北京這樣的大都市都懷抱著前進的期望，當時 19 歲的王鼎鈞正巧見「憲兵第十四團」來校貼出「憲兵學校招考通告」，身處四面環山的漢陰，資訊缺乏的學生，卻把這張不負責任的通告，視爲遙遠的希望，紛紛報名並被錄取；但是校中有幾位教師沒人告訴他們，不管是步兵學校、砲兵學校、還是憲兵學校，都不是初中學生能夠投考，而招考的單位，只是吳連長個人，而非學校單位。沒有老師願意露半句口風告訴他們，這樣的通告應由憲兵學校校長署名，應該加蓋憲兵學校大印。甚至有分校主任以共犯之姿來爲吳連長「背書」，60 年後，王鼎鈞回憶此事時仍痛心地說：「這算什麼人師！很久很久以後，我才能夠原諒他們。」(《關山奪路》，頁 19～21）吳排長之所以能誘騙這麼多學生，不是靠他的口才，而是師長的幫襯，這是真正令王鼎鈞內心受傷的原因。

> 你若問我人生怎麼開始，鄉中父老說過一句話：小孩子是騙大的。李仙洲沒有騙我們，所以我們還沒長大，李仙洲失勢了，沒法再照顧我們，我們在山坳裡等著挨騙。……騙局總是針對人的貪念做出設計，我們妄想佔盡天下便宜，活該報應，可是政府行騙，政府縱容默許行騙，總不成體統，可憐我們懂什麼，書本教我們相信政府，相信長官，相信現有的制度，我們還沒學會懷疑。
>
> ——《關山奪路》，頁 23

[11]解放區：戰爭期間，暉只能信領域中，控制鐵路公路，中國共產黨在鄉村和山地組訓民眾，發展游擊武力，立地方政權，稱爲解放區。參見王鼎鈞，《關山奪路》序言，頁 2。

「抗戰八年，軍事第一國民政府開出了多少空頭支票！各地軍政當局從未因爲欺騙人民受到處罰，即使是嚴重的陷害。」(《關山奪路》，頁23）蔣介石曾對官兵承諾北伐勝利全國統一之後，凡是參與北伐的官兵，都可以得到一份田地，然而北伐勝利後，授田並未實行。在那個年代，「什麼都是假的，只有騙子是真的」，「你如果行騙，必定騙最相信你的人」，「政府只好打擊擁護他的人，削弱他的基礎，飢不擇食，蜻蜓咬尾巴，自己吃自己，公務員、軍人、青年學子受害最大，政治人物習慣說謊，但昨日種種，國家大而化之，但被騙的老百姓是刻骨銘心」。(《關山奪路》，頁23）掌握政治權力的人，習以謀略騙取權力的正當性，那個年代，在國家至上的價値觀下，老百姓成爲工具，在位者說了一次謊，下次就必須用更大的謊來掩蓋第一次謊所造成的後遺效果，說謊最後會變成對自己的詛咒，讓人們等著看他會在第幾次說謊裡把自己埋葬掉。智慧的欺騙埋下惡的種子，尤其是政府講究潛心策劃，精心設計的謊言，騙子的騙術終有被窺破的一天，政治型塑的謊言使得受騙的一方，從此對社會複雜性有了深入的認識，從此讓民眾對政府失去了信任與敬意。

2. 靠不住的軍力：反常訓練，造就心中無愛與人格破碎之兵

王鼎鈞說：

> 實在沒有想到，出了李仙洲的保險箱，關進憲兵團的保險箱，第一個保險箱想使我們與日軍隔絕，後來第二個保險箱想使我們與社會隔絕。
>
> ——《關山奪路》，頁 49

作者在文中生動地描寫了國民政府的軍隊訓練方式就是打人，「原來新兵訓練就提挨打，操課教材無非是打人的藉口。」(《關山奪路》，頁 51），沒有準則的打人，一邊打人還一邊「老百姓」，好像和老百姓有深仇大恨，「『老百姓』是每個新兵的原罪」。王鼎鈞批評了此種言行：「兵士來自民間，帶著民間的習性和身段，也許和軍事訓練的目標相背，但是你不該因此污辱老百姓，不該藉此醜化老百姓，以致教育出幾百萬卑視百姓、欺凌百姓的官兵來。」（《關山奪路》，頁 57）新軍身受班長以愚昧又落伍方式來訓練，他們「要把『兵』從百姓中分化出來，與百姓對立，以百姓爲恥。這樣軍隊怎能得到老百姓支持」（《關山奪路》，頁 56～57），對人的輕視是人性本身就存在的扭曲，對新兵尊嚴的踐踏也是軍中流行已久的慣性，「他們用心剪掉我們思想的翅膀」（《關山奪路》，頁 51），軍中有階級，又是封閉團體，如果犯罪，通常是集體共犯的結構性犯罪，並以口耳相傳的「合理的要求是訓練，不合理的要求是磨練」這種似是而非的金科玉律爲保護傘，王鼎鈞提出批判：「訓練既然可以包藏在磨練之中，磨練也就可以冒充訓練，磨練和折磨的界限模糊，以折磨新兵爲樂趣的心態，也就百年不絕。」（《關山奪路》，頁 59）

> 軍隊的存在是一種非常的存在，和各行各業不同，因之，軍人所受的訓練，「老百姓」很難了解。那時，建立軍隊的特殊性，要從人人挨打的時候甘之如飴開始。他要摧毀我們每個人的個性，掃蕩我們每個人的自尊，要我們再也沒有判斷力，再也沒有自主性，放棄人生的一切理想，得過且過，自暴自棄。據說人到此時，從自輕自賤中生出勇敢，萬眾一心，視死如歸。我稱之為「無恥近乎勇」。
>
> ——《關山奪路》，頁 62

衡量一個國家文明的程度，應該視它如何看待人的價值觀，班長用踐踏新兵的自尊來表現自己的英勇與權威，當時絕大部分的人在這種特殊的軍事訓練下，都無奈地接受了人是政治工具這樣的一種人生現實。新兵訓練讓人在絕對服從的紀律下被迫拋棄人性，當人拋棄人性的時候，獸性的凶殘促使被壓迫者不再具有明辨是非的能力，沒有感情甚至沒有思想活動。折磨新兵的可惜不僅是對肉體的殘害，更是對人性的摧殘，讓人的精神崩潰之後不成人，進而欲與社會隔絕。

> 新兵訓練和流亡學校的新生訓練確乎不同，兩者的區別，並非僅僅是嚴格到什麼程度的問題，而在新兵，新生一字之差。設立學校是教學生如何求生，使自己生存也使別人生存，新兵訓練卻教人求死，不是你死就是我死，或者同歸於盡。……這是最特殊的一種訓練，也是最反常的一種訓練。
>
> ——《關山奪路》，頁 61

作者的抱負是讀書，但被從學校騙出之後，從此與求學無緣，卻只能接受這種制式化訓練，作者透過對荒唐年代的無情揭露和深刻批判，分析士兵受到破碎人格的訓練之後的結果是：人的尊嚴、人的個性完全被扭曲、被抹煞，把人的全部生存價值奪得只剩下單一的政治生命。這使我們不得不去思考：人在政治生活中，究竟直於一個什麼樣的位置？把軍人視爲一種工具，人的存在價值只表現爲單一的政治現象，這樣的軍隊環境最終導致人性走向異化：

> 新兵訓練是一種輪迴，以前種種譬如昨日死，以後種種譬如今日生。如此這般捏塑而成的士兵，當然不會愛民，一個人格破碎的人很難有愛，更難有大愛，除非後來從宗教情操得到救贖。如此這般成長的人又怎會威武不屈？如果班長是他們的教士，「胳臂拗不過大腿」，「別想拿雞蛋碰石頭」是他們代代相傳的聖經，後來內戰的戰場上，處處有「四十萬人齊解甲」的大場面，也就事出有因了。
>
> ——《關山奪路》，頁 62

決定戰爭勝負的關鍵，軍隊的是否訓練有素，部隊的道德面貌和政治素質都是重要條件。奮戰不懈，視死如歸，以身殉國，是革命軍人的本色，但 40 萬人居然對只有幾千人的共軍不戰而降究竟所爲來？作者追溯遠因即是來自於軍隊訓練下的人性異化。當年國軍不只是軍事的失敗而已，更是內心不知爲何而戰的失敗，即使戰爭沒有使他們死亡，他們也成爲了沒有生命渴望、無力企求、無慾追尋的命定人格，最後以集體投降的姿態選擇死亡。

當國民政府一直沿用落伍的方式訓練新兵，當時的中共並不是這樣練兵的，他們是另一套文化，解放軍走出解放區，對老百姓親親熱熱地叫聲老大娘、老大爺。琅琅上口的是：「人民的軍隊愛人民！」(《關山奪路》，頁 74）當國軍必須要辛苦地把立正站好，「站得腰酸背痛，頭暈眼花，站成木雕泥塑，死灰槁木」(《關山奪路》，頁 75)，必須踢正步地承受苦刑，共軍卻在苦修另一門課：怎麼背炸藥包，挨近碉堡，引爆炸藥，使後繼者一舉攻下。他們完全不必學習立正姿勢，不必關心全班士兵的鼻尖是否在一條線上，全班棉被是否折成有棱有角的豆腐，他們臥倒、起立，也不必像天橋的把式一樣好看。(《關山奪路》，頁 75）王鼎鈞對這種制式化的訓練提出了評斷：「內戰正式開打，國軍坐困孤城，死而後已，正是『立正』訓練的長遠影響。」(《關山奪路》，頁 77）

此外，日軍投降後，國民政府裁汰軍官 14 萬人，讓這些編餘軍官無路可走，[12]這些軍官都覺得受到領袖和政府的欺騙，他們爲自己求公平，辦法就是集體擾亂社會，欺壓官民，軍官總隊紀律極壞，有人說，蔣委員長曾對他們演講：「我的事業就是你們的事業，你們的前途就是我的前途。」這人說：「現在我們的事業前途都完蛋了，且看他的事業前途還能有多少！」(《關山奪路》，頁 177）這次裁軍的將官到中山陵「哭陵」，發洩心中的憤懣，國民政府蔣主席聽到報告，怒斥這哭陵的人不識大體，王鼎鈞卻說：

> 我總覺得蔣氏理政往往沒有因果觀念，辣手裁軍，種下這樣的「因」，居然想結個「識大體」的果！

[12]《關山奪路》提及：「解甲歸田本是美談，可是編餘軍官有三個原因不能回老家：其一，老家已成解放區，不能回去。其二，老家可以回去，但是苛政太多，官吏太腐敗，軍隊紀律太壞，第三，親友的輕蔑。」頁 176。

——《關山奪路》，頁 178

作者敢於評斷，毫無隱諱和僞飾，從因果的角度評論現實，還原出當時軍中的腐化蠻行與人事傾軋的原生情狀，使人物的意念與決策在一定的歷史環境中復活起來。

此外，作者又從心態上評論當年國軍心高氣傲，瞧不起地方武力所導致的失敗：

> 所謂地方武力，概指抗戰八年殘留的游擊隊，所謂殘留，因為這些游擊隊跟共軍勢不兩立，雙方經過無數戰鬥，大部分已被共軍消滅，這些地方武力能頑強生存下來，自有他的長處，他們身經百戰，了解共軍的戰術，他們深入民間，情報靈通。國軍把他們看成多餘，實在是天下第一糊塗蟲。

——《關山奪路》，頁 301

國軍眼高手低，自命高貴，卻不明白縱使有更高的計畫與謀略，一旦離開了特定時代的社會實踐，脫離了付出勞力的地方群眾，終將無所作爲。從某個角度來看，國軍之所以失敗，在某種程度上是因爲失去了群眾的支持。

當年士兵受到破碎人格的訓練，其結果是「教育出來幾百萬鄙視百姓，欺凌百姓的官兵來」：

> 那時國軍從不結合民眾，他們不讀史，不知一個農夫關係戰爭勝負、大軍安危。在他們看來，老百姓都是「匪」，或者都「通匪」，中央好像不是跟共軍作戰，而是跟全體老百姓作戰。

——《關山奪路》，頁 301

軍民對立，國軍已失去了人民的支持，許多軍欺民、殺民的故事血跡斑斑，他們忽視了廣大的勞動人民的重要作用，「以後國民政府調兵遣將，軍人和民眾終各有各的喜怒哀樂，彼此之間很難有同感」(《關山奪路》，頁40)，失去了民心的軍隊，從而也失去了戰爭的詮釋權。

由以上所述，且不說通貨膨脹與經濟崩潰，導致社會與經濟改革之遲滯，也不說美國調停與援助之失敗，單就國民政府缺乏政治革新的誠與意與氣度，在對付中共，治理國家、和處理黨務上，犯了太多的錯誤，包括用人不當、施政不對、低估中共和錯估民心向背，心高氣傲，輕視百姓，國民政府和黨機器的腐化無能，終於導致「金陵王氣黯然收」的結果。終究失去了大陸江山。即使在未來企望收復大陸的夢想終究破滅，毛澤東階級鬥爭完全靠邊站。

（二）共產黨反人性倫常

當全國忙於對日抗戰時，來自蘇聯異域的邪惡共產主義思想被引入中國，伺機壯大聲勢：

> 抗戰八年，每一個相信國家許諾的人受了傷，都正在護理謊言重創後的心靈，而中共新興乍起，猶能以遙想的理想鑄造鋼鐵騎士！……中國對日抗戰製造大量廢品，但中共養精蓄銳，國共內戰可說是廢品對新品的戰爭。
>
> ——《關山奪路》，頁 24

戰爭所產生的廢品是因政治黑暗面的搏戰帶來的生靈塗炭，日軍侵華使得人民過著如死水般的苦難生活，然國共內戰卻只是苦難的重新分化與組合，是廢品對新的戰爭。抗戰時期，中共在表面上團結各階級共同抗戰，刻意以改革社會的口號來凝聚人心，中共一開始對大地主與大商人們親切友善，但地方士紳迫於形勢，個個都是國共兩面敷衍，抗戰勝利後，日軍撤走，共軍前來接防，大小幹部全變了臉，而且是無緣無故翻了臉。

（《關山奪路》，頁 108）作者與難民相處三天，用他們提供的碎片，拼出大略的圖形：

> 中共要澈底掃除構成這個社會的主要人物，這些人物的優勢，第一是財產，第二是世襲的自尊，兩者奪乾淨，精英立時變成垃圾。人要維持尊嚴，第一把某些事情掩蓋起來，第二對某些事情作善意的解釋，中共反其道而行，叫做「脫褲子」，脫掉他的褲子，再重新分配他的財產，他從此必須自食其力，或者沿街乞討。他的子女已經參加革命，親友也和他畫清界限，他只能自生自滅。
>
> ——《關山奪路》，頁 112

> 中共佈置一個恐怖的環境，人人自危，只有幫助幹部定別人的罪，你才有安全感，一旦你已被定罪，你也可以產生安全感。「民主」就是人人忙著定別人的罪和人人忙著認自己的罪。
>
> ——《關山奪路》，頁 113

共產黨對私有財產制定否定，讓人的個性泯滅，剝奪人的私人生活，摧毀人與人、人與社會的關係，讓每人沒有朋友、家庭、宗教、鄰里，讓每個人都孤立無助，只有依靠黨的組織。人人都是社會的叛徒，卻是黨的馴服工具。大整肅來了，人人注定要出賣他的親人朋友，人與人之間互相清算，「起立，人要經過內心的交戰，後來就成爲制式反應」：

> 生活就像洋蔥，一片一片地剝開，總有一片會讓我們流淚。……政治運動一波又一波發生，每一次你都得畫掉一個人，同時你也被別人畫掉，並不是一面流淚一面剝洋蔥，而是你慢慢學會了痛恨你畫掉了的人，你理直氣壯，心安理得，沒有絲毫內疚。最後，你學會了畫掉你自己，這時，你就是一個「新人」。
>
> ——《關山奪路》，頁 311

作者從心理的層面來分析共產黨絕對荒誕的統治理念正對當時中國人性進行烈性毒藥式的改造，也爲中華民族帶來前所未有的重大災難。人與人、與社會更好的可能性，只在道德與生命意義的探索中。一個關心別人處境與尊嚴，必是出於自己在尊嚴體驗的人。人與人之間必須透過情感與關係來建構，這是傳統儒家的倫理觀念。然而，共產黨的觀念形態，卻呈現了另一種迥異的狀況，他們以「弓馬之利取天下」，帶著處於社會發較較低階段的剽悍和勇猛，闖進了倫理觀念十分嚴肅的中國大地，他們沒有敬天畏天的信仰，沒有禮教倫常的崇拜，他們以打倒、鬥爭、清算他人來占有他人的擁有，所謂「親不親，階級分」，將一切人情強制排擠到黑暗之中，以摧枯拉朽的力量異化人性，在一個徹底喪失了尊嚴的無賴群體之中，幾乎沒有真正的良知和關懷可言。共產黨員熟稔、有組織的浩大訓練，由上到下，已成了一片反道德倫常的潮流，他用權力手段摧毀各種人間情分關係，人們爲了自己的忠黨愛國，不惜爲此檢舉父母家人好友，打倒自己的親人，讓人們認爲他們站在公理正義的一方，每個人都因此瘋狂地爲國家「盡一份心力」，自稱有理，「偉哉壯哉！神乎魔乎？」(《關山奪路》，頁 311)，一個敗德的時代就已被大大的打開。敗德而有理，乃是復歸野蠻的開始，處在這種矛盾、衝突中的中國人不能不作出反應，漸漸地，人再也不是有父母、親情的人，「考驗越來越嚴酷，刀尖向內，兒子清算老子，妻子檢舉丈夫，最好的朋友掌握你的祕密，也最有資格置你於死地。」(《關山奪路》，頁 306）許多人不時被近在肘腋的人推上審判臺，甚至差點投進監獄，在那個極左思潮泛濫的年代裡，人性和人權受到粗暴的干涉和踐踏，人格和人的尊嚴受到野蠻的污蔑和蹂躪，作者一一歷數，還原了生存境遇下的人性悲歌。共產黨使得中國歷史發生了重大的變化，正常的社會秩序被打亂，舊有的道德觀念淪喪。貪腐、狡詐、野蠻、兇狠、玩法弄權、挑唆煽動，這是文明社會不容許的敗德品質，但這種悲哀在堂堂正正地上演之中。作者回顧了那段道德淪喪、人性扭曲、社會變形的歷史，那特殊的年代，特殊的人生，特殊的生活，令人感到驚心動魄。

戰爭是人類所處最極端的環境之下，它將人性推向極致，我們看到人性在極端環境下的異化。每個人爲了讓自己活著，就只有身不由己地對同類殘暴。究竟是戰爭導致了人性的異化，還是人性固有的惡引發了戰爭？究竟是人在環境中邪惡，還是環境使人邪惡？這是一個値得反思的問題，如果說人性的異化是因爲戰爭而發生的變化，那還不是最糟的狀況，如果人性本身就存在邪惡的扭曲，恰好遇到了戰爭，邪惡的本性就像乾柴遇到了烈火，一發不可收拾，那才是人類真正的悲哀。

（三）突破二極對立的政治框架結構，以公平的角度論國共雙方

60 年來有關昔日國共鬥爭史的詮釋框架基本有三：國民黨史觀、共產黨史觀，以及第三者的史觀。長久以來，史觀與歷史的詮釋權，往往被當代權力強者所壟斷，他們往往對過去的歷史軌跡做出對自己最有利的解說，甚至以此定調版本主宰後世的歷史書寫的架構，這就是所謂的「現代的人決定過去」。從小我們在臺灣的教育都由國民黨主導，對於國共內戰的始末教科書上也只「政府播遷來臺」一語輕鬆帶過，許多歷史的陳述與事實有所偏差，我們讀到的歷史只是片段中的片段，甚至強化了偉人崇拜的思想。中共是以「勝者寫歷史」的姿態來詮釋「建國大業」的艱辛，避開了他們的混亂時刻伺機坐大赤化大陸的種種偏離人性的權謀。左右兩岸，各說各話，各執一端，多半爲其意識形態或主義主張來論述，那能把置身其中受苦受難的老百姓放在心上。兩岸的「官方歷史各自摸到了半個大象的身子兩條腿，王鼎鈞把握了一群大象的靈魂」，[13]《關山奪路》以其悲天憫人，關懷眾生的眼力，讓我們看到了這場戰爭的真實面目，他回顧了那四年眾多人所經歷的曲折，那是一段延緩了國家的建設，給民族和人民帶來了不幸的時期，雖然往事不堪回首，但是從歷史的角度看，回首往事是有益的，有許多教訓需要總結，社會需要是一種超脫政權見解的歷史文化觀，而作者論史的角度，較貼近於以知識分子爲主的第三勢力，而且是以

[13]楊傳珍，〈戰爭文學的精神轉向〉，《海南師範大學學報》（社會科學）第 21 卷第 6 期（2008 年），頁 17～20。

一個親身經歷時代的知識分子的眼光去看待過往。作者運用獨特巧妙的多重視角，對於歷時四年的國共內戰，對於大陸淪陷的前後過程有著清晰的敘述，帶領我們一窺蔣氏政權樓起樓塌之片羽鴻爪，也帶領我們見證在共產思想洪濤的泛濫下信仰價值的崩解、倫理親情的摧折的種種亂象。其中對國共二方有許多深刻而慘痛的反省和檢討。例如：

> 任何個人或群體的大惡大錯，都不可能只是一人的犯錯或偶然的偏差，政治與道德上的共犯結構。
>
> 在一種權力之下，無論那權力多小，多暴虐，無論那權力給你多大痛苦，總有受苦人攀附它，逢迎它的需要。
>
> ——《關山奪路》，頁 54

戰爭是人類生命的敵人，但它又是人類自己製造的。從歷史真實的敘事角度來看，戰爭必然展現兩個世界或不同陣營間的對立與衝突，展示了不同的群體的人們如何爲自己的信仰與堅持、爲存亡而戰，這使得參與戰爭中的人往往具有一種崇高的堅持理念精神。但從另一角度來看，戰爭或許有崇高的理由，但背後更多是人性的動因，是一種權力慾亟待擴張的私心，手段就是通過傷害他人而得到自己想要的，王鼎鈞從人性的角度或揭露控訴，或反思批判，在一定的意義上，都是一種歷史總結。正如楊傳珍所說：

> 戰火的燃起，不是黎民百姓和知識分子反戰不力，而是交戰的一方或雙方的社會矛盾累積到了一定限度，決策者認為，用戰爭的方式解決這些矛盾對自身身最為有利，於是尋找借口，發動戰爭。可以說，老百姓是

無奈地被拖進戰爭的，他別無選擇，只能承受。[14]

人類以多種名目展開殘酷的戰爭，潛意識都是爲維護自我的生存或擴張生存的空間而去攻擊他人，戰爭往往隱含了人性的自私、慾望、破壞、毀滅的非理性層次，攻擊對方擴展而爲打天下的重大浩劫，在完善自我的同時，都可能爲民眾、爲國家民族造福或傷害，甚至毀滅。元曲謂：「興，百姓苦；亡，百姓苦」。戰爭或許沒有誰對誰錯，許多的戰爭都是爲了幾個人的權力慾望，然後犧牲上千萬百姓性命來成就的。毛澤東或蔣介石，哪一個不是手上沾滿了上百萬人的血呢？戰爭不論是那一方獲勝，都注定要生靈塗炭了。

戰爭不只是力量的拼搏，更是智慧的角逐：

國軍怎樣做，人家全知道，人家做什麼，國軍全不知道。幾乎各戰場都是如此。

——《關山奪路》，頁 296

中共的優勢之一，就是當地人辦當地事，無須向當地學習，國軍的劣勢之一，就是外地人來辦本地事，又不肯向當地學習。

——《關山奪路》，頁 169

國民黨到中共內部做情報工作太難了，簡直雪裡埋不住人，白白送死，國民黨像個大蜂窩，處處可以潛伏，共產黨人找一個洞蹲下，四鄰不能發覺，即使事敗被捕，好歹也還有條活路。

——《關山奪路》，頁 158

[14]同前註。

國共二方的謀略布局之高下，一比了然。國民黨因過於輕敵而匪諜遍布，機密外洩，情報不靈，如同盲目，共產黨則是情報靈通，洞悉敵情：對國軍佈置與動態掌握精準，故能策定切實有效之戰略。共產黨魔高一丈的精密盤算實乃國民黨所難以望其項背：

> 中共致勝，由於他的行為處處與國民黨相反，我是說「行為」，不包括動機和結果，「動機」口說無憑，「結果」木已成舟，「行為」才舉足輕重。國共「相反」，非常普遍澈底，幾乎可以看做是兩種文化，一生一剋。可以說，共產黨是國民黨的「天敵」，國民黨雖有種種反共制共的方案，其實擋不住，縱然高呼「向敵人學習」，其實學不來。
>
> ——《關山奪路》，頁 304

> 國民黨失去大陸，原因很多，我總覺得主要的原因還是由於軍事失敗，而軍事失敗的主要原因，由於情報失敗，金魚缸撞保險箱，即使戰後不裁軍，即使沒有馬歇爾調停，恐怕也是這個結局。
>
> ——《關山奪路》，頁 297

西方領導統御學上有一句名言，兩軍對抗時，越少犯錯誤的一方將獲得最後勝利。不管是否有擁完美的作戰計劃，勝利總是屬於最少犯錯的一方。何況國民黨對作戰並沒有完備的籌劃，失敗已是不可避免的必然。

作者又提到他在天津被解放軍俘去，發現解放軍每天晚上分組開會，彼此交換經驗，改進缺點：

> 他們縮短睡眠時間工作，國府在東北軍政官員也縮短睡眠時間去享樂，正是「臺下積薪臺上舞，可憐俱是不眠人。」
>
> ——《關山奪路》，頁 227

由此可見，決定戰爭勝負的，除了武器裝備的優劣還有軍隊的訓練有素，部隊的自我約束和政治素質、指軍員的意志和才能。除此之外，更是民心向背：

> 中國人常說「人多了亂」，所以國民黨害怕群眾、疏離群眾。中共相信「人多拾柴燒火旺」，明知山有虎，偏向虎山行，入虎穴、得虎子、食虎肉、虎成。
>
> ——《關山奪路》，頁 309

> 國民黨似乎並非因為失去人民而失去土地，乃是失去土地才失去人民。
>
> ——《關山奪路》，頁 293

國民黨做事執簡馭繁，拉攏地主、資本家、廠長、校長等上級樞紐人物，重視這些人的利益，但共產黨卻反向而行，搞「農村包圍城市」，「小魚吃大魚」，廣大鄉村盡被共黨控制，國民黨對共軍布署與動向難以掌握，作戰形同盲目。共產黨結合貧農、不要地主；結合工人，不要資本家；結合學生、不要教育部長；他們的當務之急不是打走日本人，而是一齊動手摧毀這些社會上的樞紐人物，重組社會，並刻意以改革社會的姿態以凝聚人心，提高聲望，世人也就不會去計較他們對日抗戰到底盡了多少心力。（《關山奪路》，頁 305）由此我們可以看到時代的走向並非掌握在偉人或英雄的手裡，而是由人民所決定的。國民政府失去了民心，失去了軍隊的向心，也就失去了戰爭的勝利。作者透過文化來比較國共二方的差異：

> 西方人說，國共內戰是美式代理人和俄式代理人的戰爭，我不同意，我看是中國孔孟文化與馬列文化的戰爭，戰爭結果，中國傳統文化失敗。
>
> ——《關山奪路》，頁 116

> 孟子有言：「桀紂率天下以暴，而民從之，堯舜率天下以仁，而民從之，

其所令反其所好，則民不從。」若非經過解放大業，怎懂得孟子說些什麼！中共革命是「率天下以暴，而民從之」，國民黨是「其所令反其所好，則民不從」。

——《關山奪路》，頁 307

作者從文化思想的角度來評論國共二方。國民黨員走的是「領袖路線」，自以爲得到了領袖的信任，由就可以解決所有問題。共產黨員走的是「群眾路線」，結合群眾，策動暴民「造反有理」，社會充斥著顛倒是非的濁流，惡質的政治趨策社會人倫綱紀違常，對照傳統禮教束縛的社會偏見，以無形的壓迫深重的挫折個人發展。無論對於失敗一方還是勝利的一方，戰爭帶給人們的都是災難。從社會與世界提升的角度來看，付出慘重人性異化代價的戰爭雙方根本沒有所謂的勝利。

在那征伐無定、勝負難憑的動亂年代，不論是爲自己的利害計，還是爲理念主義想：不管是被動地應付，還是主動地爭取，國、共二方其實都在不同程度做出了傷害百姓的舉措，讓天下蒼生不論是心理與肉體都經歷了一個漫長、痛苦的過程。對此，作者透過父親的話說出了他心中的評斷：「國民黨共產黨都壞，但是國民黨有多壞，我知道，我估量還可以對付，共產黨到底有多壞，我不知道。」（《關山奪路》，頁 421）國共比較，共產黨技進於魔，魔高一丈，正如作者所說：「當初共軍提出『中國人不打中國人』，真正的意思是：我可以打你，你不能打我。那時我的同儕都不能發現其中的謬誤。」其實在那紛紜混沌年代，又有幾人能有眼力穿透其間的迷霧？

那些年，解放區一小片、一小片，形同許多孤島，都是封閉的環境，解放區發生的事情外人不知道。中共長於對外宣傳，他給外界的印象，或者說想像，他們殺富濟貧，鋤強扶弱，對一般老百姓有致命的吸引力，那些弱勢族群縱然聽到解放區的「暴政」，也都有自己的解釋，自己的家

> 鄉縱然解放了，也不會受到這般對待。等到局勢演變，解放區一再擴大，局外人圈進局內，資訊變成事實，當初「不信」的人也逃難……直到七十年代，中共在舉世注目下推出文化大革命，新聞排山倒海，臺灣同胞才從中共自己編導的悲劇中認識歷史。
>
> ——《關山奪路》，頁 114

作者從人性的角度來解釋歷史現身，凡是超出自身經歷範圍的事，都教人難以相信，中共以審時度勢、順應人性的精心布局，終於占了上風。作者並未預設任何立場，而是站在歷史的高度公平地批評雙方。然而共產黨施以思想改造對人性的嚴重扭曲和萎縮，禍害更甚於國民黨。

前車之覆，應爲後車之鑑，只有誠實面對自己過去的錯繆而深自悔悟，才是成長和集體進步的契機。王鼎鈞檢討國共雙方領導方式的偏差和錯誤，是對歷史上的錯誤深刻的總結，也是一種思想文化的建設。任何一種存在之理都必須以時間爲其視野，他所揭示的悲劇，既是時代的悲劇，也是人性的悲劇，但這些內容如果在兩蔣年代形諸文字，很可能會失去若干年的自由，所以作者在臺灣經歷 30 年精神囚禁之後，在美國 30 年的沉潛冷靜之後，在時隔 60 年之後才將這些藏在心裡的話形諸筆墨。釐清史實的脈絡不是爲了要排除異己，而是爲了穿透歷史迷霧，認識人的價值，王鼎鈞理性地還原歷史現場，反省執政者路線錯誤，咀嚼民主改革路上的種種痛苦和無力阻擋的「悲劇」。他在作品中經營歷史上發生過的悲劇，首先是潛心研究歷史資料，考證歷史事實，並洞悉悲劇的演變過程，以便從各角度揭示產生悲劇的社會因素與個人因素，探究發生悲劇的必然性與偶然性。而作爲藝術的悲劇，不是歷史事實的簡單演繹，不只是給人一個理性的判斷，而是要通過人物形象的塑造，性格的刻畫，以及情節發展的設計等，將悲劇衝突藝術地揭示出來。書中一些反省檢討國民革命軍、中國國民黨、國民政府的部分，還有對共產黨的絕對荒誕的摧毀人倫做法的評訢仍然值得我們今日深思。論定不幸和苦澀不能總用「那是個特殊年代使然」一句打發了事，應該在歷史文化的深層中去找尋根源，王鼎鈞正是用傷痛去點燃更多人心，用傷痛去啓示更多人的深思。

五、存史精神：在時空的結構組織中追訴記憶

全書 34 篇的專題敘述，具有時間與空間兩條線索，時間維度常被認爲是自傳記憶組織的基本維度，也是全書總體的架構，時間猶如一條直線，個體所經歷的事件和行爲是在一個有限的時間結構中縫合，有始有終，有起有伏，有血有肉，天然地融合爲一體。時間序列爲全書故事提供了一種記憶的自然順序，章目的安排就是順序的時間結構，以作者 19 歲到 24 歲的人生經歷與生活體驗爲起點，「其實每一篇都可獨立成一本大書，因爲這裡面所含括的便是中國近代史中傷痕累累，最血淚淋漓，取爲大呼痛不止的一部分」，[15]這些重大事件，有的是前後，有的是同時發生的事件，作者在記憶提取或遺忘的過程中，被表現爲相同的時間序列。這些情節、事件支撐著作者的生命歷史和作品藝術的大廈。可以說，有多少種人生，便有多少故事。這一篇篇的事件記載著一個人、一群人、一個時代人心的歷史。

在時間的序列中，必然出現了地理空間空間的場景，因爲歷史前進的腳步似乎總是以空間化標誌的大事記來計算，所以在全書之前頁作者先畫出了他所奔馳了 6700 公里的「關山奪路略圖」，書中凡牽涉到地名、數字都是信而有徵的，讓讀者清楚地看見國共內戰由開始觸發到兩岸從此天塹阻隔而戰火暫歇。然後在代序〈名詞帶來的迷惑和清醒〉中詮釋現代人所不能了解「那個遠去時代」的「歷史名詞」，如戰區、淪陷區、國統區、解放區、游擊區、收復區、軍事衝突、流亡學生、復員。他以個人記憶復活了歷史場景，其功力在於如何將個人的經歷構成和聯繫成一個時代、一段歷史的人類群體網絡，展現這段歷史中人們的命運，從而在總體上把握這

[15]向明，〈鼎公的記憶〉，《明道文藝》第 354 期（2005 年 9 月），頁 76～80。

個時代人們的心理脈搏，其過程複雜，經緯萬端，但作者的筆，使這些歷史名詞再度有當下呈現的真實感，完成了這樣一個高難度的創造。

透過回憶，他用時空這根無形之線將歷史與現實連接，但在固定性的物理時空中，亦有著流動性的心理時空，作者正是對他筆下的人物事件進行了一次情感與哲學的巡禮。這種建構，不僅能令讀者感受到政治文化的外顯層次，而且還能逐步洞察到民族文化的深隱層次，特別是注意到因社會的劇變而牽動著人們的心理、倫理、道德等多種生活層面的衝突，並以此透視出人們心靈軌跡、心態的游移，傾聽到時代變化的脈動律，並爲後人尋找其中的謎團、因果。

在 1950、1960 年代，文學還是在「權威話語」認同的軌跡上發展，文壇高舉的是政治革命教育的大旗，流行的是「漢賊不兩立」國仇家恨式的沉緬與憤慨，作家「私人話語」是遭禁錮壓抑的。對於國共內戰的發展歷程，至今兩岸正史也沒有完整的敘述，對於同一事件的是非功過，兩岸各有自我的解讀與欲掩之隱。對於這一歷史事件的理解，在臺灣 60 年來，始終停留在「爲什麼會輸掉這場戰爭？」這一提問上，。蔣介石念茲在茲就是這個問題，數十年來所有已出版的中國現代歷史的教科書，探討的也不外是國民黨爲什麼失去中國大陸。這個答案在當時是輿論一律的孤鳴。然而對於 1949 年的記憶與想像，不應只是從蔣介石政權的成敗得失這個角度去看事件本身。史學一向有「孤證不立」的老話，「從存史的意義上說，不但需要有大人物的回憶錄，也需要小人物的回憶錄，不但需要正面人物的回憶錄，也需要反面人物的回憶錄」，[16]面對那場民族的災難，置身其中的更多是許多平凡的小人物。小人物的個人地位或許微不足道，但是現實生活中到處都是小人物，他們代表了真實的生活與人性，不論是戰爭還是正常的社會生活與人性。對於當年的許多軍民來說，內戰都是一場生命的大轉折。關注小人物，就是關注最無可奈何，最值得同情的苦難大眾，也就

[16]王海光，〈回憶錄的寫作和當代人的存史責任〉，《炎黃春秋理論學刊》第 5 期（2007 年 5 月），頁 59～62。

是關注最沒有掩飾的人生。因此，對於歷史的理解，不應只立足於統治者等主流的立場來看事件，不能只注重英雄主義人物形象的塑造，而忽視了被戰爭裡挾的普通人個體生命的感受。王鼎鈞無意再現戰爭全景，也無意去爭論國共二方的是非，他以超越政治、超越黨派的態度，把焦點投注在生存其中的小人物，以其關懷廣大眾生的心態，立足在人的本位立場記述。由是之故，《關山奪路》全書具有王鼎鈞自我生命歷程的展示，但他又絕不囿限於一己之喜怒哀樂，而是以個人的經歷折射出時代的歷史，通過自己看出一個時代，以回憶錄的形式表現出對社會發展的記載，把身世之感與興亡之悲融爲一體。換言之，作者撰述回憶錄並不是要讀者看見「他」，而是要讀者因「他」而了解到那個時空下的每個人，看到戰爭中的千千萬萬個體的渺小、脆弱與無助，戰爭將小人物的命運放大，戰爭中的小人物迸發出的人生光輝也是本書最動人的部分，這使得他的回憶錄可由特殊的小我而昇華爲普遍的大我，因而具有存史的性質。

如果說王鼎鈞第一冊回憶錄《昨天的雲》，是一個混沌未鑿少年的眼光來看世界，第二冊《怒目少年》是用現在的眼光來分析四十多年前的世界，那麼《關山奪路》即是盡可能讓事實的本身去呈現。存史的目的證明了回憶錄與時事的密切聯繫，而回憶錄中有作家自我經歷的介入，又使得作品在言史中更多了一層在場的真實感。後人記錄戰爭的歷史，由於成敗已成定局，往往容易疏忽了當事者在成敗未定時所付出的努力和所犯的愚昧，王鼎鈞讓我們知道，看歷史必須盡量還原到當時。有些史實今日言之容易，但還原成當時則是艱難無比；有些結局我們現在判斷是非功過可以理性以對，但對於身歷其境的人卻很難一刀切割。王鼎鈞客觀直書，以個人記憶來補充、質疑或推翻主流歷史，還原歷史真實的面目，這無疑是有道德勇氣的，他以一位老兵作家的身分，單單直稱蔣介石其名（而不尊稱蔣公），便不是他的老兵作家所能望其項背的，他更別開生面地反省國民黨的軍紀腐敗貪污，同時亦指責共產黨的反人性倫常的病態統治，未預設任何立場，未偏袒任何一方，而是站在歷史高度發揮秉筆直書的公正精神。

撰寫回憶錄本身就是一項恢復歷史記憶的工作，需要對歷史負責，不能虛飾，不能挾私。不僅需要有實事求是地審視自己和他人的客觀態度，還是借助當時的文件等原始資料恢復歷史記憶。由全書的敘述可知，作者下筆前不但閱讀了許多相關的史料與記載，更將自己經歷的片段和時代背景相聯結。甚至大搜天下，尋找當年的共事者，交流、印證與相互補充。這是一個極其艱苦的工作，它需要經過從個別到一般，再從一般到個別的過程，同時需要分析、類比、篩選，這就需要歷史和哲學的兩重視力去觀照、剪裁，經過這樣的過程，即使不能完全還原歷史本然，也會向真實更靠近一步。

六、文學性的對照與衝突的張力設計

如何使這段時期的回憶不流於史料的堆砌，作者是經過縝密的設計安排的。回憶錄寫的是大時代中小人物的故事，要這些小事值得看，必須提高文學技巧。讓文學得以表現平凡人物的「精采人生」。「精采」並不意味著圓滿美好，而是一種吸引人觀賞的新鮮，怎麼表現精采呢？作者提出了兩個條件，一是對照，二是危機，三是衝突。（《關山奪路》，頁 433）對照，是互為相生相成的兩個極端，如災難與獲救、沉淪與超越、山窮水盡與柳暗花明、泰極否來，前苦徵甘、大起大落。有對照，意味著百味嚐遍，人生經歷才算完整。而危機，意味著人生不會是平順的，總有許多意外的考驗，有外在的天災人禍，也有禍端自召的個人錯謬。作者每每身陷絕境，又絕處逢生地活下來了，這就是人生的弔詭與奇遇。從對照的角度來看，危機也可以是轉機，端看自己能否以智慧耐力去化解。三是衝突，這是奉矛盾中的兩難，取捨有賴自己的衡定。王鼎鈞在伏埋千里的經歷中仍不斷掙扎前進，在朝不保夕中死而後已，大破大立，全書在行文的節奏中抑揚頓挫，吞吐開合，艱險氣勢不斷，透過文字把那個時代的聲影如此逼真地傳遞給不曾經歷那個時代的我們。如在〈膠濟路上的人間奇遇〉中立身於解放後濟南：

> 我站在十字路口向南看，若要回老家，就從這裡一直走。我已來到離臨沂蘭陵最近的地方，死火山忽然復活，我心潮洶湧，由拂曉離家的蒙昧，到流亡學校的熱血，倉促投軍的懊喪，不甘墮落的煎熬，生命歸零的恐懼，瞬息之間重演一變。我心裡裝著一具指南針，泰安、曲阜、兗州、滕縣、嶧城、棗莊，這些地名都是磁石，我努力把身體釘在地上，這才明白為什麼舊約裡面的羅德之妻要化成鹽柱，只有那樣他才可以牢牢站定。我站在那裡看了又看，我沒有還鄉的權利，只有漂泊的命運。
>
> ——《關山奪路》，頁 378

這段文字不僅具有形象的生動逼真，也且帶有獨特而含斂的抒情韻味，畫面是氣象蕭條、色調灰暗的濟南，立身於最接近故鄉的地方，怎不令一個不斷流離的遊子心潮難平？然而故鄉已經被共軍占領，從視覺轉入內心感應時，就自然地從空間描畫轉入到時間的回顧，讓生命鏡頭——地在內心轉還，在回溯中達到歷史的滄桑，也展現了作者內心的衝突與矛盾，生命途徑的曲折，人生命運的浮沉。時代社會的衰敗，讓遊子有鄉卻不能歸、欲返而不得返。對付危機，化解衝突，需要生命力全方位的開展，能夠全心擁抱生命的苦樂，承受生命悲歡的人，才能進而對人生擁有客觀的發言權。回憶錄雖然是作者對自己真實生命旅程的一種回憶，然畢竟是以當下的視角對過去的「我」的新認識與把握，無論其中的「我」與作家本人的「生平閱歷」相似到何種程度，它仍然是虛構意義上的「文本」。作者是從詩意化的角度出發去發掘「個體苦難的歷程」中的美，從審美的規範性中去重新創作與營構自己的回憶，他的回憶深處找到了作品的新材料，在內心進行探索，看到了風景的片段，實現了「傳記文學化的傾向」，其創作的苦心經營，使得作者自己的回憶書寫是在更高層次上對歷史、主題、情節的回歸，換言之，作家的生平閱歷已成了一種不需要虛構即能感人動人的生命故事。

由上述可見，回憶錄具有「歷史」與「文學」的雙向性，在「存史」

的原則下，對藝術手法的運用也不能忽視，忽視了藝術手法，就不能與正規史書相區別；忽視了歷史真實，也就不成其爲生命「回憶」之輯錄。回憶錄不是史書，而是一種以歷史爲主體，採用「藝術手法」展現的「文學作品」。即是「傳記的文學化」，存史精神與文學筆法的交融，在尊重歷史真實的前提下，實行歷史與藝術的有機結合。

歷史是已逝時空的內容，《關山奪路》除了具有史家的春秋筆法，在運筆之際，作者也提出自己的論斷與反思，所以《關山奪路》與一般文獻資料或史料檔案最大的差異在於，它是文學作品，有作家個人的生命思索與人格閃光。史料檔案，只是歷史，其記載往往忽略了當事人置身其中的歷史場景，但歷史場景可能是比文字記載還要重要的歷史記憶，離開了這些場景也許就說不清歷史事件的真相，後人也難具有那些生動具體的現場感。其次，一般歷史檔案或文獻是對當時人們的外在言行紀錄，但其內在感受和複雜的思想動機，卻是難以令人準確地感受和真切把握的。這段空白就需要通過當事人的回憶錄來補足，否則一些重要的情節和感情心態是很難說清楚的。回憶錄反映的是在歷史事件中不同的當事人的神態，言行等現場表現。他把抽象、凝固的歷史事件，化爲具象、鮮活的生活場景，歷史材料在他筆下成了藝術元素，形成作品特有的歷史感。如果缺乏情態性的描寫，則歷史記述只是「得形而不得其神」的粗劣摹本。歷史就成了一部生硬刻板的紀錄。畢竟只有離歷史現場最近的人對歷史現場的臨摹，才能最接近歷史的真實。只有對歷史情態有了解，作品才能具有歷史的真實感。

戰爭是由戰前的社會政治、經濟危機發展而來，戰爭和人類社會生活各方面有著千絲萬縷不可分割的聯繫。所以，戰爭文學不應只是呈現戰場和兵營，而是可以延伸到更爲廣闊的藝術視野，從政治、軍事到經濟、文化，從前線到後方，從戰壕到指揮部，從兩軍奮戰到每一個細微的情感波瀾，從最高決統帥的戰略決策到基層大兵的活動，從中國戰爭的形勢變化到世界局勢的風雲變化，甚至普通老百姓的身上……都可以並應該納入戰爭文學的畫卷中，《關山奪路》34 篇的敘寫實已實現了戰爭文學廣闊的藝術視野。為了使自己的回憶錄與一般正史有所區別，王鼎鈞採取的手法是：「歷史所略者應詳之，歷史所詳者應略之」，在書中揭露了鮮為人知的史實。如對學生鬧學潮的心理因素、對日俘的描述與評價，他沒有簡單地對待他筆下的人物，無論是他所鍾愛的，還是他所鄙棄的，他都按照他對人性的體認和把握，揣摩他們當時的心路歷程，與歷史人物的靈魂進行對話，塑造出一大批有血有肉、有呼吸有思想的文學形象。

如他在寫到抗戰勝利後穿上羅斯福總統送給中國士兵禮物，高檔的呢布所製的軍服，再配上一雙皮靴，這般穿戴整齊憲兵裝備時，內心不禁有個假設：

> 假如當年國軍接收臺灣，也先給官兵打扮打扮，臺灣同胞還會說他們是「叫花子」兵嗎？還會對中國失望藐視嗎？「第一印象」很重要呵！……假使當年開進臺灣的國軍也有這番見識，盡可能注意軍容，抗戰艱苦的烙印不掩興國的氣象，臺灣同胞以當時的愛國一念，也能接受甚至欣賞這樣的「王師」。可惜……
>
> ——《關山奪路》，頁 146

1949 年，被日本迫虐的臺灣人，在脫離殖民統治後沒有一個人不希望未來能比日治時代更好，當年在那些在岸上等待的臺灣民眾打從心底以對待英雄的方式歡迎接收人員的到來，期待見到雄糾糾氣昂昂的軍官，然而，接下來見到迎接的國軍竟是一群疲累擁擠、邋遢襤褸的士兵。其間的失落失望與衝突竟揮之不去。[17]當年這些在戰火中急行了好幾百公里，從血河中跋涉而出的士兵，在物質缺乏的年代，裝備極為簡陋，從大陸抵達、接收臺灣時，穿著破草鞋，挑著扁擔，兩肩頭吊掛著雨傘、棉被、鍋子、

[17]可參考吳濁流，《臺灣連翹》（臺北：前衛出版社，1988 年 9 月），龍應台，《大江大海一九四九》，對當時國民黨撤退來臺的情形慭有所記錄。

杯子、儀態與體魄立刻被整齊的日軍比下去。相遇的尷尬的畫面竟成爲臺灣人永遠抹不去的失落。王鼎鈞不無遺撼地說：「假如當年國軍接收臺灣，也先給官兵打扮打扮……」，然而歷史不能假設，也無法重來，時也？命也？國民黨戰敗的難堪形象已成爲臺灣人記憶裡的深刻畫面，60 年前的往事，初見面「叫花子軍」的第一印象，代代相傳，頑強不肯退位，也構築了我們這個命運交織的島嶼幾十年來的人們的心理狀態與生存面貌。

上述的歷史材料，皆爲一般正史所忽略，但王鼎鈞卻能一一撿拾，詳人之所略。這些歷史材料並不是一盤散沙的孤立存在，而是附著、交織在人物的命運中，吸納了跳動著的生命氣息與脈搏。60 年前的前塵往事，雖已凝結爲一張張發黃的黑白照片，但國民黨當年以失敗者的角色透過 60 年的實踐，接納也顛覆了當年的失敗，多年來擔負著歷史的責任，呈現了一個具有獨特價值的臺灣。現實與歷史，彼此之間原是互相聯繫，環繞眾生，構成人物活動的舞臺，也爲作家塑造文學藝術提供了契機與背景。

七、以自我形象展現平凡普通人豐富複雜的心靈與性格

《關山奪路》是作者在特定歷史年代所遭遇的苦難人生的紀錄，也是作家感情經歷的一次真誠的袒露，那娓娓的敘談和不時奔湧而出的激情，在相隔了四十多年後歷史和社會向經濟傾斜的今天，重新又撩起了人們近乎忘卻了那場慘痛的精神災難的重新記憶。回憶錄作爲人類生命的一種載體，作爲傳記文學的一個分支，當具有作者與傳主合二爲一的獨特品格，這一品格使本書對於人生的審視、靈魂的剖析真實而直接。其中必然有一條作者個人生命發展的主線，即敘述了（1945～1949）近四年的時間他如何從一名流亡學生變成大兵的經歷，這段成長的經歷是透過被欺騙傷害而來。所以作者在本書用兩副眼睛來看待這個動亂的時代，一對向外看，看世局的變幻莫測，人情冷暖；一對向內看，看自己的心潮起伏，掙扎困惑。作者不是簡單地敘寫自己傳奇經歷和苦難的歷程，而是通過對個人生命經歷的描述，以真誠的態度展示了自我感情世界的起伏，堅強與軟弱，

多情與無情，崇高與樸實，作者的自我形象不只是藏在文字裡，更是透過他對親情友情的描寫而透露出來的。由作者個人遭遇，我們也可以由此而見到千千萬萬個士兵和農民的遭遇，在這些小人物身上往往能夠發現中華民族內在的生命潛力。

（一）親情之抒發

在逃亡的政治災難中支撐起作家頑堅而堅韌的生命是親情，重點在於父母。尤其是微妙的父子關係，作者經營得十分動人，雖然父子感情深厚，但兩人卻鮮少訴諸言語。他的父親是一位謹慎細心的人，飽經世故滄桑讓他臨事冷靜理性，四年間他只流過一滴眼淚。在魯南戰局發生時，父親帶著弟妹在大門外乘涼，見到國軍大隊出行，他惟恐國軍前腳走出，共軍後腳進來，中間不留空隙，他也惟恐國軍出城以後，中共地下人員緊閉城門，禁止出入，所以當機立斷，沒有回到深宅大院裡去多拿一件衣服，便左手拉起小兒子，右手牽著小女兒，緊跟著國軍隊伍走出去。（《關山奪路》，頁 102）

> 依常理推想，父親終於斷然出走，想是因為外面還有一個兒子吧！對於他老人家，我僅是空中的一根游絲，卻也是他的一線希望，這根游絲也許能變成一根繩索，或者是一個救生圈。
>
> ——《關山奪路》，頁 103

「那一個連一根游絲也要抓住的時代」，兒子成爲父親心中的重要支撐力量。入睡也寫到他與父之間傳達感情的方式有時是通過無聲的默契而達成的：

> 總算能夠和父親通信了，我趕緊把所有的錢寄給他，可恨通貨膨脹，我手中的錢已嚴重縮水。能夠和父親通信，我應該興奮，但是我十分膽怯，他的顛沛流離，我能想像，寫出來，他痛苦，讀一遍，我痛苦，我

沒問，他也沒說，我「慌不擇路，飢不擇食」，他也能想像，寫一遍，我痛苦，讀一遍，他痛苦，他沒問，我也沒說。我們的通信簡單扼要，毫不流露感情。

——《關山奪路》，頁 232）

雖然父子之間交流的是十分簡要，似乎毫不流露感情，但彼此之間的心得卻已深深感知了。

父親十分窮苦，但他從沒有主動催我匯錢。母親已經去世了，父親也瞞住。他每一封信都傳達母親一句話：「你娘說，你每天早晨起床以後，要先喝一杯熱水。」「你娘說，你夜晚要把棉被蓋好。」「要讀馬太福音，你娘說的。」「你娘交代，洗衣服之前，要把每一個口袋掏乾淨。」他老人家不肯一次全說，好像有意製造錯覺，後來知道，他在傳達母親的遺言，他盡可能維護我，估量我能承受的程度。

直到五姨母來了一封信，她說，母親重病時，姨母曾到蘭陵探望，母親有話托姨母設法轉告：第一，幫助妹妹弟弟之大成人，第二，讀聖經，第三，每天早晨起床以後要先喝一杯熱水，第四，夜晚要把棉被蓋好。姨母說，母親去世時神態安詳，彌留之際，蘭陵教會的長老宗茂山，傳道人張繼聖，帶領許多信友到我家，整夜唱詩祈禱。老天爺！我早就有些懷疑了，我跟父親中間隔著一層窗戶紙，誰也沒有勇氣戳破。姨母還說，……我的天！她說的和父親來信所說的一樣，可是父親省略了「幫助妹妹弟弟長大成人」一條。也許父親知道我沒有能力做到，也許父親認為撫養子女畢竟是他的責任，也許他知道即使不說，我也會竭盡所能。

——《關山奪路》，頁 233

文中提及母親在臨終前仍心心念念不忘流落在外的長子，一再叮囑，流露出無止境的關懷，然而細細再品味這一段文字，其實文中對母愛表達是爲了與父愛形成互補，而且還要在父愛單方傾訴已至高潮但尚未盡興之時，借對母愛世界的深情窺探來進一步拓展父愛情懷，使文中所呈現的是一位有著博大的父愛襟懷的父親，也一位能體察母愛及至全部人間親情的父親。

當作者走出俘虜營裡，感到自己不屬共產黨，也不再屬於國民黨，頓失重心，但他清楚知道，身上還有一根線沒斷：

> 家庭是個奇怪的組織，如果不能互相增加幸福，那就要互相增加災難。
>
> ——《關山奪路》，頁 102

> 我有一個大家庭，我家老父、弱妹、幼弟都在國統區飄泊，母親臨終時托姨母帶話，要我負起長子的責任。母親晚年受盡辛苦，我沒能還家給她一個笑臉，甚至沒能親親熱熱給她寫一封信，若說報答於萬一，也只有照著她的心意全力以赴了。這是我今後生存的意義，我還得繼續向前，今天回想，當時本來無路可走，憑此一念，我終於走了出來，雖然後來國事家事雙重折磨，但若比起土改、反右、文革，又算得了什麼？我不應有恨，不應有悔。
>
> ——《關山奪路》，頁 367～368

親情是人生最初也是最後的依憑，「父兮生我，母兮鞠我……欲報之德，昊天罔極」，孝道是人性的一部分。父母子女手兄純屬天性，在動亂的時代，這份情愛的掛念往往是支撐一個人活下去的最大力量，家人成爲作家背負的重擔，作者內心的憂鬱，但苦難也是一種救贖，變成了他人生得以繼續航行的錨，作者在此傳達出一種自然、真摯、純的人性爲基礎的人情美。

（二）生命中的緣會

戰爭是人類所處的極端環境之一，它將人性推向極致，戰爭既可以激發人的大惡，又可恢弘人的大愛。正如王鼎鈞所言：

> 每一層地獄都有一個天使，問題是你如何遇見他；每一層天堂都有一個魔鬼，問題是你如何躲開他。
>
> ——《關山奪路》，頁 79

由此可見人性不能簡單地以善惡來區分，所謂「一半是天使，一半是魔鬼」，即意味著人性的矛盾與複雜。王鼎鈞的成長歷程，雖然經歷重重險阻，但生命中仍有奇蹟與奇遇，仍然有幸遇見天使。例如他的直屬楊排長，注意到王鼎鈞的沮喪和萎縮，暗中庇護他：「楊排長常常找我個別談話，他有一間小小的臥房，除了床舖，只容得下一張書桌。我們隔著桌子面對面坐下，在操課時間，他是一個不動而威的長官，個別談話的時候，他像一個溫和的教授。我有一段時間完全脫離班長的掌握，已是一種幸福，何況又能分享人生道路上先行者的智慧。他雖然年輕，分寸拿捏得準，他暗中庇護我，但從未直接告訴我。」（《關山奪路》，頁 82）還有同處逆境而冒險相助的上校爺爺對給了王鼎鈞許多的助援，例如在他感到整飭軍紀沒有希望，決定離開憲兵團，另找生存的意義，去見上校爺爺，上校爺爺了解他家的困境，似乎正等著作者找他，爲他安排頂替辭職離任的上尉軍需王鶴霄。（《關山奪路》，頁 234～235）此外還有善良熱心的欒福銅大夫，在王鼎鈞爲了被解放軍的砲火打瞎了的一隻眼而奮鬥時，欒醫生面對「身處絕境還不知道取悅於人」的作者，仍然全力幫忙，這份感念並形成了他日後的既定的觀感：「我喜歡眼科醫生，輕柔如一陣和風。」（《關山奪路》，頁 375）在 40 年後，中國大陸對外開放，王鼎鈞輾轉尋找欒大夫，才知道他已在 1967 年去世，不免感歎：「人生自古誰無死，怎麼說他不該死於唐山大地震。」(《關山奪路》，頁 373）還有瀋陽的地藏庵的女師父，容納王鼎鈞在寺裡讀現代文學作品，提供一個可以容他安靜閱讀、思考和空間，即使作者從未捐香火錢，也不讀她們預備的佛經，她們從未因此怠慢地，作者在五十多年後追憶前事，仍不免掛念她們：「其間天翻地覆，不知她們怎樣適應，她們的來生當然沒有問題，我憂慮的是今生，只要來生沒有問題，今生也就不必太憂慮了吧？老師父應已圓寂，兩位小師父呢？希望她們度一切苦厄。」(《關山奪路》，頁 192）惜福感恩，一直是王鼎鈞待人的習慣，這些出現在作家生命中的善緣，有時他們一句溫馨的問候，一記關懷的提醒，都能使人生與眾不同。科學家研究以爲：「人是唯一能接受暗示的動物」，生活中或許有陰影與黑暗，但陽光與善良卻依然同在，王鼎鈞把世態炎涼，人間冷暖，涇渭分明地地擺在讀者面前，使人們真實地感受到善惡並存、好壞相依的人世真相，展示了人間百態。

人生的歷史總是如此：一切緣於偶然，邂逅後編織爲一幅有意義之網。奇遇是生命與生命之間的緣分，人生的奧妙之處就在於與人相處，形成關鍵性的影響，使你的人生與眾不同。每個人都是穿插在他人生命中的一個片段，不論是父母、子女、夫妻、朋友，都只能是一程，即使只是一程，和他們相處的每一個當下，每一個片段，都可能對我們的生命產生了深遠的影響。王鼎鈞有幸能遇到幾位有良心，責任感的長官，如直屬楊排長、連長、團長，都是正直的軍官，但是他們都沒有好下場，在亂世中不肯隨波追流，不肯成爲共犯結構的一員，注定成爲別人的眼中釘，成爲別人排擠下的犧牲品。在逆流橫行的時代，王鼎鈞仍能遇到這些善良熱心的好人，見證人性光輝，固然彌足珍貴，但是看到這些人未能有好報，卻令人格外心酸。有了這些在患難中締結的友誼，在災劫中仍不缺乏純真人性的真實寫照，在人性被扭曲抹煞的時代，仍能讓王鼎鈞堅信「每一層地獄都有一個天使」，人的心靈是美好的。

綜觀《關山奪路》它著重在人物身上開掘屬於他們特有的人生價值，也是在一定的歷史條件和環境下，人們對文明社會的進步所作的精神上和物質上的貢獻。回憶錄中所寫的人物，都是在歷史發展的轉折關頭，作了重大的貢獻，或在作者個人生命的轉捩點上，有了至大影響的人，從這些人物的生平事蹟中，可以有助於讀者了解到有關的時代背景、政治經濟發展的歷史，軍事與文化鬥爭的概貌及其他有關的事件。讓我們看到的不僅是戰爭的殘酷，更讓我們看到人性的希望與創造生命偉大的奇蹟，看到了人類尋求自我拯救的力量。

全書恰到好處地從縱、橫、點、面等不同角度成功地描繪了社會歷史的相貌，有利讀者們對國共內戰的目貌作一部分的把握，不但有帝王將相爭霸天下的主流描寫，在主流之外，更多擷取不起眼的邊邊角角，多了更多人的溫度與味道，讓我們從中可以看到亂世之中浮生眾相和萬千心態，從而領略內戰四年的時代風貌，進一步感知在戰爭中平凡的普通人豐富複雜的心靈與性格了。

八、有價值的人生痛苦：戰爭極致下的哲思展示

文學作品的藝術魅力更多是取決作家獨特的個體生命體驗和這種體驗的詩意昇華。魯迅說：「悲劇將人生的有價值的東西毀滅給人看。」[18]悲劇是偉大的苦難，苦難造就了思想和哲理，同時也造就了偉大的作家。戰爭文學不是婉約溫柔的懷舊，而是試圖從中尋覓一種生命的反思，因為只有回首才會反思，反思文學也是架設人類交流的橋樑，有反思文學在，人類最終將有可能更準確地認識自我，把握自我，創造自我。王鼎鈞書寫《關山奪路》時時從歷史事件中歸納出生活哲理，從生活感受與感情中透露出人生的哲思，讓這本回憶錄具有「以感寫思」的獨特性。以下分別從「突圍」到「建立」兩方面以詮釋之。

（一）對戰爭中的人性競技場之突圍

王鼎鈞在回顧往事的過程中，特別是在回顧那些年代在他生活的對立

---

[18]魯迅，〈再論雷峰塔的倒掉〉，《魯迅全集》第 1 卷（北京：人民文學出版社，1973 年 12 月），頁 178。

面的人物及其相互關係的時候，似乎更多地是從一種人性與道德的角度觀察問題。因爲在戰爭中，每個人面臨生死榮辱的抉擇，在存亡危急的關頭，人們往往更多地憑藉個人的覺悟與良知作出判斷與抉擇，因而戰爭又是考驗人的精神世界無與倫比的試金石。它能在一瞬間穿透人的人格面具的僞裝、虛矯。正如作者所說的：

> 天下已亂，人人學會無情。
>
> ——《關山奪路》，頁 233

> 人生在世，臨到每一個緊張關頭，你都是孤軍哀兵。
>
> ——《關山奪路》，頁 336

> 母親常說：「我要你安全，不要你偉大，」她老人家不知道要偉大才有安全，那是「生男埋沒隨百草」的時代，我不去找危險，危險會來找我。
>
> ——《關山奪路》，頁 336

> 我們坐在山村的小院裡，夜色中四圍皆黑，我們先看見光，後看見山，最後看見月。月光下看重重疊疊山，世界如同廢墟，人和月的關係反而親切，忘了月球也是廢墟。
>
> ——《關山奪路》，頁 45

> 故鄉成了解放區，又如何回老家？小鳥不能永遠在家中飛翔，總要有個落腳之處，慌不擇路，一頭撞進網裡，還以為那是個鳥窩吧！
>
> ——《關山奪路》，頁 35

作者小我的感歎就是眾多人相同的感歎。在那樣的時代，人命危淺，朝不保夕，人生無常，禍福難料，敵友難分，尤其在利害相關的時刻，人生的孤立無援感會異常尖銳，人與人之間的不信任感愈益加深，甚至會感到全然絕望，作者提及黃泛區會戰時，共軍用「人海戰術」進攻，死傷眾多，國家打到手軟：

> 世界太可怕了，這要多大本領的人才配站在世界上，像我這樣一個人憑什麼能夠存活。天崩地坍，我還有什麼保障，平素讀的書，信的教，抱的理念，一下子灰飛煙滅。我是弱者中的弱者，惟一的依靠是有權有勢的人也有善念，欺善怕惡的人也有節制。可是命運給我安排的是什麼！
>
> ——《關山奪路》，頁 336

活之無奈，死亦辛酸，面對信仰的缺失和崩潰，怎能不讓作者痛苦徬徨？從某種意義上來看，我們都是戰爭的俘虜，戰爭對於我們的影響持續在我們身上、家人之間發酵，成為我們內在無法否認的一部分，只是我們不一定察覺。直到有一天透過回憶錄的捕捉，我們才頓悟到一些早已存在內心深處埋藏多年的感受和心情。命運多蹇，人生多苦，使作者加深了對命運的思索。戰爭是人性的充分展示，當人們面臨著生死的抉擇，便會超脫外在束縛與內在的掩飾展現出人的真實本性。若想贏得戰爭，便要以毀滅他人為代價，在戰爭中的小我，往往不由自主地失去了獨立的生命價值甚至處世原則，而成為某種意義上的工具與點綴。這是作家發自內心最深處對人生無常的悲歎。

戰爭，可以在多大程度改變了人的生活、人的思想、人的心靈、人的命運。王鼎鈞告訴了我們答案，戰爭已在人們心中留下了難以彌補的傷痛：

> 我想我們是在張皇失措中挫傷了心靈，以後許多年，我們都不懂得怎樣使別人快樂，也不懂得怎樣使自己快樂。
>
> ——《關山奪路》，頁 407

作家傾吐出對宇宙、自然、人生的感受和見解。這些感受和見解，在某種意義上來說，是作家的反思和追求，王鼎鈞以一名士兵的姿態書寫自己的人生，在回溯中達到歷史的滄桑。人生命運的沉浮，時代社會的興衰，這就引了作家關於生命的議論：生命的道路是曲折的，但生命的存在卻是永恆的。人的一生只有一次，當無助與絕望降臨的時刻，往往是生命中的重大的考驗，生命中的無價時刻。

戰爭文學並非僅是馬革裹屍、沙場浴血的描繪，也並非僅是張揚某種道德範型或宣傳某種既定的政治概念，它必須要超越這些比較現實的層面，在一個更高的審美層次上，達到對每一個獨特生命個體及其價值與人生意義的摯愛、關懷、思考與領略。所以戰爭文學中展現人們在困境中苦苦堅守道德的自律性，這種自律性使得戰爭書寫充分發揮了其淨化的作用，道德的苦守是王鼎鈞一生的堅持，用他的生命力在堅持：

> 倘若孫子兵法是「真理」，也只是戰場上的真理，不能用於做人做事
>
> ——《關山奪路》，頁 161

這已達到哲學視野的觀照和深邃的歷史眼光了。無論如何，即使是面臨生死交關，乃要堅守道德。一部經典作品的問世，首先是源出於一個偉大的心靈，文學經典本身的價值就在於它凝結於文本中的亙古不變的樸拙之美，那是作家對生活和生命的原始而執著的愛，而且，那其中也凝結著著作家的真誠、良知、天性美善的精華。從內在精神程度而言，往往表現出對生命，對人性的高度重視，對存在欲望的充分尊重。

（二）戰爭中自我認同之建立

戰爭意味著不同國家、民族或群體之間用生命來扼殺生命，用鮮血澆灌鮮血，根本上就具有反人性、反道德性，「戰爭文學離不開戰爭，但戰爭文學不能僅僅是對戰爭歷史的摹寫，它更應當是作家從戰爭記憶中作出的一種人性的反思，這種反思是對戰爭整體的反思，而不是對戰爭中的任何

一方或個歷史事件的是與非的反思。」[19]作者在回憶錄中真實地再現一位知識分子個體人格與社會現實相依違的矛盾困境，他在困境中選擇了自己獨立的人生道路、價值取向與生命態度，充分展現了出處生死之抉擇。

時代環境的複雜多元和社會個體獨特的精神結構，即使處在同一社會環境之中，人們也會形成不同的價值觀和生命態度，而生活又為人們的經驗和活動帶來不同的價值判斷，在多種多樣的個體在特殊的情境下，都表現出獨特的抉擇，這種抉擇與個別的生命態度關聯起來，便形成了人的個性特徵，王鼎鈞正是由於家族意識和社會價值取向以及個人的特殊遭遇才形成了自己個性。當吳排長以國家之名來向學生行騙召生，作者之所以被騙乃因自己「一向痛恨官兵欺壓良民，屢次幻想自己變成劍俠，路見不平拔刀相助」，「做過多少除暴安良的夢」（《關山奪路》，頁 25），以為憲兵正是實現他夢想的機會來了。正因血液裡公正的基因才讓他被騙。在發現被騙之後，仍然對未來的人生方向堅定：「因為我已一無所有，也就一無可捨，也就沒有那份能捨的悲壯，這才體會到「捨」也是福氣。」（《關山奪路》，頁 47）又如作者在憲兵團的第一天差事，是管區內發生車禍，班長命令他前去看看，肇事車輛的單位來一位中尉軍官，他把作者拉到旁邊，低聲說：「咱們都是軍人，胳臂彎兒往裡拐，您上天言好事。」不等他說話，捏著一疊鈔票往作者口袋裡塞，作者突然熱血上衝，舉手給對方一個耳光，打得他倒退一步：

> 我馬上後悔了，我怎麼可以打人，尤其是對方是一位軍官。完全是反對作用，也許谷正倫陰魂附體，身不由己。
>
> ——《關山奪路》，頁 173

谷正倫被譽為「現代中國憲兵之父」，以「不說謊，不作假，守本分，盡職

[19]王富仁，〈戰爭記憶與戰爭文學〉，《河北學刊》第 5 期（2005 年），頁 167～178。

責」爲憲兵官兵座右銘。王鼎鈞的性格裡也有著這樣公正嚴明的性格。

又如他在決定離開憲兵六團，仰賴「上校爺爺」的安排，冒名頂替離職的上尉軍需「王鶴霄」，改了名字沒改姓氏，真王鶴霄是個上尉，假王鶴霄的作者卻只能領少尉的薪餉，其間的差額是存進了老闆的賬，但作者仍心懷感念地說：「我知道，我若不乞食，這份上尉的薪餉全部歸他所得……我應該感激他，山重水複、好歹找到一條路，總得紀念修路的人。」（《關山奪路》，頁 237）做了軍官可以領到眷糧，每人最多不超過四口，爲防虛報冒領，要附全家照片，主辦人替作者找來三個演員拍照，作者內心掙扎：「我勉強照辦，心裡覺得十分彆扭，忽而有得救的感覺，忽而又充滿了罪惡感。我又能怎樣呢，以前政府騙我，我無法選擇，現在我們集體欺騙政府，政府也無法選擇。」那個年代冒名頂替的現象普遍，但能像作者這樣內心掙扎，甚至心懷感恩的人也許不多：

> 1949 年我以王鶴霄的名字入境臺灣，不久，臺灣保安司令部看到我寫的一篇故事新編，傳去問話，教我當面寫一篇自傳，我立即把兩件事交代清楚；其一，我在聯勤補給單位冒名頂替王鶴霄，其二，天津失守，我成了中共的俘虜。自此以後，我為這兩件事填過各機關寄來的調查表，我實在怕人見到王鶴霄三個字，好像找到了這三個字就找到了我的真贓實犯。多年以後，我又常常罣念真正的王鶴霄那個人，好像他真的成了我的一部分，或者我成了他的一部分，我用它做筆名寫文章。我奉他的名活下來，不知他奉誰的名活著、活了多久。
>
> ——《關山奪路》，頁 238

王鼎鈞常常因超前地看到某些現象，見微而知著，在生活中堅持了必要的原則。雖然未曾與真正的王鶴霄謀面，但這個名字卻在他的心中引起了空前的反響。從一開始盜用頂替他人身分的內心煎熬，王鼎鈞最終克服了自己的人性之常，而轉以感念掛懷的心遙想王鶴霄對他的助緣。主體心靈之光對生命價值的燭照和感應，是對生命活力的呼吸，是身心遭劫後尋求感奮勃興的精神寄託，是人生在歷史滄桑中解脫重負的心靈搏動。王鼎鈞他善於把文學筆觸深入到人物的心裡世界和潛意識領域，他不僅對個別人物的心理活動作出了傳神寫照，還刻畫了社會各階層的群體心態，展現出大千世界裡的芸芸眾生。作家並沒有在打擊、苦悶中喪失自己堅定的信念，他在命運沉浮中意志堅定，正如《聖經・提摩太後書》的箴言：「那美好的仗我已經打過了，當跑的路我已經跑盡了，所信的道我已經守住了」，將這種信念、這種感情借助於作品、和作品中的人物，展現給經歷過的、沒經歷過的讀者，其影響應該是不言而喻。

從《關山奪路》中，我們看到作者特有的堅定信念，這信念並沒有因為時代動亂而模糊不清。耿直、善良、堅韌、嫉惡如仇、重情重義，是作者的性格特徵；公正、客觀、秉筆直書、警策後人，是作者寫作的目的，他敢於撕碎心肺、拷問靈魂，不逃避，不文飾，直面人生，直面自我，在與外界黑暗和內心陰影的搏鬥中開拓出新的精神境界。他對許多人生體驗的刻骨銘心和從中提煉出來的人生原理，讓人思之再三，心潮難平。這種堅定性，是每個時代的人都希望擁有的。嚮往真善美是人類的本性，文學的作用就是要宣揚這種本性，提煉這種本性，淨化美化我們所生活的世界。

九、結語

回憶錄是具有強烈個人色彩的存史方式，存史須具有公正的歷史意識，能在事實面前保持一份自我反省的清醒，在真假善惡的邊界上把持是非曲直的道德底線，對歷史發展的複雜性——「合理中有不合理，不合理中有合理」，有所理解，有所意識。王鼎鈞經歷的是生命的大痛苦，情感的大爆發，思想的大覺醒，這些生命感受，不僅對個人、兩岸、乃至對於整個人類都是亙古未有的獨特，記憶讓我們體認到戰爭的殘酷和罪惡，記憶喚醒著所有和平愛好者的良知。一部好作品，對悲劇、對社會衝突和心理是有深刻的分析和表現，《關山奪路》做為一定特定歷史時期的產物，自然在很大程度上要帶著那個時代所有的色彩，抒發了埋藏在人們心底的悲憤與狂喜。正是這時代的印痕撥動了千百萬人的心弦，它的感人大量來自於作家對自我命運及家國命運的深切感知。分以下三點說明以為全文總結。

（一）藉「亂離書寫」打造「存史」與「詳史」的價值

一個人的青少年就這樣被匆匆地拉入到了戰爭的狀態，原本過著正常生活的普通人，身不由己地捲入了戰爭這巨大機器裡，從此，他們的人生不再屬於他們自己。今天，當王鼎鈞以通觀歷史，忠於現實的姿態出現，撥開迷霧，將我們帶回硝煙瀰漫的歷史現場，他不隱惡揚善，不文過飾非，不因人廢言，也不因事廢人，把自己經歷的歷史公諸於眾。作家通過自己的經歷折射出那一個世代裡絕大多數人們的感受，憑藉著「亂離書寫」，打造了現代散文「存史」的價值，讓我們看到了過去四年中眾生的人物形象，這些人物集中地體現了歷史的真實。他對歷史的深刻思考，不是針對戰爭的現實，而是人性在戰爭中的體現，既讓人們看到人性在極端環境下的異化，也讓人們看到人性光輝的力量。

（二）文學藝術性的展現

在表現方式上，他力圖把戰爭的過程以「藝術的方程式」展現，這種「藝術的方程式」就是用詩的意境概括而形象地反映「歷史」的嬗變和人性面貌，構成了冷峻又熾熱交融的風格。《關山奪路》像是一支複調樂曲，兩個聲部融合在一起，形成了雄渾而浩瀚的氣勢。四年的時間跨度和個人的顛沛流離，使得全書起伏跌宕，大起大落，有的地方如潺潺清泉，從山澗中靜靜地流淌過去；有的地方如天風海濤，氣勢逼人；有的地方如清風霽月之中的鳳管鳴弦；有的地方如幽月寒光中的杜鵑啼鳴，境界不斷地變化、推移，呈現出多種色調，展現了丹青畫手的激揚場面，哲人的銳利深邃，文化人「美麗的憂傷」，有著現代散文難見一見的大氣魄，大境界，然這種氣魄與境界不是從追求戰爭場面的壯觀而來，而是注重對人性力量的闡釋與揄揚。如果作家內心沒有恢宏的格局，筆下沒有多變的形式，是無法適應創作主體的精神馳騁的要求。

（三）死亡摧逼下的人性異化到極端環境中人性復甦的揭示

一部歷史其實也是一部人們對自身生命本相逐步意識的歷史，《關山奪路》是王鼎鈞用生命和鮮血換來的思想認識，客觀公正地回憶血淚斑斑的歷史，因爲真實的歷史才能起到醒世教諭的作用。《關山奪路》雖然強調地反映著時代，深刻地反映了戰爭風貌，但它又絕對不是把文學當作政治史，而是以思想的睿智，冷靜地審視現實和人生，展現著對個人命運和民族命運的思索，它既是時代性的，又與現實保持著一定的距離感，這樣作家才能對審美對象作出更爲準確的觀察與審美判斷。他不把文學與現實政治貼得太近，他的描寫與展現的重心不是當時的政治革命和經濟危機，而是人們在衝突與矛盾中的思想困境，精神苦悶，正如席慕蓉所言：「作者所要顯現的，不是我們表面上所看到的中國近代史而已，或許更可貴的，是透過這幾十年的流離與喪亂，讓我們見證了即使一個曾經柔弱與徬徨的靈魂，也可以憑藉著那自身求善求美的努力，終於達到了他要爲歷史求真的初心。」[20]王鼎鈞在全書中集中體現了對生命的眷戀、對死亡的思考、對命運的困惑、對情感的深摯，有著自我人生意義的確認，他所追求的是失落後被扭曲的人格和人性的回歸，他凸出做爲人所應有的憧憬、理性和自尊的人格尊嚴，人生意義和宇宙意義的追尋、生存、毀滅、永恆這一切事物運動規律的把握，具有強烈的生命意識，生命意識是人類對自身生命所進行的自覺的理性思考和感情體驗，是人類獨特的精神現象。

歷史不能假設，也無法重來，就連括號內的夾注也不容塗改。王鼎鈞以細緻的筆觸，將人物在硝煙殺伐下的悲哀與裂變展示地淋漓盡致，對於戰爭的價值判斷地公正而理性、冷靜。儘管國共內戰的歷史傷痕在時間上離現在已經有一段距離了，同時由於歷史的局限性，在寫作上也難以全數還原現實，但在今人看來，依然能夠被《關山奪路》的情節以及所塑造的

[20]席慕蓉，〈歷歷晴川再回首〉，《聯合報》副刊，2009年5月2日。

人物深深地打動著，這裡起著主要作用的，正是人類得以跨越時空，可以互通的一份生命力量與情感依歸。我們珍惜王鼎鈞回憶錄的寶貴財富，並有責任發掘、整理與出版相關史料，全面啓動關於戰爭文學與正面戰場的研究，並將其不斷地推向深入，借以塡補現代文史不應有的空白，也爲戰爭歷史面貌的全面恢復做出應有的貢獻。

任何一個時代，都期待它們的文學有大師級的作家和經典作品的出現。優秀的作家和作品要超越了時空、國界、民族的限制，爲不同時代的人們所接受。基此，一個真正作家的寫作一定是發自內心的寫作，更要創造美的永恆。我們跟隨著王鼎鈞記憶的車輪，隨著作者展開的回憶觀看沿途的風景，同時也見證到《關山奪路》實踐了文學與人生的自覺交融，打開心智之門，關注生命的苦樂悲喜，撩開每個人的靈魂深處，這才是創作的最高境界。這種境界是作家的生命和文學理想的有機組成部分，是作家在全書中投注了苦心孤詣的詩意經營而達成的，王鼎鈞的人生，是一個擔當起「偉大」二字的心靈與生命。我們不得不爲現代散文中能有如此不辜負偉烈時代的優秀作品而感到欣慰，同也爲現代文學界對戰爭文學與發掘與研究的遲緩而深感遺憾。從八二三金門戰役之後，兩岸即使有過緊張，卻再無烽火相向，隔絕了 40 年之後開放交流至今已 20 年，社會發展的落差，生活態度的迥異，都需要更多更長的時間來磨合或調適。然而戰爭的記憶是不能遺忘的，今天和平生活是昨天戰爭的結果，它深深地留下了昨天戰爭的投影與烙印，其中不僅有著和平之後的幸福，也有深深的創痛與陰影。《關山奪路》提醒我們，和解必須面對真相，面對悲痛。60 年滄桑坎坷，儘管到如今，還有這麼多的對立、衝突和鬥爭，儘管如此，悟以往之不諫，知來者之可追，我們要在回首歷史時，也要兼顧現在與未來。我們也希望王鼎鈞在完成了回憶錄的書寫後要解放人生的怨苦，還有全中國所有受苦受難的人，都要得到解放，重新開始新的人生。

——選自《臺灣文學研究學報》，第 13 期，2011 年 10 月

略論王鼎鈞與中國現代作家的文學因緣

◎張堂錡*

一、兼類主義：王鼎鈞散文的深、厚、重

從「當代十大散文家」到「文壇三大男高音」，從「散文大國手」到「文壇長青樹」[1]，寫作超過一甲子、出書超過四十本的當代重量級作家王鼎鈞，以其堅持不懈的創作力、風格多樣的文體試驗、情理兼具的豐富題材，特別是對人生、文學、宗教的智慧體悟，使他在當代文壇中獨樹一幟，備受推崇，不僅獲得「兩岸掌聲」，恐怕大部分的「海水天涯中國人」，都曾在王鼎鈞作品中得過心靈的啓發或慰藉。臺灣散文作家陳幸蕙以其爲「效法學習的一個標竿」；張曉風則感性地說：「對於這樣的作者，除了謝天，你還有什麼可說的？」；柯慶明更以令人驚詫的「奇蹟」來概念王鼎鈞跨越傳統與現代、寫作歷經大半個世紀而生生不息的驚人成就[2]。大陸學者同樣重視王鼎鈞在散文上的意義與地位，古遠清稱他爲「臺灣一流散文家」[3]；樓肇明則指出：「人們熟悉做爲散文革新家的余光中的名字，而

*發表文章時爲政治大學中國文學系助理教授，現爲政治大學中國文學系副教授。

[1] 1977 年，由管管、菩提編選的《中國當代十大散文家》（臺北：源成文化圖書供應社），王鼎鈞被列入十大之一；1994 年，陳義芝主編《鶯夢春雨：當代臺灣十二大散文名家選集》（臺北：朱衣出版社），王鼎鈞又被列入「當代散文大國手」，同時也被列入當代新十大散文；1999 年，由文建會主辦的「臺灣文學經典」評選活動，選出 30 本書，王鼎鈞以《開放的人生》入選；至於「文壇三大男高音」，是爾雅出版社隱地先生在 2009 年出版的《文學江湖》書末廣告頁上的用語，他將王鼎鈞、余秋雨、白先勇三人合稱爲「文壇三大男高音」。

[2] 以上陳幸蕙、張曉風、柯慶明的說法，見王鼎鈞，《風雨陰晴》（臺北：爾雅出版社，2000 年 7 月），頁 4、18、19。

[3] 古遠清，〈王鼎鈞：臺灣一流散文家〉，《名作欣賞》2009 年 7 月號，頁 21。

另一位也許藝術成就更大、意境更爲深沉博大的旅美華人散文家王鼎鈞，則是爲大陸讀者所知不多和相當陌生的了。」然而，他認爲王、余二人「可謂珠聯璧合，共同爲完成對現代散文傳統的革新，奠定了堅實穩固的基石。」[4]他甚至形象地稱許余、王兩人是「臺灣散文天宇上的雙子星座」。[5]

這些肯定與讚譽，證明了王鼎鈞在文學上不凡的成就，即使不是一個「奇蹟」，至少也是當代文學的一頁「傳奇」，一頁深、厚、重的「傳奇」。他的文化厚度、抒情深度，以及「重量級」的文學成就，主要來自他的涉獵廣、格局大、形式自由。沒有廣博就沒有深厚，沒有自由就不會有如此創作之豐所積累出的「重量」，王鼎鈞以其創作爲這個觀點作了最生動的詮釋，而他也以這個觀點的實踐成了一代作家的典範。

仔細推敲王鼎鈞少年失學、青年逃難、中年流離的坎坷際遇，不禁令人好奇，是什麼成就了他的廣與大、厚與重？他擅長小說、散文、劇本、文藝批評、作文指導等多種文體，其中以散文成就最高，藝術表現手法嫻熟而多變，是什麼讓他在失學與逃難的環境中得以自學有成，卓然成家？這是一個令人好奇但也不難理解的問題。我們知道，一個作家的成長與成熟，必然有著諸多條件與因緣的會合，王鼎鈞豐富的人生閱歷，造就他不拘一格、多方轉益的嘗試精神，在摸索中，他不斷突破自己，勇於創新，終於練成一代大家的不凡身手。也就是說，他先從「雜」入手，透過「雜」的吸納與互滲，才逐漸提煉出「純」的文學。最能表現出他這種「雜」的精神是他的「兼類」主義[6]，也就是魯迅的「拿來主義」。但凡能爲其所用者，他都盡量融會一體，不同文體的界限，在他有意的實驗下被

---

[4]樓肇明，〈談王鼎鈞的散文〉，《王鼎鈞散文》（杭州：浙江文藝出版社，1999 年 3 月），頁 1～2。

[5]樓肇明，〈穿越臺灣散文 50 年——序《1945 年至 2000 年臺灣散文選》〉，《海南師範學院學報》（社會科學版）2004 年第 5 期，頁 53。

[6]散文研究者喻大翔說王鼎鈞是「兼顧」作家，其作品是「兼顧」散文。在此借用爲「兼類主義」。見喻大翔、谷方彩，〈散文世界的「兼類」作家——論王鼎鈞的散文藝術〉，《名作欣賞》2009 年 7 月號，頁 14。

打破，被跨越，我認爲，這正是形成王鼎鈞散文氣度恢弘、視野寬闊、質地厚重風格的主要原因。

王鼎鈞在一次接受訪談時提到：「我一生都在學習。從讀中國古典起步，後來經歷新文學的寫實主義、現代主義，到後現代。經歷左翼掛帥、黨部掛帥、學院掛帥、鄉土掛帥，到市場掛帥。每個時段都學到東西。在思想方面，從孔孟、耶穌基督、馬列、佛陀面前走過，都沒有空手而回。能融會貫通，生生不息，所以一直能寫。」[7]這種從思想到創作都能廣納百川的學習心態，奠定了他的文學走向雄渾壯美的基礎，在高度創作自覺意識的驅使下，他力求打破既有陳規，脫胎換骨，開創新局。他對自己不斷嘗試「兼顧」寫作，是有著文學理論的支撐，他說：「詩、散文、小說、劇本，是那棵叫做文學的大樹上的四枝，是文學大家族中的四房，並非像動物和礦物截然可分。……爲了便於觀摩學習，必須誇張四者相異之點，尋求他們個別的特色。這以後，層樓更上，作家當然有不落窠臼的自由，兼採眾體的自由。」[8]在〈王鼎鈞自述〉一文中，他就自豪地說：「在臺灣爲及早力行將小說戲劇技巧融入散文之一人」[9]。一個真正具有創作力的作家，必然知道文學裡沒有絕對的文體，更沒有絕對的分類。王鼎鈞的散文創作很早就跳出了文體界限，因而成就了他獨特的兼類文風。

文體形式的兼顧跨越，加上宗教思想的兼類混融，王鼎鈞的散文因此顯得大氣。他深知自己的才學有限，因此特別用心學習吸收各種文學養分，在模仿中創新，在摸索中前進。只要被他「拿來」，他總能推陳出新，另闢蹊徑，這是他的才氣，也是他的勇氣。本文所要探討的中國現代文學作家[10]，就是被他拿來所用的許多材料中的一部分。這批從五四到 1930、

[7]李曄，〈海外著名散文家王鼎鈞訪談錄〉，《當代文壇》2006 年第 4 期，頁 21。
[8]王鼎鈞，《文學種籽》（臺北：爾雅出版社，2003 年 7 月），頁 74～75。
[9]王鼎鈞，〈王鼎鈞自述〉，《千手捕蝶》（臺北：爾雅出版社，1999 年 1 月），頁 181。
[10]文本的「現代」指涉的時間範疇是指 1917 年胡適發表〈文學改良芻議〉揭開新文學序幕，至 1949 年大陸政權易手爲止。1917 年以前的「近代」與 1949 年以後的「當代」，暫不在本文討論的時限內。

1940 年代的文學作家包括了夏丏尊、冰心、許地山、魯迅、沈從文、林語堂、胡適等，他們的思路與作品，都曾經或多或少地影響過他，給他人生的啓發，給他寫作的靈感，給他思想的啓蒙，也給他在寂寞道路上堅持下去的力量。

二、從《文心》到《文路》：夏丏尊

王鼎鈞在自傳體《回憶錄》散文集〈昨天的雲〉中提到，在讀小學時曾受到一位蘇姓國文老師的指點和啓發，從而認識了夏丏尊及其作品，在寫作上給他極大的影響。蘇老師在一次講文章作法的課堂上指出：「同樣一件東西，同樣一片風景，張三看見了產生一種感情，李四看見了產生另一種感情。」接著舉例說：「同樣是風，『吹面不寒楊柳風』是一種感情，『秋風秋雨愁煞人』是另一種感情。」聰慧的王鼎鈞立即表示質疑地說：「春風和秋風不是一樣的風，是兩種不同的風，人對春風的感覺和對秋風當然不同。」蘇老師一聽，微笑點頭，表示認同地說：「我們另外找例子。我們不要一句春風一句秋風，要兩句都是春風，或者兩句都是秋風。」自小作文即受到賞識的王鼎鈞，下課後，蘇老師叫他去辦公室，送他一本夏丏尊專爲中學生寫的《文心》，表示期許和肯定，王鼎鈞回憶說：

> 我一口氣讀完它，蘇老師舉的例子，是從這本書中取材。雖然書中偶有不甚精密的地方，但我非常喜歡它，它給我的影響極大，大到我也希望能寫這樣的書，大到我暗想我也將來做個夏丏尊吧。[11]

《文心》由夏丏尊與葉聖陶合著，1934 年由開明書店出版，全書採用說故事的體裁來介紹或討論有關國文的知識，是兩人運用多年教導中學國文的經驗所寫成，在當時產生了很大的回響。朱自清對這本「讀寫的故

[11]王鼎鈞，〈我讀小學的時候〉，《昨天的雲》（臺北：作者自印，1992 年 5 月），頁 69。

事」深表讚賞，認為是對青年寫作的「一件功德」，「書中將讀法與作法打成一片，而又能就近取譬，切實易行。不但指點方法，並且著重訓練。」以故事的方式呈現，「自然比那些論文式綱舉目張的著作容易教人記住——換句話說，收效自然大些。至少在這一點上，這是一部空前的書。」[12]夏丏尊還曾和劉熏宇合寫《文章作法》，和葉聖陶合寫《閱讀與寫作》、《文章講話》，加上他所翻譯的《愛的教育》風行久遠，使他的青年導師、開明教育家的形象深入青年人心中。早慧且對寫作充滿熱誠的王鼎鈞，顯然在《文心》這本書中得到很大的啓發，因而對夏丏尊的文學事業充滿了敬意，於是，後來的王鼎鈞寫了一系列與寫作指導有關的作品，包括《文路》、《講理》、《靈感》、《作文七巧》、《文學種籽》、《作文 19 問》等。

夏丏尊《文心》中塑造了一位國文教師王先生的角色，他不僅親切和藹，而且對學生的讀書寫作都認真指引、熱情鼓勵，是一位充滿教育愛的典型良師形象。在王鼎鈞的相關著作中，並沒有塑造出這樣一位人物典型，因為他自己就扮演了「王老師」的角色。對於一系列談作文的書，王鼎鈞和夏丏尊有著同樣的理想和體認，他曾說：「既然談的是『方法』，就得注重『可行』，就得找出『程式』『步驟』供人練習，這種書就要寫得既具體又實際。你得在書中指出一些目標，讓凡是照著書中規定去做的人果然可以達到，不能讓『目標』可望不可即。我在這方面算是盡了力。」[13]他教導如何培養和積累靈感的方法（《靈感》），介紹直敘、描寫、演繹、歸納、綜合等技巧（《作文七巧》），告訴初學寫作者如何一步步從教室走向文壇（《文學種籽》），透過對話方式探究創作方法、釐清創作脈絡（《作文 19 問》），還有以小說的手法來教導如何寫論說文（《講理》）等等，都能寫得深入淺出，活潑生動，難得的是提出具體實用的步驟方法，層次井然，由近及遠，許多看法都別有見地，且可即學即用。

---

[12]朱自清，〈文心・序〉，《夏丏尊文集・文心之輯》（杭州：浙江文藝出版社，1983 年 12 月），頁 171～172。

[13]王鼎鈞，〈答問（代序）〉，《作文七巧》（臺北：作者自印，1984 年 8 月），頁 3。

王鼎鈞和夏丏尊一樣，都是自學有成，或許是這個緣故，他對青年（特別是失學青年）的自學格外重視，他在這方面投注的心血，長期努力經營的成果，我認爲完全不輸給夏丏尊，也就是說，他已經做到了小學時「將來做個夏丏尊」的夢想，而且有過之而無不及。

三、宗教情懷與寓言人生：許地山

楊牧在〈中國近代散文〉一文中，將王鼎鈞歸入許地山的「寓言散文」一派，他指出許地山「博學沉潛」，能「深入梵文舊籍，結合中國傳統的象徵筆法，作品充滿寓言點化的技巧，神韻無窮。」[14]王鼎鈞的部分散文如寓言體的《開放的人生》、《人生試金石》、《我們現代人》（合稱「人生三書」）、《千手捕蝶》，以及宗教色彩較明顯的《心靈與宗教信仰》（原名《心靈分享》）、《黑暗聖經》（原名《隨緣破密》）等，確實讓人有許地山風格的聯想。王鼎鈞很早就讀過許地山的作品[15]，雖然他沒有進一步說明許地山對他的影響，但他深具宗教情懷與寓言人生的寫作傾向，和許地山確有相近之處。

許地山的一生和宗教結下不解緣，除了教學工作和文學創作外，他花費很多時間研究、撰寫宗教比較學和宗教史，還研究印度宗教、哲學、人類學，基督教、佛教與道教，都曾進入他的心靈。因爲宗教信仰，他早期的作品遂流露出濃厚的宗教色彩，小說〈命命鳥〉、〈商人婦〉、〈綴網勞蛛〉等即是反映其厭生樂死宗教觀的代表作，帶有消極的心態；散文集《空山靈雨》中多篇作品也是以佛教出世思想爲基調，在〈弁言〉中，他就宣示「生本不樂」，認定人生多苦，例如短文〈蟬〉寫道：「急雨之後，蟬翼濕得不能再飛了。那可憐的小蟲在地面慢慢地爬，好容易爬到不老的松根上頭。松針穿不牢的雨珠從千丈高處脫下來，正滴在蟬翼上。蟬嘶了

[14]楊牧，〈中國近代散文〉，《文學的源流》（臺北：洪範書店，1984 年 1 月），頁 56。
[15]王鼎鈞：「我憑六冊文選初步認識中國的新文學，我得以知道山東出了王統照、李廣田，臺灣出了許地山。」見〈左翼文學薰陶記事〉（上），《聯合報》副刊，2004 年 2 月 7 日。

一聲，又從樹底露根摔到地上了。雨珠，你和它開玩笑麼？螞蟻來了！野鳥也快要看見它了！」呈現的是生物界險象環生的處境，同時也揭示了這個充滿苦難危機的人世間，帶著消極的色彩。不過，他前期的散文中還是有一些能積極面向現實人生的思考，如〈海〉中寫道：「我們坐在一隻不如意的救生船裡，眼看著載我們到半海就毀壞的大船漸漸沉下去。」這船就是人生的寓意，即使不如意，即使終將下沉，也不能放棄，他鼓舞大家一起划槳：「在一切的海裡，遇著這樣的光景，誰也沒有帶著主意下來，誰也脫不了在上面泛來泛去。我們儘管划罷。」還有著名的〈落花生〉，以物喻人，指出花生不炫耀自己、埋頭實幹的品質，希望能像花生一樣，「人要做有用的人，不要做偉大、體面的人。」[16]充分顯現他務實入世的精神。宗教的觀點和現實的感受，在他的筆下自然激盪，從而發展出屬於他個人特有含蓄雋永、意味深長的藝術風格。

王鼎鈞的一生也和宗教結緣甚早、甚深，少年受洗爲基督徒，但對佛教道教也不排斥，表現出兼取各家所長的「拿來主義」務實精神，他說：「我是基督徒，坦白地說，佛教道教對我仍然有吸引力。我對這三家的內涵都有取捨。……我覺得宗教信仰是混血的，佛徒心中不止有佛，耶徒心中不止有耶，儒釋道耶俱在，你我每個人自己調一杯雞尾酒。」[17]這種多元混合的宗教信仰，被稱爲「雞尾酒」式的信仰。和許地山的宗教義理研究不同，他是「一種在實用原則指導下的選擇結果」，爲了洞悉人性、解決人生問題，他向不同宗教尋找祕方和解答，體現的是一種「儒家用世精神的靈活性」[18]，而非追想彼岸式的出世寄託。這就決定了他比許地山更爲樂觀、積極的哲理思考與精神追求。他曾這樣比喻文學與宗教的關係：「音樂是上帝的語言，美術是上帝的手巾，文學是上帝的腳印，我們順著腳印，

[16]以上〈蟬〉、〈海〉、〈落花生〉三篇文章，引自周俟松、向雲休編，《中國現代作家選集・許地山》（臺北：書林出版社，1992 年 12 月），頁 6、26、78。
[17]王鼎鈞，〈關於宗教的反思〉，《心靈與宗教信仰》（臺北：爾雅出版社，2001 年 7 月），頁 153。
[18]語見趙秀媛，〈論王鼎鈞散文的精神品格〉，《名作欣賞》2008 年 9 月號，頁 58。

尋找上帝，想像上帝」。[19]於是，我們在他的作品中看到「仁者的獨照、智者的透闢和文者的生動」。[20]隱地甚至以「聖歌」形容王鼎鈞的散文。[21]

以《千手捕蝶》為例，多篇源自基督教義的啓發與聯想，如〈聖經？〉寫道：「起初，上帝造人。他造了兩個男人，又造了兩個女人。人類的歷史從這兩對配偶開始。不久，其中一個男子，殺了另一個男人，把另一個女人也據為己有。這個勝利的男子搜遍樂園，把另一個男子留下的痕跡完全消滅，使後之來者完全看不出還有一個人在這裡生活過。他又對兩個女子洗腦，使她們把某些事情忘得乾乾淨淨。然後，他坐下來寫《創世紀》，他是上帝所造唯一的男人，是人類的始祖。」這是王鼎鈞所「創造」的人類起源，對於「聖經」，他提供了另類的思考，帶有反諷權威的意圖；又如〈創世外記〉所說：「或者並不是上帝照自己的形象『拷貝』了人類，而是人『盜用』了上帝的版權。蚌類或許是模仿上帝的保險箱。」幽默的顛覆許多既有的定見；還有〈感恩節〉、〈面具人間〉、〈奉獻〉等也都是從宗教題材中所提煉出來的人生哲理。在寫作《黑暗聖經》一書時，他甚至效法《聖經》的結構，開花似創世紀，終篇似啓示錄，中間則經歷紛紜世相。至於《心靈與宗教信仰》一書更是明顯的宗教思索之作，談宗教情操、多元信仰、生死之謎、宗教與文學創作關係、教會、人間大愛與小愛等，是其多年鑽研宗教奧義（特別是基督教）的集中呈現。

如果只是對宗教信仰有同樣的興趣，王鼎鈞和許地山的散文「相似度」將不會如此之高，必須加上對創作「寓言散文」的同好，兩人的牽連才因此緊密、合理。許地山的寓言散文取材自日常生活、宗教信仰、歷史素材，體悟深刻，寓理於事，平易中娓娓道來，具有哲思的感染力。例如〈暗途〉寫吾威在夜裡不點燈走山路回家，因為他認為：「不如我空著手走，初時雖覺得有些妨礙，不多一會，什麼都可以在幽暗中辨別一點。」

[19]王鼎鈞，《心靈與宗教信仰》（臺北：爾雅出版社，2001 年 7 月），頁 1。

[20]高彩霞，〈踏著「上帝的腳印」追尋永恆〉，收入黃萬華主編，《美國華文文學論》（濟南：山東文藝出版社，2000 年），頁 154。

[21]隱地，〈王鼎鈞的聖歌〉，《千手捕蝶》（臺北：爾雅出版社，1999 年 1 月），頁 165。

於是，「那晚上他沒有跌倒；也沒有遇見毒蟲野獸；安然地到他家裡。」對人的本能回歸、自立自強的精神，做了生動的詮釋；〈蛇〉寫「我」在樹林見了一條毒蛇，趕緊逃開，而蛇也逃走了，返家後對妻子提起此事，疑問道：「到底是我怕它，還是它怕我？」妻子說：「若你不走，誰也不怕誰。在你眼中，它是毒蛇；在它眼中，你比它更毒呢。」[22]由此體認到相對立場的不同看法，富有人生哲理的寓意；其他如〈萬物之母〉、〈美底牢獄〉、〈補破衣的老婦人〉、〈公理戰勝〉、〈處女的恐怖〉等，都是文筆洗練、構思新穎的寓言之作。

王鼎鈞的寓言散文在質與量上都不遜於許地山，其「人生三書」多以小故事代替說理，巧用隱喻，給人咀嚼不盡的知性啓悟，如〈大漠弱者〉寫人性的軟弱，那位不能等待同伴提水回來的人，以最後一顆子彈結束生命，使得同伴只能看著屍體反覆追問：「你爲什麼不堅忍到底？」；〈六字箴言〉以一位離鄉年輕人和族長的互動，提醒我們：「人生在世，中年以前不要怕，中年以後不要悔。」這「不要怕，不要悔」六字箴言的奧義，是人生經驗的提煉，也是生命智慧的濃縮；又如〈鎖匠和小偷〉寫鎖匠因賣鎖而致富，拿出財富來設立特殊學校，幫助小偷洗手轉業，有人提醒他，小偷少了，鎖的銷路就不好，這不是自己搬石頭砸自己的腳嗎？鎖匠的回答令人深思：「不會，完全不會。仍然有人甘居下流，人仍然要小心保管自己的財物，小偷不會絕跡，甚至也看不出顯著的減少。」鎖匠努力減少盜竊人口的結果是使自己升高，因爲「有些人自己沉淪的結果是把別人墊高，這幾乎是命中注定。」這實在是洞察人性的推論；和許地山〈海〉的寓意接近的是〈水族啓示錄〉，王鼎鈞寫道：「有些魚，尾部的骨骼折斷了，死在沙灘上，那些倖而生還的，也難保不被鯊魚吃掉，雖然如此，它們仍然全力歸海，因爲它們是水族，對海永遠有幻想。」[23]接受現實，勇敢面對，

---

[22]以上〈暗途〉、〈蛇〉兩篇文章，引自周俟松、向雲休編，《中國現代作家選集‧許地山》，頁 23、7。

[23]〈大漠弱者〉見《人生試金石》（臺北：爾雅出版社，2002 年 8 月），頁 229；〈六字箴言〉見《開放的人生》（臺北：爾雅出版社，1975 年 7 月），頁 35；〈鎖匠和小偷〉見《人生試金石》，

即使徒勞無功，也無怨無悔，這是許、王兩人共同追求的生命態度。

可以說，1949 年以前的寓言散文以許地山最爲凸出，1949 年以後則以王鼎鈞最爲用心，兩人在宗教領悟上各有所長，在文學創作上相互輝映，以寓言說人生，都是析事說理的大家，也是理性感性兼具的智者。

四、曾經是「小讀者」：冰心

對於新文學第一代的女作家冰心，王鼎鈞經歷了由喜愛到批評的心理轉折。在〈我的一九四五呢〉中他提到：

> 我們曾經是冰心的小讀者，因冰心愛海而嚮往海，因冰心憐憫老鼠而喜歡老鼠。我們幻想如何像冰心一樣站在甲板上，靠著船舷，用原來裝照相底片的盒子裝些詩句丟進海裡，任它漂，任它被一個有緣人揀去。想想想，我把眠牀想成方舟，把家宅想成一片汪洋。[24]

可見他曾經對這位以小詩〈繁星〉、〈春水〉，散文〈寄小讀者〉風靡無數讀者的作家有著發自內心的崇拜，幻想自己也能和她一樣寫詩、愛海。但是隨著自身文學素養與寫作經驗日漸豐富後，他對「冰心體」的散文開始有所質疑，在寫於 2004 年的一篇文章中他分析道：

> 我小學時代親近冰心，後來覺得她的語言夾生，節奏紊亂。我到臺灣後一度主編《中國語文月刊》，該刊的主要讀者是中學的國文教師和學生，我曾經想開闢專欄，選擇「臺灣能夠容忍的三十年代作家」，刊出他們的舊文，加以注釋分析，幫助學生提升寫作的水平，這時才發覺許多前賢修辭馬虎，有時造句也不通順，儘管留下「傑作」，卻不能作學習的範本。我把這個發現告訴某一位大教授，他「順藤摸瓜」，尋找兩人，羅列

頁 231；〈水族啓示錄〉見《有詩》（臺北：爾雅出版社，1999 年 1 月），頁 95。

[24]王鼎鈞，〈我的一九四五呢〉，《左心房漩渦》（臺北：爾雅出版社，1988 年 5 月），頁 143。

病例，寫了一篇「無情」的論文，我確實嚇了一跳。[25]

從「親近」、「嚮往」到「嚇了一跳」，冰心和王鼎鈞的文學因緣漸行漸遠，理由是「語言夾生，節奏紊亂」。冰心是用情感寫作的作家，五四初期，她的散文開啓「美文」之風，細緻委婉，優美清晰，成了一種典範。在語言修辭上，偏向明麗清晰，「滿蘊著溫柔，微帶著憂愁，欲語又停留」[26]，成了她的作品風格。爲了營造詩情畫意的美感，冰心喜用古典詩詞入文，濃抹重彩地運用各種修辭手法來描摩對象，好處是形象清晰在目，但不免有堆金砌玉、文勝於情之憾，文白夾雜，有時生動，有時則牽強。例如〈往事〉（二之三）：「往昔如觀流水——月下的鄉魂旅思：或在羅馬故宮，頹垣廢柱之旁；或者萬里長城，缺堞斷階之上；或者約旦河邊，或在麥加城裡；或超渡萊茵河，或飛越洛璣山；有多少魂銷目斷，是耶非耶？只她知道！」[27]修辭重複堆砌，顯得逞才使氣。當然，回到五四時期的文學語境，冰心的散文已經算是明白曉暢，具體可感，和同時期的作家相比，文字語病其實是相對較少的。

在題材內容上，冰心喜歡描寫山海自然，母愛親情，關注家國命運，思索宇宙人生，在這一點上，王鼎鈞也是如此。冰心和王鼎鈞都是基督徒，終生信仰「愛的哲學」，認爲「有了愛就有了一切」，這使她的散文富有人生義理的闡發，且總是微笑看世界。雖然，沒有太多生命周折的冰心，她的「泛愛主義」，和歷經紅塵人世複雜糾葛的王鼎鈞有很大的不同，王鼎鈞致力於「黑暗聖經」的挖掘，冰心則是沉醉於「光明聖經」的歌詠。但只要讀讀王鼎鈞寫母愛的〈一方陽光〉，寫淡淡初戀的〈紅頭繩兒〉，寫繞樑不去的二先生的〈哭屋〉，或是〈失樓臺〉中的心情：「以後，

---

[25]王鼎鈞，〈左翼文學薰陶記事〉（上），《聯合報》副刊，2004年2月7日。

[26]這是冰心〈詩的女神〉一詩中的句子，拿來形容她自己的文風頗爲貼切。見卓如編《冰心全集》卷1（福州：海峽文藝出版社，1994年12月），頁313。

[27]冰心，〈往事〉（二），最初發表於1924年7月《小說月報》第15卷第7號。引自《冰心全集》卷2，頁186。

我沒有舅舅的消息，外祖母也沒有我的消息，我們像蛋糕一樣被切開了。但是我們不是蛋糕，我們有意志。我們相信抗戰會勝利，就像相信太陽會從地平線上升起來。從那時起，我愛平面上高高拔起的意象，愛登樓遠望，看長長的地平線，想自己的樓閣。」[28]和冰心所刻畫的溫暖人心、光明世界其實是十分接近的。還有〈唯愛爲大〉、〈愛孩子〉、〈成全母親〉、〈人，不能真正逃出故鄉〉、〈中國在我牆上〉、〈瞳孔裡的古城〉等有關親情、家國的作品，都讓人看到了與冰心相似的身影。

有趣的是，王鼎鈞寫了一篇散文〈分〉，特別提到冰心寫的小說〈分〉[29]，同題之作，足見王鼎鈞對冰心的作品還是熟悉的。在這篇敘述兩岸因戰火隔絕，導致童年摯友即使聯絡上也不能再像以前那樣無話不談的傷感之作，王鼎鈞具體而微地寫出了時代的無情與個人的無奈：

> 分字底下一把刀，有形的刀之外還有無形的刀。你還記得吧，冰心有篇文章題目就是「分」，在婦產科醫院的嬰兒室裡，人和人都差不多，進了幼稚園就顯出許多差別，以後年齡長大境遇各殊，人啊人就截然不同。那時，冰心的想像力還不足以「假設」兩個人分別在兩種相反的社會制度裡生活四十年，她的那篇文章已經令人夠傷感夠無奈了。[30]

於是，「記得當時年紀小，我們談天可以由早晨談到中午，又由中午談到晚上。」「當初我們一面談天一面發現我們所知道的完全相同」，然而，戰亂使人分離，從形體、思想到感情，「而今我們讀過多少有字無字之書，我們一年的見聞抵得上前人一世，我們多少感觸、多少激盪、多少大徹大悟、多少大惑不解，三山五嶽走遍，欲言又止。」王鼎鈞的〈分〉比起冰心的〈分〉，剖析更爲深刻、描寫更爲細膩，令人感喟的力量也更強烈，這是因

---

[28]王鼎鈞，〈失樓臺〉，《碎琉璃》（臺北：作者自印，1978年3月），頁86。
[29]冰心的小說〈分〉寫於1931年8月，發表於1931年《新月》第3卷第11期。
[30]王鼎鈞，〈分〉，《左心房漩渦》（臺北：爾雅出版社，1988年5月），頁138。

爲王鼎鈞「碎琉璃」（流離）的生活和對人性的體驗，比起「燦若繁星」的冰心更爲豐富而坎坷的緣故。

五、不能欣賞，不敢親近：魯迅

做爲新文學的奠基者，魯迅「世紀冠軍」的不凡成就與巨大形象，但凡中國作家很少有不受其影響的。王鼎鈞和中國現代作家的淵源極早，接觸亦多，13 歲時就在外祖母家遇到一位二表姊，這位二表姊給了他在新文學新思想方面的啓蒙，讓他「開始夢想有一天能做作家」[31]。對新文學作品涉獵甚廣的二表姊，借給他許多新文學作品，有蘇雪林的《棘心》、沈從文的《從文自傳》、巴金的《家》、茅盾的《子夜》，以及郁達夫、趙景深等人的文集，其中還有魯迅的《野草》。

《野草》是魯迅個人隱密心理有意識或無意的表露，揭示出魯迅內心情感與道德的激烈衝突，這些被視爲散文詩的作品，是進入魯迅內心世界的幽徑。在這本書中，跳動著作者誠摯而痛苦的靈魂，正如他自己所言：「大半是廢弛的地獄邊沿的慘白色小花，當然不會美麗。」[32]，這樣深刻的作品，少年王鼎鈞恐怕很難有感同身受的體會，他之不喜魯迅大約也是正常的。魯迅的文名主要建立在小說及雜文上，主題則集中於抨擊封建傳統的壓迫性、暴露落後愚昧的國民性、刻畫知識分子的虛僞性上，爲了引起療救的注意，他以戰士的姿態，試圖喚醒鐵屋中沉睡的人們，於是，他吶喊，他徬徨，他以文筆爲匕首，刺向陰暗人心，刺向不義社會，加上他個人成長過程中面臨家道中落、出入當鋪與藥店的不愉快經驗、父親早死、婚姻不諧等因素，使他有著猜疑、孤獨、陰暗、虛無的心理層面，他也決定了他的作品偏向詛咒、諷刺、批判、揭露、不平的風格。魯迅死前表示「一個都不寬恕」的苛刻態度，對於懷有宗教之愛、信仰寬恕美德的王鼎

[31]王鼎鈞，《昨天的雲》（臺北：作者自印，1992 年 5 月），頁 122。

[32]魯迅，〈《野草》英文譯本序〉，《魯迅全集》第 4 卷（北京：人民文學出版社，1981 年），頁 356。

鈞顯然是不能認同的，他說：

> 我不喜歡魯迅，那時我從未說出口來，即便是今天，說這句話還有些膽怯。我知道陳西瀅、梁實秋、胡秋原、蘇雪林也不喜歡魯迅，但是我那時並未讀到他們的評論，我的耳目所及盡是高度稱頌。我不喜歡他大概是氣性使然，我欣賞文學固然有局限，魯迅恐怕也未能把他的氣性完全昇華轉化。現在詩人楊澤說，魯迅是「恨世者」，哥倫比亞大學教授王德威說，魯迅刻薄寡恩，散發毒氣與鬼氣，他們展示多元的看法，先獲我心。瞿秋白和魯迅同世為人，他說魯迅是狼族，有狼性。羅馬神話：萊漢斯出生後吃狼奶長大，不離狼群。這話我到八十年代才讀到，相見不恨晚。如果說讀書變化氣質，我拒絕變成這樣的人，我也不能欣賞、不敢親近這樣的人。[33]

不能欣賞，也不敢親近，魯迅成爲他映照人世、探索人生的反面鏡像。和魯迅相比，王鼎鈞的寬厚恕道精神給人正面的力量，他曾說過一段令人動容的話：「作家可以愛仇敵。誰來造就一個作家？第一是情人，第二是敵人。沒有情人，沒有敵人，他都不能成爲好作家。情人使他愛他所能愛的，仇人使他愛他所不能愛的。如果他對仇敵有恨，他仍然難成最好的作家。」[34]這也許是宗教信仰給王鼎鈞的啓示，一種崇高的人生境界在這位「愛世者」的心中成爲一生牢不可破的信條。

王鼎鈞曾在 1946 年抗戰勝利後，到瀋陽擔任日軍投降後的接收工作，偶然發現一套六冊中國當代文學的選集，他搶救下來，仔細讀了魯迅的《狂人日記》。爲恐被連隊長官發現他閱讀左翼作家的作品，他把六冊文選寄放在一家中藥鋪，抽空才到店裡看書，他記得在中藥鋪裡讀到魯迅的小說〈藥〉，「感受特別深刻」，「我覺得『人血饅頭』如能治病，烈士在天之

---

[33]王鼎鈞，〈左翼文學薰陶記事〉（上），《聯合報》副刊，2004 年 2 月 7 日。

[34]王鼎鈞，〈感恩見證〉，《心靈與宗教信仰》（臺北：爾雅出版社，2001 年 7 月），頁 192。

靈也會贊成，可惜它只會傳染疾病。」[35]看來，對於魯迅的「不親」，並不代表他的「不見」，而是有己見的接受，有批判的回應。

這六冊文選顯然對他產生了很大的影響，他說：「我眼界大開，立刻覺得長大了，比起同儕，我算是見多識廣。」只是，這些作品中不斷出現的「壓迫」、「剝削」、「受侮辱的和受損害的」等口號，使他不自覺中被灌輸了左傾的意識形態，文學上則接受了寫實主義的創作立場，對此，他反省道：「那時寫實主義的詮釋者和鼓吹者，只談意識形態，不談藝術技巧，作品有沒有價值要看站在什麼立場、爲什麼階級說話，要看揭露的是什麼、控訴的是什麼。……對我的影響是：幾乎不知道有『形式美』。」[36]這個弊病，直到 1960 年代，臺灣提倡流行「現代主義」，才糾正了他。透過魯迅、巴金、茅盾、郭沫若、丁玲等左翼作家的作品，王鼎鈞曾經受到啓蒙，但人生觀與文學觀的根本差異，使他很快放棄了這種主題先行、革命爲先、政治爲準的文學思潮。

不過，在王鼎鈞的一些帶有諷刺性與批判性的散文中，我們還是可以看到「魯迅風」雜文的展現，這不是有意的模仿，只能說是部分性格的巧合，例如〈給我更多的人看〉：

> 人啊人，人字只寫兩條腿。左看像門，右看像山，另有一說是像倒置的漏斗，總之站得牢。人為萬物之「零」，符號十分簡單，人字只兩劃，你看馬牛羊雞犬豕多少劃！門供出入，人分內外；山有陰陽，人感炎涼；漏斗倒置，天地否極，看誰來撥亂反正旋轉乾坤。啊，人啊人。[37]

一針見血，洞明世事，有魯迅的犀利，也有魯迅的機鋒。又如他的〈哭屋〉，寫一個舊式讀者人追求、失敗、懸樑自盡的悲劇故事，有論者就指

---

[35]同註 32。

[36]王鼎鈞，〈左翼文學薰陶記事〉（下），《聯合報》副刊，2004 年 2 月 8 日。

[37]王鼎鈞，〈給我更多的人看〉，《左心房漩渦》（臺北：爾雅出版社，1988 年 5 月），頁 155。

出，「與魯迅的《吶喊》、《徬徨》中知識分子的遭遇與心路歷程有著極大的相似性」，「這是繼魯迅的寂寞悲涼之後對讀書人寂寞情懷情結的另種書寫。」[38]雖說不喜歡魯迅，但王鼎鈞的散文有時譏刺人性，有時暗喻時局，有時同情弱小，有時感慨世事，其實在不自覺中可能還是受到了魯迅潛在的啓發與影響。

六、人性的善與美：沈從文

在二表姊給王鼎鈞的文學啓蒙書籍中，有一冊沈從文的自傳，對這本書，少年王鼎鈞有一種特別的體會：「書很薄，讀的時間短，想的時間長，依書中自序和編者的介紹，沈氏生長於偏僻貧瘠的農村，投軍為文書上士，憑勤苦自修成為有名的作家，最後做了大學教授。這個先例，給籠中的我、黑暗貼在眼珠上的很大的鼓舞。這本書展現了一個廣闊的世界，人可能有各種發展。」[39]那是 1937 年，抗戰爆發，整個民族陷入血和火的洗禮，在烽火連天之際，他從沈從文二十歲以前的自傳中看到自己，也渴望未來有各種廣闊的可能性。這是他和沈從文的第一次接觸，人性的善與美，從此進入了他審美化的心靈中。

後來，他又讀了《邊城》，「我喜歡沈從文，他的名作《邊城》，寫一個老人和一個孫女相依為命，使我想起老父正帶著幼女流亡，難以終卷，三歲定八十，我始終很難從純粹審美的角度接受文學。」[40]沈從文筆下人性的美給他鼓舞的力量，殘酷的戰爭現實則使他暫離純美的追求，但即使在「社會」這部「大書」中，王鼎鈞和沈從文一樣，從來不曾忘記對人性的善、人情的美、人生的愛的堅持。王鼎鈞在部隊中的經歷並不遜於沈從文，他對文學的愛好與追求也不亞於沈從文，兩人自學成家的背景，看來也很類似。在《從文自傳》中，沈從文多次提到水對他的重要，他說：「我

[38]熊小菊，〈解讀《哭屋》的寂寞情結——與魯迅的《吶喊》、《徬徨》比較〉，《美與時代》2006 年 3 月號，頁 82。
[39]王鼎鈞，《昨天的雲》（臺北：作者自印，1992 年 5 月），頁 120。
[40]王鼎鈞，〈左翼文學薰陶記事〉（上），《聯合報》副刊，2004 年 2 月 7 日。

認識美，學會思索，水對我有極大的關係。」[41]當部隊駐紮在龍潭，沈從文幾乎每天都去河邊「聽水吹風」：

> 那地方既有小河，我當然也歡喜到那河邊去，獨自坐在河岸高崖上，看船隻上灘。那些船夫背了縴繩，身體貼在河灘石頭上，那點顏色，那種聲音，那派神氣，總使我心跳。那光景實在美麗動人，永遠使人同時得到快樂和憂愁。當那些船夫把船拉上灘後，各人伏身到河邊去喝一口長流水，站起來再坐到一塊石頭上，把手拭去肩背各處的汗水時，照例總很厲害的感動我。[42]

沈從文對河流的愛與想像，行吟江畔的王鼎鈞也在〈讀江〉中有著相近的感受與描繪：

> 城外碼頭，很寬的水面，很小的船，船夫是個中年的漢子，他說的話我只能聽懂一半。船往水窄處走，不久，——也許很久，——兩岸就是層層疊疊的水成岩，就是亂峰，就是飛魚般的落葉。城中的擁擠燥熱恍然是隔年的事了。

> 回想當年經過的山山水水，都成了濛濛煙雨中的影子，像米芾的畫，唯有這條江一根線條也不失落。船是溯江而上，我坐在船頭仔細讀那條江。江上秋早，寒意撲人，江水比烈酒還清，水流很急，但水紋似動還靜，江面像一張古代偉人的臉，我仔細看那張臉，看大臉後面排列的許多許多小臉，以他們生前成仁取義的步伐，向下游急忙奔去。[43]

---

[41]沈從文，《沈從文自傳》（臺北：聯合文學出版社，1987 年 4 月），頁 9。
[42]前揭書，頁 96。
[43]王鼎鈞，〈讀江〉，《左心房漩渦》（臺北：爾雅出版社，1988 年 5 月），頁 45。

經過 20 年的人生歷練，「每天讀那條江如讀一厚冊哲理」，王鼎鈞說：「後來，很久以後，我忽然靈機頓悟，一切豁然。我明白了，我了解人，也了解你。」來自湘西的沈從文，來自山東的王鼎鈞，兩人在江河船岸上的身影同樣寂寞，也同樣豁達。

沈從文說：「我願意在章法外接受失敗，不想到章法內得到成功。」[44]王鼎鈞跨越文類、打破陳規的努力正是基於這樣的信念；沈從文說：「我只想造希臘小廟」，「這神廟供奉的是『人性』」[45]。在中國現代文學史上，像沈從文那樣高揚人性旗幟的作家似乎並不多見，他往往被視爲人性論者，是「人性的治療者」。對於《邊城》，沈從文說是要「爲人類『愛』字作一度恰如其分的說明」，要表現一種「優美，健康，自然，而又不悖乎人性的人生形式」。[46]談人生論人性，我們在王鼎鈞的作品中看到了同樣的思維與關懷，從「人生三書」到《黑暗聖經》，就如王鼎鈞自言：「作家把人生經驗製成標本，陳列展覽，供人欣賞批評，給人警誡或指引。作家取之於人生，又還之於人生，和廣大的讀者發生密切的關係。」[47]考察人性一直是王鼎鈞創作的思想核心，透過人性的解碼，對人性或溫暖或冷峻的剖析，他應該是想爲人間的「情」作一生動的說明，就如他所言：「固然『無情不似有情苦』，但『無情何必生斯世？』願我們以有情之眼，看無情人生，看出感動，看出覺悟，看出共鳴，看出希望！」[48]

《邊城》在沈從文人性抒寫的長河中，無疑是最代表性的作品，最爲集中地呈現出他的生命理想與人性觀點，然而他所構築的人性神廟，多少帶有理想化的烏托邦色彩，王鼎鈞雖然喜歡《邊城》田園牧歌情調的單純與天然，但是具有強烈現實感的他也不禁要說：「很難從純粹審美的角度接

[44]沈從文，〈《石子船》後記〉，引自劉洪濤、楊瑞仁編，《沈從文研究資料》（天津人民出版社，2006 年 6 月），頁 29。
[45]沈從文，〈《習作選集》代序〉，前揭書，頁 51。
[46]前揭書，頁 53。
[47]王鼎鈞，〈人生〉，《文學種籽》（臺北：爾雅出版社，2003 年 7 月），頁 190～191。
[48]王鼎鈞，《情人眼・自序》（臺北：作者自印，1990 年 11 月），頁 12。

受文學」，這是因爲時代的鼓聲、生存的艱難、歷史的命運對他的生命理想強力擠壓、衝擊，使他一直保持著「山雨欲來」的憂患意識，也使他的筆觸指向了整個民族的生存狀態與精神風貌。在《左心房漩渦》、《碎琉璃》到《海水天涯中國人》、《看不透的城市》，乃至於自傳散文《怒目少年》、《關山奪路》等，表現出的整體意蘊，是個人在時代變動中心靈與精神的變異與掙扎，是時代巨變所引起的生命焦慮與文化困境。也許可以這樣說，沈從文是從「善」的角度看待人生，而王鼎鈞則是從「真」的角度剖析人性。他在沈從文身上看到了向上的力量，在《邊城》中看到了廣闊的世界，並且在日後複雜坎坷的生命流轉中，憑自己的韌性與才情，走出了一條和沈從文相似但又不盡相同的文學道路。

七、完全的自由：胡適、林語堂

感性文學因緣以外，有些現代作家在理性思想上對他產生過較大衝擊，例如林語堂與胡適，在他的人生思考與個性凝塑上也有過潛移默化的作用。在《心靈與宗教信仰》一書中，王鼎鈞有一章專談林語堂與基督教、教會、儀式、中國文化等相關問題，流露出他對林語堂強烈的認同感，在末尾時還誠摯地呼籲：「我們應該慶幸基督教有林語堂，一如慶幸佛教中有王維。我很盼望教會正式樹立『林語堂模式』，接納更多的王維。」[49]一個開放、自由的林語堂，是他心目中理想基督徒的典型。不過，他和林語堂的淵源，可以追溯到更早的抗戰時期，在《怒目少年》中，他回憶抗戰期間曾偶然讀到林語堂《生活的藝術》下冊，非常喜歡，但一直沒找到上冊：

> 因為耳目閉塞，《生活的藝術》上冊沒看過，不知道到哪裡去找，我們非常喜歡林氏的文筆，可是談到生活，他那致命的精緻實在叫吃「抗戰八

[49]王鼎鈞，〈信仰者的腳步〉，《心靈與宗教信仰》（臺北：爾雅出版社，2001 年 7 月），頁 137。

寶飯」的人受不了。例如他推許明代文人屠隆的生活；焚香時「慢火隔紗、使不見煙」，香薰透衾枕，「和以肌香，甜豔非常」。那種生活似乎很「可怕」。常聽會戰發生，我們一個個變成斯巴達人，有人跑了七十里路弄到「上冊」，問我要不要看，我竟擺一擺手，算了。

我這個輕率的決定大錯特錯。多年後讀到「上冊」，才知道和下冊不同，下冊談的是技術細節，上冊談的是人生哲理，在斯巴達之外，人對生活對社會還可以有另一種態度，實在是我老早應該知道的斯巴達式的人生觀可以用於戰時，不能用於平時，可用於工作，不能用於閒暇，可用於青壯，不能用於終生，而我只知其一，不知其二，後來環境改變，這苦頭可就吃足了！[50]

這次的經驗顯然讓他茅塞頓開，他走出了狹隘的慣性（或是惰性），不用只讀「半本書」，也不只讀「一本書」，而是體認到「該融匯各種不同的學說，欣賞不同流派的藝術，承認不同地域的風俗，容納各種不同的個性，讀各種政治立場的報紙。」[51]對於「斯巴達」式的專制政治體制、高壓生活方式和僵化思考模式，他已經有所質疑和反思。

這次的思想啓發和後來與胡適的一段因緣有著相似之處。王鼎鈞提到，1958 年時，臺北的中國文藝協會開大會，邀請胡適演講，胡適講〈人的文學〉、〈自由的文學〉，其中一段話讓王鼎鈞印象深刻：

政府對文藝採取完全放任的態度，我們文藝作家應該完全感覺到海闊天空，完全自由，我們的體裁，我們的作風，我們用的材料，種種都是自

[50]王鼎鈞，《怒目少年》（臺北：作者自印，1995 年 7 月），頁 104～106。斯巴達是古代希臘城邦之一，以其嚴酷紀律、獨裁統治和軍國主義聞名，其政體是寡頭政治，和當時雅典的民主制度形成對比。

[51]同前註。

由的，我們只有完全自由這一個方向。[52]

這其實是王鼎鈞一生服膺與嚮往的文學境界：「要有人氣，要有點兒人味，因爲人是個人。」[53]只有完全的自由，才是個「人」，寫作的文學才是「人的文學」。胡適在專制政治環境下鼓吹獨立思考的精神，對他性格、觀念的建立有著直接的影響，「訓練我對人生世相的穿透力」，「並且有可能成爲一個夠格的作家」[54]王鼎鈞後來說：「我寫散文是因爲愛好自由——文學形式的自由，題材選擇的自由。」[55]這種文學的自由觀，不能說沒有受到一點胡適「完全自由」主張的影響。

思想之外，這位白話文學的提倡者與實踐者和王鼎鈞在文學寫作上也有一次獨特的「空中互動」。由於胡適經常應邀到各地演講，美國之音駐臺北的單位都派人錄音。大部分錄音都交給中廣節目部一份，節目部再交給任職於中廣的王鼎鈞聽一遍，他的任務是斟酌是否適合播出，或者摘出一部分播出。這是他和胡適一種極特殊的文學因緣，他說：「我在工作中深受胡適語言風格的薰陶，他使用排比、反復、抑揚頓挫，常使我含英咀華，他有些話含蓄委婉，依然震撼人心，他明白流暢而有回味。我只能跟他學敘事說裡，學不到抒情寫景，他畢竟只是廣義的文學家。」[56]對胡適「重實用，不重文學藝術性的拓植」[57]的文學特質有著精準而深刻的體會。

許地山、林語堂、胡適等人在宗教、思想上對王鼎鈞的影響，使得他在散文作品中以說理見長，錘鍊出情、事、理交融的散文風格，筆鋒凌厲，思辨精微，常能從現實生活中汲取靈巧的機智，深遠的洞見，給人雋永的哲思，不愧爲「講理」的高手。王鼎鈞說：「我的寫作秉持一個信念：

---

[52]王鼎鈞，〈我從胡適面前走過〉，《聯合報》副刊，2006 年 2 月 16 日。
[53]同前註。
[54]王鼎鈞，〈胡適從我心頭走過〉，《聯合報》副刊，2006 年 4 月 23 日。
[55]見陳義芝編，《散文教室》（臺北：九歌出版社，2002 年 2 月），頁 64。
[56]同註 51。
[57]楊牧，〈中國近代散文〉，《文學的源流》（臺北：洪範書店，1984 年 1 月），頁 57。

『要給讀者娛樂，給讀者知識，給讀者教訓。』這些話說來似平淡無奇，像『教訓』這樣的字眼也易引起讀者反感，其實這話並沒有什麼錯。我希望讀者讀到我的作品，能多了解些人情世故，讀完之後，多了一些智慧。」[58]深諳人情世故與開發生活智慧，王鼎鈞透過一則則生活的小故事，靈光乍現的生活化語言，議論風生出理趣與哲思兼美的文學光芒，讓人省思，更讓人回味。

八、在「風雨陰晴」中成就「一方陽光」

王鼎鈞與中國現代作家的文學因緣，除了上述幾位外，其實還有一些，他曾說：「我也喜歡朱自清、周作人、趙景深，還有丁玲。」「我喜歡曹聚仁、蕭乾，他倆和報館淵源深，作品帶報導文學風格，也許暗示我和新聞有緣。我喜歡麗尼，也許伏下我對『現代文學』的欣賞能力。」[59]至於同爲山東老鄉的作家王統照、李廣田，他也很早就讀過其作品。1930 年代具代表性作家茅盾的《子夜》、老舍的《牛天賜傳》，也曾在他文學養成階段給過他許多養分。這些作家中除了沈從文後期作品帶有現代主義風格外，多以現實主義爲主要創作傾向，王鼎鈞浸淫其中，多方體會，日求精進，奠定了穩固的文學根基，以及關注現實的創作理念。其後雖歷生活的顛沛流離，異鄉漂泊，不論在創作上或閱讀上，終身自學不輟，博採眾家，廣泛吸收，終能成其博大。來臺後，眼界日開，對包括現代主義、意識流等各種文學思潮、敘述方式，不斷琢磨實驗，使其作品呈現出令人眼花撩亂的多重樣貌，正如大陸研究者方方所論：「王鼎鈞的文學生命豐富。論時代，他歷經抗戰、內戰、臺北時期和紐約時期，經歷了『寫實主義』——現代主義——後現代輪流坐莊的文學潮流演進。文學發展的道路曲折，兼收並蓄，取精用宏，頗耐時潮淘洗。」[60]

---

[58]趙衛民，〈磨劍石上畫蘭花——訪第二屆聯副「每月人物」王鼎鈞先生〉，《聯合報》副刊，1989 年 7 月 31 日。

[59]王鼎鈞，〈左翼文學薰陶記事〉（上），《聯合報》副刊，2004 年 2 月 7 日。

[60]方方，《妙手文心——王鼎鈞創作心理及寫作理論探析》（臺北：爾雅出版社，2009 年 3 月），頁

然而，與其說是文學因緣造就了王鼎鈞這位當代重量級的散文作家，不如說是時代的「風雨」、人性的「陰晴」提煉了他，是血肉硝煙、背井離鄉的滋味豐富了他。沒有天才，沒有運氣，就像他在〈舊夢〉中那切膚之痛般的自白：「我們 20 世紀 1950 年代的人物，同睹過一個世界的破碎，一種文化的幻滅，痛哭過那麼多的長夜，這隻手還不是產生名著的手嗎？無疑的，這身體，從頭頂到腳底，每一寸都是作品！」[61]亮軒說得沒錯：「是躲也躲不掉的使命感推動他成為一個作家」[62]。

從大時代中走來，又從大變動中走過，昔日的「怒目少年」，今日的「海水天涯中國人」，王鼎鈞歷經「關山奪路」之糾結驚危，「文學江湖」之滄桑流轉，使「昨天的雲」成為文壇今天耀眼奪目的「一方陽光」。與許多作家的文學因緣只是一個引線，一個觸機，歷史命運與時代風雲才是真正讓他躍上文學舞臺的背景與動因。他說：「人，不能真正逃出故鄉」，其實，人，也不能真正逃出時代。

——選自「王鼎鈞學術研討會」

臺中：明道大學中國文學系、通識教育中心，2010 年 5 月 15 日

127。

[61]王鼎鈞，〈舊夢〉，《情人眼》，頁 14。

[62]亮軒，《風雨陰晴王鼎鈞：一位散文家的評傳》（臺北：爾雅出版社，2003 年 4 月），頁 115。

王鼎鈞書寫的創造力
極短篇

◎張春榮*

前言

王鼎鈞書寫的核心，萬變不離其宗；所有的極態盡妍，所有的「一言難盡」、「心畫心聲」，百川競流，千姿萬變，不外乎一個「反」字。其〈宗教信仰與文學創作〉中指出：

> 事情總是朝相反的方向發展。這奧祕，寫易經的人知道，寫聖經的人知道，寫道德經的人知道，現在作家都知道。
>
> ——《宗教信仰與文學創作》，頁 65

「反」字，一字三義；可以是「相反」、「對立」，也可以是「一正一反」間的「往返」變化，更可以是「一正一反間的對立統一」的周而復始，「循環」前往，生生不已。逮及〈我和軍營的再生緣〉中，更透視歷史和文學的發展：

> 歷史總是呈現多軌或雙軌的樣相，五十年代，反共文學之外還有以女作家為主的私生活文學、人情味文學，六十年代，現代主義運動之外還有軍中文藝運動，七十年代，鄉土文學之外還有後現代，看似相反，最後

*臺北教育大學語文與創作學系教授。

都「化作春泥更護花」。

——《文學江湖》，頁 438

點出「相反」是表，「相反相成」是主；「對立」是就眼前而言，「對立的統一」是就長遠來看；於是所有的萬紫千紅、爭奇鬥豔，無不在歷史的長河中紛紛開且落，前浪後浪，交湧壯闊；形成「雙軌或多軌」的歷時性結構，如螺旋形般「循環」前進，灌溉沃養一株株蒼綠綻青的文學之樹。

基於這樣的高度視野，王鼎鈞文心燦發，靈根自植。不管置身任何文類的書寫，無不植松柏以招清風，植梧桐以引鳳凰；深耕廣織，交蒼接黛，花果蔚蕃。其中路徑，大抵有二：第一、自「意義層」上，立象盡意，彰顯「世事洞明，人情練達」的穿透力，照見深刻內蘊；第二、自「語言層」上，藝術加工，馳騁「情節曲折，細節暈染」的感染力；型塑文字的蒙太奇。兩者形神相親，相輔相成，展現多元豐美的創造性書寫。以「由少少中見多多」的極短篇爲例，其《開放的人生》、《靈感》、《黑暗聖經》（原名《隨緣破密》）、《千手捕蝶》等作，力求小故事，大道理；小面積，大負載。在「有意外才是人生」的層層故事中，驚鴻一瞥，別開生面；直指「有意義才顯光輝」的中心論述，彰顯「有意思才見精采」的趣味書寫；求變求異，求質競新，金相玉質，自成一格，值得自「創造力」理論，加以爬梳探究。

四個向度的書寫風貌

自 20 世紀以來，吉爾福特（J. P. Guilford）、托蘭斯（E. P. Torrance）均強調水平思考、擴散性思維，認爲創造力是發現問題、解決問題的心理智能，提出「認知」的「五力」：敏覺力（sensitivity）、變通力（flexibility）、流暢力（fluency）、精進力（elaboration）、獨創力（originality）。其中敏覺力是直覺反應，源自天賦與後天素養；變通力是「有效反應類別（不同層次）的總數」，注重靈活改變；流暢力是「有效反應的總數」，注重豐富多樣；精進力是「有效反應的精緻化」，注重協調細膩；獨創力是「有效反應的稀有度」，注重新穎獨特[1]。

由此認知五力出發，一旦運用在極短篇書寫時，正可檢視作者認知的向度與作品極態盡妍的風貌。不過由於「敏覺力」屬於作者臨文時的反應，取材立意的構思狀態；尚未進入實際寫作，無法有效考察，因此歷來在考察作者創造性書寫時，多自「變通力」、「流暢力」、「精進力」、「獨創力」四個向度切入，分別加以檢視，一窺作家文思泉湧、錦心繡口的靈妙風貌。

一、變通力

所謂變通力，即「有效反應類別（不同層次）的總數」，能觸類旁通，極其變化。以極短篇的情節設計而言，《靈感》中交織三種不同的「轉折」：曲轉、陡轉、遞升[2]，呈現不同滋味的意外。

首先，在「曲轉」上，能照見自然偏離的小意外，體會應然與實然間的落差，往往在「情理之中」，可以想像接受。如〈認識愛〉：

> 一個作家娶了一個不識字的太太，每天教太太認字。他寫「桌子」，把這兩個字貼在桌子上。他寫「電燈」，把這兩個字貼在電燈上。太太每天看見桌子、電燈，溫習這些字。不久，他家所有的東西都貼上了名條。
>
> 有一天，他教太太認識「愛」，這個字沒處貼，就抱住太太親嘴。兩個人親熱了一陣子，太太總算把這個字記住了。她說：「認識了這麼多字，數這個字最麻煩。」

——《靈感》，頁 70

---

[1]可參基爾福特，《創造性才能》（北京：人民教育出版社，1991 年）、陳龍安，《創造思考教學的理論與實際》（臺北：心理出版社，2001 年）、羅伯特．J．斯滕博格主編，《創造力手冊》（北京：北京理工大學出版社，2005 年）

[2]參劉海均，《規律與技法》（新加坡：新加坡作家協會，1993 年），頁 79～83、張春榮，《極短篇的理論與創作》（臺北：爾雅出版社，1999 年），頁 121～127。

全篇自「語言文字」和「對象」指涉上加以立意，掌握符號中「具體」與「抽象」間的指涉變化。最後從「景物」至「情意」的自然遷移中，自「識字教學」的舉證裡，發現「愛」這個需要「兩人同心感受」，最爲甜美，最爲傷神，也最爲麻煩。

其次，在「陡轉」上，驚視超常的大意外，目擊前後顛倒的強烈反差，往往在「意料之外」，震撼人心，讓人剎那間難以接受。如〈慈母淚〉：

> 女兒到了「寂寞的十七歲」，自作主張買了一條牛仔褲。星期天上午，大門外有男孩子吹口哨。越想越不放心，就讓女兒轉學，進了一家管理嚴格的教會學校。
>
> 畢業的那一天，女兒決定去做修女，母親阻擋不住，哭得像個淚人兒。丈夫安慰她：「妳不是希望女兒學好嗎？修女是世界上頂好的人。」
>
> 母親說：「我是希望她學好，但是我不希望她好到那種程度。」
>
> ——《靈感》，頁 70

全篇自母親的「完美動機」與「不完美」結局上立意，凝視「心想事不成」的「過猶不及」。於是在「千金難買早知道，千千萬萬想不到」的「不捨」淚眼中，丈夫向上翻轉，由「悲傷的心」走向「冷靜的腦」的安慰，而母親卻由「冷靜的腦」重回「悲傷的心」，掉入大失所望的深淵。

至於「遞升」，則打破慣性反應，擴外思維的視角，展現新的高度與觀照，靈光乍現，理之乍顯，突破以往，往往「耐人尋味」，形成更深的感悟。如〈失鳥記〉：

> 有人養了一隻鳥，那是他最心愛的東西，每天侍候牠、欣賞牠，連作夢

也夢見牠。

可是，有一天，鳥不見了，他忘記把籠子的門關好，鳥飛走了。他實在心痛，很想把那隻鳥再找回來，看見鳥就注意觀察，聽見鳥叫就把耳朵轉過去，可是那些鳥都不是他的鳥。

有時候，他看見成群的鳥，他希望那隻鳥就在裡面，其實，就是在裡面，他也認不出來。

不知道到底那隻鳥是他的鳥？他只有愛所有的鳥。從此，他變成了一個愛鳥者，一個保護野鳥的人。

——《靈感》，頁 70

全篇自「患得患失」至「有捨有得」的兩個層次上立意，逐漸察覺「當你關心時，你不再擁有」。篇末由感性走向知性，由主觀走向客觀，領悟到「鳥應該養在樹林裡，鳥應該住在大自然裡」，呈現更寬闊的視野。

值得一提的是，這三種轉折常常綜合運用。最常見的書寫模式是，始於曲轉，次於反轉，終於遞升，先後展開不同層次的變通力，型塑「情理之中」、「意料之外」、「耐人尋味」的精采力作，競寫「小而精，小而深，小而美」的切片藝術。

二、流暢力

所謂流暢力，即「有效反應的總數」，能針對同一問題，提供源源不絕的解決方案。以同一題材而言，即能有不同情節的設計，不同結局的安排，令人目不暇給。如王鼎鈞《黑暗聖經》一書，其中〈四個國王的故事〉、〈火車時間表的奧妙〉、〈故事套著故事〉等，均能在同一人物或場景中極其鋪陳，多管齊下；在「量的擴充」中，展現多樣書寫的流暢力。

茲以〈火車時間表的奧妙〉爲例，文中即寫出「火車誤點」的三種問題情境，呈現三種不同的解決方式：

1.火車誤點了，怎麼辦

火車誤點了，你正在車站上準備乘車，這一段時間可以列入「生活中最難排遣的時光」。火車遲遲不來，時間像蚊子一樣不斷的飛來叮你。

一九四一年仲夏之夜我在山東嶧縣南關車站等候火車（這條短短的支線現在已經拆掉了）。依照時間表，列車應該在十點鐘進站，可是到了十一點還不見蹤影。天氣很熱，蚊子又多，車站內外也沒有人賣報紙雜誌，候車的人用看時間表、打蚊子、口出怨言打發時間。

十一點十分，站長從我們身旁經過，一個資深乘客首先發難，他每個月都坐火車出門，受夠了望眼欲穿的滋味，他問站長：「你們的火車總是誤點，火車時間表還有什麼用？」其他的乘客聞聲圍攏過來。

站長放慢腳步，昂然反問：「如果沒有時間表，你又怎知道火車誤點？」說完，掉頭而去。

妙極了，最佳的防禦，水潑不進，針插不透，旅客縱然不服，也只有悻悻而罷。鐵路局有此等「忠勇」的員工，亦可謂深慶得人了。

現在，我想我比較了解這位站長。火車誤點，許多人以為站長有責任，其實他有什麼辦法？當然，他至少有義務接受乘客的抱怨，可是，等到誤點成為常態，每天面臨無休無盡的質問時，他焦躁起來，他專業的榮譽已蕩然無存，他想這是鐵路局害了他，他又何必站在你面前替鐵路局受過？

那就誤點吧。那個站長他索性不在乎了。

2.誤點，火車仍然來了

一九四九年春王正月，我在山東德州車站等了三個小時才搭上火車。我曾一再到站長室打聽班車何時進站，他說「還有三十分鐘。」我清清楚楚記得一共問過五次，每次所得到的答案相同。

那位站長也是鐵路局的模範員工，他把等車的時間分成好幾個三十分鐘，使我們很樂觀的承受著料峭的寒風。上車後，我憤憤的說：「四點半的班車，七點半才到，候車室裡面又何必掛火車時間表？」

座旁一位老者，鬍子白了一半，一口天津衛的「衛腔」。他對我說：「你看，火車不是終於來了嗎？這就多虧有個時間表。時間規定四點半到，四點半到不了，五點半應該到；五點半到不了，六點半應該到，現在七點半，終於到了。如果沒有時間表，它可以明天才到，也可以後天才到。」

我愕然，當時，我完全不能接受他的看法。今天，我想起這位老者。他老人家想必受過時間表無窮的折磨。時間表總是在騙他！可是，一個想坐火車的人，不信行車時間表又信什麼？上一次它不準，這一次也許改進了吧！他仍然要一分一秒的遵守，依然一次又一次為它所負！這樣累積了十次百次以後，他的心冷了，誤點就誤點，他也不在乎了！

3.當火車第三次誤點的時候

一九五〇年某日我在臺灣宜蘭火車站等車，那時宜蘭火車站很小，候車室的椅子很髒，售票口像拘留所送飯的進出口那麼大，但是班車時間表的字很清楚，很鄭重其事。

那時，宜蘭的班車也會誤點，（現在已是歷史陳蹟）。那時宜蘭有軍官大隊，他們經常往來於臺北宜蘭之間。那次車上就有幾個軍官在座，一個說：「火車常常誤點，我們寫一封信給鐵路局好不好？」另一個說：「好，我們告訴他應該修改行車時間表。」

我急忙看他們的臉，沒有人笑，說這言詞的人似有憤激之色，他的聽眾似乎為之動容。我當時想：這是怎麼了？當行為違反規則時，他們正經八百的主張改變規則！

他們並不在乎火車何時來到，他們計較的是：你為什麼不說實話！火車八點到你就說八點，火車十點到你就說十點，不是容易相處得多了嗎？

——《黑暗聖經》，頁 91～96

第一則〈火車誤點了，怎麼辦〉，面對乘客責難，站長採取「逆向思考」:「如果沒有時間表，你又怎知道火車誤點？」形成陡轉。文末作者加以衍生擴大，自「知其無可奈何而安之若命」上立意，遞升擴大。

第二則〈誤點，火車仍然來了〉，首先自火車誤點「還有 30 分鐘」的曲轉展開，在連問五次都得到相同的答案之際，形成陡轉，質疑「火車時間表」存在的意義；最後鬍子半白的老者，再加陡轉，肯定「火車時間表」的價值，隱隱指向「凡存在皆合理」的命題，自有一套阿 Q 的「生活智慧」。

第三則〈當火車第三次誤點的時候〉，針對火車誤點提出兩種解決辦法：第一、鐵路局改進，嚴格控管，遵照時間表行駛；第二、鐵路局執行上有困難，乾脆修改行駛時間表。第一是應然，要求行爲務必遵守規則：第二是實然，一旦行爲違反規則，乾脆改變規則。於是基於「求真」的省思，化被動爲主動，轉化遞升，直指實事求是（「與其等待，不如改變，與其改變，不如創造」）的「經營管理哲學」。

凡此「一題三寫」的多樣鋪陳（比「雙襯」還豐富的「三襯」），善用不同的轉折（「曲轉」、「陡轉」、「遞升」）變化，在在展現王鼎鈞書寫的流暢力，綿密多姿，足以呈現多面向的觀照與省思。

值得注意的是，王鼎鈞在「一題三寫」之餘，接著加以申論、解釋〈誤點——火車的驕傲〉：

> 同船過渡，你不知道會遇見什麼樣的人。
>
> 第一位，那站長說，沒有行車時間表你怎會知道火車誤點。
>
> 第二位，那老者說，如果沒有時間表，火車來得更晚。
>
> 第三位，那軍官說，火車既然誤點，行車時間表就該修改。
>
> 他們共同的智慧是，面對規則時要心冷，但是不能心死。……這智慧，當然不止是從車站得來，他們還經歷了許多世事，用海峽對岸流行的話來說，「生活教育了我們。」
>
> 在某些時候，誤點乃是火車的驕傲。火車那樣的龐然大物，它不來，誰拉得動？它要來，誰擋得住？在「當然可以誤點」的火車裡，列車長一副悍然不顧的神情，只有在準時進站準時出站的火車裡，才有謙和從容的服務人員。在「當然可以誤點」的火車裡，乘客多半如剛剛蒙恩大赦，只有在守時的車廂裡才氣定神閒。
>
> ——《黑暗聖經》，頁 91～96

演繹之餘，進而歸納出「世事洞明，人情練達」的共同智慧：「面對規則時要心冷，但是不要心死」，永遠要有「溫暖的心，冷靜的腦」，不要對火車「當然可以誤點」憤慨失望，就對「生活」灰心絕望。似此條分縷析，則是在作者流暢力的創造性書寫之餘，同時展現其朗暢明晰的批判性思維。

三、精進力

所謂精進力，即「有效反應的精緻化」，能精益求精，青出於藍，更臻豐美。以文本互涉的極短篇而言，在人物上，可以增添新的組合；在情節上，可再添變數；在細節上，可更顯幽微；在主題內涵上，可提出新解釋、增添新趣味。如《靈感》中〈最後的花魁〉、《千手捕蝶》中〈夸父骨肉〉、〈吳剛造林〉、〈漁人說謊〉、〈割席記〉等，無不在「質的提升」中馳騁上層樓的精妙書寫。

以〈漁人說謊〉爲例：

> 晉太原中，武陵人，捕魚為業……
>
> 這天，他糊里糊塗闖進一個四面環山的村莊，村中立刻雞飛狗跳，男女老少紛紛跑過來看他這個陌生人。
>
> 他從未見過這麼奇怪的村莊，一切人造的東西都和外面不同，居民像是戲裡畫裡的人物，似真似幻。
>
> 他說，在居民眼中，他也是個異類，居民顯然有些驚慌，又不免好奇。
>
> 幸而語言可以相通，經過交談，彼此知道對方都沒有惡意，於是一位老者出面邀漁人到舍中作客。
>
> 老者一路不住的打量漁人的下身。老人說，他們的祖先為了逃避秦始皇的暴政，才到這個與外界隔絕的地方定居。老人坐在席上，一再看漁人的腿，幾番欲言又止，使漁人忽然局促不安。
>
> 終於老者忍不住了，他指指漁人的腿部：「老弟，你下半身穿的這個……是什麼？」
>
> 「是褲子呀！」漁人莫名其妙。
>
> 「可不可以脫下來讓我看看？」
>
> 什麼？主人教客人脫褲子，這是哪國的風俗？這褲子是脫不得的呀！
>
> 老者一笑。「你下身穿的這個……褲子，我覺得很好，我們從來沒見

過。」

原來這裡的人不穿褲子！

老人反覆看那條褲子，嘖嘖稱讚，他說，他要教孫子媳婦約集快手馬上趕製，讓家裡的女主人明天就穿起來，然後是男人。

老者說，以後，全村的人都要穿褲子了！

漁人想知道全村究竟有多少人口？老者感傷起來，人口本來很多，前年流行了一場傷寒……

傷寒很要命，有張方子是從漢朝傳下來的……

漢朝？你說漢朝？現在不是秦朝是漢朝了嗎？

不是秦朝，也不是漢朝，現在是晉朝。

可歎始皇帝「萬世一系」的計畫也是一場春夢，當初又何苦焚書坑儒偶語棄市，不過改朝換代的時候百姓要遭一次浩劫，感謝祖宗，他們都僥倖躲過了。外面的世界太可怕，他們現在更不喜歡外面的世界，再三叮嚀漁人不要說出他們居住的地方來。

可是漁人哪能忍住不說呢，漁人回家，一路述說他的奇遇，整個武陵傳遍了，連南陽的劉子驥都聽說了，郡大守也得到報告。

太守說，普天之下，莫非王土，有這麼多人躲著不納糧，豈有此理！萬一有一天他們想造反呢！

劉子驥去見太守：「我派人到那地方去開一家商店專賣褲子，我的人可以作太守的耳目。」

有個落拓士子去見劉子驥：「我在你的店門口擺個攤子說書好不好？專說兩漢王國，順便給你的商店做廣告。」

這些人在太守支持之下組織探險隊，由漁人做嚮導，去尋那一片世外的人間，他們「緣溪行，忽逢桃花林，……林盡水源，便得一山……」

可是入山的孔道卻再也找不到了。

漁人急得滿頭大汗。然後，劉子驥等人也都疲乏不堪，彼此一商量認定大家上了漁人的當，漁人所謂奇遇，根本是吹牛說謊。

漁人也惶惑不已：我究竟是迷了路，還是作了個夢，還是因課稅太重而生的幻想神遊？

這事的結局是，漁人在太守那兒挨了五十大板，罪名是造謠生事。

——《千手捕蝶》，頁 76～80

全篇首先展現變通力，將陶潛〈桃花源記〉中「男女衣著，悉如外人」，改成「這裡的人不穿褲子」，留下「賣褲」的商機。繼而針對原作結尾：

既出，得其船，便扶向路，處處誌之。及郡下，詣太守，說如此，太守即遣人隨其往，尋向所誌，遂迷不復得路。

南陽劉子驥，高尚士也，聞之，欣然欲往，未果：尋病終。後遂無問津者。

——《千手捕蝶》，頁 76～80

加以改變，再加衍生，展開「改寫」、「續寫」的精進力。於是增添人物（「落拓士」、「探險隊」），增加情節（「納糧」、「專賣褲子」、「說書」商機誘因，找不到入口的反應「上漁人的當」），產生始料未及的新結局（「漁人在太守那兒挨了 50 大板，罪名是造謠生事」）。而陶潛原作中「樂土追尋」的寓意，竟成「事與願違」的反諷；由原本「人與自己」（樂土追尋）的單純，遂擴充成「人與社會」（再度追尋未果）的複雜難測。

同樣，以〈吳剛造林〉爲例：

神仙永遠不死。

因此你不能判神仙死刑。

神仙犯了過失，是「死罪可免，治罪難逃。」生命無盡無休，處罰也就無盡無休，苦楚也就無盡無休。
這，豈不是生不如死？

也不盡然，生命是充滿轉機的，所以無期徒刑究竟「優於」死刑。
據說，吳剛修仙犯規，受罰在月中伐桂，他一斧砍下去，在樹幹上砍出傷痕來，待他再揚起巨斧，原先的斧痕早癒合了。桂樹永遠不倒，吳剛的苦役永遠沒完。

吳剛到底犯了什麼過失呢？神仙的清規戒律稀奇古怪，也許，用三根頭髮吊著一塊岩石，教吳剛躺在岩石下面修道，每天戰戰兢兢，唯恐頭髮斷了岩石砸下來，這天天降大雨，石頭在上面擋著，雨水淋不到身上，可是，那麼大的岩石，那麼細的頭髮，加上那麼多的雨水，一塊淋漓了的石頭總比一塊曬乾了的石頭更重一些吧，一根淋漓了的頭髮呢，會比一根乾燥的頭髮更堅固嗎？湊巧天上又打了個響雷，吳剛再也不能忍受這種不合理的訓練，挺身而起。
這就犯了大罪，需要自我救贖。

或許吳剛的靈魂太倔強，太執著，這是仙的障礙。他一世為移山的漁公，二世為磨針的老嫗，磨練仍然不夠，覺悟仍然不高，必須再做一次伐桂的吳剛，來繼續他未做完的功課。

據說月中的桂樹有 500 丈高。500 丈高的樹，它的幹有多粗，樹頂的圓周有多大，專家可以推算出來。這棵樹，據說就是月中的黑影，一世的吳剛移走了王屋山，二世的吳剛磨成了繡花針，這兩個難題沒難倒他，到第三世，天神想出更厲害的法子來消磨吳剛的剛氣，移山磨杵都有成功的一天，伐桂則絕對沒有。

桂樹是永遠無法伐倒的，也就是說，成仙是永遠沒有希望的。蒼白的月中，在陰森的桂樹下，他之永生，並非由於位列仙籍，而是因為現身做神仙的反面教材。起初，吳剛並沒有想到其間的關連，他以磨杵移山的經驗埋頭苦幹，日夜不息。有一天他忽然若有所悟，剎那間，他頓覺兩臂沉重，不能再運斧如飛。

吳剛立刻發現他的地位如何不利，他受的待遇如何不公平。

這時，他做伐木工人已經多少多少年了，他的氣質性情果然起了變化，可是他的行為並未符合天神的設計，他繞樹而行。他打量這樹，他仰臉看蔽天的枝柯，吸濃蔭中的清涼，在桂樹不開花的時候也滿口芬芳。他走到十里以外，看那樹按照比例縮小了，雖然依舊是龐然大物，卻全貌一覽無餘。整棵樹潑了半天綠色的雲。

他從沒有認真觀看這棵樹，這樹永生不死。這樣好的一棵樹，我為何要砍伐它？他恍然覺得他愛上這棵樹了。多少年多少年的生死搏鬥，相持不下，最後竟產生了惺惺相惜之情。

桂樹呀，你是死不了的，我也是：你永遠不能離開這片土地，我也不能。那麼，我們就在這裡一塊兒活著吧。

他帶著斧頭，攀上樹頂。那麼細的樹枝，應該是一斧就可以砍掉的吧。

把桂枝插在土中，應該可以長成另一棵桂樹。

月中的那大片黑影絕不是一棵樹造成的，那是一大片森林。

那是一根一根桂枝繁殖而成的桂林。

第一個登上月球的太空人不是對太空站報告嗎，他在樹林裡迷了路，幸好遇上個白鬍子老頭兒，正在那兒種樹呢。

——《千手捕蝶》，頁 71～74

首先增加吳剛犯錯的原因（「用三根頭髮吊著一塊岩石，教吳剛躲在岩石下修道」的不合理訓練），吳剛的前世經歷（「一世的吳剛移走了王屋山，二世的吳剛磨成了繡花針」），進而在經年累月的懲罰中心念翻轉，由「人與樹」敵對迫害（「生死搏鬥，相持不下」），一躍而成「人與樹」相親和諧（「惺惺相惜之稱」）。於是，豁然開朗，化破壞爲建設，化忍受爲享受，把傷痕當酒窩；由原先無期徒刑的日夕伐之，一躍而成生態環保的造林運動；化廣寒宮中冷清的桂樹，爲一片綠意盎然的桂樹林。全篇在轉折「遞升」中擴大思維（由消極負面的「黑色思考帽」走向積極正向的「黃色思考帽」），分明在「舊題材，新思維」中展現「擴寫」、「改寫」的精進力。

王鼎鈞《文學種籽・新與舊》中指出，文學創新的方式，除了奧斯朋《實用想像學》所主張「六法」(「增加法」、「延長法」、「合併法」、「變造法」、「倒置法」、「刪減法」）之外，亦可自「荒謬」、「新解釋」上的立意，生色翻新（頁 134）。所謂「荒謬」即幻設變化，匪夷所思；以〈漁人說謊〉爲例，可自陡轉荒謬中展現「批判性」黑色幽默。所謂「新解釋」即顛覆原作，自出機杼；以〈吳剛造林〉爲例，則自遞升擴大中展現「創造性」的綠色革命。由此觀之，「荒謬」的批判性與「新解釋」的創造性，當爲王鼎鈞揮灑精進力書寫的心法總綱。

四、獨創力

所謂獨創力，即「有效反應的稀有度」，能言人所少言，言人所罕言，言人所未言；別有新穎觀點，能有個人獨到見識，超越前賢，超越同輩，進而超越自我，自創新局。因此，論及獨創力的高度，可自「意義層」(主題內涵)、「語言層」(藝術經營）上，分別檢視作者生命境界探索的新穎性與語言藝術的新感性，能否新到讓人有感覺，新到讓人有感動。

王鼎鈞《千手捕蝶》中匠心獨運，別具慧眼者，有〈貓貓虎虎〉、〈水做的男人〉、〈釋放〉、〈風・蝴蝶〉、〈善泳者〉、〈感恩節〉、〈最高之處〉等。以〈善泳者〉爲例：

他十歲的那一年，家中為了「究竟要不要他去學游泳」發生爭論。他的父親相信「藝多不壓身」，游泳也是一門技術；他的母親卻說「善泳者死於水」，人學會了游泳就欺侮水，玩弄水，輕看了水，遭水的報復。
雙方都有格言作後盾。

十八歲，他變成了游泳比賽的選手。二十一歲，大水氾濫，沖垮了「家」，他全家躲在教堂的屋頂上，眼見屍體漂過去，家具漂過來。也看見在水中掙扎的人，近在咫尺，露出乞求的眼神。屋頂上的人只有他能游泳，他義不容辭的跳下去撥開水中漂浮的蛇和糞便，一夜之間救出十八個親鄰。

後來，也許是他太累了，也許是他真的輕侮了水，他跳下去沒能再游回來。

水退以後，那一帶的年輕人興起一陣學習游泳的熱潮。他們說，不錯，「善泳者死於水」，可是——
那是在救活十八個人之後。

——《千手捕蝶》，頁 38

文中自「藝多不壓身」、「善泳者死於水」兩種對立的思考上，展開問題情境。而後遭逢水災，藝高人膽大的他，果然發揮所長，救出 18 個親鄰，但也命喪於最擅長的舞臺。應驗了「善泳者死於水」警世格言。然則年輕人並未從此因噎廢食，從此消極負面思考（黑色思考帽），乾脆不游泳不近水域，反而仍積極正面思考（黃色思考帽），體會到畢竟善泳者才能救人。今檢視「善泳者死於水」出處，《淮南子．原道訓》云：「夫善游者溺，善騎者墮，各以其好，反自爲禍。」旨在提醒縱然藝高人膽大，仍宜小心謹慎，避免造成「小疏忽，大意外」。然相較於傳統經典智慧，王鼎鈞打破常軌，自權衡輕重的「利多」上切入，言人之所少言，肯定善泳者的貢獻，跳出諱疾忌醫的心理，展現「意義層」上相對的獨創力。另如〈最高之處〉：

> 大師挾著琴往山上走，眾弟子尾隨，沿著山徑迤邐展開。有幾個弟子坐在山麓上議論老師究竟要做什麼，他們說，進山出山只有這一條路，最聰明的辦法是坐在這裡等他回來。
>
> 老師登上一座山頭，再登上一座更高的山頭，每一座山頭都有幾個弟子留下，有人覺得體力不能支持，有人對孤高的處境感到恐懼。最後，老師轉身四顧，只剩下他獨自一人。
>
> 他對四面若有若無的世界看了一眼，盤腿坐下，古琴橫放在膝上，調了絃。片刻間，偉大的樂章在心中形成，緊接著，在指下絃上流露出來。山風浩浩，樂聲剛剛離絃還沒有進入耳朵，在半路就被山風包裹、飛快的運走，向著萬有抖出去，山上的人誰也沒聽見，他自己也聽不見。那是一次無聲的演奏。
>
> 可是風聽見了，流泉聽見了，岩石的每一個微粒、星的每一條光芒、雲層的每一個水珠都聽見了。還有森林的每一條紋理、野蠶的每一根絲、山禽的每一根聲帶都保存了天籟，將來的音樂家再從大自然無盡的蘊藏裡支領使用。
>
> 據說，沒有人看見大師下山。
>
> ——《千手捕蝶》，頁 41

全篇寓意有二：第一、創作經驗的「最高之處」，充滿玄奧神祕，只能隻身前往，展開既孤絕又美好的藝境探險。第二、藝術境界的「最高之處」，直指自然生發的氣韻生動，沒有觀眾的預期掌聲，沒有演奏廳的設備，純任樂音自心中自琴絃發出，心凝形釋，與萬化冥合。

歷來處理似此題材，大都寫到第三段，再跳到第五段就結束，無法針對「一次無聲演奏」加以演示。然而王鼎鈞妙筆生花，自「風」、「流泉」、「岩石的每一個微粒」、「星的每一條光芒」、「雲層的每一個水珠」、「森林的每一條紋理」、「野蠶的每一根絲」、「山禽的每一根聲帶」多方示現，重建當時目擊現場。似此情境的渲染型塑，相較於《莊子・人間世》中「心齋」、「坐忘」主體心靈的分析（「無聽之以耳，而聽之以心；無聽之以心，而聽之以氣」），無疑造境鮮活新穎，展現「語言層」上相對的獨創力。

結語

極短篇是多方折射的水晶球，以少總多，以小博大；亦屬會轉彎的子彈，強調瞬間爆發，意生不測，射向情之幽微細處，撞擊出理之內蘊的火花。王鼎鈞主張可分「極短篇小說」（小小說）、「極短篇散文」（小小品）兩類[3]，而自王鼎鈞極短篇不同類型書寫中，可一窺其「感知、感染、感悟」的文字蒙太奇，更可以檢視其「無中生有」（原創性）與「有中生有」（再造性）的高度創造力。

首先，在書寫的變通力上，可以歸納王鼎鈞極短篇中意之不測的「轉折」類型有三種：曲轉、陡轉、遞升。「曲轉」之作，多有跡可循，有理而妙；「陡轉」之作，雖無法預期，卻無理而妙；至於「遞升」之作，則節節高升，寓意深刻，最爲難能可貴。其次，在流暢力上，可見其極短篇書寫中「點的撞擊，線的延伸，面的擴大」。自多面向聚焦、鋪陳、映襯中，一題多寫；在「量的擴大」中，多管齊下，各騁其妙；展現意之不測的多樣化與理之深蘊的複雜弔詭。復次，在精進力上，王鼎鈞洞悉文本互涉的精

[3]王鼎鈞，〈由寫作班想起〉，《中國時報・人間副刊》，2010 年 12 月 30 日，E4 版。

義，深知所有的故事都是〈半截故事〉（《黑暗聖經》，頁 147～155），永遠可以再掀波瀾，一波未平，一波又起；危機中有轉機，轉機中有危機。於是在「增加」、「延長」、「合併」、「變造」、「倒置」、「刪減」的吐故納新中，開拓「荒謬」的批判性與「新解釋」的創造性書寫；尤其能在多層次的曲轉、陡轉、遞升中，直指「質的提升」，更見細膩，更顯豐美。至於獨創力，王鼎鈞主張求變求好求新，講究「語言層」上感染力的新趣，強調「意義層」上穿透力的新味，自「超越前賢」、「超越同輩」、「超越自己」的志願上，力求極短篇書寫的「極短小精悍」，自「反」高度透視中（包括「相反」、「往返」、「循環」），呈現「有意外、有意義、有意思」的新穎書寫，與時俱進，建立自家優質品牌。

事實上，王鼎鈞書寫的創造力，除了自文體上爬梳之外，也可以自「思考帽」[4]、「意象論」、「修辭論」[5]上加以探索，以見其書寫創造力的「宗廟之美，百官之富」，正所謂文心一顆，燭照萬彩；懷瑾握瑜，創意長青。

——選自張春榮《文心萬彩》

臺北：爾雅出版社，2011 年 6 月

[4]張春榮，《實用修辭寫作學》（臺北：萬卷樓圖書公司，2009 年），頁 225～229。

[5]黃淑靜，《走盡天涯・歌盡桃花——王鼎鈞的散文藝術》（臺北：爾雅出版社，2009 年），頁 201～216。

王鼎鈞的散文歷程與時代意義

◎張瑞芬*

有一次，夢見自己犯了死罪，在濃霧裡一腳高一腳低來到刑場，刀光一閃，劊子手把我斬成兩段，上身伏在地上，也顧不得下身怎樣了，只是忙著用手指蘸著自己的血在地上寫字，這時涼風四起，天邊隱隱有雷聲，倒不覺得怎麼痛楚，只擔心天要下雨，雨水要把我寫的血字沖掉。

——王鼎鈞〈明滅〉,《左心房漩渦》, 1989 年

今日反思，我在 1979 年離開臺灣的時候已經是個犯人或病人。

——王鼎鈞〈1949 三稜鏡〉,《聯合報》副刊，2009 年 12 月 28 日

2010 年來檢視王鼎鈞（1925～）一生以及他的所有作品，也許是個恰當的時機。在 2009 年王鼎鈞的四部回憶錄終於齊備之後，老作家雖未停筆，然而就像一個叱吒球場的投手（足足寫了一甲子，約六十本書），[1]在自己發跡的主場，完封完投了最後一場，至少是沒有遺憾了。尤其是自 2001 年始，蔡倩茹、陳秀滿、羅漪文、丁幸達、亮軒（馬國光）等連續多本研究王鼎鈞的學位論文與專書出版，加上原先王鼎鈞文本的眾多長短評論、報導與訪問，在《文訊》近期內整理完備的《臺灣現當代作家評論資料目錄》裡，「王鼎鈞評論篇目」就整整列了 30 頁，粗估逾六百篇。在所

---

*逢甲大學中國文學系教授。

[1]若以王鼎鈞正式發表的第一篇作品計，至今荏苒 66 年。那是〈評紅豆村人的詩〉一文，發表於陝西《安康日報》，1944 年，王鼎鈞時約 20 歲，隨政府軍隊流亡，就讀國立第二十二中學。若以來臺（1949 年）擔任《掃蕩報》編輯後所寫的多種雜文、廣播短劇或小說計，創作至今，正好一甲子。

有臺灣現當代作家作家中，被研究的盛況、數量，以及被肯定的情形，都堪稱數一數二。

我們如果仔細看臺灣文壇給予他的極高評價，尤其是散文此項文類，會發現王鼎鈞簡直堪稱臺灣當代「必備經典款」。1977 年源成版選出的「十大散文家」有他，1994 年朱衣版的「十二大散文家」也一樣，甚至有人說，就是選「五大」，王鼎鈞也絕對隱居榜上。[2]就王鼎鈞散文的質量與影響力而言，這話其實並不算太誇張。

今日看來，王鼎鈞的年表、創作分期、寫作技巧與文本評論的討論已經相當詳盡，倒是在他的回憶錄第四部曲《文學江湖》（2009 年）出版後，綜觀全局，才見出王鼎鈞在臺灣文學史上獨特的「傷痕文學」義涵，以及前後文本的對照性與完整性。

王鼎鈞的所有作品，就像一組密碼般，若非後面的謎底揭曉，前期的文章有許多就如寓言一般，內裡隱晦難解，也同時折射出文字上曖曖含光，耐人尋味的象徵意義。1970 年代中期王鼎鈞的扛鼎之作「人生三書」（《開放的人生》、《人生試金石》、《我們現代人》），必得在《隨緣破密》出版後，你才真正理解了人性善惡兩面的對應（這不正是 30 年前的「我不是教你詐」嗎？）。而爲《碎琉璃》、《左心房漩渦》優美的文筆醉心的讀者，讀完王鼎鈞回憶錄四部曲，能無汗流浹背，驚呼連連者，幾希？王鼎鈞回憶錄四部曲，以巨大篇幅訴說了自己的流亡路徑，終於和盤托出深藏多年的隱微心事，而這曲折巔躓的一生逃難史，早在《情人眼》（1970 年）〈地圖〉裡，就畫出了一個隱約的微型。

在〈地圖〉這故事裡，赴婚宴的第一人稱「我」送了一幅中國地圖給新婚的「老馬」與新娘，兩人分別以感情和真心，指出了自己人生難忘的

[2]1977 年源成版「十大散文家」是張秀亞、思果、徐鍾珮、琦君、蕭白、王鼎鈞、張曉風、顏元淑、子敏、張拓蕪。1994 年朱衣版「十二大散文家」是王鼎鈞、余光中、林文月、陳冠學、楊牧、張曉風、黃碧端、陳列、阿盛、劉克襄、莊裕安、簡媜。主編九歌版《散文教室》的陳義芝在書前序文中，舉二者對照並指出，不到二十年間，名家幾已全部易主，相同者僅王鼎鈞、張曉風二人。

逃難路途。看來是莫名其妙的一個故事，而座中泣下誰最多的，或恐是王鼎鈞自己吧！在人生的山高水長裡，他說：「『回憶』是一個魔術師，他需要一段必須的時間來完成他的把戲」。[3]

1960 至 1970 年代的王鼎鈞，已寫出《文路》（1963 年）、《人生觀察》（1965 年）、《廣播寫作》（1964 年）、《講理》（1964 年）、《長短調》（1965 年）、《世事與棋》（1969 年）、《短篇小說透視》（1969 年）、《文藝與傳播》（1974 年）諸作，在寫作指導和雜文、時事評論中這種「實用文學」中磨練文字技巧，雖然 1951 年王鼎鈞就結業自「文協」張道藩等主辦的「小說研究組」，事實上創作的小說未多，[4]離純文學散文家也還很遙遠。

當時的王鼎鈞，恐怕無法預見自己未來熠熠生光的散文經典地位。在迷霧中摸索文學道路的他，結束了任職中視、中廣，寫廣播短劇，舞臺劇，作節目編審的日子，1958 年起，由於余紀忠的賞識，開始在《中國時報》（《徵信新聞報》）寫時評。在特務的監視和崔小萍、李荊蓀被誣陷事件下，朝不保夕，惴惴不安。[5]那時候離「人生三書」還早，也還沒有下定決心退休並專職寫作，然而在王鼎鈞筆下，卻已經有隱隱的雷聲蠢動了。

《靈感》或《情人眼》這些約等或早於「人生三書」時期的寓言小故事（晚一點的《意識流》[6]也可以加進來），王鼎鈞自稱，這些都是他的「靈感速記簿」。有時候混沌不清，難以捉摸，或把細微放大，在破碎中建立秩序，然而它「該鋪敘的地方還沒有鋪敘過，該賦予理性的地方還七竅未鑿」，[7]如同魚到網中鱗光閃爍的一刹那，是靈感的原初狀態。

在篇幅和技巧上，《靈感》或《情人眼》較《碎琉璃》、《左心房漩渦》瑣細，看似無足觀矣，評論者也多以「意識流」、「寓言體」等修辭角度來

[3]王鼎鈞，〈地圖〉，《情人眼》（臺北：大林書店，1970 年），頁 209～220。
[4]王鼎鈞的第一本，也是唯一一本小說集是《單身漢的體溫》（臺北：大林書店，1970 年）。1982 年大林易名《白如玉》再版，1988 年爾雅易名《單身溫暖》再版。
[5]王鼎鈞，〈特務的隱性困擾〉一文，曾提到當時接電話時如果電話的聲音突然低下去，就是被監聽中，夜間零時若電話會「叮」的一聲，則處於長期監聽中。見《文學江湖》，頁 300～301。
[6]王鼎鈞《意識流》一書，1985 年自印出版，再版多次，2003 年由爾雅新版重印。
[7]見王鼎鈞，《靈感》自序（臺北：爾雅出版社，1987 年），頁 4～6。

說解，但這兩本書卻是理解王鼎鈞文本義涵時，不可等閒視之的重要「密碼」與解碼途徑。如〈地圖〉所稱，「『回憶』是一個魔術師，他需要一段必須的時間來完成他的把戲」，隱喻或明喻，迂迴或直切，才能說清王鼎鈞所欲藉著文字傳達的呢？

王鼎鈞的《靈感》寫成於 1970 年代中期，《情人眼》更早，1970 年就出版了[8]。他自己曾在《靈感》中，有一個很妙的比喻，有一個間諜組織，成員都是盲人，他們以杖擊地傳送著密碼，卻從來沒有被識破過。事實上在王鼎鈞心中，文學就是一組隱晦的密碼，不能明說的，只能在文字中暗藏玄機。《左心房漩渦》〈明滅〉裡上下身斬成兩段之喻，對照他出版回憶錄最後一部《文學江湖》後，還意猶未盡，夫子自道的〈1949 三稜鏡〉一文，不正是如此？

《左心房漩渦》〈明滅〉一文裡，那個「忙著用手指蘸著自己的血在地上寫字，只擔心天要下雨，雨水要把我寫的血字沖掉」的犯人，可不就是他自己嗎？〈1949 三稜鏡〉裡，「1979 年離開臺灣的時候已經是個犯人或病人」，正說明了 30 年雖然持續創作，卻未曾再回臺灣的真正緣由。不是不願，是不能啊！甚至到了王鼎鈞的父親毓瑤先生病逝臺北時，王鼎鈞也不曾返臺奔喪的地步。[9]多少年來，他將古城故鄉藏在瞳孔裡，走到天涯，帶到天涯，卻一次也沒有再回去過。在異國的土地上，讀朱西甯小說，仍然感覺「不管他寫的是什麼，都引起我流離失所的悲痛」。這是怎麼一種決絕的心情與無家之感？在 1950 年代作家中，王鼎鈞的處境特別讓我想起司馬桑敦（1918～1981）和柏楊（1920～2008）或聶華苓（1925～）。

曾經收入《情人眼》（1970 年）中的〈洗手〉一文，當年讀來沒頭沒尾，無人可解其義，現下一看，簡直一語驚醒夢中人，再清楚也沒有了。

---

[8]王鼎鈞《靈感》一書，早年 1978 年就自印出版，算是 1970 年代約同於「人生三書」時期之作，1987 年才由爾雅出版社新版重印。《情人眼》1970 年由大林書店出版，1979 年再版曾易名為《情話》，2004 年又由爾雅出版社再版印行。

[9]毓瑤先生病逝於 1979 年 12 月，時王鼎鈞在美近一年，定居紐約。據其好友小說家楊念慈先生近日口述此事，言談間頗有不諒解之意。

在《情人眼》這本類似寓言小故事的早期散文集裡，「一向以有一雙乾乾淨淨的手感到驕傲」的自述者，一覺醒來，發現一隻手很髒，他反覆清洗，卻怎麼也刷不掉手上莫名的污漬，遍尋名醫，也都束手無策，於是他一邊嫉妒著別人乾淨的一雙手，一邊祈願有一天從夢中醒來，「忽然發現手上的黑色褪盡，還我應有的紅潤清白，只要那一天來到。」[10]

沉冤待雪，憾恨難解，是《情人眼》裡眾多小故事背後的密碼。同樣意有所指的，《情人眼》中的〈最美和最醜〉，難道就只是太監和清宮娘娘的傳奇，而《靈感》裡的「花魁娘子變調版」，沒有世事滄桑，真心換絕情的感慨嗎？[11]現代版的貧窮賣油郎望酒國名花花魁娘子興嘆，遂發憤圖強，數十年間，成了食油工業鉅子，遂不惜重金見到花魁娘子，不料佳人年老色衰，不復往日，只好送他一張 20 歲時候的裸照，以表心意。

末代太監在陋巷服侍著年華老去了的清宮娘娘，娘娘靠著變賣首飾爲生，生計漸難，心念舊情的太監不惜解衣讓觀光客觀看下體，藉此賺點銀子。人世間最美與最醜的事往往是並存的，王鼎鈞寫著這些讀者看來莫名其妙的故事時，「他們的重量夜夜壓在我的胸口，使我從夢中狂叫」(〈最美和最醜〉)，心中是多麼悲哀，又有多少不能言宣的苦悶？

綜觀王鼎鈞的一生，1949 年來臺，1979 年走美，前後恰恰都是 30 年。離臺赴美這一刀，把他的一生整整齊齊的切斷了，像受傷的蚯蚓，「一面回過頭來看牠的另一半，一面扭身翻滾」。王鼎鈞的四部回憶錄，作爲晚年遺願，正是《左心房漩渦》〈明滅〉裡所指的：「用下半身追趕上半身」。顧不得腰斬的巨痛，只擔心天要下雨，雨水要把他所寫的血字沖掉，這是多麼苦心維護的一點傷痕遺願，而終於在努力 17 年後，四部終卷，[12]於晚

---

[10]王鼎鈞，〈洗手〉，《情人眼》(臺北：大林書店，1970 年)，頁 208。
[11]參見王鼎鈞《情人眼》，頁 181～189；《靈感》，頁 79～82。
[12]王鼎鈞回憶錄四部曲，皆由爾雅出版社出版，依序是《昨天的雲》(1992 年)、《怒目少年》(1995 年)、《關山奪路》(2005 年)、《文學江湖》(2009 年)。其實早在 1984 年的《山裡山外》(洪範書店)裡，王鼎鈞就已經描繪了流亡學生時期的生活與心境，與《怒目少年》本事略有疊合。

年達成了夙願。對照他自己說的：「我到美國，就是為了寫這四本書」，[13]王鼎鈞雖然不至於像他自稱的到美國之後等於死了，但他真的 30 年來極少寫現實生活與美國的一草一木，生命的鐘擺靜止著，悠悠透著寒意與冷氣。而那點寒涼黝暗，不多久前我們才在爾雅改名自《隨緣破密》的《黑暗聖經》[14]感受過不是嗎？

是傷痕，也是告解，這和我們閱讀思果晚年悠遊林下的《曉霧里隨筆》、《林園漫筆》，黃永武的《山居功課》《黃永武隨筆》，可太不同了。別人是山靜鳥喧，幽谷流泉，他是江湖夜雨，秋燈獨對。從《昨天的雲》（1992 年）、《怒目少年》（1995 年）、《關山奪路》（2005 年）、到《文學江湖》（2009 年，王鼎鈞的筆意，初時迂迴宛轉，愈到後來愈見直切。戰爭好不容易結束了，但江湖裡更劇烈的風暴席捲而來，吞噬了一切。王鼎鈞國共內戰時曾被共軍俘虜，因此被國軍疑為間諜，加上 1950 年代廣播電視圈文網羅織，他近半輩子都活在精神囚禁裡，就連當年獲聘美國西東大學編寫中文教材，臨上飛機的前一刻，他都認為隨時會有特務出現把他帶走。[15]

這樣的人，差不多是病得不輕了。讀完《文學江湖》的「特務篇」，心中油然升起和閱讀《隨緣破密》近似的悠悠寒意。那種顯性恫嚇加隱形偵察，若非心中早有防禦，是無法擋得住惡意套話或測試的。在二二八本省菁英被荼毒的同時，無數渡海來臺的外省人也在白色恐怖魔掌中，奮力求生，像農田中的農人，斗笠裡都有一根鐵絲，雷電在頭頂上反覆搜索，必欲置之死地。這種欲擒故縱，貓抓老鼠般長期的精神凌遲，現今之人實在無法想像。連辦公室裡倒茶水的工友老王老林之流，也能是眼線，生存何其難矣！我想起何寄澎教授多年前評《怒目少年》，簡直一語道出王鼎鈞的

---

[13]傅依傑，〈王鼎鈞，淬鍊出開放的人生〉，《聯合報》副刊，2009 年 5 月 17 日。

[14]王鼎鈞《隨緣破密》透視人性黑暗面與職場的詭詐，寫於 1989 年，因有顧慮，出版遲疑甚久，1997 年才於爾雅初版印行，2008 年易名為《黑暗聖經》再版。

[15]同註 13。

處境，「其一生漂泊，實無家可歸」。[16]

無家可歸的，還有一個馮馮（張志雄，1936～2007），《文學江湖》裡〈難追難摩的張道藩〉順路提到的。馮馮當時 27 歲，到處碰壁，三災五難的，百萬字長篇小說《微曦》蒙張道藩審查賞識，一舉成名。結果讀者多年後看到馮馮自傳體的《霧航——媽媽不要哭》三大冊，[17]才驚覺當時馮馮就讀海軍軍校時遭誣陷爲匪諜，在海軍監獄遭性侵凌虐，幾乎精神分裂。後來的逃到加拿大申請政治庇護，數十年來未曾回臺，也成了可以理解的事。

王鼎鈞《文學江湖》，甚至回憶錄四冊中所有提到的處境，幾乎是 1950 年代來臺外省作家的共業。外在的流離道路，加上內心的恐懼煎熬，「國家不幸詩家幸，賦到滄桑句便工」，這兩句趙翼的〈題遺山詩〉，在王鼎鈞的文學上，得到了印證。

王鼎鈞自己嘗言，文學本是「有病呻吟」。挫敗對作家是有益的，挫敗在別人看來是負債，對作家卻是資產，因爲「作家的觀察力、想像力和體驗的能力，都可能因心的傷害而增強」。若以王鼎鈞《文學種籽》（1982）這本教中學生作文的書來說，這就是「胎生」的文學和「卵生」的文學大異其趣的地方。「胎生」是由內而外，有不得不寫的理由，「心的傷害是作品的胚胎」；「卵生」是外來的，社會使命是作家要孵的蛋，命題作文者，類皆屬之。[18]「胎生」是因情生文，「卵生」是爲文造情。「胎生」當然是創作的較高境界，但「卵生」也有好的文學。

以王鼎鈞的文本來對應他自己的創作理論，應用／指導式的寫作方法，雜文時評的社會責任，抒情優雅的散文錘鍊，三者兼而有之。既胎生

[16]何寄澎，〈歷史的寓言——讀王鼎鈞回憶錄《怒目少年》〉，《聯合文學》第 134 期，1995 年 12 月。

[17]馮馮，《霧航——媽媽不要哭》（臺北：文史哲出版社，2003 年）中，提及海軍招待所裡審訊匪諜的恐怖刑求，令人不寒而慄。

[18]王鼎鈞，〈胎生與卵生〉，《文學種籽》（臺中：明道文藝雜誌社，1982 年），頁 141～153。《文學種籽》2003 年由爾雅出版社再版印行。

也卵生，言志與載道，兩邊質量都很驚人，這是他多年位居散文經典的踏實理由，一點也沒有僥倖的成分。

在一般讀者心中，〈一方陽光〉、〈紅頭繩兒〉、〈哭屋〉、〈失樓臺〉是王鼎鈞散文的經典，「人生三書」（《人生試金石》、《開放的人生》、《我們現代人》）、《碎琉璃》、《左心房漩渦》是必讀本。然而要理解他那失學而苦難的人生道路，必須看《山裡山外》與回憶錄四部曲，——《昨天的雲》、《怒目少年》、《關山奪路》、《文學江湖》。來臺初期以「方以直」爲筆名寫作時論的耿直風趣，盡在《長短調》、《人生觀察》、《世事如棋》中。去美之後心情的困頓與徹悟，是《海水天涯中國人》和《看不透的城市》。苦口婆心的將廣播、教學和文藝營指導寫作的文字結集，是《文路》、《講理》、《文學種籽》、《作文七巧》。王鼎鈞不但指引後學，書讀得也頗廣，在書評集《兩岸書聲》、《滄海幾顆珠》裡，最能看出一個資深編輯的識見不凡，品味獨到。從齊邦媛《千年之淚》、鍾曉陽的趙寧靜傳奇，一路論到於梨華、蘇偉貞、席慕容、阿城、古華，他全有獨到的體會。

自嘲「好像是大家公民投票，決定我不能寫小說」的王鼎鈞，他的散文有著透亮的心眼，是滄茫人海中一顆鑒照世情的明珠，通達的表象下有著嚴謹勿失的本質。張曉風在自己的散文集《星星都已經到齊了》序言裡就說，現在的作家和老作家的不同，主要是前者可以用快樂而無負擔的心態創作，寫作只是眾多本領中的一項，而對老一輩寫作者而言，文學是風雪暗夜荒原行路時手中護著的微弱火苗，即使手心灼痛，但生死交關，捨此之外一無所有。這話用來詮釋王鼎鈞晚年拼盡全力要爲時代作證的回憶錄四部曲，實在恰當不過了。

王鼎鈞的人生與文學，既傳統又悖逆傳統，方正、敦厚、內蘊、深沉，一個戰亂流亡的年代裡，舊私塾進士府教出來的王謝子弟。他和王書川、羊令野、張拓蕪等軍職出身作家固然有別，甚至與子敏、思果、張繼高、吳魯芹的親切絮語也不同。以臺灣當代散文流派來說，王鼎鈞和後來余光中、楊牧等歐風西雨路數不同，十足是儒家、古典、中國北方的一方陽光。王鼎鈞是舊學根柢加新白話融裁的一代，他的人和文是渾厚敦直，內斂自省，或者甚至有那麼一點謹小慎微。余光中、楊牧，甚至洛夫、瘂弦都比他飛揚跋扈，衝撞體制一點。前者中學，後者西化，二者迥異也。

王鼎鈞是白話中文的正統派，卻創新求變，開展了文類融合的先聲，同時講究把書面文字與語言的實用性結合。表面上是古今第一說書人，事實上他的作品是抽象思維的，文學化約了一切，成爲一種高度的象徵。像他自己比喻的，有一個間諜組織，成員都是盲人，他們以杖擊地傳送著密碼，卻從來沒有被識破過。

在多年前《靈感》一書中，王鼎鈞曾指出，文學訓練其實不是技巧上的訓練。文學也是一種表演事業，必須兼顧詩人的情懷、哲人的冷眼和小說的筆法。要有把複雜的事說得很簡單的能耐。創作的技巧，「就是一套如何影響他人的本領」。《人生觀察》中並說，一件文學作品是一個符號，它無妨欠明晰，無妨不合理，成億成萬的人喜歡這寓言，那就夠了。

流離世代，百年鄉魂。如果說 1978 年王鼎鈞的《碎琉璃》象徵一個碎裂了的美麗世界，起筆於 1990 年代的王鼎鈞回憶錄四部曲，就是一個流離異鄉的執拗老人，把故鄉與記憶拼攏了來的決心。在美多年，高齡中風，都沒能使王鼎鈞停下筆來，原本構思長篇小說《遺囑》的，終於在堅強的意志下用了更大篇幅完整呈現了時代的樂章。像宗教裡的告解，「說出來就解脫了」，許多早年在「人生三書」裡欲言又止的內蘊，終於在《文學江湖》裡得到了解答。

王鼎鈞的文學，是一株在戰火轟炸中瞬間開放的花朵，一組待人破譯的密碼，也是一顆遺落在滄海中的明珠。作家是沙灘上的蚌，在沙粒和痛苦間，才孕育出明珠般的作品來。從王鼎鈞回憶錄四冊中，我們得知的是作家半生以來心裡真正的周折，早年文本中布下的伏筆，以及璀璨如月華的渾融與光芒。然而時至今日，雖然評論眾多，王鼎鈞文學的研究，仍有可以期待的地方，他早年用各種筆名投稿的零星作品，未見蒐集，應該也是後繼研究者可以努力的方向。

——選自「王鼎鈞學術研討會」

臺中：明道大學中國文學系、通識中心，2010 年 5 月 15 日

曲筆寫人性

王鼎鈞回憶錄的寫作特色

◎陳憲仁*

一、前言

人稱「鼎公」[1]的王鼎鈞，山東臨沂人，1925 年生。抗戰後期曾棄學從軍，1949 年來臺，任職中國廣播公司、中國電視公司、幼獅文化公司、中國時報，1978 年赴美，擔任美國西東大學雙語教程中心華文主編。現旅居美國專事寫作。

王鼎鈞著作等身，自 1963 年出版《文路》後，至今作品多達四十部，且多擲地有聲的時代之作。其中最爲人矚目者，是寫了 17 年、近百萬字的四部回憶錄。

回憶錄第一本《昨天的雲》，記故鄉及幼年生活；第二本《怒目少年》記錄抗戰時當流亡學生的過程；第三本《關山奪路》，寫 1945 年秋冬到 1949 年國共內戰時期的遭遇；第四部《文學江湖》，則寫臺灣 30 年的文學經驗。

這四部自傳式的散文，鼎公不稱爲「自傳」，而名爲「回憶錄」，他說：「我不是寫自己，我沒有那麼重要，我是借自己的受想行識反映一代眾生的存在。希望讀者能了解，能關心那個時代，那是中國人最重要的集體

*明道大學中國文學系助理教授。

[1]1951 年，王鼎鈞參加中國文藝協會「小說創作研究組」，他說：「我本來食古不化，小說組的同學給我起了個綽號叫『鼎公』。」王鼎鈞，〈投身廣播　見證一頁古早史〉，《文學江湖》（臺北：爾雅出版社，2009 年 3 月），頁 63。

經驗，所以我這四本書不叫自傳，叫回憶錄。

所以這些回憶錄雖以自己爲經，寫的則是那個時代的人與事。

由於鼎公出身基督教家庭，自幼讀過聖賢書，又歷經戰火洗禮，看到了諸多的人間悲劇，遭受了深刻的苦難，故而涵養了他洞明世事的能力及悲憫寬厚的胸懷。在寫這些大時代的悲歡離合時，我們發現那隻筆、那顆心，飽含同情與淚水，卻又不露形色。即使傷痛，也僅輕輕劃過而已；即使責備批評，也是委婉含蓄。讓人掩卷之際，既痛且傷，久久不能自已。

二、曲筆寫人性

王鼎鈞在回憶錄中，敘事寫人，時時觸及人性問題，特別是在那傷痛的年代、不安的時局下，人心漂浮，人性幽微，許多罪惡、許多不堪，鼎公敘寫時，總以悲天憫人之心，用溫馨感人的方式表達出來，讓人即使明知醜陋、無情，也能體會其中的無奈和同情。

鼎公所用之法，正是所謂的「曲筆」，以曲筆揚善、曲筆隱惡、曲筆寫情、曲筆寫苦，其諱隱之處、委婉之法，略舉如下：

（一）曲筆揚善

作者在許多文章中都提到母親，母親具有諸多的美德，她是一個開明、果敢的新時代女性，熱心教會事務；也是一個溫婉、敦厚的傳統女性，永遠懷抱慈悲心懷。她的言行舉止，展現了許多人性的美與善，然而作者寫母親之處雖多，卻沒有明顯的片言隻字讚揚母親，他總是平實的記錄母親的言行。如：

（1）王鼎鈞一家逃難時，僕人魏家老二一路相陪。劫後回家後，雖然房屋、庭院已經殘破不堪，室內室外早被搜刮一盡了。面對如此窮困的狀況，母親還說：「魏家老二結婚，我一定送一聲厚禮，厚得教別人沒有話說！」[2]

（2）作者家鄉成為「淪陷區」的那段日子，常有自稱「佈道人」者要求投宿，但因為那時流動人口多，教會也無法查證是不是教友，宗長老主張一律不予接待。但是母親說服宗長老，認為就算有人混吃矇喝，他既然奉主之名，也就給他；若是有人短了飯錢，教會也算賙濟了他[3]

（3）逃難中要賣驢子，母親說，不能賣給屠戶。可是那年頭不平靜，買牲口的人家少，屠戶比較可能買。但母親不僅堅持不賣給屠戶，連鹽販子要買，母親都心疼驢子馱鹽太辛苦，情願再減價，最後賣給了磨麵的。而當生意成交，驢子跟著新主人走的時候，回頭看了一眼，這一回顧，母親的眼淚掉下來一大串。[4]

鼎公在寫母親這些事時，未曾添油加醋，也沒有諛詞頌揚，但一位敦厚的婦女形象躍然紙上，而作者的思慕之情也表露無遺。透過這些描寫，母親在書中雖然無名無姓，但她顯現的懿德嘉行已足以傳世。

（二）曲筆隱惡

（1）

作者對家族非常重視，《昨天的雲》第一章〈吾鄉〉寫祖籍、寫歷史、寫地理、寫物產、寫風俗、寫人物；第二章〈吾家〉寫家業、寫家產、寫家畜、寫家人、寫天災人禍。如此細膩、周延的描寫，正是他對這個家鄉、這個家族的深厚情感，所以當這個家族逐漸走向衰微時，他是充滿著不捨、不忍，卻又無可奈何，於是下筆時寫得非常委婉。如：

對於家族的衰敗，鼎公知道乃歷代積累，勢所必然，究責毫無意義，

[2]王鼎鈞，〈母親的信仰〉，《昨天的雲》（臺北：作者自印，1992 年 5 月），頁 341。
[3]同前註，頁 352～353。
[4]王鼎鈞，〈戰神指路（二）〉，《昨天的雲》（臺北：作者自印，1992 年 5 月），頁 155～157。

於是他說：

> 也許，建築工人在我出生的這座房屋下面埋藏了「么二三」吧，我家的境況一年不如一年。[5]

按，「么二三」是骰子最小的點數，擲出「么二三」來的人準是輸家，建築工人把它埋在屋裡，就有詛咒的用意。[6]

鼎公寫家運衰敗，有不忍歸咎先人之心，乃以建築工人在蓋房子的時候，把邪祟之物理在牆壁裡。而假託外人作祟的傳說，將責任歸咎於天，這是多委婉的敘述！多不忍的心情！

（2）

鼎公的《文學江湖》，敘述了當年被誣爲匪諜的崔小萍案、李荊蓀案，也揭露了親身經歷的白色恐怖，寫了當年與特務交手的許多事情，他當時時時生活在恐懼中，深覺處處「諜影」幢幢，可是何人是「眼線」，何人是「細胞」，他的言行舉止又被何人記錄了多少？報告了多少？全然不知。

而在〈特務的顯性騷擾〉裡，作者全然知道了，知道的原因是

> 「都是他們自己說出來的。」「人有洩漏機密的天性，人到中年、會說出自己幼年的『齷齪』，人到老年、會說出自己中年的『齷齪』」；「這些曾經是特務的朋友、或曾經是朋友的特務，一個一個也退休了，老了，移民出國了，他出於成就感，或是幽默感，或是罪惡感，讓我知道當年他手中怎樣握住我的命運而沒有傷害我。」[7]

按照常情，鼎公既然深受特務之害，一旦後來知曉「特務」的身分

[5]王鼎鈞，〈吾家〉，《昨天的雲》（臺北：作者自印，1992 年 5 月），頁 38。
[6]同前註，頁 37。
[7]王鼎鈞，〈特務的顯影騷擾〉，《文學江湖》（臺北：爾雅出版社，2009 年 3 月），頁 158。

時，應該是憤懣滿腔的，但作者只曲筆寫出知道的原因——「祕密是保守不住的」，所有的恩怨即隨著風吹雨下，歸為塵土。

（三）曲筆寫情

《關山奪路》是作者一段驚心動魄的生命歷程，被關、逃亡，從關內到關外，幾度瀕臨危險渡口，幸賴貴人相助，終能虎口逃生。這段相助之誼、患難之情，深埋在鼎公心中，從年輕到年老，歷 40 年而不息。我們看《關山奪路》裡，連著好幾篇：〈東北　那些難忘的人〉和〈為一隻眼睛奮鬥〉、〈膠濟路上的人間奇遇〉、〈上海市生死傳奇〉等，一件一件敘述著昔日和他同時出關的同學及幫助過他的恩人。這份懸諸心頭數十年、不敢或忘的情意，讀之令人動容。文中他不談報恩，但在中國對外開放後，共寫了五百多封信，輾轉尋覓這些人，我們就可以 了解到作者對這些人的牽掛之深、回報之殷。大有古人「一飯之恩，沒齒難忘」的襟懷。[8]

（四）曲筆寫苦

（1）

人性是最隱諱難明的，世事萬千，公私糾葛，善惡難辨。鼎公寫人性，也常在心中掙扎，遇到這樣的時候，他不說教，總以自己為例，設身處地去想，如果當時的情況發生在自己身上，自己能否無私？如《怒目少年》中寫學校西遷途中，因為衣服、伙食問題暴露的人性弱點，就有這樣的徬徨掙扎：

學校西遷時，當學生以單薄衣服禦寒，要是教職員帶著家小，可以弄到一套棉軍服，那時候，棉衣是給自己孩子先穿上或給學生？王鼎鈞說：

> 我常想，在那樣的時代，那樣的環境，如果我是教員職員，如果我的孩子也在那學校裡讀書，我該怎麼做才最妥當？……我想不出來。
>
> 在那樣的時候，那樣的環境，有什麼辦法可以讓穿單衣的孩子和穿棉衣

[8]王鼎鈞，《關山奪路》（臺北：爾雅出版社，2005 年 5 月），頁 317～402。

的孩子坦然無猜，融洽相處？……我也想不出來。[9]

這種大我小我的掙扎、公與私的掙扎、當與自我利益產生衝突時，誰能捨己爲人？這就是人性。作者不說教，只是呈現事實的一面，讓大家深思。而兩句「我想不出來」，是真的想不出來嗎？還是爲「人不爲己，天誅地滅」這樣的人性之私，留一絲轉圜的餘地？真是曲盡其中苦味。

（2）

〈山東　從洗衣板到絞肉機〉裡作者提到抗戰勝利至大陸撤守四年期間，國共雙方在他的家鄉山東交戰情形，由於雙方都覺得這個地方很重要，於是忽而國軍來趕走共軍，忽而共軍來趕走國軍，作者運用了「山東苦矣，山東苦矣」和「蘭陵苦矣，蘭陵苦矣」表達心中的沉痛，表露愛鄉的情懷。[10]

而「山東苦矣」或「蘭陵苦矣」疊用，不正表示，國軍來的時候，百姓痛苦；共軍來的時候，百姓再次遭受蹂躪。把兵燹不斷、烽火連綿的恐怖以及百姓水深火熱的痛苦，透過連續的哀號，作無語的控訴！

三、曲筆寫佳文

王鼎鈞由於心胸仁厚，常懷不忍之心，故用曲筆寫人性。而曲筆之使用，鼎公寫來，有從用字上斟酌；有從典故上取譬；有從旁側寫；有欲貶還褒等寫法，茲舉例如下：

（一）斟酌選字

文人表情達意，特重遣詞用字，往往一字之別，輕重有分。鼎公在書寫家族人事時，拿捏更是謹慎，下述文字，可見一斑：

---

[9]王鼎鈞，〈少年疑〉，《怒目少年》（臺北：作者自印，1995 年 7 月），頁 260～261。

[10]王鼎鈞，〈山東　從洗衣板到絞肉機〉，《關山奪路》（臺北：爾雅出版社，2005 年 5 月），頁 292。

傳統的大家庭內部照例有許多矛盾，我家不幸未能例外。[11]

一般人如果敘述這件事，後面一句的寫法大概是「我家也未能例外」。可是作者卻斟酌用字，以「不幸」二字訴說不盡的惋惜。蓋因愛之深，所以慨嘆才會如此之重。

（二）用典取譬

除了斟酌用字外，爲了許多不忍的情感，作者在表達時，常以俗語典故爲譬，委婉道出他不忍道出的哀愁。如：

（1）

在介紹家族時，他寫了一個小標題：〈大家庭好比一隻貓〉，用「貓」作譬喻，說他的家族，爲了體面、爲了觀瞻，也像貓一樣，以舌頭舔淨自己的身體，「不錯，牠的外表是乾淨了，可是所有的污穢都吞進肚裡」，「看到貓，常常使我想起家庭，傳統的大家庭。」[12]

然後，接下來一句話：

「貓有能力把肚子裡的污穢排泄出去，大家庭也有嗎？」[13]

作者不願明寫家族已經敗象環生，而巧妙地用「貓」來作譬喻。卻也知道這個大家庭並沒有自救的能力，所以強烈反問是否也能像貓一樣把肚內的污穢排出去？問得多悲切、多淒涼！筆法多曲折、多隱諱啊！

（2）

寫大家庭用這樣的手法，寫敗家子弟亦如此婉轉。他的小舅趁外祖母風燭殘年之際，鬥雞走狗、變賣田產花用，完全是紈褲子弟。可是作者提到這位敗家子，不落一字褒貶，只引用當時三句俗語，說他「恨天不冷，

---

[11]王鼎鈞，〈吾家〉，《昨天的雲》（臺北：作者自印，1992 年 5 月），頁 33。
[12]同前註，頁 32～33。
[13]王鼎鈞，〈吾家〉，《昨天的雲》，頁 33。

恨人不窮，恨爹娘不死。」然後說明這三句話含意時，解釋了「恨天不冷」是因爲他有皮襖；「恨人不窮」是因爲別人有一天買盡他的家業；至於第三句，作者只說「我想用不著解釋。」[14]雖然第三句的意思好像不必說，讀者也可以明白。但是作者心中一定認爲家族中出了敗類，做了壞事，畢竟是自己親人，自己的舅子，於是筆下留德。一方面不忍明寫，而以當時俗語旁證；一方面則又在解釋俗語意義時，故意略而不提，特意爲之隱諱的意思十分明顯，這也顯現了曲筆運用無所不在。

（三）旁敲側寫

（1）

作者生於亂世之中，常有生離死別之痛。每次回首，必定愁腸百結，尤其書寫到父母時，更見千回百折。如：

《昨天的雲》最後一篇、最後一節，作者敘述 1942 年到後方阜陽中學「流學」前夕，告別父母的情形，是一幅親子情深、令人感動的畫面。作者描述者：

父親向母親說：「他這一走，不知何年何月再見，抗戰勝利遙遙無期，就算勝利了，他也未必能馬上回家。」又說：「他走了，將來如果妳生病了，想他念他見不著他那時候，妳可不要怨我喲！」然後，父親要母親交代幾句話，母親又作了禱告之後，父親說：「你走吧，不要回頭看。」作者乃一口氣奔了五里路才回頭，那時「已經看不見蘭陵」。[15]

這段敘述所呈現的畫面，看似父母、孩子都十分堅強，其實處處流露了「不捨」，有父親的不捨，母親的不忍，當作者奔跑五里路時，雙方必定心緒紛亂，父母是含淚看著他越走越遠，他雖不回頭，也看得到父母的一一淚流滿面的父母在心中。這豈是作者忍心寫得出來的？所以他只輕描淡寫的說：「我一口氣奔了五里路才回頭，已經看不見蘭陵。」其實要表示的是蘭陵這樣的城都已見不著了，遑論父母？！他不寫「看不見父母」，故意

[14]王鼎鈞，〈血和火的洗禮〉，《昨天的雲》（臺北：作者自印，1992 年 5 月），頁 115～116。
[15]王鼎鈞，〈母親的信仰〉，《昨天的雲》，頁 358～359。

說「已經看不見蘭陵」，從旁側寫，是不忍寫也，寫了心更痛。

（2）

《昨天的雲》第八章〈戰爭的教訓〉，寫逃難的驚險，寫敵機轟炸的慘狀，鼎公在逃難過程裡，親見親聞戰火下不少慘烈的悲劇，當他下筆寫入書中，爲時代不幸作見證時，我們發現他是含淚書寫的。他說那平淡無奇的死亡故事，根本不會流轉，會進入街談巷議、可供茶餘飯後談資的故事，都是聽眾有興趣的，而聽眾會有興趣的必定是慘烈的事蹟、殘忍的情節。想到這些精采故事正是用無數生命、多少不幸換來的，他的結論不禁說出：「漁樵閒話是一種殘酷」。[16]這個結論宛如鐘聲撞擊，迴聲環繞，除了令人震撼，又令人心酸外，也撞出了另一回聲——如果不藉由漁樵閒話、街談巷議，這些人的犧牲，能成爲戰爭的教訓嗎？

（四）欲貶還褒

亂世中人心險惡、人性湮滅的現象，所在多有。故鼎公回憶錄裡，常揭人性之惡，冀望人類知恥知錯。不過，回憶錄裡即使明確書寫罪惡，鼎公亦常從正面、良善之處下筆，讓讀者讀後，自行尋思其中意義。這類寫法，大抵從「褒」入手，而「貶」隨之。如：

（1）

作者在《昨天的雲》第十章「田園喧嘩」〈如果打游擊像打兔子〉[17]裡，描述農人獵打野兔的情形，其中有一幕：

> 有的農人在野兔已經跑不動、緩緩的向農夫走來，「那樣安閒，無猜，如同回家。牠走到農夫腳前，放心的躺下，如同那農夫飼養的一隻貓。」可是，「這時，農夫就會輕輕鬆鬆的把兔子的後腿提起來往地上摔，再用鐮刀柄敲牠的頭，直到牠昏死。」

---

[16]王鼎鈞，〈戰爭的教訓〉，《昨天的雲》，頁 178。
[17]王鼎鈞，〈田園喧嘩〉，《昨天的雲》，頁 227～230。

這個畫面，凸顯了人類的殘暴本質，但在此段之前，作者卻先寫了另一幕補獵野兔的情形：

「有的農人是以惡鷹和獵狗同時出獵，有鷹有犬，陸空配合，百無一失。」充分展現人類的聰明智慧，所以作者稱讚:「人是萬物之靈」。

前後兩幕鮮明對比之下，人類是不是萬物之靈，配不配做爲「萬物之靈」，實已昭昭明明。作者痛責人類之殘暴，雖不明指，其實又比十目所視、十指所指更嚴厲！

（2）

貪污，也是人性之一，學生會貪，軍人、公務員也會貪。特別是有利可圖時、制度有漏洞時，貪污將如水銀瀉地，無所防範。

王鼎鈞寫流亡生活時，提到學校伙食團委員被懷疑貪污，學生乃進行伙食改革，結果是「飯比以前香，可是盛到碗裡的飯也少了。」在改革以後比改革以前更餓。等選出一批監委去監督伙委時，監委與伙委同樣進了染缸、同流合污去了！

作者又在〈貪污哲學智仁勇〉中歷述軍糧運補時可怕的侵吞情形，每一道過程都在合情合理但不合法的情況下遭受侵吞，如「每一艘運糧船的船艙都會進水，每一位船長也都願意證明」、「每一船糧米都可以短少一些，完全合法。」、「監督者和被監督者二人同心」。

最後的結論竟是「合情仁也，合理智也，不必合法勇也」。[18]

接著，他又說：

> 有人說，貪污是人性，貪污不能根絕，因為人性無法改變。
>
> 有人說，貪污使人樂業，增進祥和氣氛。
>
> 有人說，貪污使人效忠，凝聚向心力。
>
> 有人說，國富則多貪，「寄主」肥壯，寄生蟲營養好，貪污是好現象。[19]

[18]王鼎鈞，〈貪污哲學智仁勇〉，《關山奪路》（臺北：爾雅出版社，2005 年 5 月），頁 245～248。
[19]同前註，頁 251。

「貪污」這樣醜陋的事情，作者轉述一般人的看法，竟是人性使然，是增進祥和凝聚力量所必須，甚且還是國家富裕的象徵，這是多諷刺的話！作者把譴責更易爲讚美，是反諷，更是透露權力使人腐化之速、之可怕！這又是一則欲貶還褒的例子。

（3）

《關山奪路》中〈我所看到的日僑日俘〉，寫日本敗戰後，日本婦女回國前淒苦的遭遇。鼎公細膩的描述她們擺地攤、開小店，爲日本男人背十字架的痛苦：

> 瀋陽尚未遣送回國的日僑擺地攤出售帶不走的東西。她低著頭，雙目下垂，並不真正照顧她的貨物，任憑顧客自動取貨，自動照標價付款，如果有人白白拿走，她也沒有任何表示。偶然有男人伸手去摸她的臉蛋兒，強迫她抬起臉來，她的反應是「三不」：不合作，不掙扎，不出聲。[20]

> 日本女子也在街頭搭建臨時的小木屋賣酒，拉起白布條做成的廣告，中年婦女炒菜，少女擔任招待，二十歲模樣的少女，穿著和服，站在櫃臺裡面，端出鹹豆花生米，把酒杯斟滿。顧客多半是東北的工人或馬車夫，這些粗魯的男人乘其不備出手突襲，摸她們的胸脯，或者揪住頭髮吻她的臉，她們都能說漢語，可是沒有抗議爭吵，也不流淚，默默承受一切。[21]

> 面對橫逆，日本女子有她的哲學，她完全撤除了心理的防線。日本女子掛在十字架上，替日本男人擔當罪孽。[22]

---

[20]王鼎鈞，〈我所看到的日僑日俘〉，《關山奪路》（臺北：爾雅出版社，2005 年 5 月），頁 138。
[21]同前註。
[22]王鼎鈞，〈我所看到的日僑日俘〉，《關山奪路》，頁 141。

從這幾段描述看來，日本女性忍辱求生的經過令人感動，但作者這樣寫，一方面據實呈現日人堅強、隱忍的民族性格，另一方面，則未嘗不在反襯日人侵略的荒謬、日軍戰場上血腥罪孽的報應。

（4）

權力使人迷惑。不管是什麼樣的權力，都足以讓人著迷其中而不自拔，連「學潮」都是，鼎公在《關山奪路》裡一再述及：

> 學潮使學生立刻獲得權力。……這般情境非常迷人。……國民政府束手無策，正因為找不出辦法逆轉人性。[23]

> 一九八九年北京六四事件，中共以機槍掃射並出動坦克鎮壓。事後逃往海外的學運領袖告訴人家：「我們就是要流血」。……群眾看見鮮血，忽然就變成火牛了。[24]

然而學潮這樣嗜血的運動，作者卻用男女熱戀作譬喻：

> 學生鬧學潮好像男女接吻，有頭一次就想有第二次，就想有以後許多次[25]

這句譬喻，讀來頗為傳神，正好點出了學潮的盲目性和難以自拔的困境。對於著迷於權力者，不啻是一記當頭棒喝！

四、結語

王鼎鈞回憶錄雖是自傳，寫的卻是整個時代的紀錄，尤其是人物的勾勒，層面廣闊，剖析深入。當他們面對時代橫逆、逐波社會洪流時，為了

[23]王鼎鈞，〈參加學潮，反思學潮〉，《關山奪路》，頁 32。
[24]王鼎鈞，〈由學運英雄於子三看學潮〉，《關山奪路》，頁 273。
[25]王鼎鈞，〈參加學潮，反思學潮〉，《關山奪路》，頁 28。

生存、爲了生命，有的有情有義、有的需貪需求，王鼎鈞下筆縱橫，讓人性的光輝、人性的本質，不論美善真摯或醜陋卑下，都能真實呈現；更難能可貴的是，他以特有的悲憫胸懷，在敘寫這些人物時，曲意爲之呵護，委婉爲之設想，所以我們看到的，是更真實的時代舞臺，更真實的人物傳真。而王鼎鈞回憶錄的這種寫法——曲筆寫人性，乃形成他獨具的特色。

——選自「王鼎鈞學術研討會」

臺中：明道大學中國文學系、通識教育中心，2010 年 5 月 15 日

繫斜陽纜
王鼎鈞回憶錄中的百年場景

◎席慕蓉*

一位作家用他的一生一世所作的見證，難道都不能在書店裡稍稍多占用幾公分的空間嗎？他書寫的，不止是他一人也不止是他那一代……。

壹

先是時空裡的大背景：

太初，諸峰向三角山地集中，路經蘭陵東郊，在相互擁擠中遺落了一座盆景。

然後才開始聚焦於自己的故鄉，這四面都是肥沃平原，季季都有成熟莊稼的錦繡大地，造化所成的一座神奇的人文寶地。

因而，「我是蘭陵人」這句話。遂在漢唐的先賢事蹟中有了特殊的意義。

然後很快地跳接到「吾家」。

與民國初肇的歷史接軌，竟然是一則國際新聞：

1915 年，祖父帶著自家釀造的蘭陵酒，以蘭陵美酒公司的名義，參加三

---

*詩人，專事寫作。

> 藩市太平洋萬國博覽會，得到金質獎章和銀質獎章。

當然，這是經過選拔與肯定之後，才能出國參賽。這種種都是有明確記載的史實，「德源湧」酒廠曾經是蘭陵美酒之中最早與最大規模的字型大小。

但是，到了王鼎鈞出生之時，祖父的事業早已結束，只留下一座「大約共有進，外加一片廠房」的巨大祖宅。

我們跟著王鼎鈞去觀看這幢大房子裡的種種，兩棵並排的石榴樹、胖胖的丫頭、道光年間的瓷器、紫檀木威嚴深沉的桌椅，還有從門楣下方的「燕路」裡，年年歸來重尋舊壘的燕子⋯⋯。

「那時，家家都是這個樣子。」這句話重複了兩次。言下之意似乎是說，這原本是個理所當然的存在，是再平凡不過的溫暖家園。

那時，家家都是這個樣子。而要再度去確認這種平凡與平靜的氛圍之時，卻是在覆巢之後，離亂間寄居在別人的家園裡，忽然覺得有些淡淡的香氣、有些細碎的聲音似曾相識，彷彿在什麼時候也擁有過：

> 我想起來了，種種光景正是我從前的家⋯⋯恍惚間，無意中，我回到那已失去的家裡。

整部回憶錄應該是從這一段文字才正式開始的。

這處寄居的莊園，在地理的位置上其實離王鼎鈞的「故居」只有咫尺之遙，在此時，王鼎鈞也才剛開始逃難。但是，在這一個時間點上，卻已是「如夢如幻，如前世來生」，那距離已是無限遙遠。

曾經生於斯、長於斯的祖宅，要在這個時候，在這一段文字裡，才真正顯露出它的寧靜悠遠、它的深厚溫暖、它的細緻美好，以及，它的永不復返。

少年王鼎鈞，那時還不能預知一切，只能訝異地告訴自己：「這地方，好像我來過⋯⋯。」

貳

王鼎鈞在回憶錄第三冊《關山奪路》出版之後，他說：

> 我寫第一冊回憶錄《昨天的雲》盡量避免議論，維持一個混沌未鑿的少年。寫第二本《怒目少年》，我忍不住了，我用幾年後的眼睛分析四多年以前的世界。現在這本《關山奪路》，我又希望和以前兩本不同，我的興趣是敘述事實，由讀者自己產生意見，如果讀者們見仁見智，如果讀者們橫看成嶺、側看成峰，我也很高興。

他又說，第三冊終於寫完，現在要進行第四冊的寫作了：「我要用這四本書顯示我那一代中國人的因果糾結，生死流轉。」

現在，第四冊《文學江湖》也已出版，以七年（還是整整一生？）的時間完成的回憶錄四部曲已完整地呈現在讀者眼前，這書中的關聯豈僅止是一代的中國人而已，這是整個中國的百年真相啊！

前一陣子，齊邦媛老師出版了《巨流河》，龍應台出版了《大江大海》。我看到書店裡把王鼎鈞的《文學江湖》和前兩本書放在一起展示，我總有點疑惑。如果說是談 1949，為什麼不放《關山奪路》？如果說是回憶錄，為什麼不把完整的四冊放在一起？

一位作家用他的一生一世所作的見證，難道都不能在書店裡稍稍多占用幾公分的空間嗎？

他書寫的，不止是他一人也不止是他那一代，他書寫的不止是歷史也不止是文學，他寫出來的，是百年中國這塊傷心地上，許許多多無辜的「黔黎」的悲慘遭遇。

參

有多少人有著相同的故事。

譬如在第一冊《昨天的雲》裡，父親千方百計想要讓王鼎鈞可以再讀書。

從淪陷區要投奔到後方去求學，是令人心驚膽顫的出走。可是，那時候，還是有許多年輕人毫不遲疑地離開了家，也還是有許多父母想盡辦法讓孩子離開，縱然他們之間沒有一個人能預見這分別的後果：

> 千叮萬囑，看著我喝了稀飯，逼著我吃了包子，母親為我作了禱告。
> 父親說：「你走吧，不要回頭看。」我一口氣奔了五裡路才回頭，已經看不見蘭陵。
> 回想起來，離家這一幕還是草率了。這等事，該有儀式，例如手持放大鏡，匍匐在地，一寸一寸看。

只因為，當時並無人知曉，分別之後，「從此天涯海角，再無歸路，山東，臨沂，蘭陵，永遠只能在地圖上尋找。」

肆

又有多少人經歷過我們完全無法想像的恐怖場景。譬如王鼎鈞的五叔曾參與其中的緬甸戰爭和撤退：

> 緬甸撤退應該是抗戰史上最有毅力的撤退，也是最悲慘的一次撤退……緬北有一座野人山，是這次撤退最後最嚴肅的考驗。野人山號稱鬼門關，意思是人入此山不能複出。此山縱深四百里，高度平均八千尺，峻嶺叢林，瘴氣烈日。九六師在山中絕糧，殺蟒獵虎為食，終於越過此山。三千里絕地，六個月勝負，無一人降，無一人叛，抱病扶傷攀高黎

> 貢山進入雲南。在一個叫劍川的地方早有千萬出征官兵家屬麇集盼望，五嬸也在那裡等候。死生交會，哭聲動野，大雨忽然滂沱而下，為他們洗淚。五叔接到我的信，想他老人家心中那一團鬱結，一點酸楚，那對鬼神的感激，對袍澤的悼念，俱在心中，俱來眼底，這才「熱淚潸潸」的吧。

當然，王鼎鈞書中的許多資料，或許是五年後的辛苦搜尋才可能完備。只是，他執筆之時，目標對準的是「黔黎」，是真正的百姓，是無數下級官兵以自身血肉所書寫的出生入死，這樣的百年場景讀來令人既驚且慟。

伍

苦行過半壁山河，王鼎鈞從七歲離家之後，流離輾轉，所見多矣。

可是，再清晰的記憶，卻並不一定是當時的真相。幾年後再回頭細想，才從傳說的真相、殘缺的真相，以及不同立場不同角度的史書中錯亂的真相裡，翻撿出真正的歷史場景。原來，芸芸眾生，都被騙了，而且被騙得很慘。不該死的死了，不該殘的殘了，不該家破人亡的都流離失所了……。

王鼎鈞說：「國共內戰造成中國五千年未有之變局。我希望讀者由我認識內戰，由內戰認識五千年未有之變局。」

我生也晚，不過還是沾上了抗戰勝利之後那幾年裡的混亂與不安。

關於王鼎鈞書裡所說的金圓券，我是記得在南京的客廳裡，看見一大箱印刷精美的鈔票，好像底色是淺淺的粉紅（還是紋樣的細線是桃紅色）？任我們這幾個孩子拿來摺飛機射來射去。我記得在南京的最後一頓晚餐，大碗湯裡，下午才匆匆宰殺的母雞腹中還藏著沒生下來的雞蛋。我記得從上海、廣州輾轉到了香港之後，父親的朋友裡，有人嚷著住不慣，於是全家大小又回到大陸的家鄉去了。我記得來到臺灣，從中學到大學，上課一教到中國近代史，從課本的文字到教課的老師，總是語焉不詳……。

我還記得，在水源路堤防下那些狹窄的巷弄裡，有天晚上一個男人喝醉了酒，在院子裡又哭又叫，一句「老蔣，你對不起我們！」讓左鄰右舍面面相覷，誰也不敢出聲。

有多少模糊的場景，有多少不安的氛圍，有多少待解的謎團，有多少互相矛盾的說法，更有多少連學童都知道是謊言的官方文告，這些那些，好像都是我生命裡的負擔；而就在此刻，在王鼎鈞的回憶錄前，我相信，有許多人都和我一樣，一面閱讀，一面恍然大悟。

陸

然而，在恍然大悟之中，我們這些「當年的孩童」，心中又有多少悔之不及的疼痛？

原來，我們的父母，以及我們的祖父母和外祖父母，當年所面對的是何等驚險、何等陰險的亂世，卻還要在我們的身邊力持鎮靜，強顏歡笑，竭盡全力地維持著我們童年的安定與甜美，可是，孩子們當時卻從來不曾善體親心。如今回想，當時我的父母，也不過才是三十多歲的年齡而已，正當他們一生裡的黃金時期，是無論如何也不該白白錯過的錦繡年華啊！

因而，讀王鼎鈞的回憶錄，我的許多朋友都難以入眠……。

柒

「繫斜陽纜」這一句原出自辛棄疾的詞，我聽葉嘉瑩先生講解之時，全心為之震撼。現在挪用來作為自己這篇文字的標題，是覺得或許可以有兩種解釋。

王鼎鈞曾說：「回憶錄的無上要件是真實，個人主觀上的真實。這是一所獨家博物館……。」

如果從這個角度上出發，「繫」作為唯一的動詞，應該就可以解釋為

「回顧」、「搜尋」、「明辨」、「連接」、「書寫」和「發表」這一連串的行爲，讓作者在一生的顛沛流離之後，在斜陽的餘暉裡，藉著這部鉅著的出版而終於能夠得到一種寧靜和安定的心情。

而王鼎鈞又說：「回憶錄是我對今生今世的交代，是我對國家社會的回饋，我來了，我看見了，我也說出來了！」

如果從這個角度上衡量，那麼，這「纜」本身，就不再只是王鼎鈞一個人和他自己的往昔的連接而已了。它在瞬間身軀暴漲了千千萬萬倍，是千千萬萬中國人站在民國百年將屆的時刻裡，想要溫故知新、重新出發時的清晰導引，以及極爲巨大的支撐。

也是前一陣子的新聞而已，有文化界人士呼籲，說是民國百年快要到了，我們需要寫一本記錄這百年路程的書。面對這則新聞，我很納悶，王鼎鈞的回憶錄四部曲尚且前後要用七年的時間來完成，而在民國 98 年才來關心這一個題目，是不是有點太輕視「創作」甚至「記錄」這兩種工作的艱難度了！

而且，更讓我納悶的是，那時刻，王鼎鈞回憶錄已經陸續出版，第四冊也剛剛上市，這位先生怎麼沒注意到呢？

去年春天，我寫過一篇短短的讀後感，裡面有段文字，或許可以作爲「繫斜陽纜」在此的第三種解釋。我說：「然則，用了七年的時間（更正確的說法應該是整整的一生），寫成了這四本的『王鼎鈞回憶錄四部曲』，所想要顯現給讀者的，或許並不是我們在表面上所看到的中國近代史而已，或許更可貴的，是透過這幾年的流離喪亂，讓我們見證了即使是一個曾經柔弱與彷徨的靈魂，也可以憑藉著那自身求善求美的努力，終於達到了他要爲歷史求真的初心。王鼎鈞的回憶錄真的是空間無限廣大的博物館，每一件展品都是見證，也都是解答，恍如歷歷晴川，經得起無數讀者的一再回首。」

是的，一年之後的此刻，在春日窗前，重頭再細讀這四冊史詩般的巨構，彷佛百年場景在眼前在心底歷歷重現。我相信，無論是在文學還是在歷史的殿堂之上，「王鼎鈞回憶錄四部曲」都已是經典，已成經典。

——選自《聯合報》，2010 年 8 月 7 日，D03 版

簡潔以旺神

序《王鼎鈞散文別集》

◎張輝誠*

在臺灣，像我這樣30逼近40歲，也就是1970到1980年代的人，再往前推十年，往後延十年，整整30年的時間，都是籠罩在王鼎鈞的散文中成長的。他的哲理、生活、機智、幽默小品及懷鄉散文、寫作指導之書，幾乎席捲臺灣書市，社會大眾爭相傳閱，學校學生人手一冊，蔚爲風潮，堪稱傳奇。

當年我就讀國中，初次讀到王鼎鈞《開放的人生》，即受感動，那裡頭有一種特殊的文氣，並且多年來不曾稍變，一路貫穿至今。這股文氣是甚麼呢？從王鼎鈞近幾年扛鼎四鉅作回憶錄來看，最後一冊《文學江湖》曾提到過去他在臺灣擔任廣播編撰時，「一向注意長句之害。」對照這本新書〈天使何曾走過〉:「我們嚮往簡潔的語言，倘若可能，加上雋永，倘再可能，再加上機智。至少要保持簡潔，文化修養的表現在乎簡潔，思路清晰的表現在乎簡潔，語言簡潔的人敬愛公眾，也得到公眾敬愛。」再觀諸王氏其他作品，就能發現他特別愛用短句——名詞之前多不加臃腫的形容詞，不去描述過多無謂的細節、不讓西化的子句出現句子當中——，他用短句讓文章節奏顯得輕快如歌、面目變得清爽如少年；他又喜歡在行文布局時博採例證，例證得到短句相助，立即暢然明快，條理分明。他用匕首一般的短句，切情講理、析事論道，像庖丁解牛一般，以無厚入有間，事事物物砉然得解。

---

*作家。

他以此寫小品固然精悍，寫起長篇大文竟也輕快如御駿馬長征，絲毫無累贅之感，揮灑長篇一如點染小品輕鬆，不可謂不奇。之所以如此，其源皆出於王氏的美學考量，簡潔。從短句出發，進而遣字、敘述、議論一併追求之。此等簡潔風格，王氏甚至認爲還能反映作家思路清晰與否、文化修養良莠……。換言之，化繁爲簡，正是王氏寫作最首要的考量。

然而讀者不免追問：王氏所指的「繁」究竟是甚麼？此書恰好可讓讀者略窺一斑。其一，一生顛沛流離的遭遇。王氏歷經 1949 年之前大陸時期的戰亂、1949 年至臺灣時期的辛苦求生與文學生涯的開展、1978 年之後移居美國時期的生活甘苦。前兩者大多已經在回憶四部曲寫完，但有時文章爲了某些觀點不得不再重述一次，或者四書之中遺漏而加以補述，又或者針對成書之後的訪問、感想而加以補充。最後一部分是在移居美國的生活甘苦，就很能體會到王氏的用心，雖說移居美國，體驗到了東西不同文化的生活差異，但是王氏著墨更多的卻是移民生活的艱困，如種族歧視、亞裔教養、資本主義社會樣貌等等，還有他對資本與商業社會的偏差觀念多有批評，對美國社會中的中國傳統倫理觀念、做法亦多有堅持，還有對東西文化之優劣長短也能做客觀而溫和的評斷。這些，都很能察見王氏關懷所在。

其二，對現實社會的種種觀想。此書著實可見王氏讀書之廣博，掌故隨手拈來，故事層出不窮。同時也很可見王氏重視時代變化、重視自身與時代之關聯（試想，當今社會哪個人到了 73 歲，還去報名學電腦，用電腦寫文章？王鼎鈞就是這種人），對時事、時聞格外關注，不斷調整自己的心態與生活去適應新時代。王氏在此書表達了許多他對現實事件的看法（從同性戀、殺人事件、受刑人、一胎化、藝術表演、書評、中文教材……），這些看法大多入情入理，既不故作高調，亦不落俗套。他對現實之於個人的、群體的、異邦的、故土的處境尤表關心，如傳統教養、倫理觀念、兩岸關係、臺灣現況、大陸問題表達他的憂慮與期許。正所謂人在異邦，心繫故土。

其三，關於文學與信仰。這是此書筆墨最多、分量最重的部分。關於文學部分，王氏言簡意賅地分析了文學與政治、色情與道德的關係，說理井然，論述清晰，並且佐以實例，理事相濟，情理相發，不會讓人覺得好像大發空論。其中讓印象特別深刻的，他自言「與文學是結髮之妻」，是「亂世夫妻」，今生今世不會和文學離婚，也不會始亂終棄，對照王氏數十年來堅持不懈的寫作態度與成就，真是言之無愧、當之亦無愧。王氏即用此等對待文學的態度去信教，王氏受洗爲基督徒，但他並不偏執、亦不瘋迷，他信主宗經之餘，也坦然打開心胸去理解其他宗教、接觸其他經典，他用宗教的情懷與眼光省識了人間的不幸、災難與人禍，也用宗教家的胸襟去探討人的狹窄、仇恨與迷惘。王氏之可愛，在於他沒有動不動就引聖經，動不動就呼主之名，動不動就稱神蹟，他信教是通過自己的深刻思維判斷之後所得的結果，因深刻思索而成就深刻信念，不是人云亦云，也不是人信己信。正因爲如此，他的信仰就很有自己風格，宗教、經典、信仰皆爲我用，他可以大膽地將《聖經》化繁爲簡地描述爲「創造、犯罪、替死、懺悔、救贖」大經大法，也能討論其他宗教及經典的是非優劣，當然也就能將信仰化爲文學，讓信仰與文學並行不悖，相輔相成。這在當代作家，投入信仰還能保有自我原來面貌的，實屬罕見。

這些頭緒繁亂的事件，王氏皆化繁爲簡，分篇論之。若此處總而「簡潔」說之，即是王氏以慈悲心，重鑄漂泊史；以寬容心，正視現實，通權達變卻不隨波逐流（如尊重中國傳統卻不墨守成規）；以堅定心，面對文學創作與基督信仰。

然而此書真正動人之處，恐怕尚不在於簡潔之風而已，或是隨時閃現的雋永妙趣，而是一個寫了六、七十年的老輩作家，他用他的人生風浪、以及風浪中學得的睿智與洞見、加上他的真性情、豁達、機智、幽默、謙虛與正直，親身示範了何謂勤勉、何謂毅力、何謂老而彌堅，何謂與時俱進、還有何謂對文學深切的熱愛，這些都讓讀者感覺——三十多年前寫下「人生三書」的王鼎鈞，其實一直都年輕，仍舊精神奕奕、虎虎生風，振筆可以引風，文句足以生雷，桃花流水依舊在，人老神旺猶少年。

——2012 年 4 月 18 日修改，另將收錄於北京商務印書館所出版《桃花流水杳然去——王鼎鈞散文別集》之序文。

——選自《聯合報》，2012 年 4 月 27 日，D3 版

輯五◎
研究評論資料目錄

作家、作品評論專書與學位論文

專書

1. 王鼎鈞　　昨天的雲　臺北　〔自行出版〕　1992年5月　359頁

本書爲王鼎鈞的自傳，作者回憶少年時代的生活，並自言本書是爲生平所見的情義立傳，是對情義的回報。全書共 14 章：1.吾鄉；2.吾家；3.我讀小學的時候；4.荊石老師千古；5.血和火的洗禮；6.戰神指路（一）；7.戰神指路（二）；8.戰爭的教訓；9.折腰大地；10.田園喧嘩；11.搖到外婆橋；12.熱血未流；13.插柳學詩；14.母親的信仰。

2. 王鼎鈞　　昨天的雲——王鼎鈞回憶錄四部曲之一　臺北　爾雅出版社　2005年2月　311頁

本書摘要，章節目次同前書。

3. 王鼎鈞　　怒目少年　臺北　〔自行出版〕　1995年7月　357頁

本書記述王鼎鈞的流亡學生時代，由 1933 年前往抗戰後方起，到 1945 年抗戰勝利爲止，其間出入於 2 種怒氣（對外國和對本國）之間，以一個少年王鼎鈞的受想行識，撰寫成本書。全書分 3 時期：1.阜陽時期；2.西遷；3.漢陰時期。

4. 王鼎鈞　　怒目少年——王鼎鈞回憶錄四部曲之二　臺北　爾雅出版社　2005年2月　389頁

本書摘要，章節目次同前書。正文後附錄〈難忘的歲月〉。

5. 蔡倩茹　　王鼎鈞論　臺北　爾雅出版社　2002年7月　299頁

本書爲學位論文《王鼎鈞散文研究》修訂出版，研究王鼎鈞的生命流程、作品主題、文體的推廓以及意象的呈現等角度，審視作家的散文世界，以勾勒出王鼎鈞所創造的風格氣象、文學地位。全書共 6 章：1.序論；2.作家論；3.主題論；4.文體論；5.意象論；6.結論。正文後附錄〈王鼎鈞年表〉、〈評論索引〉。

6. 亮　軒　　風雨陰晴王鼎鈞：一位散文家的評傳　臺北　爾雅出版社　2003年4月　544頁

本書記述王鼎鈞的成長過程、離家從軍，探索感情、語言及信仰等 3 個世界，並進一步論述王鼎鈞創作風格的形成，並爲王鼎鈞在理則學、美學及倫理學 3 個方面尋置一個定位。全書共 8 篇：1.啓蒙；2.成長；3.離家與從軍；4.感情世界；5.語言世界；6.信仰世界；7.王鼎鈞風格的形成；8.總論。正文後附錄〈寫作年表及當代大事〉。

7. 王鼎鈞　　關山奪路——王鼎鈞回憶錄四部曲之三　臺北　爾雅出版社　2005 年 5 月　427 頁

本書爲王鼎鈞回憶錄的第 3 部，記述民國 34 年到 38 年國共內戰時期，近 5 年的時間他如何從一名流亡學生變成大兵的歷程。正文前有作者〈名詞帶來的迷惑〉（代序）。全書共 34 篇：1.竹林裡的決定，離開漢陰；2.憲兵連長以國家之名行騙；3.參加學潮，反思學潮；4.最難走的路，穿越秦嶺；5.新兵是怎樣鍊成的（上）；6.新兵是怎樣鍊成的（下）；7.兩位怎樣庇護我；8.南京印象——一疊報紙；9.南京印象——一群難民；10.我愛上海——我愛自來水；11.我所看到的日俘日僑；12.瀋陽市的馬前馬後；13.憲兵的學科訓練；14.憲兵的勤務訓練；15.我第一天的差事；16.左翼文學薰陶紀事；17.我從文學的窗口進來；18.東北一寸一寸向下沉淪；19.小兵立大功，幻想破滅；20.我的名字王鶴霄；21.貪污哲學智仁勇；22.秦皇島上的文學因緣；23.由學運英雄于子三看學潮；24.滿紙荒唐見人心；25.山東——從洗衣板到絞肉機；26.山東——天敵之下的九條命；27.東北——那些難忘的人；28.滾動的石頭往哪裡滾；29.天津中共戰俘營半月記；30.爲一隻眼睛奮鬥；31.膠濟路上的人間奇遇；32.上海市生死傳奇（上）；33.山東青年的艱苦流亡；34.上海市生死傳奇（下）。

8. 方　方　　妙手文心——王鼎鈞創作心理及寫作理論探析　臺北　爾雅出版社 2009 年 3 月　142 頁

本書從王鼎鈞的生平、散文的描寫對象、融合小說戲劇詩歌的散文風格、文學的技巧實驗等面向，全方位的討論王鼎鈞的散文。正文前有〈執筆仗劍走天涯〉。全書共 4 章：1.大時代中塑成的人品和文品；2.王鼎鈞散文創作的「心理場」；3.情、事、理交融的寫作風格；4.創作實驗和作文之道。正文後附錄〈世紀散文家王鼎鈞〉。

9. 王鼎鈞　　文學江湖：王鼎鈞回憶錄四部曲之四　臺北　爾雅出版社　2009 年 3 月　509 頁

本書爲王鼎鈞回憶錄的第 4 部，記述作家在臺點滴，尤其側重文學生活。正文前有作者〈（代自序）有關《文學江湖》的問答〉。全書共 32 篇：1.用筆桿急叩臺灣之門；2.匪諜是怎樣做成的；3.我從瞭望哨看見甚麼；4.投身廣播・見證一頁古早史；5.張道藩創辦小說研究組；6.小說組的講座們；7.胡適從我心頭走過；8.廣播文學先行一步；9.反共文學觀潮記；10.特務的顯性騷擾；11.我與公論報一段因緣；12.難追難摹的張道藩；13.走進廣播事業的鼎盛繁榮；14.我從胡適面前走過；15.魏景蒙・一半是名士・一半是鬥士；16.方塊文章・畫地爲牢；17.藝術洗禮・現代文學的潮流；18.霓虹燈下的讀者；19.我能爲文藝青年做甚麼；20.特務的隱性困擾；21.省籍情結・拆不完的籬笆；22.張道藩的生前身後是是非非；23.冷戰時期的心理疲倦；24.在這交會時互放的光亮；25.你死我活辦電視；26.鄉土文學的漩渦；27.與特務共舞；28.我和軍營的再生緣；29.我與學校的已了緣；30.我與學校的未了緣（上）；31.我與學校的未了緣（下）；32.明日隔山岳・世事兩茫茫。正文後附錄〈王鼎鈞臺灣時期文學生活大事記（一九四九至一九七八）〉。

10. 黃淑靜　　走盡天涯・歌盡桃花：王鼎鈞散文藝術　臺北　爾雅出版社　2009年12月　291頁

本書爲《王鼎鈞散文藝術研究》修訂出版，以「創造力」之角度，通盤剖析王鼎鈞的作品。全書共 5 章：1.王鼎鈞創作歷程及其理念；2.王鼎鈞散文的相似思維；3.王鼎鈞散文的辯證思維；4.王鼎鈞散文的修辭運用；5.結論。正文後附錄〈後記——形象思維之樹，語言藝術之花〉。

11. 張春榮　　文心萬彩：王鼎鈞的書寫藝術　臺北　爾雅出版社　2011年6月　244頁

本書透過分析、比較，歸納出王鼎鈞書寫的多樣面貌。正文前有張春榮〈黃金想念礦石，也想念熔爐（代序）〉。全書共 8 章：1.王鼎鈞書寫的魅力——趣味；2.王鼎鈞書寫的穿透力——辯證思維；3.王鼎鈞書寫的感染力——意象；4 王鼎鈞書寫的察覺力——同異詞；5.王鼎鈞書寫的創造力——極短篇；6.王鼎鈞書寫的再造性——同化與變異；7.王鼎鈞作文教學的藝術——帶得走的「能力」；8.王鼎鈞書寫的成就——桃李不言，下自成蹊。正文後附錄〈引用書目〉、〈作者簡介〉。

12. 蕭蕭，白靈編　　悅讀王鼎鈞・通徹文心　臺北　爾雅出版社　2012年4月　297頁

本書透過對王鼎鈞散文精讀，展開全方位的思考與教案設計。書中列出「悅讀王鼎鈞」、「桃源訪尋」、「涉渡迷津」、「通徹文心」四種步驟，設計多重演練。全書選擇王鼎鈞作品 32 篇，作爲教學做文書：1.王麗蓉〈喻主論次的議論小品〉；2.王麗蓉〈三段式多重象徵技巧的變奏〉；3.白靈〈利用鎖鏈式排比法以盡性盡意〉；4.白靈〈以視角轉換法記敘變化的時空〉；5.李映瑾〈建築文章風「景」——使用示現法融繪情景〉；6.李映瑾〈引經據典——以引用法巧點文旨、營造氛圍〉；7.李淑婷〈加強說服力——巧用三段式對比法〉；8.李淑婷〈點化人生苦味——用譬喻修辭法幫你的文章調味〉；9.李雅雲〈當「排比」遇上了「對比」擦出文章的火花〉；10.李雅雲〈用「類字（詞）法營造出跳躍的情意〉；11.卓翠鑾〈隱喻意義的轉換與生成〉；12.卓翠鑾〈荒謬離譜的神話新說〉；13.林月貞〈能爲人用，方爲能人〉；14.林月貞〈自緣身在最高層〉；15.陳美桂〈看大地緩緩轉動成唱盤〉；16.陳美桂〈千手捕蝶的大音天籟〉；17.陳智弘〈舊題材・新思維〉；18.陳智弘〈摹感官・表意念〉；19.陳嘉英〈以小我的夢寫時代的歌〉；20.陳嘉英〈書寫歷史的景深〉；21.陳儀青〈以數個概念連結的改寫原則〉；22.陳儀青〈運用比較性的相對分析以凸顯旨趣〉；23.陳憲仁〈遊記的情景書寫〉；24.陳憲仁〈遊記的知性思索〉；25.陳靜容〈因思想而藝術——物象與心象的綰合〉；26.陳靜容〈一沙一世界——以「事件」爲核心的寫作展演〉；27.楊晉綺〈用指稱詞「你」和特定的讀者（戀人）喃喃絮語〉；28.楊晉綺〈以具體的「物」寫一個抽象的「我」和我的「志」〉；29.羅文玲〈人人點燈戶戶光明——以問答舒展文章經絡〉；30.羅文玲〈溫潤生命的維他命〉；31.蕭蕭〈人是天的一部分——天人合一的文學觀〉；32.蕭蕭〈要當別人的天使——小即是美的寫作法〉。正文前有蕭蕭〈前言：文心通澈而清澄〉；正文後附錄〈寫作教學設計者簡介〉、〈作品範例展示同學簡介〉。

13. 王凌曉，王彥鋒主編　散文鼎公：王鼎鈞論文集　北京　中國華僑出版社　2012 年 5 月　324 頁

本書爲「第二屆王鼎鈞文學創作國國際學術研討會」會議論文集。全書分 5 輯：1.「王鼎鈞散文的藝術特點」，收錄杜元明〈植根中華文化厚土・廣納現代藝術陽光雨露的奇花異卉——我觀王鼎鈞散文〉、王景科〈論王鼎鈞散文的藝術特色〉、章亞昕〈行萬里路，讀萬卷書——試論王鼎鈞散文的構思特色〉、龍厚雄〈故事人性詩化——王鼎鈞散文風格論〉、魏如松，賈自強〈論「大氣游虹」（九題）——王鼎鈞散文賞析之一〉、燕世超，王亞男〈論王鼎鈞散文的美學意蘊〉、楊學民〈《聖經》與王鼎鈞散文的修辭策略〉、趙秀媛〈遊子心中永遠的美與痛——談王鼎鈞散文的鄉愁主題〉、周志雄〈王鼎鈞散文的魅力〉、彭燕彬〈王鼎鈞散文「順勢應激」境界與離散敘事主旨〉、王彥鋒〈人生只有腳印〉、向秋〈溫暖生命的陽光——由〈一方陽光〉、〈臣心如水〉談王鼎鈞散文的鄉土情懷〉、莊偉杰〈王鼎鈞散文的生命意識和文化精神〉、王性初〈北南西東說二君——王鼎鈞、劉荒田散文魅力初探〉共 14 篇；2.「王鼎鈞作品的創作與影響」，收錄黃萬華〈王鼎鈞和文學史上的境外魯籍作家〉、林靜助〈從華文文學的視角探討王鼎鈞作品的時代意義〉、林于弘〈《文心萬彩：王鼎鈞的書寫藝術》之結構分析〉、楊傳珍〈王鼎鈞的信仰世界〉、叢新強〈論王鼎鈞的創作與基督教精神——以散文集《心靈分享》

爲中心（節選）〉、也果〈鏡像與真相——王鼎鈞的散文世界〉共 6 篇；3.「王鼎鈞作品的家園情懷與史學價值」，收錄古遠清〈臺灣文壇的「實況轉播」——評王鼎鈞的《文學江湖》（節選）〉、胡小林，楊傳珍〈走文學江胡・參天地化育——感受《文學江湖》〉、劉紅林〈從散文集《一方陽光》看王鼎鈞與蘭陵〉、顧瑋，牛靜〈史筆文心憶蘭陵——評王鼎鈞回憶錄之一《昨天的雲》〉、王安民〈「一代中國人的眼睛」——對王鼎鈞回憶錄史學價值的思考〉、邱瑾〈細讀王鼎鈞回憶錄四部曲〉、焦子棟〈居必擇鄉・遊必就士——從少年王鼎鈞的學遊經歷看教育的傳承與創新〉、任傳玲〈異鄉的眼・故鄉的心——王鼎鈞散文的家園情懷〉共 8 篇；4.「王鼎鈞生平與作品研究」，收錄古遠清〈王鼎鈞：臺灣一流散文家〉、劉荒田〈王鼎鈞先生與「文學星期一」〉、白槐〈我讀王鼎鈞〉、李善東〈蘭陵的王鼎鈞——王鼎鈞《昨天的雲》中的人文精神和家國情懷〉、裴井純〈澗溪赴海料無還・月魄在天終不死——淺論王鼎鈞人生與文學之路上的「信」〉、王毓玖〈大愛無疆寫人生——鼎鈞文學的根脈淺探〉、朵拉〈遇見鼎公〉、穆振昂〈王鼎鈞少年經歷及史事年表——根據王鼎鈞回憶錄《昨天的雲》和地方史志資料編輯〉共 8 篇；5.「附錄」，收錄賀電、致辭、文訊、組織機構等。正文前有王凌曉〈寫在前面的話〉、張烱〈在第二屆王鼎鈞文學創作國際學術研討會上的致辭（代序）〉；正文後有〈後記〉。

14. 王鼎鈞　　度有涯日記：王鼎鈞回憶錄四部曲・域外篇　臺北　爾雅出版社　2012 年 9 月　371 頁

本書收錄王鼎鈞 1996 年 4 月至 1997 年 3 月於紐約寫下的日記，呈現王鼎鈞「美國時期」的一個生活切面。全書共 12 章：1.海角也有四月天；2.當花信風吹過；3.向漩渦中心尋寧靜；4.往事如煙，煙已成風景；5.水流過，星月留下；6.我非魚，子非我；7.飛絮一樣的慾望；8.孔雀的百衲衣；9.擊鼓傳花，快樂的恐懼；10.琴聲歇，蝸牛行過；11.理還亂，欲斷還連；12.尋金記：山中多白雲。正文前有隱地〈「王鼎鈞回憶錄四部曲」域外篇——讀鼎公日記〉。

學位論文

15. 蔡倩茹　　王鼎鈞散文研究　臺灣師範大學國文學系　碩士論文　楊昌年教授指導　2001 年 6 月　211 頁

本論文由作家的生命流程、作品主題、文體的推廓以及意象的呈現等角度，審視王鼎鈞的散文世界，以勾勒出王鼎鈞所創造的風格氣象、文學地位。全文共 6 章：1.緒論；2.作家論；3.主題論；4.文體論；5.意象論；6.結論。正文後附錄〈王鼎鈞年表〉、〈王鼎鈞書目〉、〈評論索引〉。

16. 陳秀滿　　散文捕蝶人——王鼎鈞散文研究　彰化師範大學國文學系　碩士論文　陳啓佑教授指導　2002 年 7 月　212 頁

本論文研究王鼎鈞七〇年代以後的散文創作，以至《風雨陰晴》散文精選集爲止，從散文觀、散文思想內容和藝術技巧等 3 個層次以梳理王鼎鈞散文的意蘊。全文共 6 章：1.緒論；2.文心來龍；3.鄉關何處；4.散文協奏曲；5.散文藝術特色；6.結論。

17. 羅漪文　　《左心房漩渦》之語言風格　清華大學中國文學系　碩士論文　劉承慧教授指導　2003 年　102 頁

本論文援用當代隱喻理論和語言分析方法進行作品詮釋，彰顯《左心房漩渦》追求安身立命的主題，接著探究隱喻所依存的語言媒介，在煉字、句式及意念各方面，探究其使作品富有詩歌性質的書寫方式。全文共 5 章：1.緒論；2.分析原則；3.隱喻；4.語言結構；5.結論。

18. 丁幸達　　王鼎鈞及其散文研究　臺北市立師範學院應用語言文學研究所　碩士論文　馮永敏教授指導　2004 年　188 頁

本論文從作家研究著手，以其自傳體散文作品、傳記資料和訪談記錄爲主要分析對象，從作家處身的家庭背景、地理環境、時代環境、教育學習等客觀因素，探討作家的思想淵源、創作歷程等；並從作品探討其著作的主題內容和藝術手法，兼採各項散文理論的角度切入作品主題，勾勒出其散文內蘊的美感經驗和藝術形式。全文共 5 章：1.緒論；2.作家研究；3.散文主題研究；4.散文藝術研究；5.結論。

19. 熊小菊　　王鼎鈞散文家國抒寫初探　廈門大學中國現當代文學研究所　碩士論文　徐學教授指導　2007 年 5 月　57 頁

本論文從家國主題入手，分析王鼎鈞散文的家國觀念與家國抒寫，以解讀其散文及揭示他家國抒寫的時代意義。全文共 4 章：1.王鼎鈞散文家國抒寫的文化背景；2.王鼎鈞散文家國抒寫；3.王鼎鈞家國觀念的形成；4.王鼎鈞散文家國抒寫特色。

20. 方　方　　王鼎鈞創作心理及寫作理論探析　山東大學中國現當代文學研究所　碩士論文　章亞昕教授指導　2008 年 4 月　45 頁

本論文藉由王鼎鈞生平背景，探討其散文創作的與實踐創作理論的心路歷程。全文共 2 章：1.王鼎鈞創作心理研究；2.王鼎鈞寫作理論研究。

21. 王忠慧　　痛與愛的詩性昇華——論《左心房漩渦》的藝術形象　山東大學中

國現當代文學研究所　碩士論文　黃萬華教授指導　2008 年 4 月　47 頁

本論文從《左心房漩渦》中的挑選出 19 種藝術形象，加以歸納、論述。全文共 3 章：1.人物形象：對人心的洞觀和人性的重塑；2.自然形象：文化血脈與人文山水；3.人文形象：沉重的鄉愁和真誠的祝福。

22. 邱郁芬　　王鼎鈞散文的自傳性書寫研究　新竹教育大學語文學系　碩士論文　黃雅莉教授指導　2008 年 8 月　182 頁

本論文研究王鼎鈞散文的自傳性書寫，先探討作家豐富多元的作品與深厚的生命蘊含，將其寫作生涯與生命經驗做回顧和結合，再針對自傳性書寫題材所表現的藝術手法與所展現的風格典型做研究探討。全文共 6 章：1.緒論；2.個人與時代歷史的關係；3.自我內在之脆弱與盲點的思索；4.社會問題的揭示與批判；5.王鼎鈞散文「自傳性書寫」之藝術風格；6.結論。

23. 曹洪梅　　王鼎鈞散文主體風格論　同濟大學中國現當代文學研究所　碩士論文　萬燕教授指導　2009 年 3 月　61 頁

本論文立意中國傳統的文氣理論，以散文傳統理論爲基礎，探尋王鼎鈞自身散發出來的獨特的精神氣質、天賦個性。全文共 3 章：1.氣與質的融合：王鼎鈞散文主體風格形成；2.即體成勢：王鼎鈞散文主體風格呈現；3.氣生則風盛：王鼎鈞散文主體風格指歸。

24. 黃淑靜　　王鼎鈞散文藝術研究　臺北教育大學語文與創作學系　碩士論文　張春榮教授指導　2009 年 6 月　194 頁

本論文以「創造力」之角度，全盤剖析王鼎鈞的作品。全文共 6 章：1.緒論；2.王鼎鈞創作歷程及其理念；3.王鼎鈞散文的相似思維；4.王鼎鈞散文的辯證思維；5.王鼎鈞散文的修辭運用；6.結論。正文後附錄〈年表〉。

25. 陳秋月　　王鼎鈞散文中的人性考察之探究　新竹教育大學人資處語文教學碩士班　碩士論文　黃雅莉教授指導　2009 年 7 月　223 頁

本論文以王鼎鈞散文中的人性考察爲探究中心，分別透過作家對戀愛、戰爭、宗教、職場與生活等各個面向的人性描繪以分析人性的趨向與規律，藉以對人性有更多的理解與包容。全文共 6 章：1.緒論；2.詭譎多變的人性；3.愛情與人生；4.心靈與宗教分享；5.戰亂中的人性；6.結論。

26. 陳俐安　　王鼎鈞的文學創作觀及其實踐　臺北教育大學語文與創作學系　碩

士論文　張春榮教授指導　2010年6月　173頁

本論文探討王鼎鈞在文學理論、作文教學方面的成就，全面性解讀王鼎鈞的作品。全文共6章：1.緒論；2.王鼎鈞的文學因緣；3.王鼎鈞的寫作歷程及創作觀；4.王鼎鈞創作觀於文學作品的實踐；5.王鼎鈞創作觀於作文教學的實踐；6.結論。

27. 李　萱　　王鼎鈞的散文創作觀及其實踐　淡江大學中國文學系在職專班　碩士論文　張雙英教授指導　2011年1月　146頁

本論文以王鼎鈞「散文」為研究核心，立足於前人的研究成果之上，全面性探討王鼎鈞的散文創作觀，進而解讀王鼎鈞的散文作品；並提舉其「散文創作觀」以相互參照，既為爬梳一位創作者的藝術理想，也為識見王鼎鈞散文藝術之完成。全文共6章：1.緒論；2.王鼎鈞的文學創作歷程；3.王鼎鈞的文學創作觀；4.王鼎鈞的散文主題；5.王鼎鈞散文的藝術技巧；6.結論。

28. 謝佳樺　　王鼎鈞散文中的基督信仰書寫　臺灣師範大學國文系在職進修碩士班　碩士論文　胡衍南教授指導　2012年1月　139頁

本論文深入探討王鼎鈞作品的基督教信仰內涵，建構完整、有系統的王鼎鈞宗教書寫的研究。全文共6章：1.緒論；2.基督教文化與王鼎鈞的創作；3.以敘事說理體現基督教信仰真理；4.以藝術心靈點綴基督教信仰人生；5.以回憶原鄉見證基督教信仰恩典；6.結論——王鼎鈞散文中的基督教信仰書寫。

29. 時立香　　王鼎鈞回憶錄研究　福建師範大學中國現當代文學研究所　碩士論文　袁勇麟教授指導　2012年5月　53頁

本論文探討王鼎鈞對自我生平閱歷的回憶，分析回憶錄所展現的風格特徵，體現出作家文格與人格相互輝映下的智者領悟、仁者悲憫與聖者寬懷。全文共5章：1.王鼎鈞的文學觀；2.個體生命對話；3.為情義立傳；4.離散的個人與時代；5.由絢爛歸於平淡的藝術風格。

作家生平資料篇目

自述

30. 王鼎鈞　　我的中學生活　亞洲文學　第14期　1960年11月20日　頁31

31. 王鼎鈞　　前言　小說技巧舉隅　臺北　光啓出版社　1963年6月　頁5

32. 王鼎鈞　　寫在前面　文路　臺北　益智書局　1963年8月　頁1—2

33. 王鼎鈞　自序　人生觀察　臺北　文星書店　1965 年 1 月　頁 1—2
34. 王鼎鈞　《人生觀察》自序　文星　第 87 期　1965 年 1 月　頁 65
35. 王鼎鈞　自序　長短調　臺北　文星書店　1965 年 9 月　頁 1—2
36. 王鼎鈞　《長短調》自序　文星　第 95 期　1965 年 9 月　頁 76
37. 王鼎鈞　自序　長短調　臺北　大林書店　1969 年 11 月　頁 1—2
38. 王鼎鈞　自序　長短調　臺北　文星書店　1988 年 11 月　頁 1—2
39. 王鼎鈞　自序　短篇小說透視　臺北　大江出版社　1969 年 9 月　頁 1—2
40. 王鼎鈞　自序　世事與棋　臺北　驚聲文物供應公司　1969 年 10 月　頁 1
41. 王鼎鈞　國片與我——國片欣賞座談會隨感之一　中央日報　1972 年 1 月 31 日　9 版
42. 王鼎鈞　快慢得失　中華日報　1973 年 7 月 7 日　9 版
43. 王鼎鈞　寫在本書第二十版出版之前　開放的人生　臺北　爾雅出版社　1975 年 7 月　頁 1—2
44. 王鼎鈞　《我們現代人》自跋　中華日報　1976 年 9 月 20 日　5 版
45. 王鼎鈞　《我們現代人》再版之後　中華日報　1977 年 2 月 8 日　11 版
46. 王鼎鈞　爲《我們現代人》敬答讀者　中華日報　1977 年 2 月 14 日　1 版
47. 王鼎鈞　楔子：所謂我　碎琉璃　臺北　九歌出版社　1978 年 3 月　頁 3—5
48. 王鼎鈞　楔子：所謂我　碎琉璃　臺北　九歌出版社　1981 年 11 月　頁 3—5
49. 王鼎鈞　楔子：所謂我　碎琉璃　臺北　〔自行出版〕　1991 年 6 月　頁 19—22
50. 王鼎鈞　楔子：所謂我　碎琉璃　臺北　爾雅出版社　2003 年 6 月　頁 19—22
51. 王鼎鈞　我的第一步[1]　中國時報　1978 年 4 月 19 日　12 版
52. 王鼎鈞　拾字　我的第一步（上）　臺北　時報文化出版公司　1981 年 5 月

---
[1]本文後改篇名爲〈拾字〉。

頁 223—235

53. 王鼎鈞　　自序[2]　靈感　臺北　〔自行出版〕　1978 年 8 月　頁 5—8

54. 王鼎鈞　　原序　靈感　臺北　爾雅出版社　1989 年 4 月　頁 4—7

55. 王鼎鈞　　一團花絮——寄自哥斯大黎加　明道文藝　第 34 期　1979 年 1 月　頁 80—85

56. 王鼎鈞　　《講理》再版自序　講理　臺北　大地出版社　1981 年 1 月　〔1〕頁

57. 王鼎鈞　　《講理》再版自序　講理　臺北　大地出版社　1992 年 6 月　頁 1—2

58. 王鼎鈞　　作者的話　講理　臺北　大地出版社　1981 年 1 月　〔1〕頁

59. 王鼎鈞　　作者的話　講理　臺北　大地出版社　1992 年 6 月　頁 1—2

60. 王鼎鈞　　後記　講理　臺北　大地出版社　1981 年 1 月　頁 1

61. 王鼎鈞　　後記　講理　臺北　大地出版社　1992 年 6 月　頁 223

62. 王鼎鈞　　關於《開放的人生》　爾雅　臺北　爾雅出版社　1981 年 7 月　頁 1—2

63. 王鼎鈞　　作者自白　人生觀察　臺北　大林出版社　1982 年 4 月　頁 1—2

64. 王鼎鈞　　作者自白　人生觀察　臺北　水牛出版社　1989 年 10 月　頁 1—2

65. 王鼎鈞　　牢籠・天井・蠶——代序　海水天涯中國人　臺北　爾雅出版社　1982 年 11 月　頁 1—7

66. 王鼎鈞　　看不透的城市（代序）　看不透的城市　臺北　爾雅出版社　1984 年 5 月　頁 1—6

67. 王鼎鈞　　看不透的城市　臺灣現代文選・散文卷　臺北　三民書局　2005 年 6 月　頁 15—18

68. 王鼎鈞　　本書的增訂和改版　我們現代人　臺北　黎明文化公司　1987 年 12 月　頁 1

69. 王鼎鈞　　自序　我們現代人　臺北　黎明文化公司　1987 年 12 月　頁 3—6

---

[2]本文後改篇名爲〈原序〉。

70. 王鼎鈞　自序　我們現代人　臺北　〔自行出版〕　1988 年 10 月　頁 3—6
71. 王鼎鈞　自序　我們現代人　臺北　〔自行出版〕　1998 年 2 月　頁 9—12
72. 王鼎鈞　自序　我們現代人　臺北　爾雅出版社　2002 年 11 月　頁 9—12
73. 王鼎鈞　大家討論《現代人》　我們現代人　臺北　黎明文化公司　1987 年 12 月　頁 223
74. 王鼎鈞　自序　單身溫度　臺北　爾雅出版社　1988 年 4 月　頁 1—7
75. 王鼎鈞　自序　我們現代人　北京　國際文化出版公司　2007 年 4 月　頁 1—3
76. 王鼎鈞　大家討論《現代人》　我們現代人　臺北　〔自行出版〕　1988 年 10 月　頁 223
77. 王鼎鈞　大家討論《現代人》　我們現代人　臺北　〔自行出版〕　1998 年 2 月　頁 229—238
78. 王鼎鈞　大家討論《現代人》　我們現代人　臺北　爾雅出版社　2002 年 11 月　頁 229—238
79. 王鼎鈞　爾雅版自序　靈感　臺北　爾雅出版社　1989 年 4 月　頁 1—3
80. 王鼎鈞　當時，我是這樣想的　明道文藝　第 159 期　1989 年 6 月　頁 23—31
81. 王鼎鈞　當時，我是這樣想的——代序　碎琉璃　臺北　〔自行出版〕　1991 年 6 月　頁 1—12
82. 王鼎鈞　當時，我是這樣想的——代序　碎琉璃　臺北　爾雅出版社　2003 年 6 月　頁 7—12
83. 王鼎鈞　當時，我是這樣想的　風雨陰晴：王鼎鈞散文精選　臺北　爾雅出版社　2000 年 7 月　頁 349—353
84. 王鼎鈞　當時，我是這樣想的　風雨陰晴：王鼎鈞散文精品選　濟南　山東文藝出版社　2004 年 4 月　頁 274—278
85. 王鼎鈞　新版《意識流》前言　意識流　臺北　〔自行出版〕　1990 年 9 月　頁 5—10

86. 王鼎鈞　新版《意識流》前言　意識流　臺北　爾雅出版社　2003年7月　頁5—10
87. 王鼎鈞　《意識流》跋　意識流　臺北　〔自行出版〕　1990年9月　頁205—210
88. 王鼎鈞　跋　意識流　臺北　爾雅出版社　2003年7月　頁207—210
89. 王鼎鈞　文心來龍——代序　兩岸書聲　臺北　爾雅出版社　1990年11月　頁1—4
90. 王鼎鈞　《情人眼》自序　情人眼　臺北　〔自行出版〕　1990年11月　頁7—12
91. 王鼎鈞　《情人眼》自序　情人眼　臺北　爾雅出版社　2004年12月　頁7—12
92. 王鼎鈞　新版《碎琉璃》後記　碎琉璃　臺北　〔自行出版〕　1991年6月　頁267—273
93. 王鼎鈞　新版《碎琉璃》後記　碎琉璃　臺北　爾雅出版社　2003年6月　頁267—273
94. 王鼎鈞　我讀小學的時候　明道文藝　第191期　1992年2月　頁13—30
95. 王鼎鈞　小序　王鼎鈞回憶錄・昨天的雲　臺北　〔自行出版〕　1992年5月　頁3—7
96. 王鼎鈞　小序　昨天的雲——王鼎鈞回憶錄四部曲之一　臺北　爾雅出版社　2005年2月　頁1—5
97. 王鼎鈞　《山裡山外》新版序文　明道文藝　第197期　1992年8月　頁54—57
98. 王鼎鈞　《山裡山外》新版序言　山裡山外　臺北　〔自行出版〕　1993年2月　頁8—13
99. 王鼎鈞　《山裡山外》新版序言　山裡山外　臺北　爾雅出版社　2003年10月　頁8—13
100. 王鼎鈞　王鼎鈞的散文觀　簷夢春雨　臺北　朱衣出版社　1994年5月

頁 64

101. 王鼎鈞　大氣中的游虹——王鼎鈞篇——王鼎鈞的散文觀　散文教室　臺北　九歌出版社　2002 年 2 月　頁 59

102. 王鼎鈞　夢老坐在「小說創作班」像牧人等他的羊　中央日報　1994 年 9 月 16 日　17 版

103. 王鼎鈞　我第一篇以真名發表的文章刊在中副　爾雅人　第 88 期　1995 年 5 月 20 日　3 版

104. 王鼎鈞　自序[3]　隨緣破密　臺北　爾雅出版社　1997 年 8 月　頁 1—2

105. 王鼎鈞　自序　黑暗聖經　臺北　爾雅出版社　2008 年 11 月　頁 11

106. 王鼎鈞　王鼎鈞自述　隨緣破密　臺北　爾雅出版社　1997 年 8 月　頁 251

107. 王鼎鈞　王鼎鈞自述　千手捕蝶　臺北　爾雅出版社　1999 年 1 月　〔1〕頁

108. 王鼎鈞　王鼎鈞自述　臺港文學選刊　1999 年第 4 期　1999 年 4 月　頁 18

109. 王鼎鈞　王鼎鈞自述　活到老，真好　臺北　爾雅出版社　1999 年 6 月　〔1〕頁

110. 王鼎鈞　王鼎鈞自述　滄海幾顆珠　臺北　爾雅出版社　2000 年 4 月　〔1〕頁

111. 王鼎鈞　王鼎鈞自述　黑暗聖經　臺北　爾雅出版社　2008 年 11 月　頁 185

112. 王鼎鈞　王鼎鈞自述　一方陽光　南京　江蘇文藝出版社　2009 年 1 月　頁 279

113. 王鼎鈞　王鼎鈞詩話　爾雅詩選　臺北　爾雅出版社　2000 年 4 月　頁 235

114. 王鼎鈞　心靈與詩　滄海幾顆珠　臺北　爾雅出版社　2000 年 4 月　頁 235—240

[3]《隨緣破密》後易名爲《黑暗聖經》。

115. 王鼎鈞　　長話短說[4]　臺灣新生報　2000 年 7 月 30 日　15 版

116. 王鼎鈞　　後記：長話短說——貫串三十六年的故事　講理　臺北　大地出版社　2000 年 8 月　頁 291—297

117. 王鼎鈞　　某種看法　風雨陰晴：王鼎鈞散文精選　臺北　爾雅出版社　2000 年 7 月　頁 355—359

118. 王鼎鈞　　某種看法　風雨陰晴：王鼎鈞散文精品選　濟南　山東文藝出版社　2004 年 4 月　頁 279—283

119. 王鼎鈞　　新版前言　講理　臺北　大地出版社　2000 年 8 月　頁 5—7

120. 王鼎鈞　　與生命對話　怒目少年——王鼎鈞回憶錄四部曲之二　臺北　爾雅出版社　2005 年 5 月　頁 1—9

121. 王鼎鈞　　代序——名詞帶來的迷惑和清醒　關山奪路——王鼎鈞回憶錄四部曲之三　臺北　爾雅出版社　2005 年 5 月　頁 1—5

122. 王鼎鈞　　投稿生涯也是滄桑　自由時報　2006 年 11 月 21 日　E7 版

123. 王鼎鈞　　知易行難談小說（上、下）　自由時報　2007 年 4 月 9—10 日　E5 版

124. 王鼎鈞　　反共文學觀潮記　文訊雜誌　第 259 期　2007 年 5 月　頁 12—18

125. 王鼎鈞　　反共文學觀潮記　文學江湖：王鼎鈞回憶錄四部曲之四　臺北　爾雅出版社　2009 年 3 月　頁 131—144

126. 王鼎鈞　　藝術洗禮——現代文學的潮流　文訊雜誌　第 269 期　2008 年 3 月　頁 16—23

127. 王鼎鈞　　我和軍營的再生緣——臺灣軍中文藝運動鉤沉（上、下）　聯合報　2008 年 10 月 25—26 日　E3 版

128. 王鼎鈞　　我和軍營的再生緣　文學江湖：王鼎鈞回憶錄四部曲之四　臺北　爾雅出版社　2009 年 3 月　頁 427—438

129. 王鼎鈞　　浪淘不盡的時代殘跡　聯合報　2009 年 1 月 21 日　E3 版

130. 王鼎鈞　　（代自序）有關《文學江湖》的問答　文學江湖：王鼎鈞回憶錄

---

[4]本文後改篇名為〈後記：長話短說——貫串三十六年的故事〉。

四部曲之四　臺北　爾雅出版社　2009年3月　頁1—9
131. 王鼎鈞　有關《文學江湖》的問答　文訊雜誌　第281期　2009年3月　頁12—16
132. 王鼎鈞　百感交集　葡萄熟了　臺北　九歌出版社　2011年2月　頁239—258
133. 王鼎鈞　我能說的只有感謝　聯合報　2011年11月8日　D3版
134. 王鼎鈞　我能說的只有感謝　桃花流水杳然去　臺北　爾雅出版社　2012年2月　頁108—112
135. 王鼎鈞　我能說的只有感謝　世界華文文學論壇　2012年第1期　2012年3月　頁44—
136. 王鼎鈞　我能說的只有感謝　散文鼎公：王鼎鈞論文集　北京　中國華僑出版社　2012年5月　頁318—319
137. 王鼎鈞　寫在《關山奪路》出版以後　桃花流水杳然去　臺北　爾雅出版社　2012年2月　頁98—107
138. 王鼎鈞　技與道——從《關山奪路》談創作的瓶頸　桃花流水杳然去　臺北　爾雅出版社　2012年2月　頁373—384
139. 王鼎鈞　前言　古文觀止化讀　臺北　爾雅出版社　2013年2月　〔1〕頁
140. 王鼎鈞　得獎感言：老年得獎　九歌101年散文選　臺北　九歌出版社　2013年3月　頁4

他述

141. 邱言曦　我所知道的王鼎鈞　自由青年　第23卷第10期　1960年5月16日　頁21
142. 〔編輯部〕　作家書簡——王鼎鈞健康欠佳　亞洲文學　第51期　1964年8月　頁41
143. 〔編輯部〕　作家書簡——散文作家王鼎鈞　亞洲文學　第100、101期合刊　1969年6月　頁37
144. 隱　地　〈土〉附註　五十八年短篇小說選　臺北　爾雅出版社　1970年

3月　頁39—41

145. 隱　地　〈土〉附註　五十八年短篇小說選　臺北　大江出版社　1970年3月　頁39—41

146. 隱　地　〈土〉附註　五十八年短篇小說選　臺北　書評書目出版社　1978年1月　頁39—41

147. 隱　地　比人大一號的王鼎鈞　純文學　第48期　1970年12月　頁79

148. 青　影　作家側影——十項全能——王鼎鈞側影　中華文藝　第60期　1976年2月　頁147—148

149. 〔編輯部〕　王鼎鈞小傳　臺灣十大散文家選集　香港　曉林出版社　〔未著錄出版年月〕　頁144

150. 清　和　我所知道的王鼎鈞　明道文藝　第79期　1982年10月　頁33—48

151. 〔王晉民，鄺白曼主編〕　王鼎鈞　臺灣與海外華人作家小傳　福州　福建人民出版社　1983年9月　頁199—200

152. 隱　地　作家與書的故事——王鼎鈞．陳幸蕙[5]　新書月刊　第7期　1984年4月　頁75—76

153. 隱　地　王鼎鈞　作家與書的故事　臺北　爾雅出版社　1985年11月　頁59—60，65—66

154. 張　健　六十年代的散文——民國五十年到五十九年——雜文家〔王鼎鈞部分〕　文訊雜誌　第13期　1984年8月　頁74—75

155. 何寄澎　王鼎鈞（1925—）　中國現代散文選析2　臺北　長安出版社　1985年3月　頁669—671

156. 黃美惠　王鼎鈞不談歸期，散文算是捎家書　民生報　1989年8月26日　26版

157. 鄭清文　兩位編輯〔王鼎鈞部分〕　聯合文學　第111期　1994年1月　頁192—193

---

[5]本文後節錄為〈王鼎鈞〉一文。

158. 楊仲揆　我所認識的少年王鼎鈞——廣播電視界的王鼎鈞　中央日報　1996年2月6日　18版
159. 楊仲揆　我所認識的少年王鼎鈞——廣播電視界的王鼎鈞　智慧的薪傳・大師篇第二卷　臺北　行政院新聞局　1997年9月　頁148—152
160. 謝金蓉　葉石濤帶日之丸便當，王鼎鈞是逃命與拼命　新新聞　第471期　1996年3月10日　頁104—107
161. 〔朱西甯主編〕　王鼎鈞　山東人在臺灣：文學篇　臺北　財團法人吉星福張振芳伉儷文教基金會　1997年3月　頁114—116
162. 黃鳳鈴　飛躍的二十年——王鼎鈞談《人生試金石》的增訂　幼獅文藝　第522期　1997年6月　頁62—63
163. 向　明　但肯尋詩便有詩　中央日報　1999年1月3日　18版
164. 向　明　但肯尋詩便有詩——《有詩》　爾雅人　第110期　1999年1月20日　2版
165. 向　明　但肯尋詩便有詩——爲鼎公詩集作序　有詩　臺北　爾雅出版社　1999年1月　頁1—6
166. 向　明　但肯尋詩便有詩——斗膽談鼎公寫詩　藍星詩學　第3期　1999年9月　頁141—144
167. 隱　地　關於本書作者　有詩　臺北　爾雅出版社　1999年1月　頁143—146
168. 胡衍南　王鼎鈞——在寫作中禱告的人　1998臺灣文學年鑑　臺北　行政院文建會　1999年6月　頁214
169. 陳維信　王鼎鈞特寫——年年結果子的長青樹　臺灣文學經典研討會論文集　臺北　行政院文建會，聯經出版公司　1999年6月　頁360—361
170. 殷志鵬　文人相交的開端　回首英美留學路　臺北　健行文化出版公司　1999年10月　頁93—97
171. 阿　盛　王鼎鈞　作家列傳　臺北　爾雅出版社　1999年12月　頁101—

104
172. 耕　雨　　王鼎鈞文風穩健　臺灣新聞報　2000 年 3 月 6 日　B8 版
173. 江中明　　王鼎鈞推出散文集，文章較前從容灑脫　聯合報　2000 年 4 月 17 日　14 版
174. 柯青華　　心回臺灣　風雨陰晴：王鼎鈞散文精選　臺北　爾雅出版社　2000 年 7 月　頁 3—4
175. 陳幸蕙　　標竿　風雨陰晴：王鼎鈞散文精選　臺北　爾雅出版社　2000 年 7 月　頁 4
176. 馬　森　　彌香酒液　風雨陰晴：王鼎鈞散文精選　臺北　爾雅出版社　2000 年 7 月　頁 6
177. 康芸薇　　謝謝您，鼎鈞先生　風雨陰晴：王鼎鈞散文精選　臺北　爾雅出版社　2000 年 7 月　頁 17—18
178. 張曉風　　拿命換的　風雨陰晴：王鼎鈞散文精選　臺北　爾雅出版社　2000 年 7 月　頁 18—19
179. 柯慶明　　奇蹟　風雨陰晴：王鼎鈞散文精選　臺北　爾雅出版社　2000 年 7 月　頁 19
180. 方　忠　　王鼎鈞　20 世紀中國文學史　臺北　文史哲出版社　2000 年 9 月　頁 955—959
181. 蔣欣怡　　王鼎鈞寫文章當修行　人間福報　2001 年 2 月 2 日　5 版
182. 廖清秀　　處世高人一等——王鼎鈞的兩三事　中央日報　2002 年 4 月 1 日　18 版
183. 王　璞　　鼎公‧璞公——我為王鼎鈞拍攝「作家錄影傳記」（上、下）　聯合報　2002 年 6 月 21—22 日　39 版
184. 王　璞　　鼎公與璞老——為王鼎鈞拍攝「作家錄影傳記」　作家錄影傳記十年剪影　臺北　國家圖書館　2009 年 6 月　頁 63—71
185. 符立中　　自由撰稿人——王鼎鈞　幼獅文藝　第 585 期　2002 年 9 月　頁 14—15

186. 亮 軒　《風雨陰晴王鼎鈞——一位散文家的評傳》序言　風雨陰晴王鼎鈞：一位散文家的評傳　臺北　爾雅出版社　2003年4月　頁3—7

187. 〔王景山編〕　王鼎鈞　臺港澳暨海外華文作家辭典　北京　人民文學出版社　2003年7月　頁550—552

188. 賈亦棣　王鼎鈞先生的一封回信　藝文漫談　新竹　明新科技大學　2003年12月　頁148—149

189. 〔陳萬益選編〕　王鼎鈞　國民文選・散文卷2　臺北　玉山社出版公司　2004年8月　頁76

190. 陳芳明　以擦亮每一顆文字刷新歷史〔王鼎鈞部分〕　聯合報　2005年3月4日　E7版

191. 陳宛茜　對岸抗日文學熱，我們重憶國共內戰〔王鼎鈞部分〕　聯合報　2005年5月8日　C7版

192. 隱 地　姹紫嫣紅・文學大觀（上）〔王鼎鈞部分〕　聯合報　2005年7月19日　E7版

193. 隱 地　爾雅叢書三十年——寫在《書名篇》之前〔王鼎鈞部分〕　書名篇　臺北　爾雅出版社　2005年7月　頁3—5

194. 王篤學　懷念二老——敬致孫如陵、王鼎鈞二位先生　中央日報　2006年1月21日　17版

195. 許俊雅　王鼎鈞　我心中的歌：現代文學星空　臺北　文史哲出版社　2006年6月　頁160—162

196. 張香華　冬天的太陽——答〈作家的手稿〉致敬王鼎鈞先生　中國時報　2007年1月12日　E7版

197. 沈 謙　爾雅三十年　效法蕭伯納幽默　臺北　九歌出版社　2007年1月　頁102—104

198. 阿 鐙　美、加樂旅雜記——王鼎鈞談文章之道　明道文藝　第371期　2007年2月　頁53

199. 〔封德屏主編〕　王鼎鈞　2007臺灣作家作品目錄　臺南　國立臺灣文學館　2008年7月　頁100
200. 林黛嫚　作者簡介　散文新四書・春之華　臺北　三民書局　2008年9月　頁40—41
201. 方　方　執筆仗劍走天涯　妙手文心——王鼎鈞創作心理及寫作理論探析　臺北　爾雅出版社　2009年3月　頁1—3
202. 方　方　世紀散文家王鼎鈞　妙手文心——王鼎鈞創作心理及寫作理論探析　臺北　爾雅出版社　2009年3月　頁135—136
203. 師　範　王鼎鈞：同窗同席知交　文訊雜誌　第281期　2009年3月　頁83
204. 師　範　同窗速寫——王鼎鈞　紫檀與象牙：當代文人風範　臺北　秀威資訊科技公司　2010年5月　頁114—115
205. 王慈憶　沒有圍牆的文學教育——中國文藝協會小說研究組〔王鼎鈞部分〕　文訊雜誌　第281期　2009年3月　頁97—98
206. 陳宛茜　戰俘被當共諜——30年精神囚禁・17年書寫釋放　聯合報　2009年5月17日　A7版
207. 傅依傑　投稿變編輯・人生從此揚帆　聯合報　2009年5月17日　A7版
208. 王　璞　紐約行，大豐收——遠赴紐約拍攝「作家錄影傳記」〔王鼎鈞部分〕　作家錄影傳記十年剪影　臺北　國家圖書館　2009年6月　頁56
209. 劉荒田　王鼎鈞先生與「文學星期一」　香港文學　第298期　2009年10月　頁8—11
210. 劉荒田　王鼎鈞先生與「文學星期一」　散文鼎公：王鼎鈞論文集　北京　中國華僑出版社　2012年5月　頁208—211
211. 隱　地　心回臺灣——賀鼎公回憶錄四部曲獲「2009年中國時報開卷十大好書」　走盡天涯・歌盡桃花：王鼎鈞散文藝術　臺北　爾雅出版社　2009年12月　頁291

212. 隱　地　給我乾乾淨淨的紙　人間福報　2010 年 2 月 1 日　15 版
213. 隱　地　給我乾乾淨淨的紙　朋友都還在嗎？　臺北　爾雅出版社　2010 年 3 月　頁 141—144
214. 隱　地　王鼎鈞與吳東權——老作家與生死學　朋友都還在嗎？　臺北　爾雅出版社　2010 年 3 月　頁 41—43
215. 張堂錡　略論王鼎鈞與中國現代作家的文學因緣　王鼎鈞學術研討會　彰化　明道文教基金會，明道大學主辦；明道大學中國文學系承辦　2010 年 5 月 15 日　〔16〕頁
216. 李怡芸　王鼎鈞回憶錄・三聯書店推簡體版　旺報　2012 年 5 月 30 日　A19 版
217. 封德屏　王鼎鈞線裝手稿情意重　文訊雜誌　第 333 期　2013 年 7 月　頁 128

訪談、對談

218. 黃武忠　訪王鼎鈞——如何蒐集小說材料　臺灣時報　1978 年 5 月 6 日　9 版
219. 黃武忠　如何蒐集小說材料——訪王鼎鈞先生　小說經驗——名家談寫作技巧　臺北　富春文化公司　1990 年 8 月　頁 35—42
220. 程榕寧　王鼎鈞談寫作的靈感　大華晚報　1978 年 8 月 27 日　7 版
221. 碧　玉　思想、感情、自然流露——王鼎鈞先生談散文寫作與投稿　文藝月刊　第 110 期　1978 年 8 月　頁 34—44
222. 林　芝　答問（代序）　作文七巧　臺北　〔自行出版〕　1984 年 8 月　頁 3—9
223. 林　芝　答問（代序）　作文七巧　臺北　爾雅出版社　2003 年 4 月　頁 3—9
224. 林　芝　答問（代序）　作文七巧　臺北　爾雅出版社　2006 年 7 月　頁 5—16
225. 阿盛，王鼎鈞　胎生・卵生・蠶——向王鼎鈞先生請益　春秋麻黃　臺北

林白出版社　1986年11月　頁27—33

226. 楊　渡　千山千水千才子——與王鼎鈞越洋筆談　中國時報　1986年12月2日　8版

227. 趙衛民　磨劍石上畫蘭花——訪第二屆聯副「每月人物」王鼎鈞先生　聯合報　1989年7月31日　27版

228. 林　芝　關懷和專注——訪王鼎鈞[6]　望向高峰：速寫現代散文作家　臺北　幼獅文化公司　1992年12月　頁197—203

229. 林　芝　對少年關懷、對文學專注的王鼎鈞　漫卷詩書：伴你我成長的現代作家　臺北　正中書局　2005年2月　頁49—57

230. 趙淑俠　紐約與王鼎鈞談自古文人多寂寞　中央日報　1994年7月9日　16版

231. 黃鳳鈴　相見不恨晚——與王鼎鈞談「人生三書」　明道文藝　第253期　1997年4月　頁90—93

232. 蔣心怡　一個作家的佛緣　心靈與宗教信仰　臺北　爾雅出版社　1998年11月　頁209—215

233. 王開平　金秋時節——訪作家王鼎鈞　爾雅人　第111、112期合刊　1999年4月　4版

234. 商天佑　滄海遺珠似月明——和老作家王鼎鈞一席談　臺灣新生報　2000年4月3日　19版

235. 商天佑　滄海遺珠似月明——和老作家王鼎鈞的一席談　滄海幾顆珠　臺北　爾雅出版社　2000年4月　頁1—10

236. 廖玉蕙　到紐約走訪捕蝶人——散文家王鼎鈞先生訪問記（上、中、下）　中央日報　2001年9月20—22日　18，20，18版

237. 廖玉蕙　到紐約，走訪捕蝶人——王鼎鈞　走訪捕蝶人　臺北　九歌出版社　2002年3月10　頁19—43

238. 李宜涯　血淚與珍珠——紐約訪王鼎鈞談《關山奪路》　文訊雜誌　第238

---

[6]本文後增加作家小傳、重要作品目錄，改篇名爲〈對少年關懷、對文學專注的王鼎鈞〉。

期 2005年8月 頁136—139

239. 李 曄 海外著名散文家王鼎鈞訪談錄 當代文壇 2006年第4期 2006年7月 頁19—21

240. 胡麗桂 彷彿有一種亮光出現了——王鼎鈞訪聖嚴法師記 人生雜誌 第282期 2007年2月 頁40—44

241. 林欣誼 王鼎鈞回憶錄4部曲完工——《文學江湖》壓陣 中國時報 2009年3月15日 B1版

242. 姚嘉爲 走盡天涯・歌盡桃花——王鼎鈞的移民與寫作心路（上、下）[7] 中華日報 2009年4月27—28日 B4版

243. 姚嘉爲 走盡天涯，歌盡桃花——思慮沉厚王鼎鈞 在寫作中還鄉 臺北 允晨文化公司 2011年10月 頁225—249

244. 傅依傑 白色恐怖——王鼎鈞淬鍊出開放的人生 聯合報 2009年5月17日 A7版

245. 袁慕直輯 王鼎鈞答問（集錦） 香港文學 第298期 2009年10月 頁12—15

246. 袁慕直輯 王鼎鈞答問集錦 散文鼎公：王鼎鈞論文集 北京 中國華僑出版社 2012年5月 頁313—317

247. 趙慶華 2010美國參訪紀行（二）——旅美作家、學者——昔日怒目少年，猶在文學江湖闖蕩——王鼎鈞 臺灣文學館通訊 第30期 2011年3月 頁76—77

248. 陳宛茜 四部曲之後，破繭而出——87歲王鼎鈞：只有寫，才覺得活著 聯合報 2012年2月24日 A20版

249. 李懷宇 王鼎鈞：通達文章 知人論世：旅美十二家 臺北 允晨文化公司 2012年4月 頁211—231

年表

250. 〔編輯部〕 寫作年表 王鼎鈞自選集 臺北 黎明文化公司 1975年1

[7]本文後改篇名爲〈走盡天涯，歌盡桃花——思慮沉厚王鼎鈞〉。

月　頁 1—6
251.〔編輯部〕　王鼎鈞寫作年表　開放的人生　臺北　爾雅出版社　1982 年 6 月　頁 205—210
252. 王鼎鈞　王鼎鈞寫作年表　靈感　臺北　爾雅出版社　1989 年 4 月　〔7〕頁
253. 陳義芝　王鼎鈞寫作年表　簷夢春雨　臺北　朱衣出版社　1994 年 5 月　頁 52—59
254. 蔡倩茹　王鼎鈞年表　王鼎鈞散文研究　臺灣師範大學國文學系　碩士論文　楊昌年教授指導　2001 年 6 月　頁 201—211
255. 蔡倩茹　王鼎鈞年表　王鼎鈞論　臺北　爾雅出版社　2002 年 7 月　頁 267—280
256.〔陳義芝編〕　大氣中的游虹——王鼎鈞篇——王鼎鈞寫作年表　散文教室　臺北　九歌出版社　2002 年 2 月　頁 58—63
257. 亮　軒　寫作年表及當代大事　風雨陰晴王鼎鈞：一位散文家的評傳　臺北　爾雅出版社　2003 年 4 月　頁 509—540
258. 王鼎鈞　王鼎鈞臺灣時期文學生活大事記（一九四九至一九七八）　文學江湖：王鼎鈞回憶錄四部曲之四　臺北　爾雅出版社　2009 年 3 月　頁 495—509
259. 傅依傑　王鼎鈞　聯合報　2009 年 5 月 17 日　A7 版
260. 黃淑靜　年表　王鼎鈞散文藝術研究　臺北教育大學語文與創作學系　碩士論文　張春榮教授指導　2009 年 6 月　頁 186—194
261.〔香港文學〕　王鼎鈞著作年表　香港文學　第 298 期　2009 年 10 月　頁 7
262. 穆振昂　王鼎鈞少年經歷及史事年表——根據王鼎鈞回憶錄《昨天的雲》和地方史志資料編輯　散文鼎公：王鼎鈞論文集　北京　中國華僑出版社　2012 年 5 月　頁 243—259

其他

263. 〔中國時報〕 王鼎鈞：首屆文藝獎得獎人 中國時報 1960年5月4日 2版

264. 鳳 凰 「王鼎鈞學術研討會」圓滿閉幕 明報月刊 第535期 2010年7月 頁98

作品評論篇目

綜論

265. 楊尚強 王鼎鈞的蛻變 自由青年 第38卷第3期 1967年8月1日 頁23—24

266. 楊昌年 王鼎鈞 近代小說研究 臺北 蘭臺書局 1976年1月 頁527—528

267. 陳信元 把故鄉藏在瞳孔的人——王鼎鈞 中學白話文選 臺北 故鄉出版社公司 1979年7月 頁204—205

268. 黃武忠 人生的說理者——試論王鼎鈞的散文風貌[8] 散文季刊 第1期 1984年1月 頁14—21

269. 黃武忠 人生的說理者——試論王鼎鈞的散文風貌 左心房漩渦 臺北 爾雅出版社 1988年5月 頁227—239

270. 黃武忠 人生說理者——王鼎鈞的散文風貌 親近臺灣文學 臺北 九歌出版社 1995年3月 頁139—151

271. 應鳳凰 「文路」「講理」王鼎鈞 文藝月刊 第178期 1984年4月 頁10—20

272. 應鳳凰 「文路」、「講理」——王鼎鈞 筆耕的人 臺北 九歌出版社 1987年1月 頁45—60

273. 應鳳凰 王鼎鈞的書 明道文藝 第100期 1984年7月 頁163—170

274. 齊邦媛 江河匯集成海的六十年代小說——王鼎鈞 文訊雜誌 第13期

[8]本文探究王鼎鈞的成長背景、創作歷程與作品特色。全文共2小節：1.在動亂中奠定基礎；2.持續不斷的創作歷程。

1984 年 8 月　頁 64

275. 齊邦媛　江河匯集成海的六〇年代小說——王鼎鈞　霧漸漸散的時候　臺北　九歌出版社　1998 年 10 月　頁 83—84

276. 徐　學　廬山面目縱橫看——論當代臺灣散文〔王鼎鈞部分〕　臺灣研究集刊　1988 年第 4 期　1988 年 11 月　頁 71—75

277. 公仲，汪義生　50 年代後期及 60 年代臺灣文學〔王鼎鈞部分〕　臺灣新文學史初編　南昌　江西人民出版社　1989 年 8 月　頁 166—167

278. 徐　學　鄉土派散文〔王鼎鈞部分〕　臺灣新文學概觀（下）　廈門　鷺江出版社　1991 年 6 月　頁 193—196

279. 鄭明娳　王鼎鈞　大學散文選　臺北　業強出版社　1991 年 10 月　頁 178

280. 楊　軍　化到渾圓方見真——王鼎鈞散文風貌淺談　臺港文學選刊　1991 年第 11 期　1991 年 11 月　頁 31

281. 沈存步　王鼎鈞的散文是朵奇葩　臺港文學選刊　1992 年第 2 期　1992 年 2 月　頁 15

282. 徐　學　當代臺灣散文中的故園意識〔王鼎鈞部分〕　臺灣研究集刊　1992 年第 3 期　1992 年 8 月　頁 72—78

283. 張春榮　典雅與鎔裁——王鼎鈞散文的遣詞　臺灣新聞報　1992 年 8 月 14 日　13 版

284. 張春榮　典雅與鎔裁——以王鼎鈞散文為例　修辭萬花筒　臺北　駱駝出版社　1996 年 9 月　頁 194—199

285. 張春榮　細緻與真實——王鼎鈞散文的描寫藝術　文訊雜誌　第 83 期　1992 年 9 月　頁 97—99

286. 徐　學　王鼎鈞、張曉風與 70 年代的散文創作　臺灣文學史（下）　福州　海峽文藝出版社　1993 年 1 月　頁 458—461

287. 樓肇明　臺灣散文四十年發展的輪廓——《臺灣八十年代散文選》〔王鼎鈞部分〕　臺灣香港澳門暨海外華文文學論文選　福州　海峽文藝出版社　1993 年 3 月　頁 246

288. 徐　學　　臺灣當代散文中的意象與寓言〔王鼎鈞部分〕　臺灣研究集刊　1993 年第 3 期　1993 年 8 月　頁 92—97

289. 吳奕錡　　王鼎鈞　海外華文文學史初編　廈門　鷺江出版社　1993 年 12 月　頁 697—703

290. 沈　謙　　鼎公的人格與風格[9]　幼獅文藝　第 482 期　1994 年 2 月　頁 65—67

291. 沈　謙　　駱駝背上的樹——王鼎鈞散文的人格與風格　臺灣現代散文研討會　臺北　九歌文教基金會主辦　1997 年 5 月 10—11 日　頁 1—9

292. 沈　謙　　駱駝背上的樹——王鼎鈞散文的人格與風格　中國現代文學理論季刊　第 6 期　1997 年 6 月　頁 217—234

293. 方　忠　　古雅筆法，蒼涼心境——王鼎鈞散文[10]　臺港散文 40 家　鄭州　中原農民出版社　1995 年 9 月　頁 201—205

294. 方　忠　　藝術地抒寫自己的心聲——王鼎鈞的散文　20 世紀臺灣文學史論　南昌　百花洲文藝出版社　2004 年 10 月　頁 146—150

295. 劉春水　　告別溫柔的鄉愁——評王鼎鈞的文化散文　當代文壇　1995 年第 3 期　1995 年　頁 42—44

296. 羅茵芬　　寫時代，寫社會，寫中國人——王鼎鈞細說創作里程（上、下）　中央日報　1996 年 2 月 6—7 日　18 版

297. 羅茵芬　　寫時代，寫社會，寫中國人——王鼎鈞細說創作里程　智慧的薪傳・大師篇第二卷　臺北　行政院新聞局　1997 年 9 月　頁 135—147

298. 沈　謙　　王鼎鈞的男性之美　中央日報　1996 年 12 月 6 日　19 版

299. 林黛嫚　　散文大家王鼎鈞　智慧的薪傳・大師篇第二卷　臺北　行政院新聞局　1997 年 9 月　頁 132—134

[9]本文後改篇名為〈駱駝背上的樹——王鼎鈞散文的人格與風格〉。
[10]本文後改篇名為〈藝術地抒寫自己的心聲——王鼎鈞的散文〉。

300. 莊若江　沉鬱蒼勁，大家風範——王鼎鈞散文藝術論　江南大學學報　1997 年第 3 期　1997 年 9 月　頁 34—40

301. 莊若江　蒼勁沉鬱，神韻無窮——王鼎鈞散文藝術論　臺港與海外華文文學評論和研究　1997 年第 4 期　1997 年 11 月　頁 23—26

302. 楊昌年　散文的崛起〔王鼎鈞部分〕　二十世紀中國新文學史　臺北　駱駝出版社　1997 年 10 月　頁 302

303. 李宜涯　文路無盡誓願行——力求突破的作家王鼎鈞先生　文訊雜誌　第 150 期　1998 年 4 月　頁 61—65

304. 李宜涯　文路無盡誓願行——力求突破的作家王鼎鈞先生　心靈分享　臺北　爾雅出版社　1998 年 11 月　頁 197—214

305. 李宜涯　文路無盡誓願行——力求突破的作家王鼎鈞先生　葡萄熟了　臺北　大地出版社　2006 年 1 月　頁 245—262

306. 倪金華　莊諧雜出，雅俗共賞——王鼎鈞散文藝術論　華僑大學學報　1998 年第 2 期　1998 年　頁 75—78，74

307. 陳維信　臺灣文學經典名家特寫——王鼎鈞　聯合報　1999 年 2 月 15 日　37 版

308. 張懿文　人生的說理者——王鼎鈞[11]　全國新書資訊月刊　第 4 期　1999 年 4 月　頁 16—18

309. 方　忠　百年臺灣文學發展論——從空疏到勃發的散文〔王鼎鈞部分〕　百年中華文學史論：1898—1999　上海　華東師範大學出版社　1999 年 9 月　頁 59—60

310. 黃萬華　尋鄉的絕唱——從王鼎鈞的旅美近作看今日華人的鄉戀鄉情　文化轉換中的世界華文文學　北京　中國社會科學出版社　1999 年 10 月　頁 139—145

311. 山　民　劍氣蘭香——讀王鼎鈞散文致鼎公　美國華文文學論　濟南　山東文藝出版社　2000 年 5 月　頁 141—150

---

[11]本文附錄〈王鼎鈞作品書目〉、〈《開放的人生》評論文獻選目〉、〈王鼎鈞生平傳記文獻選目〉。

312. 高彩霞　踏著「上帝的腳印」追尋永恆——試論王鼎鈞的宗教文化情結　美國華文文學論　濟南　山東文藝出版社　2000 年 5 月　頁 151—157

313. 〔王鼎鈞〕　第一輯備註　風雨陰晴：王鼎鈞散文精選　臺北　爾雅出版社　2000 年 7 月　頁 2—3

314. 渡　也　不愧是一位詩人　風雨陰晴：王鼎鈞散文精選　臺北　爾雅出版社　2000 年 7 月　頁 5

315. 鄭明娳　出入魔幻與寫實之間　風雨陰晴：王鼎鈞散文精選　臺北　爾雅出版社　2000 年 7 月　頁 7

316. 蔡倩茹　樹的密碼　風雨陰晴：王鼎鈞散文精選　臺北　爾雅出版社　2000 年 7 月　頁 8—9

317. 楊文雄　長青樹　風雨陰晴：王鼎鈞散文精選　臺北　爾雅出版社　2000 年 7 月　頁 10—11

318. 張春榮　獨照萬彩，斐然可觀　風雨陰晴：王鼎鈞散文精選　臺北　爾雅出版社　2000 年 7 月　頁 15

319. 〔王鼎鈞〕　第二輯備註　風雨陰晴：王鼎鈞散文精選　臺北　爾雅出版社　2000 年 7 月　頁 126—127

320. 〔王鼎鈞〕　第三輯備註　風雨陰晴：王鼎鈞散文精選　臺北　爾雅出版社　2000 年 7 月　頁 250—251

321. 計紅芳　王鼎鈞——冷靜關照人生的智者　臺港澳文學教程　上海　漢語大辭典出版社　2000 年 10 月　頁 124—128

322. 張小弟　美國華文文學——王鼎鈞的散文創作　五洲華人文學概況　太原　山西教育出版社　2001 年 10 月　頁 256—258

323. 張震宇，高彩霞　夢裡不知身是客——試論王鼎鈞散文的「原鄉形象」　張家口師專學報　第 17 卷第 5 期　2001 年 10 月　頁 34—37

324. 王耀東　難得一顆故鄉心——讀王鼎鈞散文淺想　一步之間——王耀東空間詩學　香港　國際炎黃文化出版社　2002 年 2 月　頁 479—481

325. 王 敏 臺灣散文創作的繁榮——余光中、王鼎鈞、張拓蕪 簡明臺灣文學史 北京 時事出版社 2002年6月 頁356—358

326. 卞毓方 海外三大家——董橋、余光中、王鼎鈞 海內與海外 2002年第8期 2002年8月 頁26—28

327. 落 蒂 王鼎鈞的文學世界——讀蔡倩如的《王鼎鈞論》 青年日報 2002年10月10日 10版

328. 亮 軒 《風雨陰晴王鼎鈞——一位散文家的評傳》後記 風雨陰晴王鼎鈞：一位散文家的評傳 臺北 爾雅出版社 2003年4月 頁479—487

329. 樓肇明 評王鼎鈞的散文 碎琉璃 臺北 爾雅出版社 2003年6月〔5〕頁

330. 邱珮萱 琉璃夢碎的未歸人——王鼎鈞[12] 戰後臺灣散文中的原鄉書寫 高雄師範大學國文學系 博士論文 何淑貞教授指導 2003年 頁42—54

331. 黃萬華 文學史上的王鼎鈞 風雨陰晴：王鼎鈞散文精品選 濟南 山東文藝出版社 2004年4月 頁1—17

332. 黃萬華 文學史上的王鼎鈞 中國與海外：20世紀漢語文學史論 天津 百花文藝出版社 2006年1月 頁540—553

333. 黃萬華 文學史上的王鼎鈞 齊魯學刊 2005年第1期 2005年1月 頁104—107

334. 高彩霞 從原鄉形象看王鼎鈞散文家園情懷的特質 山東師範大學學報 2005年第4期 2005年7月 頁78—81

335. 黃萬華 王鼎鈞、余光中散文鄉愁美學型態之比較[13] 傳統在海外：中華文化傳統和海外華人文學 濟南 山東文藝出版社 2006年8月

[12]本文論述王鼎鈞作品中自我內省以及追尋自我的懷鄉書寫。全文共2小節：1.望穿瞳孔裡的古城；2.琉璃．流離／用個人悲歡敲響時代的風雲鐘鼓。

[13]本文以何處是故鄉、歸鄉途中鄉愁變奏、意象呈現，探討余光中與王鼎鈞散文鄉愁美學。全文共4小節：1.何處是故鄉；2.鄉愁美學之變奏：時空濾過的鄉愁的重現和想像中的文化母國；3.意象折射鄉愁：離去兮情懷憂傷歸來兮寤寐思服；4結語。

頁 185—204

336. 孟二偉　飄搖人生路，憐慰世間情——王鼎鈞散文析論　滄桑　2006 年第 5 期　2006 年 10 月　頁 141—142，147

337. 胡小林，楊傳珍，顧瑋　從《葡萄熟了》論王鼎鈞的創作走勢　香港文學　第 267 期　2007 年 3 月　頁 90—92

338. 吳明益　書寫沉默的島嶼——當代臺灣散文——文學的憶術：當代臺灣散文的演化簡史〔王鼎鈞部分〕　文學　臺灣：11 位新銳臺灣文學研究者帶你認識臺灣文學　臺南　國立臺灣文學館　2008 年 9 月　頁 224

339. 趙秀媛　論王鼎鈞散文的精神品格　名作欣賞　2008 年第 19 期　2008 年 9 月　頁 57—60

340. 方　忠　臺灣散文歷史的發展——散文意識的自覺與張揚〔王鼎鈞部分〕　臺灣散文縱橫論　南京　江蘇教育出版社　2008 年 12 月　頁 28

341. 方　忠　臺灣散文歷史的發展——文化鄉愁的消長和演變〔王鼎鈞部分〕　臺灣散文縱橫論　南京　江蘇教育出版社　2008 年 12 月　頁 36

342. 徐　學　編選後記　一方陽光　南京　江蘇文藝出版社　2009 年 1 月　頁 280—281

343. 章亞昕　論王鼎鈞散文創作的文體學背景　華文文學　2009 年第 3 期　2009 年 6 月　頁 54—57

344. 古遠清　既令人敬又令人愛的王鼎鈞散文　香港文學　第 294 期　2009 年 6 月　頁 86—88

345. 王云芳　鼎鼐調和的別樣滋味——論王鼎鈞散文對中國傳統文化的繼承與革新　當代文壇　2009 年第 4 期　2009 年 7 月　頁 108—111

346. 彭燕彬　王鼎鈞散文的家園情愫與文化認同　華文文學　2009 年第 4 期　2009 年 8 月　頁 60—63

347. 黃淑靜　王鼎鈞散文的「言外之意」　國文天地　第 292 期　2009 年 9 月　頁 4—12

348. 高 艷　論王鼎鈞散文的敘述藝術　世界華文文學論壇　2009年第4期　2009年12月　頁56—59

349. 張春榮　每一滴晨露裡都有驚鴻一瞥　走盡天涯・歌盡桃花：王鼎鈞散文藝術　臺北　爾雅出版社　2009年12月　頁3—6

350. 黃淑靜　後記——形象思維之樹，語言藝術之花　走盡天涯・歌盡桃花：王鼎鈞散文藝術　臺北　爾雅出版社　2009年12月　頁277—279

351. 何寄澎　歷史的寓言——王鼎鈞回憶錄的意義　王鼎鈞學術研討會　彰化　明道文教基金會，明道大學主辦；明道大學中國文學系承辦　2010年5月15日

352. 席慕蓉等[14]　座談：王鼎鈞的人與文　王鼎鈞學術研討會　彰化　明道文教基金會，明道大學主辦；明道大學中國文學系承辦　2010年5月15日

353. 張春榮　王鼎鈞書寫的創造力——以極短篇爲例　王鼎鈞學術研討會　彰化　明道文教基金會，明道大學主辦；明道大學中國文學系承辦　2010年5月15日　〔6〕頁

354. 陳俐安　王鼎鈞作文教學研究　王鼎鈞學術研討會　彰化　明道文教基金會，明道大學主辦；明道大學中國文學系承辦　2010年5月15日

355. 陳憲仁　曲筆寫人性——王鼎鈞回憶錄的寫作特色　王鼎鈞學術研討會　彰化　明道文教基金會，明道大學主辦；明道大學中國文學系承辦　2010年5月15日　〔11〕頁

356. 應鳳凰　再現與重構——王鼎鈞的五〇年代「文學江湖」　王鼎鈞學術研討會　彰化　明道文教基金會，明道大學主辦；明道大學中國文學系承辦　2010年5月15日　〔10〕頁

357. 張春榮　王鼎鈞書寫的創作力[15]　王鼎鈞學術研討會　彰化　明道文教基金

---

[14]與會者：席慕蓉、隱地、廖玉蕙、李瑞騰。

[15]本文聚焦意象研究，探討王鼎鈞散文運用的原則與技巧。全文共4小節：1.前言；2.一意多象；3.

會，明道大學主辦；明道大學中國文學系承辦　2010 年 5 月 15 日

358. 張春榮　王鼎鈞的意象書寫　臺北教育大學語文集刊　第 20 期　2011 年 7 月　頁 169—197

359. 張瑞芬　王鼎鈞的散文歷程與時代意義　王鼎鈞學術研討會　彰化　明道文教基金會，明道大學主辦；明道大學中國文學系承辦　2010 年 5 月 15 日　〔8〕頁

360. 張瑞芬　王鼎鈞的散文歷程與時代意義　春風夢田　臺北　爾雅出版社　2011 年 2 月　頁 214—228

361. 丁　一　論王鼎鈞散文的懷鄉情結　華北水利水電學院學報　第 26 卷第 3 期　2010 年 6 月　頁 74—76

362. 李林榮　談王鼎鈞散文創作　世界華文文學論壇　2010 年第 3 期　2010 年 9 月　頁 59—61

363. 張春榮　王鼎鈞作文教學的藝術　國文天地　第 307 期　2010 年 12 月　頁 4—11

364. 孫名君　根植於齊魯大地的兩棵散文大樹——論王鼎鈞和李存葆散文的異同及其形成原因　棗莊學院學報　第 27 卷第 6 期　2010 年 12 月　頁 71—73

365. 單正平　九派文評嘗鼐鼎，一家史論試衡鈞——王鼎鈞散文比較論　葡萄熟了　臺北　九歌出版社　2011 年 2 月　頁 9—24

366. 張春榮　王鼎鈞書寫的成就　國文天地　第 309 期　2011 年 2 月　頁 55—61

367. 張春榮　黃金想念礦石，也想念熔爐——王鼎鈞研究的進路　文訊雜誌　第 304 期　2011 年 2 月　頁 16—18

368. 張春榮　王鼎鈞書寫的再造性　第三屆臺灣、香港、大陸三地國語文教學國際學術研討會　臺北　臺灣師範大學國文系主辦　2011 年 4 月

一象多意；4.結語。

23 日

369. 曉　亞　王鼎鈞簡介　世紀在聆聽　臺北　米樂文化　2011 年 4 月　頁 79

370. 張春榮　王鼎鈞書寫的魅力——趣味（上、下）　國文天地　第 313—314 期　2011 年 6—7 月　頁 72—77，56—65

371. 龍厚雄　故事・人性・詩化——王鼎鈞散文風格論　長江大學學報　第 34 卷第 7 期　2011 年 7 月　頁 23—25，5

372. 龍厚雄　故事人性詩化——王鼎鈞散文風格論　散文鼎公：王鼎鈞論文集　北京　中國華僑出版社　2012 年 5 月　頁 24—30

373. 陳憲仁編　王鼎鈞　Contemporary Taiwanese Literature and Art Series——Essays 當代臺灣文學藝術系列——散文卷　臺北　中華民國筆會　2011 年 9 月　頁 28

374. 張曉風編　王鼎鈞　Contemporary Taiwanese Literature and Art Series——Short Stories（當代臺灣文學藝術系列——小說卷）　臺北　中華民國筆會　2011 年 12 月　頁 64

375. 陳芳明　一九七〇年代臺灣文學的延伸與轉化——鄉土文學運動中的詩與散文〔王鼎鈞部分〕　臺灣新文學史　臺北　聯經出版社　2011 年 10 月　頁 573—574

376. 林靜助　從華文文學的視角探討王鼎鈞作品的時代意義　藝文論壇　第 7 期　2011 年 12 月　頁 10—20

377. 林靜助　從華文文學的視角探討王鼎鈞作品的時代意義　世界華文文學論壇　2012 年第 1 期　2012 年 3 月　頁 36—40

378. 林靜助　從華文文學的視角探討王鼎鈞作品的時代意義　散文鼎公：王鼎鈞論文集　北京　中國華僑出版社　2012 年 5 月　頁 110—119

379. 林靜助　從華文文學的視角探討王鼎鈞作品的時代意義　海南師範大學學報　第 25 卷第 2 期　2012 年　頁 86—92

380. 古遠清　王鼎鈞：臺灣一流散文家　藝文論壇　第 7 期　2011 年 12 月　頁 21—25

381. 古遠清　王鼎鈞：臺灣一流散文家　散文鼎公：王鼎鈞論文集　北京　中國華僑出版社　2012 年 5 月　頁 203—207
382. 楊學民　《聖經》與王鼎鈞小說化散文的修辭策略　藝文論壇　第 7 期　2011 年 12 月　頁 39—45
383. 楊學民　宗教修辭：隱喻、轉喻和議論——淺談王鼎鈞小說化散文的修辭策略　棗莊學院學報　第 29 卷第 1 期　2012 年 2 月　頁 20—24
384. 楊學民　《聖經》與王鼎鈞散文的修辭策略　散文鼎公：王鼎鈞論文集　北京　中國華僑出版社　2012 年 5 月　頁 42—48
385. 王性初　北南西東說二君——王鼎鈞、劉荒田散文魅力初探　藝文論壇　第 7 期　2011 年 12 月　頁 46—56
386. 王性初　北南西東說二君——王鼎鈞、劉荒田散文魅力初探　散文鼎公：王鼎鈞論文集　北京　中國華僑出版社　2012 年 5 月　頁 88—98
387. 張春榮　桃李不言，下自成蹊——王鼎鈞書寫的成就　桃花流水杳然去　臺北　爾雅出版社　2012 年 2 月　頁 5—17
388. 黃萬華　王鼎鈞和文學史上的境外魯籍作家　香港文學　第 326 期　2012 年 2 月　頁 75—80
389. 黃萬華　王鼎鈞和文學史上的境外魯籍作家　世界華文文學論壇　2012 年第 1 期　2012 年 3 月　頁 27—32
390. 黃萬華　王鼎鈞和文學史上的境外魯籍作家　散文鼎公：王鼎鈞論文集　北京　中國華僑出版社　2012 年 5 月　頁 101—109
391. 朵　拉　遇見鼎公　世界華文文學論壇　2012 年第 1 期　2012 年 3 月　頁 33—35
392. 朵　拉　遇見鼎公　散文鼎公：王鼎鈞論文集　北京　中國華僑出版社　2012 年 5 月　頁 239—242
393. 蕭　蕭　前言：文心通澈而清澄　悅讀王鼎鈞‧通澈文心　臺北　爾雅出版社　2012 年 4 月　頁 3—5
394. 杜元明　植根中華文化厚土‧廣納現代藝術陽光雨露的奇花異卉——我觀

王鼎鈞散文　散文鼎公：王鼎鈞論文集　北京　中國華僑出版社　2012 年 5 月　頁 3—10

395. 王景科　論王鼎鈞散文的藝術特色　散文鼎公：王鼎鈞論文集　北京　中國華僑出版社　2012 年 5 月　頁 11—15

396. 章亞昕　行萬里路，讀萬卷書——試論王鼎鈞散文的構思特色　散文鼎公：王鼎鈞論文集　北京　中國華僑出版社　2012 年 5 月　頁 16—23

397. 燕世超，王亞男　論王鼎鈞散文的美學意蘊　散文鼎公：王鼎鈞論文集　北京　中國華僑出版社　2012 年 5 月　頁 38—41

398. 趙秀媛　遊子心中永遠的美與痛——談王鼎鈞散文的鄉愁主題　散文鼎公：王鼎鈞論文集　北京　中國華僑出版社　2012 年 5 月　頁 49—59

399. 周志雄　王鼎鈞散文的魅力　散文鼎公：王鼎鈞論文集　北京　中國華僑出版社　2012 年 5 月　頁 60—64

400. 彭燕彬　王鼎鈞散文「順勢應激」境界與離散敘事主旨　散文鼎公：王鼎鈞論文集　北京　中國華僑出版社　2012 年 5 月　頁 65—71

401. 王彥鋒　人生只有腳印　散文鼎公：王鼎鈞論文集　北京　中國華僑出版社　2012 年 5 月　頁 72—76

402. 莊偉杰　王鼎鈞散文的生命意識和文化精神　散文鼎公：王鼎鈞論文集　北京　中國華僑出版社　2012 年 5 月　頁 81—87

403. 莊偉杰　異鄉的眼・故鄉的心——王鼎鈞散文的生命意識和文化精神管窺　閩臺文化交流　2012 年第 2 期　2012 年 6 月　頁 130—135

404. 莊偉杰　王鼎鈞散文的生命意識和文化精神　海南師範大學學報　第 25 卷第 4 期　2012 年　頁 100—104

405. 楊傳珍　王鼎鈞的信仰世界　散文鼎公：王鼎鈞論文集　北京　中國華僑出版社　2012 年 5 月　頁 129—133

406. 也　果　鏡像與真相——王鼎鈞的散文世界　散文鼎公：王鼎鈞論文集

北京　中國華僑出版社　2012 年 5 月　頁 145—153

407. 焦子棟　居必擇鄉・遊必就士——從少年王鼎鈞的學遊經歷看教育的傳承與創新　散文鼎公：王鼎鈞論文集　北京　中國華僑出版社　2012 年 5 月　頁 188—193

408. 任偉玲　異鄉的眼・故鄉的心——王鼎鈞散文的家園情懷　散文鼎公：王鼎鈞論文集　北京　中國華僑出版社　2012 年 5 月　頁 194—199

409. 白　槐　我讀王鼎鈞　散文鼎公：王鼎鈞論文集　北京　中國華僑出版社　2012 年 5 月　頁 212—216

410. 裴井純　澗溪赴海料無還・月魄在天終不死——淺論王鼎鈞人生與文學之路上的「信」　散文鼎公：王鼎鈞論文集　北京　中國華僑出版社　2012 年 5 月　頁 228—233

411. 王毓玖　大愛無疆寫人生——鼎鈞文學的根脈淺探　散文鼎公：王鼎鈞論文集　北京　中國華僑出版社　2012 年 5 月　頁 234—238

412. 胡小林　在第二屆王鼎鈞文學創作國際學術研討會上的致辭　散文鼎公：王鼎鈞論文集　北京　中國華僑出版社　2012 年 5 月　頁 278—279

413. 張　烱　在第二屆王鼎鈞文學創作國際學術研討會閉幕式上的講話　散文鼎公：王鼎鈞論文集　北京　中國華僑出版社　2012 年 5 月　頁 294—295

414. 戴榮里　王鼎鈞散文的哲學追求和審美意蘊　徐州工程學院學報　第 27 卷第 6 期　2012 年 11 月　頁 57—63

415. 戴榮里　王鼎鈞散文的原生態質地及其寫作特點　海南師範大學學報　第 26 卷第 3 期　2013 年　頁 39—43

分論

◆單行本作品

論述

《文路》

416. 虞君質　序王鼎鈞《文路》　中央日報　1963年5月5日　6版

417. 虞君質　序　文路　臺北　益智書局　1963年8月　頁1—2

418. 應鳳凰　王鼎鈞——《文路》　人間福報　2012年3月20日　15版

《講理》

419. 吳友詩　評介《講理》　中央日報　1964年11月11　6版

420. 鄭明娳　王鼎鈞《講理》評介　書評書目　第9期　1974年1月　頁50—54

421. 鄭明娳　評介《講理》　現代散文欣賞　臺北　東大圖書公司　1978年5月　頁203—210

422. 陳晃豐　我讀《講理》　中華日報　1974年8月22　10版

423. 陳伯彥　讀《講理》一得　中華日報　1974年9月17日　9版

424. 梅　遜　評介《講理》　書評書目　第17期　1974年9月　頁79—80

425. 饒漢濱　你要《講理》嗎？　中央日報　1978年5月9日　9版

426. 黃忠慎　一本爲中學生寫的書——介紹王鼎鈞的《講理》　明道文藝　第42期　1979年9月　頁36—37

427. 〔文化貴族〕　《講理》　文化貴族　第3期　1988年4月　頁117

428. 張春榮　技術化與藝術化——王鼎鈞《講理》　文訊雜誌　第186期　2001年4月　頁24—25

《短篇小說透視》

429. 隱　地　《短篇小說透視》　反芻集　臺北　大林出版社　1970年12月　頁11—21

430. 吉　維　《短篇小說透視》讀後　青溪　第70期　1973年4月　頁159—166

《文藝與傳播》

431. 彭　歌　電視文藝　聯合報　1974年8月30日　12版

432. 三民書局編輯委員會　再版說明　文藝與傳播　2007年11月　頁1—2

《文學種籽》

433. 應鳳凰　《文學種籽》　中央日報　1982年9月8日　10版

434. 康　原　《文學種籽》　中央日報　1982年9月11日　10版

435. 展　甦　《文學種籽》　改變中學生的書　臺北　前衛出版社　1984年10月　頁219—222

436. 沈萌華　《文學種籽》　名家爲你選好書：四十八位現代作家對青少年的獻禮　臺北　國語日報社　1986年7月　頁64—67

437. 莊慧珠　善用書面語言表達內心的狂熱——《文學種籽》讀後　書評　第35期　1998年8月　頁73—75

《作文七巧》

438. 黃慶萱　假如作文練習像數學一樣　聯合文學　第2期　1984年12月　頁145

439. 黃慶萱　假如作文練習像是數學演算一樣——王鼎鈞《作文七巧》責任書評　與君細論文　臺北　東大圖書館　1999年3月　頁270—271

440. 張　泠　曲路上的指標——兼介王鼎鈞先生的新書《作文七巧》　新書月刊　第10期　1984年7月　頁76—78

441. 張　泠　曲路上的指標　作文七巧　臺北　〔自行出版〕　1984年8月　頁215—223

442. 張　泠　曲路上的指標　作文七巧　臺北　爾雅出版社　2003年4月　頁215—223

443. 張　泠　曲路上的指標　作文七巧　臺北　爾雅出版社　2006年7月　頁245—255

444. 應鳳凰　綠樹成蔭子滿枝——八、九月份文學出版——王鼎鈞《作文七巧》　文訊雜誌　第14期　1984年10月　頁310—311

散文

《有詩》

445. 楊傳珍　詩作、詩學、詩人——讀王鼎鈞新詩集《有詩》　乾坤詩刊　第

10期　1999年4月　頁23—28

446. 蕭　蕭　　飛騰跑跳間的空間詩學——論王鼎鈞《有詩》的空間流動　王鼎鈞學術研討會　彰化　明道文教基金會，明道大學主辦；明道大學中國文學系承辦　2010年5月15日　〔15〕頁

447. 隱　地　　不能沒有詩　人人都有困境——讀一首詩吧！　臺北　爾雅出版社　2010年9月　頁147—152

《人生觀察》

448. 彭震球　　王鼎鈞《人生觀察》的新面貌　中華日報　1976年3月3日　12版

449. 彭震球　　《人生觀察》的新面貌　人生觀察　臺北　大林出版社　1982年4月　頁1—3

450. 彭震球　　《人生觀察》的新面貌　人生觀察　臺北　水牛出版社　1989年10月　頁1—3

《情人眼》

451. 彭子秋　　讀王鼎鈞的《情人眼》[16]　明道文藝　第32期　1978年11月　頁156—160

452. 彭震球　　彭序　情話　臺北　大林出版社　1979年10月　頁1—10

《開放的人生》

453. 〔編輯部〕　　本社敬告讀者——關於《開放的人生》這本書　開放的人生　臺北　爾雅出版社　1975年7月　頁1—3

454. 〔編輯部〕　　本社敬告讀者——關於《開放的人生》這本書　開放的人生　臺北　爾雅出版社　1982年6月　頁1—3

455. 林忠進　　我讀王鼎鈞《開放的人生》　中華日報　1975年8月27日　12版

456. 黃守誠　　思想決定行爲・行爲決定人品——淺談王鼎鈞《開放的人生》（上、中、下）　中華日報　1975年9月12—14日　9版

---

[16]《情人眼》後易名爲《情話》。

457. 林適存　一書三有——推薦王鼎鈞《開放的人生》　中華日報　1975 年 9 月 21 日　9 版
458. 林湘品　一顆誠心——我讀《開放的人生》　書評書目　第 29 期　1975 年 9 月　頁 138—139
459. 江　陽　簡介《開放的人生》　新生報　1976 年 1 月 8 日　10 版
460. 嵐　曦　微笑的人生——《開放的人生》讀後　民聲日報　1976 年 2 月 24 日　10 版
461. 粘子瑛　讀《開放的人生》　國語日報　1978 年 7 月 11　6 版
462. 隱　地　《開放的人生》與我　爾雅　臺北　爾雅出版社　1981 年 7 月　頁 3—5
463. 羊　牧　不是訓話——簡介《開放的人生》　臺灣新生報　1983 年 9 月 24 日　8 版
464. 劉洪貞　《開放的人生》讀後　中華日報　1984 年 3 月 12　9 版
465. 楊宗潤　《開放的人生》　中央日報　1986 年 12 月 18 日　10 版
466. 楊昌年　寓言雋品——《開放的人生》賞析　聯合文學　第 81 期　1991 年 7 月　頁 84—85
467. 〔文藝作品調查研究小組編〕　《開放的人生》　心靈饗宴　臺北　國家文藝基金管理委員會　1992 年 6 月　頁 37—38
468. 〔文藝作品調查研究小組編〕　《開放的人生》　書林采風　臺北　國家文藝基金管理委員會　1992 年 6 月　頁 43—44
469. 楊小溪　從《開放的人生》看爾雅的遠見　爾雅人　第 73 期　1992 年 11 月 20 日　2 版
470. 蓄　訴　讀《開放的人生》　飛揚青春：中市青年選集　臺北　業強出版社　1993 年 12 月　頁 231—234
471. 隱　地　關於《開放的人生》　在有限的生命裡種一棵無限的文學樹　臺北　爾雅出版社　1995 年 7 月　頁 81—82
472. 愛　亞　《開放的人生》　爾雅人　第 111、112 期合刊　1999 年 4 月 20

日　4 版

473. 渡　也　智慧的火花——論王鼎鈞《開放的人生》　臺灣文學經典研討會論文集　臺北　行政院文建會，聯經出版社　1999 年 6 月　頁 348—359

474. 渡　也　智慧的火花——論王鼎鈞《開放的人生》　更生日報　1999 年 10 月 10　15 版

475. 黃雅莉　人生之旅的智慧守望——悅讀王鼎鈞《開放的人生》　考掘・研究・再現——臺灣文學史料輯刊　第 1 輯　2011 年 10 月　頁 317—324

《人生試金石》

476. 呂　傑　王鼎鈞《人生試金石》先睹記　中華日報　1976 年 1 月 5 日　5 版

477. 鍾　虹　讀王鼎鈞《人生試金石》　中華日報　1976 年 3 月 10 日　11 版

478. 謝文揚　《人生試金石》讀後　民聲日報　1976 年 3 月 15 日　10 版

479. 孫聖源　花朵、鏡子、拐杖及其他——《人生試金石》讀後感　青年戰士報　1976 年 3 月 16 日　11 版

480. 賀　芳　實用價值與欣賞價值——論王鼎鈞《人生試金石》　中國時報　1976 年 3 月 25 日　12 版

481. 賀　芳　實用價值與欣賞價值　人生試金石　臺北　〔自行出版〕　1988 年 7 月　頁 7—10

482. 賀　芳　實用價值與欣賞價值　人生試金石　臺北　〔自行出版〕　1996 年 7 月　頁 8—10

483. 賀　芳　實用價值與欣賞價值　人生試金石　臺北　爾雅出版社　2002 年 8 月　頁 8—10

484. 蕭毅虹　歷經風霜的達人——評介《人生試金石》　哲學與文化　第 3 卷第 5 期　1976 年 5 月　頁 68

485. 老　寶　維他命丸之外　民聲日報　1978 年 1 月 30 日　9 版

486. 老　寶　　維他命丸之外　人生試金石　臺北　〔自行出版〕　1988 年 7 月　頁 3—6

487. 老　寶　　維他命丸之外　人生試金石　臺北　〔自行出版〕　1996 年 7 月　頁 4—7

488. 老　寶　　維他命丸之外　人生試金石　臺北　爾雅出版社　2002 年 8 月　頁 4—7

489. 耐　煩等[17]　集評　人生試金石　臺北　〔自行出版〕　1988 年 7 月　頁 239—247

490. 耐　煩等　集評　人生試金石　臺北　〔自行出版〕　1996 年 7 月　頁 238—246

491. 耐　煩等　集評　人生試金石　臺北　爾雅出版社　2002 年 8 月　頁 238—246

492. 古蒙仁　　人生金丹——《人生試金石》賞析　聯合文學　第 81 期　1991 年 7 月　頁 110—111

493. 〔文藝作品調查研究小組編〕　《人生試金石》　心靈饗宴　臺北　國家文藝基金管理委員會　1992 年 6 月　頁 41—42

494. 〔文藝作品調查研究小組編〕　《人生試金石》　書林風采　臺北　國家文藝基金管理委員會　1992 年 6 月　頁 49—50

495. 亮　軒　　《人生試金石》　明道文藝　第 198 期　1992 年 9 月　頁 162—163

496. 亮　軒　　《人生試金石》　文學星空　臺北　國家文藝基金管理委員會　1992 年 9 月　頁 250—253

《我們現代人》

497. 姚曉天　　我讀《我們現代人》　青年戰士報　1976 年 11 月 10 日　11 版

498. 陵　兮　　含淚的微笑——《我們現代人》讀後　明道文藝　第 8 期　1976 年 11 月　頁 156—158

---

[17]與會者：耐煩、湘靈、林適存、方祖燊、宋瑞、楊思諶、蔡文甫、孫聖源、鍾虹。

499. 秦 嶽　迴旋在多角妝鏡中的側影[18]　明道文藝　第 8 期　1976 年 11 月　頁 151—155

500. 秦 嶽　多角妝鏡的側影——評介王鼎鈞的《我們現代人》　書香處處聞　臺中　臺中市立文化中心　1999 年 6 月　頁 27—36

501. 秦 嶽　多角妝鏡的側影——評介王鼎鈞的《我們現代人》　書海微波　臺北　文史哲出版社　2008 年 2 月　頁 101—108

502. 倪寶亭　評析《我們現代人》　中華日報　1977 年 4 月 21　11 版

503. 〔文藝作品調查研究小組編〕　《我們現代人》　心靈饗宴　臺北　國家文藝基金管理委員會　1992 年 6 月　頁 45—46

504. 〔文藝作品調查研究小組編〕　《我們現代人》　書林采風　臺北　國家文藝基金管理委員會　1992 年 6 月　頁 71—72

505. 亮 軒　《我們現代人》　文學星空　臺北　國家文藝基金管理委員會　1992 年 9 月　頁 254—256

《碎琉璃》

506. 楊克明　百萬靈魂的取樣——王鼎鈞《碎琉璃》　讀書筆記　臺北　出版家文化公司　1978 年 2 月　頁 267—269

507. 楊克明　百萬靈魂的取樣——王鼎鈞的《碎琉璃》　愛書人　第 82 期　1978 年 8 月　2 版

508. 申抒真　《碎琉璃》校後[19]　中華日報　1978 年 3 月 6 日　9 版

509. 申抒真　拈出一個「感」字　愛書人　第 79 期　1978 年 7 月　2 版

510. 申抒真　跋——拈出一個「感」字　碎琉璃　臺北　九歌出版社　1978 年 3 月　頁 241—243

511. 申抒真　跋——拈出一個「感」字　碎琉璃　臺北　九歌出版社　1981 年 11 月　頁 239—241

512. 蔡文甫　序：「琉璃」不碎[20]　碎琉璃　臺北　九歌出版社　1978 年 3 月

---

[18]本文後改篇名為〈多角妝鏡的側影——評介王鼎鈞的《我們現代人》〉。
[19]本文後改篇名為〈拈出一個「感」字〉。

頁 1—3

513. 蔡文甫　序：「琉璃」不碎　碎琉璃　臺北　九歌出版社　1981 年 11 月　頁 1—3

514. 蔡文甫　九歌版原序　碎琉璃　臺北　〔自行出版〕　1991 年 6 月　頁 13—15

515. 蔡文甫　九歌版原序　碎琉璃　臺北　爾雅出版社　2003 年 6 月　頁 13—15

516. 子　敏　一個感覺世界——談《碎琉璃》的書和人　國語日報　1978 年 5 月 1 日　7 版

517. 朱星鶴　「琉璃」易碎，藝事不朽　國魂　第 390 期　1978 年 5 月　頁 74—75

518. 齊邦媛　散文裡的兩個世界——由王鼎鈞的《碎琉璃》、蕭白的《響在心中的水聲》談起　幼獅文藝　第 293 期　1978 年 5 月　頁 46—52

519. 張　默　王鼎鈞的《碎琉璃》淺談——回憶的・詩意的・生命的　臺灣新生報　1978 年 6 月 11 日　12 版

520. 孫　旗　《碎琉璃》評介　中華日報　1978 年 7 月 6 日　9 版

521. 黃武忠　落後社會中的優美人性——張拓蕪《代馬輸卒手記》與《碎琉璃》之比較（上、下）　青年戰士報　1978 年 9 月 3—4 日　11 版

522. 黃武忠　落後社會中的優美人性——《代馬輸卒手記》與《碎琉璃》之比較　文藝的滋味　臺北　自立晚報社　1983 年 10 月　頁 53—60

523. 黃武忠　落後社會中的優美人性——張拓蕪《代馬輸卒手記》與《碎琉璃》之比較　文學動念轉不停　臺南　臺南縣立文化中心　1999 年 5 月　頁 173—182

524. 荻　宜　光燦的《碎琉璃》　文壇　第 219 期　1978 年 9 月　頁 102—103

---

[20]本文後改篇名為〈九歌版原序〉。

525. 宋 瑞　品鑒《碎琉璃》——從故事看本書的結構　明道文藝　第30期　1978年9月　頁149—155
526. 高天生　傳統課題與文學創作——試論《碎琉璃》中的憂患意識　明道文藝　第30期　1978年9月　頁156—164
527. 彭思愼　《碎琉璃》——語重心長　中華日報　1979年1月10日　11版
528. 陳連順　小探《碎琉璃》　出版與研究　第37期　1979年1月　頁15—17
529. 亞 菁　自傳與回憶錄——王鼎鈞的《碎琉璃》讀後　中央日報　1979年6月20日　11版
530. 陳克環　永遠的《琉璃》　第三隻眼　臺北　中華日報　1979年11月　頁137—138
531. 蓮 蓮　我看《碎琉璃》——別有一番滋味在心頭　書評書目　第82期　1980年2月　頁109—110
532. 范雪霞　王鼎鈞《碎琉璃》的啓示　中華日報　1980年5月12日　9版
533. 陳 煌　不碎琉璃　中華日報　1980年10月7　10版
534. 郭明福　悲歡時代的頌歌——我讀《碎琉璃》　中華日報　1982年4月14日　10版
535. 郭明福　悲歡時代的頌歌　琳瑯書滿目　臺北　爾雅出版社　1985年7月　頁65—69
536. 羊 牧　脈動的親情　中央日報　1982年10月23日　10版
537. 〔許&燕，李&敬選編〕　《碎琉璃》　感人的書　臺北　希代書版公司　1984年12月　頁57—66
538. 鄭明娳　《碎琉璃》　錦囊開卷　臺北　國家文藝基金管理委員會　1993年6月　頁262—264
539. 蔡昀達　一尊凝固的夢幻——我看《碎琉璃》　國語日報　1999年4月7日　4版
540. 陳 遼　百年臺灣文學發展論——臺灣文學五「性」〔《碎琉璃》部分〕

百年中華文學史論：1898—1999　上海　華東師範大學出版社　1999 年 9 月　頁 70—72

541. 陳宣如　重組美麗的世界——《碎琉璃》讀後感　國語日報　2000 年 5 月 22　4 版

542. 陳國偉　動亂人生與悲歡離合　文訊雜誌　第 221 期　2004 年 3 月　頁 70

543. 賴世福　《碎琉璃》——一潭醉人的酒　中國語文　第 97 卷第 2 期　2005 年 8 月　頁 83—96

544. 楊　照　一則則關於傷疤與恐懼的寓言——王鼎鈞的《碎琉璃》　聯合文學　第 317 期　2011 年 3 月　頁 102—105

《靈感》

545. 王默人　讀王鼎鈞的《靈感》　中華日報　1978 年 9 月 4 日　11 版

546. 簡　簡　靈感的接觸——讀王鼎鈞的《靈感》後記　臺灣時報　1978 年 9 月 12 日　9 版

547. 朱榮智　「靈感」的滋味——讀王鼎鈞先生新著《靈感》　書評書目　第 65 期　1978 年 9 月　頁 131—132

548. 劉麗芬　談《靈感》　出版與研究　第 37 期　1979 年 1 月　頁 32—33

549. 于　斯　王鼎鈞《靈感》給我的啓示　大華晚報　1980 年 4 月 20 日　7 版

550. 張春榮　撞擊創新的火花——讀王鼎鈞《靈感》（上、下）　臺灣新聞報　1992 年 7 月 12—13 日　13 版

551. 張春榮　撞擊創新的火花——讀王鼎鈞《靈感》　爾雅人　第 74 期　1993 年 1 月 5 日　2 版

552. 張春榮　撞擊創新的火花——王鼎鈞《靈感》　現代散文廣角鏡　臺北　爾雅出版社　2001 年 5 月　頁 171—177

553. 應鳳凰　王鼎鈞的《靈感》　爾雅人　第 76 期　1993 年 5 月 20 日　1 版

554. 封德屏　一種啓示，一種思想的再生——讀王鼎鈞《靈感》　美麗的負荷　臺北　三民書局　1994 年 4 月　頁 193—195

《海水天涯中國人》

555. 林佩芬　秋海棠的信念——讀《海水天涯中國人》　中央日報　1982 年 12 月 5 日　10 版

556. 陳銘磻　《海水天涯中國人》　婦女雜誌　172 期　1983 年 1 月　頁 70

557. 胡坤仲　瀟瀟故國情——讀《海水天涯中國人》　明道文藝　第 84 期　1983 年 3 月　頁 73—75

558. 展甦〔苦苓〕　三隻眼的旅者——讀《海水天涯中國人》　明道文藝　第 84 期　1983 年 3 月　頁 76—79

559. 苦　苓　三隻眼的旅者——《海水天涯中國人》　書中書　臺北　希代書版公司　1986 年 9 月　頁 103—110

560. 鈍　刀　評介《海水天涯中國人》　明道文藝　第 84 期　1983 年 3 月　頁 80—84

561. 郭明福　悲涼之旅——評《海水天涯中國人》　中央日報　1983 年 7 月 8 日　10 版

562. 張騰蛟　不是遊記——讀王鼎鈞的《海水天涯中國人》　文訊雜誌　第 2 期　1983 年 8 月　頁 100—106

563. 段建安　少年子弟江湖老——《海水天涯中國人》讀後　臺灣日報　1984 年 1 月 6 日　8 版

564. 吳靜儀　少年子弟江湖老——讀王鼎鈞著《海水天涯中國人》後（上、下）　臺灣日報　1984 年 7 月 7—8 日　8 版

《看不透的城市》

565. 郭明福　最是辛酸遊子魂——我讀《看不透的城市》[21]　臺灣新生報　1984 年 7 月 24 日　7 版

566. 郭明福　評王鼎鈞著《看不透的城市》　新書月刊　第 12 期　1984 年 9 月　頁 70

567. 李　聰　借你一雙慧眼——從散文集《看不透的城市》看華人生存狀態　世界華文文學論壇　2007 年第 1 期　2007 年 3 月　頁 23—25

---

[21]本文後改篇名爲〈評王鼎鈞著《看不透的城市》〉。

《意識流》

568. 陳信元　七十四年八月—九月文學出版——王鼎鈞《意識流》　文訊雜誌第20期　1985年10月　頁294，309

569. 陳培業　「意識」長流　臺灣日報　1992年12月2日　9版

570. 隱　地　愛情大哉問　自由時報　2007年5月1日　E5版

571. 隱　地　愛情大哉問——人生大書《意識流》　春天窗前的七十歲少年　臺北　爾雅出版社　2008年1月　頁119—121

《左心房漩渦》

572. 應鳳凰　《左心房漩渦》[22]　中國時報　1988年11月21日　23版

573. 應鳳凰　遙遠的思念　國語日報　2001年7月21日　5版

574. 應鳳凰　王鼎鈞的《左心房漩渦》　臺灣文學花園　臺北　玉山社出版公司　2003年1月　頁175—179

575. 子　敏　王鼎鈞《左心房漩渦》　美麗　臺北　時報文化出版公司　1988年12月　頁140—142

576. 羅　英　讀那條虹——評王鼎鈞《左心房漩渦》　聯合文學　第50期　1988年12月　頁187—188

577. 張藝曦　《左心房漩渦》　爾雅人　第51期　1989年3月　2版

578. 李宜涯　《左心房漩渦》　書海探微　臺北　黎明文化公司　1989年3月　頁42—44

579. 李宜涯　《左心房漩渦》　當代名著欣賞　臺北　文史哲出版社　2000年1月　頁23—25

580. 袁慕直　《左心房漩渦》讀後　明道文藝　第160期　1989年7月　頁154—162

581. 文船山　鄉愁是美學——《左心房漩窩》的情境　中華日報　1989年12月26日　14版

582. 曾英藝　豈止漩渦而已——評王鼎鈞《左心房漩渦》　明道文藝　第186

---

[22]本文後改篇名為〈遙遠的思念〉、〈王鼎鈞的《左心房漩渦》〉。

期　1991 年 9 月　頁 146—151

583. 張春榮　江水江花——讀王鼎鈞《左心房漩渦》[23]　中華日報　1992 年 7 月 21 日　11 版

584. 張春榮　比喻天地——讀王鼎鈞《左心房漩渦》　臺灣新聞報　1992 年 9 月 25 日　13 版

585. 張春榮　江水江花——讀王鼎鈞《左心房漩渦》　修辭萬花筒　臺北　駱駝出版社　1996 年 9 月　頁 200—203

586. 張春榮　妙喻入理——王鼎鈞《左心房漩渦》　文學創作的途徑　臺北　爾雅出版社　2003 年 7 月　頁 191—195

587. 郭明福　他把鮮血變成墨水　臺灣新生報　1992 年 8 月 6 日　14 版

588. 郭明福　他把鮮血變成墨水——我讀《左心房漩渦》　爾雅人　第 72 期　1992 年 9 月　2 版

589. 王善民　青眼「看苗」——王鼎鈞《左心房漩渦》讀後　中央日報　1993 年 11 月 2 日　16 版

590. 徐　學　《左心房漩渦》的憂患與昇華　評論十家　臺北　爾雅出版社　1993 年 12 月　頁 211—220

591. 徐　學　《左心房漩渦》的憂患與昇華　明道文藝　第 215 期　1994 年 2 月　頁 166—170

592. 徐　學　《左心房漩渦》的憂患與昇華　藝文論壇　第 8 期　2012 年 8 月　頁 152—155

593. 鄭明娳　從懷鄉到返鄉——臺灣現代散文中的大陸意識〔《左心房漩渦》部分〕　中華文學的現在和未來——兩岸暨港澳文學交流研討會論文集　香港　鑪峰學會　1994 年 6 月　頁 155

594. 徐　學　八〇年代臺灣政治文與臺灣散文〔《左心房漩渦》部分〕　當代臺灣政治文學論　臺北　時報文化出版公司　1994 年 7 月　頁

[23]本文後改篇名為〈比喻天地——讀王鼎鈞《左心房漩渦》〉、〈妙喻入理——王鼎鈞《左心房漩渦》〉。

296

595. 鄭士選　蘭陵二題——夜讀王鼎鈞　山東文學　1996年第2期　1996年2月　頁65—66

596. 黃克全　王鼎鈞《左心房漩渦》　永恆意象：經典名作導讀　臺北　爾雅出版社　1998年7月　頁218—220

597. 鄭明娳　現代散文的內視——情感世界的大觀園　現代散文　臺北　三民書局　1999年3月　頁150—151

598. 葉元洪著；應鳳凰校訂　鄉愁漩入我心房——《左心房漩渦》的追鄉書寫　明道文藝　第389期　2008年8月　頁59—64

599. 徐　學　從何其芳到王鼎鈞——獨白體散文詩漫論　和而不同　南寧　廣西人民出版社　2008年10月　頁578—580

600. 徐　學　從何其芳到王鼎鈞——獨白體散文詩漫論　臺灣研究新跨越・文學探索　北京　九州出版社　2010年6月　頁243—250

601. 黃雅莉　王鼎鈞的鄉愁情結與愛國情懷——以《左心房漩渦》爲探究中心　海南師範大學學報　第22卷第6期　2009年　頁65—82

602. 應鳳凰　鄉愁哭唱著：王鼎鈞的《左心房漩渦》　書香兩岸　第15期　2010年1月　頁118—119

603. 翁柏川　「鄉愁」主題在臺灣文學史的變遷——以解嚴後（1987年—1989年6月）返鄉書寫爲討論核心〔《左心房漩渦》部分〕　臺灣文學論叢（二）　新竹　清華大學臺灣文學研究所　2010年3月　頁122—124

604. 應鳳凰，傅月庵　王鼎鈞——《左心房漩渦》　冊頁流轉——臺灣文學書入門108　臺北　印刻文學生活雜誌出版公司　2011年3月　頁60—61

605. 粟慶雄　失落與悲情的一代——王鼎鈞先生的《左心房漩渦》讀後感想　遍栽桃李兩岸春：經濟學教授的人生記趣　臺北　釀出版　2013年3月　頁159—162

《昨天的雲》

606. 安　琪　　王鼎鈞回憶錄《昨天的雲》出版　中央日報　1992 年 7 月 18 日 16 版

607. 陳幸蕙　　不讓今天的雲抄襲《昨天的雲》　中央日報　1992 年 8 月 20 日 15 版

608. 齊邦媛　　《昨天的雲》　中國時報　1992 年 8 月 28　32 版

609. 應鳳凰　　王鼎鈞爲昨日情義寫最後一本書　中國時報　1992 年 9 月 18 日 3 版

610. 應鳳凰　　王鼎鈞爲昨日情義寫最後一本書　爾雅人　第 73 期　1992 年 11 月 20 日　2 版

611. 亮　軒　　他生未卜此生休　中華日報　1993 年 5 月 17 日　11 版

612. 徐淑卿　　王鼎鈞戀念昨日片雲情義　中國時報　1995 年 9 月 7 日　42 版

613. 顧瑋，牛靜　　史筆文心憶蘭陵——評王鼎鈞回憶錄之一《昨天的雲》　散文鼎公：王鼎鈞論文集　北京　中國華僑出版社　2012 年 5 月　頁 171—179

614. 李善東　　蘭陵的王鼎鈞——王鼎鈞《昨天的雲》中的人文精神和家國情懷　散文鼎公：王鼎鈞論文集　北京　中國華僑出版社　2012 年 5 月　頁 217—227

《怒目少年》

615. 朱西甯　　低眉回看時代的脈息　中國時報　1995 年 9 月 7 日　42 版

616. 李瑞騰　　以人性尊嚴爲中心《怒目少年》　聯合報　1995 年 9 月 21 日　42 版

617. 何寄澎　　歷史的寓言——讀王鼎鈞回憶錄《怒目少年》　聯合文學　第 134 期　1995 年 12 月　頁 138

618. 張春榮　　生命裡的回聲，談王鼎鈞《怒目少年》　文訊雜誌　第 122 期 1995 年 12 月　頁 22

619. 詹　悟　　血淚少年——王鼎鈞的回憶錄《怒目少年》　書評　第 37 期

1998 年 12 月　頁 15—18

620. 詹　悟　血淚少年——王鼎鈞的回憶錄《怒目少年》　風簷展書讀　南投　南投縣文化局　2001 年 12 月　頁 148—153

621. 江中明　人性黑暗面，王鼎鈞解密　聯合報　1997 年 5 月 27 日　18 版

《隨緣破密》

622. 張春榮　教戰守策——王鼎鈞《隨緣破密》　臺灣新聞報　1997 年 7 月 20 日　13 版

623. 張春榮　教戰守策——王鼎鈞《隨緣破密》　現代散文廣角鏡　臺北　爾雅出版社　2001 年 5 月　頁 65—69

624. 歐宗智　揭開事實的矛盾——評王鼎鈞《隨緣破密》[24]　文訊雜誌　第 141 期　1997 年 7 月　頁 20—21

625. 歐宗智　儒家信徒不要看——評王鼎鈞《隨緣破密》　臺灣新聞報　1997 年 9 月 4 日　22 版

626. 歐宗智　揭開事實的矛盾——評王鼎鈞《隨緣破密》　書評　第 33 期　1998 年 4 月　頁 6—9

627. 施寄青　階級——歷史的宿命　聯合報　1997 年 8 月 11 日　46 版

628. 俞敬群　我對《隨緣破密》的看法　爾雅人　第 107 期　1998 年 8 月 1 日　頁 3

629. 黃雅莉　冷峻哲思下的人性解碼：王鼎鈞《隨緣破密》析論　臺灣圖書館管理季刊　第 3 卷第 4 期　2007 年 10 月　頁 82—104

630. 黃雅莉　冷峻哲思下的人性解碼——王鼎鈞《隨緣破密》析論　黑暗聖經　臺北　爾雅出版社　2008 年 11 月　頁 195—234

631. 亮　軒　世路難行也不得不行——數讀王鼎鈞的《黑暗聖經》之後　黑暗聖經　臺北　爾雅出版社　2008 年 11 月　頁 1—8

632. 亮　軒　世路難行也不得不行——數讀王鼎鈞的《黑暗聖經》之後　文訊雜誌　第 277 期　2008 年 11 月　頁 24—27

---

[24]本文後改篇名為〈儒家信徒不要看——評王鼎鈞《隨緣破密》〉。

633. 胡小林，楊傳珍　灑向人間都是愛——猜想王鼎鈞寫作《隨緣破密》的動機　黑暗聖經　臺北　爾雅出版社　2008年11月　頁187—194

《心靈與宗教信仰》

634. 保　真　新世代信仰的代言人——評王鼎鈞《心靈與宗教信仰》[25]　青年日報　1998年10月30日　15版

635. 楊　明　《心靈分享》[26]　中央日報　1998年10月31日　22版

636. 俞敬群　上帝的手套——序王鼎鈞的《心靈分享》　青年日報　1998年10月14日　15版

637. 俞敬群　上帝的手套？　爾雅人　第108、期109合刊　1998年11月10日　1版

638. 俞敬群　上帝的手套？　心靈分享　臺北　爾雅出版社　1998年11月　頁1—9

639. 俞敬群　上帝的手套？　心靈與宗教信仰　臺北　爾雅出版社　1998年11月　〔9〕頁

640. 愚　子　《心靈》與詩　心靈與宗教信仰　臺北　爾雅出版社　1998年11月　頁197—207

641. 李　震　跨越宗教的藩籬　聯合報　1998年12月7日　48版

642. 愚　子　《心靈分享》在紐約　爾雅人　第111、112期合刊　1999年4月20日　4版

643. 詹　悟　上帝的手套——分享王鼎鈞的《心靈分享》　明道文藝　第319期　2002年10月　頁122—128

644. 蔡宗哲　論王鼎鈞《心靈與宗教信仰》的宗教觀——兼論宗教信仰與文藝創作的微妙辯證關係　東華大學中文系第十二屆學生學術發表會　花蓮　東華大學中國語文學系　2009年10月26—30日

645. 叢新強　論王鼎鈞的創作與基督教精神——以散文集《心靈分享》爲中心[27]

[25]《心靈分享》後易名爲《心靈與宗教信仰》，內容有所增刪。

[26]《心靈分享》後易名爲《心靈與宗教信仰》，內容有所增刪。

藝文論壇　第7期　2011年12月　頁26—38

646. 叢新強　論王鼎鈞的創作與基督教精神——以散文集《心靈分享》爲中心（節選）　散文鼎公：王鼎鈞論文集　北京　中國華僑出版社　2012年5月　頁134—144

《千手捕蝶》

647. 余　亮　《千手捕蝶》　中央日報　1999年1月26日　22版

648. 隱　地　王鼎鈞的聖歌　中國時報　1999年1月5日　37版

649. 隱　地　王鼎鈞的聖歌——寫在《千手捕蝶》之後　爾雅人　第110期　1999年1月20日　1版

650. 隱　地　王鼎鈞的聖歌　千手捕蝶　臺北　爾雅出版社　1999年1月　頁165—180

651. 隱　地　王鼎鈞的聖歌——寫在《千手捕蝶》之後　自從有了書以後　臺北　爾雅出版社　2003年7月　頁171—181

652. 張春榮　金針度人——王鼎鈞的《千手捕蝶》　文訊雜誌　第162期　1999年4月　頁28—30

653. 張春榮　王鼎鈞《千手捕蝶》　1999臺灣文學年鑑　臺北　行政院文建會　2000年10月　頁283—284

654. 張春榮　金針度人——王鼎鈞《千手捕蝶》　現代散文廣角鏡　臺北　爾雅出版社　2001年5月　頁165—170

655. 黃雅莉　冰山理論下的文藝創作觀：王鼎鈞《千手捕蝶》析論（上、下）[28]　臺灣圖書館管理季刊　第5卷第2—3期　2009年4，7月　頁93—104，101—113

《活到老，真好》

---

[27]本文討論王鼎鈞創作中的基督教精神。全文共4小節：1.基督教文化對臺灣文學及王鼎鈞的影響；2.「上帝」與王鼎鈞的心路歷程；3.「唯愛爲大」的基督精神；4.基督精神「本色化」的風格。

[28]本文探討王鼎鈞如何用最簡單緊湊的語言表達最爲複雜隱秘的哲思，傳達深沈內涵及文藝美學觀。全文共5小節：1.前言；2.《千手捕蝶》的創作理念；3.冰山理論視角下的冷靜觀察與思索；4.《千手捕蝶》的藝術特色；5.結語。

656. 張素貞　生活的智慧與悟境——王鼎鈞的《活到老，真好》　中央日報　1999 年 8 月 6 日　18 版

657. 詹　悟　智慧的書，思想的結晶——評介王鼎鈞的《活到老，真好》　明道文藝　第 305 期　2001 年 8 月　頁 73—75

《風雨陰晴：王鼎鈞散文精選》

658. 蕭攀元　《風雨陰晴》回顧王鼎鈞散文江山　聯合報　2000 年 7 月 17 日　41 版

659. 洪淑苓　散文魔法書　中央日報　2000 年 8 月 14 日　12 版

660. 趙淑敏　異鄉的文學小酌（上、下）　青年日報　2001 年 11 月 21—22 日　10 版

《關山奪路》

661. 張　力　內戰歲月，烽火家園　中國時報　2005 年 6 月 19 日　B2 版

662. 通泉草　《關山奪路》　自由時報　2005 年 6 月 25 日　E7 版

663. 陳信元　一寸一寸向下沉淪的國土　中央日報　2005 年 7 月 17 日　17 版

664. 王成勉　安得壯士挽天河，盡洗甲兵長不用——慨讀王鼎鈞《關山奪路》　文訊雜誌　第 238 期　2005 年 8 月　頁 140—142

665. 王成勉　安得壯士挽天河，盡洗甲兵長不用——慨讀王鼎鈞《關山奪路》　萬里路與萬卷書　臺北　黎明文化公司　2008 年 7 月　頁 137—140

666. 顧瑋，杜紫微，楊傳珍　大木成琴——《關山奪路》三人談　明道文藝　第 354 期　2005 年 9 月　頁 68—75

667. 顧瑋，杜紫微，楊傳珍　大木成琴龍虎朽．肉身成道憶關山——王鼎鈞回憶錄《關山奪路》三人談　香港文學　第 283 期　2008 年 7 月　頁 78—81

668. 向　明　鼎公的記憶　明道文藝　第 354 期　2005 年 9 月　頁 76—80

669. 蔣欣怡　從《關山奪路》談文學的奧妙——王鼎鈞如何走出文學創作的瓶頸　人間福報　2006 年 1 月 22 日　6 版

670. 曹世耘　集體記憶的異變——論王鼎鈞《關山奪路》的時空重構[29]　雲漢學刊　第 23 期　2011 年 8 月　頁 62—79

671. 黃雅莉　戰爭視域中的困境、堅守與突破——王鼎鈞《關山奪路》中人性義蘊的展現和其「存史」、「詳史」的價值[30]　臺灣文學研究學報　第 13 期　2011 年 10 月　頁 167—216

《葡萄熟了》

672. 張　殿　王鼎鈞、陳之藩、胡品清交出美麗的晚著——王鼎鈞《葡萄熟了》、陳之藩文集、胡品清三語唐詩《落花》展示創作火力　聯合報　2006 年 1 月 8 日　E4 版

673. 吳錫清　藤如蛟龍果似珠　葡萄熟了　臺北　大地出版社　2006 年 1 月　頁 3—4

《一方陽光》

674. 劉紅林　從散文集《一方陽光》看王鼎鈞與蘭陵　華文文學　2011 年第 5 期　2011 年 10 月　頁 64—68

675. 劉紅林　從散文集《一方陽光》看王鼎鈞與蘭陵　散文鼎公：王鼎鈞論文集　北京　中國華僑出版社　2012 年 5 月　頁 165—170

《文學江湖》

676. 張瑞芬　江湖路遠——評王鼎鈞《文學江湖》　文訊雜誌　第 283 期　2009 年 5 月　頁 129—131

677. 張瑞芬　江湖路遠——評王鼎鈞《文學江湖》　鳶尾盛開：文學評論與作家印象　臺北　聯合文學出版社　2009 年 6 月　頁 96—101

678. 張瑞芬　江湖路遠——評王鼎鈞《文學江湖》　春風夢田　臺北　爾雅出版社　2011 年 2 月　頁 31—37

---

[29]本文針對《關山奪路》中國共內戰史料的爬梳與對證，思考其中書寫的策略與風格。

[30]本文透過《關山奪路》的分析，以見戰爭對小我與大我的影響。全文共 9 小節：1.前言；2.題之義蘊：關山難越，奪路尋道而出之必然；3.創作動機：「蚌病成珠」發憤傳統之延伸；4.從「詳史」的角度來看戰爭之因與果；5.存史精神：在時空的結構組織中追訴記憶；6.文學性的對照與衝突的張力設計；7.以自我形象展現平凡普通人豐富複雜的心靈與性格；8.有價值的人生痛苦：戰爭極致下的哲思展示；9.結語。

679. 張春榮　心無二用，情有獨鍾——王鼎鈞《文學江湖》　實用修辭寫作學　臺北　萬卷樓圖書公司　2009 年 9 月　頁 225—229

680. 胡小林，楊傳珍　走文學江湖‧參天地化育——感受王鼎鈞的最新回憶錄　香港文學　第 298 期　2009 年 10 月　頁 16—19

681. 胡小林，楊傳珍　走文學江湖參天地化育——感受《文學江湖》　散文鼎公：王鼎鈞論文集　北京　中國華僑出版社　2012 年 5 月　頁 161—164

682. 凌性傑　從 1949 出發的時光書寫——人性試煉——王鼎鈞《文學江湖》　書香兩岸　第 15 期　2010 年 1 月　頁 52

683. 柯品文　懷鄉文學的回憶之旅——評王鼎鈞《文學江湖》　全國新書資訊月刊　第 136 期　2010 年 4 月　頁 40—43

684. 馬國光　從《文學江湖》看王鼎鈞的恐懼與哀憐　王鼎鈞學術研討會　彰化　明道文教基金會，明道大學主辦；明道大學中國文學系承辦　2010 年 5 月 15 日　〔19〕頁

685. 楊　照　文學、政治、特務交織組構的奇妙江湖——讀王鼎鈞的《文學江湖》　霧與畫：戰後臺灣文學史散論　臺北　麥田出版‧城邦文化公司　2010 年 8 月　頁 48—54

686. 高　華　讀王鼎鈞的《文學江湖》：冷戰年代一位讀書人的困窘和堅守　思想[31]　第 18 期　2011 年 1 月　頁 315—332

687. 古遠清　臺灣文壇的「實況轉播」——評王鼎鈞的《文學江湖》　香港文學　第 326 期　2012 年 2 月　頁 81—85

688. 古遠清　臺灣文壇的「實況轉播」——評王鼎鈞的《文學江湖》（節選）　散文鼎公：王鼎鈞論文集　北京　中國華僑出版社　2012 年 5 月　頁 157—160

689. 古遠清　臺灣文壇的「實況轉播」——評王鼎鈞的《文學江湖》　臺灣文

---

[31]本文以《文學江湖》為依據，感受作家對國家命運、歷史教訓的獨立思考。全文共 5 小節：1.「以蔣來拒毛」；2.「匪諜妄想症」和「做出來的匪諜案」；3.「中國廣播公司」；4.「反共文學」，寫還是不寫？；5.「做成寶石，鑲在五星徽上」？。

壇的「實況轉播」：一位大陸學者眼中的臺灣文壇 臺北 秀威資訊科技公司 2013 年 7 月 頁 208—219

690. 應鳳凰 王鼎鈞自傳與文學史重構——《文學江湖》再現之五〇年代文學歷史[32] 文學史敘事與文學生態：戒嚴時期臺灣作家的文學史位置 臺北 前衛出版社 2012 年 11 月 頁 117—136

691. 黃雅莉 穿越人性競技場的堅守——從王鼎鈞《文學江湖》探析作家的創作心史（上、下） 海南師範大學學報 第 25 卷第 2，4 期 2012 年 頁 73—85，9687—99

692. 黃雅莉 在波詭雲譎的歷史中叩問人性——評王鼎鈞的《文學江湖》 中央大學人文學報 第 53 期 2013 年 1 月 頁 139—146

《桃花流水杳然去》

693. 林文義 校對小記 桃花流水杳然去 臺北 爾雅出版社 2012 年 2 月 頁 385—386

694. 張輝誠 簡潔以旺神——王鼎鈞《桃花流水杳然去》 聯合報 2012 年 4 月 28 日 D3 版

《度有涯日記》

695. 隱 地 「王鼎鈞回憶錄四部曲」域外篇——讀鼎公日記 度有涯日記：王鼎鈞回憶錄四部曲・域外篇 臺北 爾雅出版社 2012 年 9 月 頁 3—6

小說

《單身漢的體溫》

696. 隱 地 王鼎鈞及其《單身漢的體溫》[33] 文藝 第 38 期 1972 年 8 月 頁 39—45

697. 隱 地 王鼎鈞及其《單身漢的體溫》 隱地看小說 臺北 爾雅出版社

[32]本文以五〇年代為歷史範疇，比較《文學江湖》與今日學術講堂上文學史的差異。全文共 5 小節：1.重繪江湖樣貌；2.回憶錄四部曲之「臺灣段」；3.進入瞭望哨——鼎公與副刊；4.論「文協」與掌門人張道藩；5.細數風流人物。

[33]《單身漢的體溫》後易名為《單身溫度》、《白如玉》。

1981 年 6 月　頁 335—346
698. 隱　地　王鼎鈞及其《單身漢的體溫》　快樂的單身漢　臺北　黎明文化公司　1982 年 12 月　頁 270—281
699. 隱　地　王鼎鈞及其《單身漢的體溫》　隱地自選集　臺北　黎明文化公司　1982 年 12 月　頁 270—281
700. 林佩芬　溫暖的體溫——試析王鼎鈞《單身漢的體溫》　書評書目　第 46 期　1977 年 2 月　頁 61—65
701. 彭震球　後記　白如玉　臺北　大林出版社　1982 年 8 月　頁 214—216
702. 楊傳珍　評王鼎鈞先生的《單身溫度》　爾雅人　第 77 期　1993 年 7 月 10 日　4 版
703. 徐　學　孤俠與鄉愁——王鼎鈞短篇小說研析　臺灣研究集刊　1994 年第 3 期　1994 年 8 月　頁 100—105

《山裡山外》

704. 席慕蓉　純金的心——《山裡山外》讀後感　新書月刊　第 24 期　1985 年 9 月　頁 41—44
705. 席慕蓉　純金的心——《山裡山外》讀後感　寫給幸福　臺北　爾雅出版社　1985 年 9 月　頁 159—175
706. 席慕蓉　純金的心——《山裡山外》讀後感（上、下）　洪範雜誌　第 24—25 期　1985 年 12 月 31 日，1986 年 2 月 5 日　3 版
707. 郭明福　用腳讀祖國這張地圖——評介《山裡山外》　洪範雜誌　第 29 期　1987 年 1 月 10 日　3 版
708. 鐘麗慧　《山裡山外》　洪範雜誌　第 31 期　1987 年 5 月 10 日　3 版
709. 袁慕直　《山裡山外》跋　明道文藝　第 197 期　1992 年 8 月　頁 58—63
710. 袁慕直　跋　山裡山外　臺北　〔自行出版〕　1993 年 2 月　頁 398—405
711. 袁慕直　跋　山裡山外　臺北　爾雅出版社　2003 年 10 月　頁 398—405

文集

《王鼎鈞自選集》

712. 田　原　序　王鼎鈞自選集　臺北　黎明文化公司　1975年1月　頁7

713. 田　原　《王鼎鈞自選集》介紹　中華日報　1975年8月11日　10版

714. 林柏燕　評李喬、王鼎鈞、蔡文甫自選集　書評書目　第33期　1976年1月　頁37—43

715. 林柏燕　評李喬、王鼎鈞、蔡文甫自選集　文學印象　臺北　大林出版社　1978年8月　頁215—226

◆多部作品

《開放的人生》、《人生試金石》、《我們現代人》

716. 林小戀　讀書人的故事——王鼎鈞與「人生三書」　出版家　第54期　1977年2月　頁54—55

717. 黃武忠　人生三書　書評書目　第47期　1977年3月　頁68—69

718. 黃武忠　論「人生三書」　文藝的滋味　臺北　自立晚報社　1983年10月　頁159—161

719. 澎　湃　品賞「人生三書」　中華日報　1977年7月4日　9版

720. 陳文榮　人生三書　中央日報　1978年3月7日　9版

721. 蔡文甫　從「三書」看　中央日報　1978年5月17日　11版

722. 煥　明　王鼎鈞的人生三書　臺糖通訊　第1150，1152，1154期　1979年4月1日，4月21日，5月11日　頁26—27，28—29，30—31

723. 楊　欣　人生三書百看不厭　國語日報　1983年12月24日　7版

724. 楊　欣　人生三書百看不厭　我最喜愛的一本書　臺北　國語日報社　1990年3月　頁88—92

725. 楊昌年　寓言體散文——作家作品例舉分析——「人生三書」　現代散文新風貌　臺北　東大圖書公司　1988年2月　頁37—54

726. 亮　軒　凝縮的人生歷練　臺灣新生報　1992年11月12日　14版

727. 郭宗烈　從洪自誠《菜根譚》看王鼎鈞「人生三書」的沿承與蛻變　明道文藝　第224期　1994年11月　頁54—58

728. 林淑如　王鼎鈞人生三書　翰海觀潮　臺北　行政院文建會　1997年5月

頁 286—289

729. 顏藹珠　青春歲月的領航員　風雨陰晴：王鼎鈞散文精選　臺北　爾雅出版社　2000 年 7 月　頁 16

730. 〔王鼎鈞〕　〈現代孝子〉備註　風雨陰晴：王鼎鈞散文精選　臺北　爾雅出版社　2000 年 7 月　頁 70—72

731. 袁孝康　現代勵志文學——「我們現代人」〔《開放的人生》、《人生試金石》、《我們現代人》部分〕　臺灣勵志書籍的系譜（1950—1990）　政治大學新聞學系　碩士論文　柯裕棻教授指導　2004 年 1 月　頁 82—83

732. 隱　地　光，請靠近光——「人生三書」總序　我們現代人　北京　國際文化出版公司　2007 年 4 月　頁 1—3

733. 隱　地　光，請靠近光——我讀「人生三書」　春天窗前的七十歲少年　臺北　爾雅出版社　2008 年 1 月　頁 122—127

《靈感》、《碎琉璃》、《開放的人生》、《人生試金石》、《我們現代人》

734. 莫愁湖　細嚼藝術的馨郁——引介王鼎鈞的《靈感》、《碎琉璃》與「人生三書」　景文季刊　第 34 期　1978 年 10 月　頁 10—11

735. 應鳳凰　王鼎鈞寫作班——兩本指導青年寫作技巧的書　明道文藝　第 204 期　1993 年 3 月　頁 66—70

736. 張麗芝　多讀，多想，多寫——增進作文能力有三多〔《作文七巧》、《作文十九問》部分〕　人間福報　2008 年 11 月 22 日　12 版

《千手捕蝶》、《有詩》

737. 李　進　散文大家《千手捕蝶》，王鼎鈞《有詩》問路　聯合報　1999 年 1 月 11 日　41 版

《碎琉璃》、《山裡山外》

738. 莊文福　王鼎鈞《碎琉璃》、《山裡山外》　大陸旅臺作家懷鄉小說研究　中國文化大學中國文學系　博士論文　邱燮友教授指導　2003 年　頁 211—220

《昨天的雲》、《怒目少年》、《關山奪路》、《文學江湖》

739. 張博智　掩卷興嘆——讀王鼎鈞回憶錄有感　人間福報　2010年4月21日 15版

740. 席慕蓉　繫斜陽纜——王鼎鈞回憶錄中的百年場景　聯合報　2010年8月7日　D3版

741. 席慕蓉　繫斜陽纜——王鼎鈞回憶錄中的百年場景　葡萄熟了　臺北　九歌出版社　2011年2月　頁259—269

742. 黃雅莉　從個人傷痕到集體經歷——論王鼎鈞回憶錄從離散到認同的轉變　第34屆全國比較文學會議　南投　中華民國比較文學學會主辦；暨南國際大學外國語文學系協辦　2011年5月21—22日

743. 黃雅莉　個人傷痕與集體經歷——論王鼎鈞回憶錄的離散書寫　海南師範大學學報　第26卷第2期　2013年　頁1—16

744. 王　岫　半部傳記‧半部民國史——《王鼎鈞回憶錄》　更生日報　2011年10月16日　9版

745. 邱　瑾　細讀王鼎鈞回憶錄四部曲　世界華文文學論壇　2012年第1期 2012年3月　頁41—43

746. 邱　瑾　細讀王鼎鈞回憶錄四部曲　散文鼎公：王鼎鈞論文集　北京　中國華僑出版社　2012年5月　頁183—187

747. 王安民　「一代中國人的眼睛」——對王鼎鈞回憶錄史學價值的思考　散文鼎公：王鼎鈞論文集　北京　中國華僑出版社　2012年5月　頁180—182

單篇作品

748. 劉永讓　談文白夾雜問題——兼答王鼎鈞先生〔〈也談白話文的「純淨」〉〕　文星　第58期　1962年8月　頁55—57

749. 劉永讓　也談〈白話詩文言字〉　文星　第61期　1962年11月　頁52—55

750. 劉永讓　答〈現代化與文言字〉　文星　第65期　1963年3月　頁50—

51

751. 林柏燕 王鼎鈞的〈小鎮逸聞〉（上、下）[34] 中華日報 1973年10月20—21日 9版

752. 林柏燕 〈小鎮逸聞〉附註 六十二年短篇小說選 臺北 爾雅出版社 1974年3月 頁189—192

753. 李鴻來 王鼎鈞的〈小鎮逸聞〉 A字二十三號——中華日報副刊連載系列小說 臺北 黎明文化出版公司 1974年3月 頁210—215

754. 陳克環 王鼎鈞的〈勝利的代價〉 書評書目 第20期 1974年12月 頁13—15

755. 覃雲生 試析〈哭屋〉 書評書目 第20期 1974年12月 頁93—94

756. 覃雲生 〈哭屋〉 六十三年短篇小說選 臺北 爾雅出版社 1981年6月 頁109—112

757. 〔王鼎鈞〕 〈哭屋〉備註 風雨陰晴：王鼎鈞散文精選 臺北 爾雅出版社 2000年7月 頁166—167

758. 李孟娥 我讀王鼎鈞〈人生金丹〉 中華日報 1975年5月1日 9版

759. 鄭明娳 從〈公車世界〉說起——談諷刺散文 文壇 第196期 1976年10月 頁32—43

760. 林 邊 歷史的楓城，大家的楓城——評〈琉璃瓦〉 書評書目 第42期 1976年10月 頁71—75

761. 黃武忠 兩道愛的光輝——朱自清〈背影〉與王鼎鈞〈一方陽光〉之比較（上、下） 中華日報 1978年6月20—21日 11版

762. 黃武忠 兩道愛的光輝——朱自清〈背影〉與王鼎鈞〈一方陽光〉之比較 文藝的滋味 臺北 自立晚報社 1983年10月 頁43—51

763. 黃武忠 兩道愛的光輝——朱自清〈背影〉與王鼎鈞〈一方陽光〉之比較 文學動念轉不停 臺南 臺南縣立文化中心 1999年5月 頁193—203

[34]本文後改篇名爲〈〈小鎮逸聞〉附註〉。

764. 張春榮　現代散文的六大特色〔〈一方陽光〉部分〕　國文天地　第14期　1986年7月　頁84

765. 〔鄭明娳，林燿德主編〕　〈一方陽光〉賞析　給你一份愛——親情之書　臺北　正中書局　1989年10月　頁86—87

766. 〔鄭明娳，林燿德主編〕　〈一方陽光〉　有情四卷——親情　臺北　正中書局　1989年12月　頁62

767. 韓　秀　王鼎鈞〈一方陽光〉的啓示　聯合報　1998年3月5日　41版

768. 〔編輯部〕　人情觀照〔〈一方陽光〉部分〕　階梯作文2　臺北　三民書局　1999年10月　頁137—140

769. 〔王鼎鈞〕　〈一方陽光〉備註　風雨陰晴：王鼎鈞散文精選　臺北　爾雅出版社　2000年7月　頁150—151

770. 趙秀媛　碎琉璃的母愛光輝——王鼎鈞散文〈一方陽光〉賞析　名作欣賞　2005年第7期　2005年7月　頁68—71

771. 趙秀媛　碎琉璃裡的母愛光輝——王鼎鈞散文〈一方陽光〉（上、下）　中華日報　2006年3月20—21日　23版

772. 李映瑾　建築文章風「景」——使用示現法融繪情景〔〈一方陽光〉〕　悅讀王鼎鈞・通澈文心　臺北　爾雅出版社　2012年4月　頁51—56

773. 林佩芬　五鐘齊鳴——〈鐘〉[35]　爾雅　臺北　爾雅出版社　1981年7月　頁227—229

774. 〔吳晟主編〕　王鼎鈞〈洗手〉評析　大家文學選・散文卷　臺中　明光出版社　1981年10月　頁219—221

775. 〔王鼎鈞〕　〈洗手〉備註　風雨陰晴：王鼎鈞散文精選　臺北　爾雅出版社　2000年7月　頁213—214

776. 殷張蘭熙　導言〔〈土〉部分〕　寒梅　臺北　爾雅出版社　1983年1月　頁8

---

[35]本文評析琦君、王鼎鈞、鄭清文、水晶、張曉風5位作家以「鐘」爲書寫題材的小說。

777. 陶　靜　〈土〉作品鑒賞　臺港小說鑒賞辭典　北京　中央民族學院出版社　1994 年 1 月　頁 185—187

778. 〔王鼎鈞〕　〈土〉備註　風雨陰晴：王鼎鈞散文精選　臺北　爾雅出版社　2000 年 7 月　頁 198—200

779. 侯如綺　王鼎鈞〈土〉、劉大任〈盆景〉與張系國〈地〉中的土地象徵與外省族裔的身分思索[36]　臺北教育大學語文集刊　第 17 期　2010 年 1 月　頁 235—264

780. 季　季　小語〈也看紐約〉　1982 年臺灣散文選　臺北　前衛出版社　1983 年 2 月　頁 208

781. 鄭明娳　試論現代散文〔〈紅頭繩兒〉部分〕　文訊雜誌　第 14 期　1984 年 10 月　頁 67—70

782. 鄭明娳　試論現代散文〔〈紅頭繩兒〉部分〕　七十三年文學批評選　臺北　爾雅出版社　1985 年 3 月　頁 231—236

783. 〔鄭明娳，林燿德主編〕　〈紅頭繩兒〉　有情四卷——愛情　臺北　正中書局　1989 年 12 月　頁 56

784. 洪富連　王鼎鈞〈紅頭繩兒〉　當代主題散文的研究　高雄　復文圖書出版社　1998 年 4 月　頁 179—182

785. 〔王鼎鈞〕　〈紅頭繩兒〉備註　風雨陰晴：王鼎鈞散文精選　臺北　爾雅出版社　2000 年 7 月　頁 139

786. 黃雅莉　一段因戰火而早凋的童稚初戀——談王鼎鈞〈紅頭繩兒〉的情感意蘊　國文天地　第 233 期　2004 年 10 月　頁 14—23

787. 許俊雅　來不及長大——讀王鼎鈞〈紅頭繩兒〉　我心中的歌：現代文學星空　臺北　文史哲出版社　2006 年 6 月　頁 162—167

788. 王基倫等[37]　〈紅頭繩兒〉賞析　國文 4　臺北　東大圖書公司　2008 年 2

[36]本文討論王鼎鈞〈土〉、劉大任〈盆景〉與張系國〈地〉中的土地象徵，藉此析論其中外省族裔的身分思索。全文共 5 小節：1.前言；2.失根的象徵：王鼎鈞〈土〉；3.異地再生的象徵：劉大任〈盆景〉；4.尋根的象徵：張系國〈地〉；5.結語。

[37]編著者：王基倫、王學玲、朱孟庭、林偉淑、林淑芬、范宜如、高嘉謙、曾守正、黃俊郎、謝佩

月 頁 148—149

789. 簡宗梧 橫看成嶺側成峰——評介王鼎鈞散文〈那樹〉 師友 第 211 期 1985 年 1 月 頁 45—47

790. 簡宗梧 橫看成嶺側成峰——評王鼎鈞的〈那樹〉 庚辰雕龍 臺北 三民書局 2000 年 8 月 頁 143—151

791. 王家平 〈那樹〉賞析 臺灣散文鑑賞辭典 太原 北岳文藝出版社 1991 年 12 月 頁 455—457

792. 渡 也 王鼎鈞名作〈那樹〉分析 明道文藝 第 260 期 1997 年 11 月 頁 58—66

793. 〔王鼎鈞〕 〈那樹〉備註 風雨陰晴：王鼎鈞散文精選 臺北 爾雅出版社 2000 年 7 月 頁 271—273

794. 劉真福 悲憤與惻隱的深沉流露——王鼎鈞〈那樹〉賞析 中學語文教學參考 2004 年第 11 期 2004 年 11 月 頁 47—48

795. 郭 偉 樹的寓言——王鼎鈞〈那樹〉解讀 現代語文 2007 年第 11 期 2007 年 11 月 頁 56—57

796. 梁燕麗 客觀藝術與浪漫藝術——王鼎鈞〈那樹〉和郭寶昆《傻姑娘和怪老樹》 藝文論壇 第 7 期 2011 年 12 月 頁 57—56

797. 陳嘉英 書寫歷史的景深〔〈那樹〉〕 悅讀王鼎鈞‧通澈文心 臺北 爾雅出版社 2012 年 4 月 頁 171—180

798. 何寄澎 〈瞳孔裡的古城〉簡析 中國現代散文選析 臺北 長安出版社 1985 年 3 月 頁 680—681

799. 林政華 王鼎鈞的〈瞳孔裡的古城〉 耕情集 臺中 臺中市立文化中心 1995 年 6 月 頁 183—186

800. 何寄澎 〈失樓臺〉簡析 中國現代散文選析 臺北 長安出版社 1985 年 3 月 頁 687—688

芬、簡淑寬、顏瑞芳、羅凡政。

801. 毓　明　從「登樓」到〈失樓臺〉——王鼎鈞的一篇散文　中央日報　1987年4月14日　10版

802. 鄭明娳　論中國現代寓言文學〔〈失樓臺〉部分〕　中外文學　第16卷第6期　1987年11月　頁122—123

803. 鄭明娳　論中國現代寓言文學——中國現代寓言的特色——現代象徵〔〈失樓臺〉部分〕　當代文學氣象　臺北　光復書局　1988年4月　頁7—9

804. 〔編輯部〕　銜接與照應〔〈失樓臺〉部分〕　階梯作文2　臺北　三民書局　1999年10月　頁351—352

805. 〔王鼎鈞〕　〈失樓臺〉備註　風雨陰晴：王鼎鈞散文精選　臺北　爾雅出版社　2000年7月　頁175—176

806. 陳惠齡　現代散文教學情境設計（下）〔〈失樓臺〉部分〕　國文天地　第185期　2000年10月　頁94—95

807. 張春榮　〈失樓臺〉　國語日報　2000年12月2日　4，13版

808. 陳幸蕙　〈失樓臺〉　成長的風景　臺北　幼獅出版社　2002年10月　頁46—59

809. 何寄澎　〈單向交通〉簡析　中國現代散文選析　臺北　長安出版社　1985年3月　頁697—698

810. 林錫嘉　〈迷眼流金〉　濃濃的鄉情　臺北　希代書版公司　1986年1月　頁49—58

811. 陳幸蕙　〈山水・讀江〉編者註　七十五年散文選　臺北　九歌出版社　1987年2月　頁224

812. 沈　謙　尋找生命的樹——評王鼎鈞〈迎春〉　幼獅少年　第127期　1987年5月　頁30—33

813. 沈　謙　尋找生命的樹——評王鼎鈞〈迎春〉　中國語文　第61卷第1期　1987年7月　頁6—10

814. 沈　謙　尋找生命的樹——評王鼎鈞〈迎春〉　獨步，散文國：現代散文

評析　臺北　讀冊文化出版社　2002年10月　頁49—54

815. 〔王鼎鈞〕　〈迎春〉備註　風雨陰晴：王鼎鈞散文精選　臺北　爾雅出版社　2000年7月　頁364—365

816. 鄭明娳　〈關於月餅〉　青少年散文選　臺北　業強出版社　1990年6月　頁76

817. 鄭明娳　八○年代臺灣散文現象〔〈明滅〉部分〕　世紀末偏航——八○年代臺灣文學論　臺北　時報文化出版公司　1990年12月　頁38—40

818. 鄭明娳　八○年代臺灣散文創作特色——文意的轉折呈現〔〈明滅〉部分〕　現代散文現象論　臺北　大安出版社　1992年8月　頁24—27

819. 鄭明娳　千姿萬態的風采格調〔〈明滅〉部分〕　現代散文　臺北　三民書局　1999年3月　頁217—219

820. 周芬伶　〈明滅〉評析　臺灣現代文學教程・散文讀本　臺北　二魚文化公司　2002年8月　頁37—38

821. 〔鄭明娳，林燿德選註〕　〈老奶奶的識見〉　乾坤雙璧／女人　臺北　正中書局　1991年9月　頁146

822. 蘭溪，游子，廣本　〈瘋爺爺〉三人談　明道文藝　第186期　1991年9月　頁137—145

823. 黃開發　〈拾諺〉賞析　臺灣散文鑑賞辭典　太原　北岳文藝出版社　1991年12月　頁443—444

824. 黃開發　〈登樓——青白回憶錄之二〉賞析　臺灣散文鑑賞辭典　太原　北岳文藝出版社　1991年12月　頁450—452

825. 葉　夢　靈魂的最後遊歷讀〈腳印〉　書屋　1995年第1期　1995年12月　頁77—78

826. 〔王鼎鈞〕　〈腳印〉備註　風雨陰晴：王鼎鈞散文精選　臺北　爾雅出版社　2000年7月　頁321

827. 劉錫慶　〈腳印〉　中國當代文學作品選　北京　北京師範大學　2000年9月　頁633—634
828. 〔向陽，林婷黛，蕭蕭編〕　〈腳印〉賞析　臺灣現代文選　臺北　三民書局　2004年5月　頁28—29
829. 李淑婷　點化人生苦味——用譬喻修辭法幫你的文章調味〔〈腳印〉〕　悅讀王鼎鈞・通澈文心　臺北　爾雅出版社　2012年4月　頁76—81
830. 〔游喚，張鴻聲，徐華中編〕　〈驚生〉賞析　現代散文精讀　臺北　五南圖書出版公司　1998年8月　頁93—102
831. 王德威　溫文爾雅——《爾雅短篇小說選》序論〔〈單身溫度〉部分〕　爾雅短篇小說選：爾雅創設二十五年小說菁華（一）　臺北　爾雅出版社　2000年5月　頁5—6
832. 鍾怡雯　流離：在中國的邊緣——追尋與再現失落的中國——主體位置與國族認同〔〈我們的旗・我們的歌・飛揚在異國山河〉部分〕　亞洲華文散文的中國圖象（1949—1999）　臺灣師範大學國文學系　博士論文　陳鵬翔教授指導　2000年5月　頁38
833. 鍾怡雯　流離：在中國的邊緣——追尋與再現失落的中國——主體位置與國族認同〔〈我們的旗・我們的歌・飛揚在異國山河〉部分〕　亞洲華文散文的中國圖象（1949—1999）　臺北　萬卷樓圖書公司　2001年1月　頁53—54
834. 〔王鼎鈞〕　〈別再埋怨媽媽啦！〉備註　風雨陰晴：王鼎鈞散文精選　臺北　爾雅出版社　2000年7月　頁9
835. 〔王鼎鈞〕　〈愛孩子〉備註　風雨陰晴：王鼎鈞散文精選　臺北　爾雅出版社　2000年7月　頁18—19
836. 〔王鼎鈞〕　〈性愛・勞改與文學〉備註　風雨陰晴：王鼎鈞散文精選　臺北　爾雅出版社　2000年7月　頁26—27，28—29，30—31
837. 〔王鼎鈞〕　〈駱駝祥子後事〉備註　風雨陰晴：王鼎鈞散文精選　臺北

爾雅出版社　2000 年 7 月　頁 32

838.〔王鼎鈞〕　〈文苑曇花〉備註　風雨陰晴：王鼎鈞散文精選　臺北　爾雅出版社　2000 年 7 月　頁 42—43

839.〔王鼎鈞〕　〈香火重溫劫後灰〉備註　風雨陰晴：王鼎鈞散文精選　臺北　爾雅出版社　2000 年 7 月　頁 56—57

840.〔王鼎鈞〕　〈憶高陽〉備註　風雨陰晴：王鼎鈞散文精選　臺北　爾雅出版社　2000 年 7 月　頁 63

841.〔王鼎鈞〕　〈萬鳥之靈〉備註　風雨陰晴：王鼎鈞散文精選　臺北　爾雅出版社　2000 年 7 月　頁 66

842.〔王鼎鈞〕　〈糖尿病〉備註　風雨陰晴：王鼎鈞散文精選　臺北　爾雅出版社　2000 年 7 月　頁 78

843.〔王鼎鈞〕　〈天地不為一人而設〉備註　風雨陰晴：王鼎鈞散文精選　臺北　爾雅出版社　2000 年 7 月　頁 86—87

844.〔王鼎鈞〕　〈都是選擇惹的禍〉備註　風雨陰晴：王鼎鈞散文精選　臺北　爾雅出版社　2000 年 7 月　頁 92

845.〔王鼎鈞〕　〈唯愛為大〉備註　風雨陰晴：王鼎鈞散文精選　臺北　爾雅出版社　2000 年 7 月　頁 105—106

846.〔王鼎鈞〕　〈活到老，真好〉備註　風雨陰晴：王鼎鈞散文精選　臺北　爾雅出版社　2000 年 7 月　頁 110—111

847.〔王鼎鈞〕　〈我見老 D 多憔悴〉備註　風雨陰晴：王鼎鈞散文精選　臺北　爾雅出版社　2000 年 7 月　頁 122—123

848.〔王鼎鈞〕　〈種子〉備註　風雨陰晴：王鼎鈞散文精選　臺北　爾雅出版社　2000 年 7 月　頁 204—205

849.〔王鼎鈞〕　〈勝利的代價〉備註　風雨陰晴：王鼎鈞散文精選　臺北　爾雅出版社　2000 年 7 月　頁 221—222

850.〔王鼎鈞〕　〈六字箴言〉備註　風雨陰晴：王鼎鈞散文精選　臺北　爾雅出版社　2000 年 7 月　頁 226—227

851. 〔王鼎鈞〕　〈鎖匠和小偷〉備註　風雨陰晴：王鼎鈞散文精選　臺北　爾雅出版社　2000年7月　頁230—231
852. 〔王鼎鈞〕　〈四個國王的故事〉備註　風雨陰晴：王鼎鈞散文精選　臺北　爾雅出版社　2000年7月　頁247
853. 〔王鼎鈞〕　〈舊曲〉備註　風雨陰晴：王鼎鈞散文精選　臺北　爾雅出版社　2000年7月　頁255—256
854. 〔王鼎鈞〕　〈武家坡〉備註　風雨陰晴：王鼎鈞散文精選　臺北　爾雅出版社　2000年7月　頁278—279
855. 〔王鼎鈞〕　〈閏中秋、華苑看月〉備註　風雨陰晴：王鼎鈞散文精選　臺北　爾雅出版社　2000年7月　頁288
856. 〔王鼎鈞〕　〈告訴你〉備註　風雨陰晴：王鼎鈞散文精選　臺北　爾雅出版社　2000年7月　頁297—298
857. 〔王鼎鈞〕　〈水心〉備註　風雨陰晴：王鼎鈞散文精選　臺北　爾雅出版社　2000年7月　頁303
858. 〔王鼎鈞〕　〈人，不能逃出真正的故鄉〉備註　風雨陰晴：王鼎鈞散文精選　臺北　爾雅出版社　2000年7月　頁315
859. 〔王鼎鈞〕　〈我們的功課是化學〉備註　風雨陰晴：王鼎鈞散文精選　臺北　爾雅出版社　2000年7月　頁332—334
860. 黃雅莉　從修辭的運用透視經典散文藝術境界的構成——以王鼎鈞〈我們的功課是化學〉爲論　跨越「辭格」研究之新視野學術研討會　臺南　成功大學中國文學系　2011年12月3日　〔31〕頁
861. 〔王鼎鈞〕　〈水做的男人〉備註　風雨陰晴：王鼎鈞散文精選　臺北　爾雅出版社　2000年7月　頁336—337
862. 〔王鼎鈞〕　〈幾尺紙〉備註　風雨陰晴：王鼎鈞散文精選　臺北　爾雅出版社　2000年7月　頁340—341
863. 〔王鼎鈞〕　〈最高之處〉備註　風雨陰晴：王鼎鈞散文精選　臺北　爾雅出版社　2000年7月　頁344—345

864. 陳美桂　千手捕蝶的大音天籟〔〈最高之處〉〕　悅讀王鼎鈞・通澈文心　臺北　爾雅出版社　2012年4月　頁139—142

865. 〔王鼎鈞〕　〈當時，我是這樣想的〉備註　風雨陰晴：王鼎鈞散文精選　臺北　爾雅出版社　2000年7月　頁354

866. 〔王鼎鈞〕　〈某種看法〉備註　風雨陰晴：王鼎鈞散文精選　臺北　爾雅出版社　2000年7月　頁359

867. 〔王鼎鈞〕　〈水族啓示錄〉備註　風雨陰晴：王鼎鈞散文精選　臺北　爾雅出版社　2000年7月　頁370

868. 〔王鼎鈞〕　〈今天我要笑〉備註　風雨陰晴：王鼎鈞散文精選　臺北　爾雅出版社　2000年7月　頁374

869. 向　明　出軌異樣寫新詩〔〈轉韻〉部分〕　中華日報　2001年6月25日　19版

870. 向　明　出軌異樣寫新詩〔〈轉韻〉部分〕　走在詩國邊緣　臺北　爾雅出版社　2002年11月　頁38—40

871. 何希凡　深窺人性世界的沉醉與困惑——〈日不落家〉與〈故事裡套著故事〉　名作欣賞　2002年第4期　2002年4月　頁13—16

872. 譚光輝　以怨報德的症候分析和人性啓示——讀王鼎鈞的〈故事裡套著故事〉　名作欣賞　2002年第4期　2002年4月　頁16—18

873. 閻永利　「新異化社會」的「教養」理論宣言——讀〈故事裡套著故事〉　名作欣賞　2002年第5期　2002年5月　頁15—17

874. 孫曼麗　神思迥異，殊途同歸——〈日不落家〉〔余光中〕〈故事裡套著故事〉〔王鼎鈞〕比較欣賞　名作欣賞　2002年第5期　2002年5月　頁18—19

875. 萬金蓮　王鼎鈞〈左心房漩渦・看大〉的鄉情書寫藝術　中國語文　第91卷第4期　2002年10月　頁83—91

876. 陳美桂　看大地緩緩轉動成唱盤〔〈看大〉〕　悅讀王鼎鈞・通澈文心　臺北　爾雅出版社　2012年4月　頁129—133

877. 廖玉蕙　〈興亡〉賞析　繁花盛景：臺灣當代文學新選　臺北　正中書局　2003 年 8 月　頁 95—96

878. 林明昌　王鼎鈞〈興亡〉　多元的交響：世華散文評析　臺北　唐山出版社　2005 年 6 月　頁 25—31

879. 曾進豐　王鼎鈞〈網中〉賞析　臺灣文學讀本　臺北　五南圖書公司　2005 年 2 月　頁 118—120

880. 王麗蓉　三段式多重象徵技巧的變奏〔〈網中〉〕　悅讀王鼎鈞・通澈文心　臺北　爾雅出版社　2012 年 4 月　頁 18—25

881. 蕭　蕭　王鼎鈞〈草的天堂〉　攀登生命顛峰　臺北　聯合文學出版社　2005 年 3 月　頁 305—307

882. 康來新　〈宗教信仰與文學創作〉　臺灣宗教文選　臺北　二魚文化公司　2005 年 5 月　頁 22

883.〔蕭　蕭編著〕　〈看不透的城市〉——作品賞析　臺灣現代文選・散文卷　臺北　三民書局　2005 年 6 月　頁 18—21

884. 林明德　導讀：王鼎鈞〈火車時間表的奧妙——書難盡信，但是不能無書〉　二十世紀臺灣文學金典：散文卷（第一部）　臺北　聯合文學出版社　2006 年 5 月　頁 275—276

885. 施筱雲　譬喻和轉化——談「你不妨搖曳著一頭的蓬草，不妨縱容你滿腮的苔蘚」的修辭〔〈最後一首詩〉部分〕　國文天地　第 254 期　2006 年 7 月　頁 84

886. 蔡孟樺　〈夜行〉編者的話　波光裡的夢影　臺北　香海文化公司　2006 年 9 月　頁 222—223

887. 蔡孟樺　〈閨中秋華苑看月〉編者的話　穿越生命長流　臺北　香海文化公司　2006 年 9 月　頁 326—327

888. 廖清秀　《恩仇血淚記》與「小說組」閱四月二十日「華副」王鼎鈞兄大作〈小說組的同學們〉——感慨萬千　臺灣文學評論　第 6 卷第 4 期　2006 年 10 月　頁 229—232

889. 張　默　從〈款步口站〉到〈泡沫〉——「十行詩」讀後筆記〔〈年光不必倒流〉部分〕　小詩・牀頭書　臺北　爾雅出版社　2007 年 3 月　頁 258

890. 卓翠鑾　隱喻意義的轉換與生成〔〈年光不必倒流〉〕　悅讀王鼎鈞・通澈文心　臺北　爾雅出版社　2012 年 4 月　頁 97—101

891. 林黛嫚，許榮哲　王鼎鈞〈拾穗的日子〉賞析　神探作文：讓作文變有趣的六章策略　臺北　三民書局　2007 年 4 月　頁 137—139

892. 蕭　蕭　蕭蕭按語：〈三種成長〉　活著就是愛　臺北　幼獅文化公司　2007 年 10 月　頁 21—23

893. 林黛嫚　〈白紙的傳奇〉作品導讀——也是人的傳奇　散文新四書・春之華　臺北　三民書局　2008 年 9 月　頁 41—42

894. 林芳妃　〈白紙的傳奇〉文章賞析　最好的時光：親情，愛在四季　臺北　正中書局　2010 年 11 月　頁 18—19

895. 張曼娟　致普通讀者〔〈1949 三稜鏡〉部分〕　九十八年散文選　臺北　九歌出版社　2010 年 3 月　頁 16

896. 楊昌年　精、氣、神〔〈美麗的謎面〉〕　人間福報　2010 年 3 月 5 日　15 版

897. 何貞慧　六頂思考帽在極短篇教學的應用——以王鼎鈞〈失鳥記〉爲例　國文天地　第 315 期　2011 年 8 月　頁 23—29

898. 王麗蓉　喻主論次的議論小品〔〈史差〉〕　悅讀王鼎鈞・通澈文心　臺北　爾雅出版社　2012 年 4 月　頁 11—14

899. 白　靈　利用鎖鏈式排比法以盡性盡意〔〈失名〉〕　悅讀王鼎鈞・通澈文心　臺北　爾雅出版社　2012 年 4 月　頁 30—36

900. 白　靈　以視角轉換法記敘變化的時空〔〈如是我見〉〕　悅讀王鼎鈞・通澈文心　臺北　爾雅出版社　2012 年 4 月　頁 39—47

901. 李映瑾　引經據典——以引用法巧點文旨、營造氛圍〔〈拾字〉〕　悅讀王鼎鈞・通澈文心　臺北　爾雅出版社　2012 年 4 月　頁 61—64

902. 李淑婷　加強說服力——巧用三段式對比法〔〈人緣〉〕　悅讀王鼎鈞・通澈文心　臺北　爾雅出版社　2012年4月　頁69—73
903. 李雅雲　當「排比」遇上了「對比」擦出文章的火花〔〈現代兒女〉〕　悅讀王鼎鈞・通澈文心　臺北　爾雅出版社　2012年4月　頁85—88
904. 李雅雲　用「類字（詞）法營造出跳躍的情意〔〈諫〉〕　悅讀王鼎鈞・通澈文心　臺北　爾雅出版社　2012年4月　頁91—95
905. 卓翠鑾　荒謬離譜的神話新說〔〈夸父骨肉〉〕　悅讀王鼎鈞・通澈文心　臺北　爾雅出版社　2012年4月　頁105—110
906. 林月貞　能為人用，方為能人〔〈有用的人〉〕　悅讀王鼎鈞・通澈文心　臺北　爾雅出版社　2012年4月　頁113—117
907. 林月貞　自緣身在最高層〔〈書與人〉〕　悅讀王鼎鈞・通澈文心　臺北　爾雅出版社　2012年4月　頁121—126
908. 陳智弘　舊題材・新思維〔〈割席記〉〕　悅讀王鼎鈞・通澈文心　臺北　爾雅出版社　2012年4月　頁146—150
909. 陳智弘　摹感官・表意念〔〈山水〉〕　悅讀王鼎鈞・通澈文心　臺北　爾雅出版社　2012年4月　頁155—159
910. 陳嘉英　以小我的夢寫時代的歌〔〈夢，那一個是真的〉〕　悅讀王鼎鈞・通澈文心　臺北　爾雅出版社　2012年4月　頁162—167
911. 陳儀青　以數個概念連結的改寫原則〔〈漁人說謊〉〕　悅讀王鼎鈞・通澈文心　臺北　爾雅出版社　2012年4月　頁185—191
912. 陳儀青　運用比較性的相對分析以凸顯旨趣〔〈風・蝴蝶〉〕　悅讀王鼎鈞・通澈文心　臺北　爾雅出版社　2012年4月　頁194—198
913. 陳憲仁　遊記的情景書寫〔〈溫柔桃源19〉〕　悅讀王鼎鈞・通澈文心　臺北　爾雅出版社　2012年4月　頁201—206
914. 陳憲仁　遊記的知性思索〔〈危城烽煙〉〕　悅讀王鼎鈞・通澈文心　臺北　爾雅出版社　2012年4月　頁209—212

915. 陳靜容　因思想而藝術——物象與心象的綰合〔〈與我同囚〉〕　悅讀王鼎鈞・通澈文心　臺北　爾雅出版社　2012年4月　頁216—224

916. 陳靜容　一沙一世界——以「事件」爲核心的寫作展演〔〈別善惡〉〕　悅讀王鼎鈞・通澈文心　臺北　爾雅出版社　2012年4月　頁227—233

917. 楊晉綺　以具體的「物」寫一個抽象的「我」和我的「志」〔〈楔子：所謂我〉〕　悅讀王鼎鈞・通澈文心　臺北　爾雅出版社　2012年4月　頁253—261

918. 羅文玲　溫潤生命的維他命〔〈現代君子〉〕　悅讀王鼎鈞・通澈文心　臺北　爾雅出版社　2012年4月　頁273—277

919. 蕭　蕭　人是天的一部分——天人合一的文學觀〔〈從美感到美化〉〕　悅讀王鼎鈞・通澈文心　臺北　爾雅出版社　2012年4月　頁279—284

920. 蕭　蕭　要當別人的天使——小即是美的寫作法〔〈天使何時走過〉〕　悅讀王鼎鈞・通澈文心　臺北　爾雅出版社　2012年4月　頁287—290

多篇作品

921. 朱星鶴　淺析王鼎鈞的〈地圖〉與〈鏡頭〉　中華文藝　第107期　1980年1月　頁94—96

922. 袁慕直　力透紙背？評王鼎鈞的〈洗手〉和〈那樹〉　中華日報　1993年12月24日　11版

923. 袁慕直　賞析王鼎鈞的五則小品散文〔〈那樹〉、〈種子〉、〈洗手〉、〈愛之短歌〉、〈告訴你〉〕　評論十家　臺北　爾雅出版社　1995年11月　頁191—203

924. 廖玉蕙　王鼎鈞散文賞鑑——以〈生生不息〉、〈注意差異〉、〈稍安勿躁〉三則爲例　明道文藝　第268期　1998年7月　頁157—161

925. 鍾怡雯　流離：在中國的邊緣——追尋與再現失落的中國——中國：安身

立命的所在〔〈讀江〉、〈中國在我牆上〉、〈園藝〉部分〕 亞洲華文散文的中國圖象（1949—1999） 臺灣師範大學國文學系 博士論文 陳鵬翔教授指導 2000年5月 頁44—45

926. 鍾怡雯 流離：在中國的邊緣——追尋與再現失落的中國——中國：安身立命的所在〔〈讀江〉、〈中國在我牆上〉、〈園藝〉部分〕 亞洲華文散文的中國圖象（1949—1999） 臺北 萬卷樓圖書公司 2001年1月 頁62—64

927. 〔王鼎鈞〕 〈網中〉備註〔〈網中〉、〈邂逅〉、〈那數〉〕 風雨陰晴：王鼎鈞散文精選 臺北 爾雅出版社 2000年7月 頁260—262

928. 陳幸蕙 〈鉛筆自述〉、〈年光不必倒流〉——芬多精小棧 小詩森林：現代小詩選1 臺北 幼獅文化公司 2003年11月 頁56—57

929. 蕭 蕭 〈人不能真正逃出故鄉〉、〈腳印〉賞析 臺灣現代文選 臺北 三民書局 2004年5月 頁28—29

930. 〔張春榮，顏藹珠主編〕 〈失鳥記〉、〈最高之處〉賞析 名家極短篇悅讀與引導 臺北 萬卷樓圖書公司 2004年7月 頁4—7

931. 〔陳萬益選編〕 〈網中〉、〈那樹〉、〈明滅〉賞析 國民文選・散文卷2 臺北 玉山社出版公司 2004年8月 頁89

932. 蔡孟樺 〈牢籠〉、〈天井〉、〈蠶〉編者的話 波光裡的夢影 臺北 香海文化公司 2006年9月 頁38—39

933. 廖玉蕙 淺近語言，深遠寄託〔〈生生不息〉、〈注意差距〉〕 文學盛筵：談閱讀，教寫作 臺北 天下雜誌公司 2010年1月 頁110—117

934. 張春榮 極短篇寫作〔〈認識愛〉、〈失鳥記〉部分〕 國文天地 第315期 2011年8月 頁13—16

935. 楊晉綺 用指稱詞「你」和特定的讀者（戀人）喃喃絮語〔〈那些雀鳥〉、〈迷眼流金〉〕 悅讀王鼎鈞・通澈文心 臺北 爾雅出

版社　2012年4月　頁238—247

936. 羅文玲　人人點燈戶戶光明——以問答舒展文章經絡〔〈好話多說〉、〈睡眠之前〉〕　悅讀王鼎鈞．通澈文心　臺北　爾雅出版社　2012年4月　頁265—270

937. 魏如松，賈自強　論「大氣游虹」（九題）——王鼎鈞散文賞析之一〔〈明滅〉、〈兩猜〉、〈失名〉、〈水心〉、〈山水〉、〈讀江〉、〈舊曲〉、〈驚生〉、〈如果〉〕　散文鼎公：王鼎鈞論文集　北京　中國華僑出版社　2012年5月　頁31—37

938. 向　秋　溫暖生命的陽光——由〈一方陽光〉、〈臣心如水〉談王鼎鈞散文的鄉土情懷　散文鼎公：王鼎鈞論文集　北京　中國華僑出版社　2012年5月　頁77—80

作品評論目錄、索引

939. 王爲萱，陳姵穎，陳恬逸　「《文訊》300期資料庫」作家學者群像——王鼎鈞　文訊雜誌　第334期　2013年8月　頁79

940. 蔡倩茹　評論索引　王鼎鈞散文研究　臺灣師範大學國文學系　碩士論文　楊昌年教授指導　2001年6月　頁183—195

941. 蔡倩茹　評論索引　王鼎鈞論　臺北　爾雅出版社　2002年7月　頁285—297

942. 〔封德屏主編〕　王鼎鈞　臺灣現當代作家評論資料目錄（一）　臺南　國立臺灣文學館　2010年11月　頁253—284

943. 王凌曉，李洪振，范海蕾　第二屆王鼎鈞國際學術研討會綜述　世界華文文學論壇　2012年第1期　2012年3月　頁46—49

其他

944. 徐　學　文章爾雅，書策琳瑯〔《兩岸書聲》部分〕　在有限的生命裡種一棵無限的文學樹　臺北　爾雅出版社　1995年7月　頁76

國家圖書館出版品預行編目資料

王鼎鈞 / 張春榮編選. -- 初版. -- 臺南市 : 臺灣文學館, 2013.12
面 ; 公分. -- (臺灣現當代作家研究資料彙編 ; 32)
ISBN 978-986-03-9114-5 (平裝)

1.王鼎鈞 2.作家 3.文學評論

783.3886　　102024059

【臺灣現當代作家研究資料彙編】32

王鼎鈞

發 行 人／　李瑞騰
指導單位／　文化部
出版單位／　國立台灣文學館
地址／70041 台南市中西區中正路 1 號
電話／06-2217201　　傳真／06-2218952
網址／www.nmtl.gov.tw　　電子信箱／pba@nmtl.gov.tw

總 策 畫／　封德屏
顧　　問／　林淇瀁　張恆豪　許俊雅　陳信元　陳義芝　須文蔚　應鳳凰
工作小組／　王雅嫻　杜秀卿　汪黛妏　張純昌　張傳欣　莊雅晴　陳欣怡　黃寁婷　練麗敏　蘇琬鈞
編　　選／　張春榮
責任編輯／　王雅嫻
校　　對／　王雅嫻　林英勳　張傳欣　黃敏琪　趙慶華　潘佳君　練麗敏　蘇琬鈞
計畫團隊／　財團法人台灣文學發展基金會
美術設計／　翁國鈞・不倒翁視覺創意
印　　刷／　松霖彩色印刷事業有限公司

經銷展售／　國家書店松江門市（02-25180207）
國立台灣文學館─雪芙瑞文學咖啡坊（06-2214632）
南天書局（02-23620190）　唐山出版社（02-23633072）
府城舊冊店（06-2763093）　台灣的店（02-23625799）
啓發文化（02-29586713）　三民書局（02-23617511）
草祭二手書店（06-2216872）　五南文化廣場（04-22260330）
網路書店／　國家書店網路書店 www.govbooks.com.tw
五南文化廣場網路書店 www.wunanbooks.com.tw
三民書局網路書店 www.sanmin.com.tw

初版一刷／2013 年 12 月
定　　價／新臺幣 390 元整
第一階段 15 冊新臺幣 5500 元整　第二階段 12 冊新臺幣 4500 元整
第三階段 23 冊新臺幣 8500 元整　全套 50 冊新臺幣 18500 元整
全套 50 冊新臺幣 16500 元整

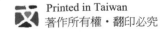

GPN／1010202805（單本）　ISBN／978-986-03-9114-5（單本）
1010000407（套）　978-986-02-7266-6（套）